09-12-03

La Main gauche du Diable

CLAUDE AUBIN

La Main gauche du Diable

LES NTOUCHABLES

Les Éditions des Intouchables bénéficient du soutien financier de la SODEC, du Programme de crédits d'impôt du gouvernement du Québec, du PADIÉ et sont inscrites au Programme de subvention globale du Conseil des Arts du Canada.

LES ÉDITIONS DES INTOUCHABLES
1463, boulevard Saint-Joseph Est
Montréal, Québec
H2J 1M6
Téléphone : (514) 526-0770
Télécopieur : (514) 529-7780
info@lesintouchables.com
www.lesintouchables.com

DISTRIBUTION : PROLOGUE
1650, boulevard Lionel-Bertrand
Boisbriand, Québec
J7H 1N7
Téléphone : (450) 434-0306
Télécopieur : (450) 434-2627

Impression : Scabrini Média
Infographie et maquette de la couverture : Olivier Boissonnault
Photographies de l'auteur et de la couverture : Elizabeth Knox

Dépôt légal : 2003
Bibliothèque nationale du Québec
Bibliothèque nationale du Canada

ISBN 2-89549-094-5

Comment remercier sans être gauche ?
Comment le faire sans pudeur ?
À tous ceux qui n'ont pas jugé.
Ce livre est aussi votre œuvre.

Merci !

Je t'aime, Louise.

Prologue

Après trente et un ans, onze mois et onze jours d'une vie pleine et mouvementée, j'ai décidé de prendre une retraite plus que méritée. Penser que plusieurs de mes patrons ont fêté ce jour-là serait fort présomptueux de ma part. Ma marque de commerce ayant toujours été la marginalité, il faut néanmoins comprendre leur soulagement. Déjà, jeune policier en uniforme, je portais fièrement un petit collier de coquillages blancs, ce qui était formellement interdit, un étui à revolver non réglementaire, une crosse de revolver que j'avais achetée et un uniforme quelconque, que je faisais ajuster, ce qui faisait suer à grosses gouttes la grande majorité de mes officiers. J'étais celui qui contestait une autorité parfois aveugle, stupide, discutable et souvent non questionnée. Un jour, lors d'une engueulade, un citoyen m'avait traité de chien, ce qui arrivait assez régulièrement d'ailleurs. Je lui avais rapidement rétorqué qu'il faisait erreur : « Je suis le seul chat à être entré dans la police. » Ça l'avait fait rire et il en avait oublié sa colère.

Malgré les morts par balle, par lame, par overdose, par dépit ou par lassitude, j'ai de beaux souvenirs de toutes ces années de travail. Je me souviens d'un bonhomme venant me remercier de l'avoir aidé à se débarrasser de sa dépendance à l'héroïne... Je me souviens d'une jeune fille cocaïnomane que j'ai aidée à cheminer vers une vie sans drogue et qui m'a appelé papa... Je me souviens d'une autre jeune fille aux portes de la mort, que je caresse doucement et sur qui coulent mes larmes, des larmes de rage et d'impuissance... des larmes de douleur. Je me souviens aussi de victimes qui sont venues me remercier pour le travail que j'avais fait dans leur cause et toute la considération que je leur avais témoignée dans leur malheur... Je me souviens de soi-disant criminels, avec qui j'ai pactisé et qui ont presque tous honoré la parole donnée... alors que, dans mon département, l'ascension se faisait souvent à coup de petites lâchetés.

Dans mes souvenirs, j'ai aussi quatre lettres de félicitations de directeurs de police. Les pauvres, ils devaient être dans leurs petits souliers ! Un autre directeur viendra même me serrer la main en disant qu'il était derrière moi pour me protéger des Russes ! Mes patrons m'ont utilisé pour plus d'une douzaine de groupes d'interventions, ce qui représente plus de six années de ma vie. Sans compter les fêtes jamaïcaines, la lutte contre la mafia russe et bien d'autres petites opérations ponctuelles. J'ai même reçu ma médaille de vingt-cinq ans de service… Bon, ça s'est passé tout près des urinoirs et ce patron était pressé de se débarrasser de ma présence. Mais quand même… une belle petite médaille en plastique qui s'agrafe telle une épinglette, et que je donnai à un petit garçon qui en fut tout réjoui. Tu t'en souviens, Roger ? La médaille de trente ans de service ne me fut pas donnée pour des motifs que j'ignore toujours. Peut-être avait-on peur de me voir arriver à la réception en jeans…

J'ai aussi le souvenir d'une dizaine de patrons qui se sont juré de me briser, qui m'ont défié publiquement et s'y sont publiquement cassé les dents. Le souvenir de gens qui m'ont utilisé pour se faire du capital politique, de policiers envieux et jaloux qui ont colporté toutes sortes de fausses rumeurs, de calomnies ou de médisances pour me nuire… Avec mon côté marginal, il aurait été plus simple de raconter les faits tels qu'ils étaient… mais ce n'est pas donné au premier calomniateur venu ! De toute façon, la plupart de ces personnes souffrent d'un manque d'imagination chronique et sont peu crédibles aux yeux de mes amis. D'autres, plus malins, se sont tout simplement approprié mon travail et ont eu une belle carrière dans certaines sections.

* * *

J'ai porté une arme pendant trente-deux années et je l'ai toujours fait avec respect. La saisie d'armes chez moi fit de moi un « criminel dangereux » aux yeux de certains. Le juge me fit signer une ordonnance de dix ans, dix ans à ne pas posséder d'armes à feu. Cela mérite bien une explication. Beaucoup de ces armes étaient des pistolets datant d'avant la guerre, dont deux fabriqués en 1900 et deux autres dans les années 30. Il y avait aussi une carabine au canon rouillé sans chargeur, que je possédais depuis l'âge de quinze ans, un fusil de chasse, souvenir d'un ami qui avait voulu s'en servir pour se suicider, et d'autres armes que j'avais ramassées à titre de trophées au cours de ma carrière et que j'avais refusé de voir détruire. Non pour les revendre, comme l'ont mentionné quelques journalistes mal informés ou en mal de sensations, mais pour leur qualité de pièces de collection.

Je fus arrêté, c'est vrai… mais pour de mauvaises raisons et sur des calomnies. Même parti, j'étais encore considéré comme un homme à abattre. Le système n'oublie pas facilement et ne pardonne pas aisément. À quelques jours de ma retraite, mon commandant avait menacé de me suspendre pour avoir seulement dit la stricte vérité à la télévision. Je l'avais alors mis au défi de le faire. Le premier jour de ma retraite, ce même directeur avait appelé chez moi pour s'excuser de ne pas avoir été présent lors de mon départ et me souhaiter une bonne et longue vie, tout en me « conseillant » d'arrêter de faire de l'enquête sous peine d'être accuser d'entrave au travail policier.

Dans les jours qui suivirent mon arrestation, j'ai découvert, avec joie ou avec consternation, qui étaient mes amis et qui était là seulement pour utiliser ma renommée. Le premier à disparaître fut celui qui repoussait tous les autres pour être à mes côtés et se déclarer mon ami, celui qui utilisait mon aura depuis près de vingt ans, qui faisait l'éloge de la loyauté réciproque. Je ne lui en veux pas… de par sa religion, il le fait très bien pour moi. Le deuxième à retourner sa veste, je le connaissais depuis plus de trente ans : il était sympathique, charmeur, et ne se privait pas d'utiliser mon agence comme couverture pour cacher à son épouse ses frasques amoureuses. J'en avais fait un de mes seconds à plusieurs reprises lors de congrès, et comme je suis entier, il avait reçu toute mon amitié. Un troisième, qui n'était pas tout blanc dans cette affaire, se déguisa en courant d'air, en me laissant un cadeau empoisonné… Vous le lirez bien ! D'autres disparurent sans même avoir la décence de me poser des questions sur ce qui était arrivé. D'autres encore, à qui j'avais rendu certains services sans rien demander en retour, ne se privèrent pas de me juger durement. Toutes ces personnes m'ont fait réaliser à quel point j'utilisais le mot « ami » à mauvais escient. Je les en remercie aujourd'hui : en me révélant leur vraie nature, ils m'ont ouvert les yeux.

C'est bien connu, c'est dans l'adversité que l'on reconnaît ses amis. Des hommes comme mes amis Laval et Michel n'ont jamais douté de ma parole et ont même bravé les préjugés au risque d'être mis au ban de leur cercle d'« amis ». C'est aussi le cas d'André, qui faillit en faire une dépression, et de Micheline, sa compagne à l'éternel sourire, qui ont toujours été présents et à l'écoute… de Lyne, ma policière bien aimée, qui n'a pas hésité à venir à ma rencontre et à m'embrasser peu après ma sortie de prison… de Pierre, un autre sergent détective, surnommé monsieur tranquille, qui lui aussi a beaucoup donné et a très peu reçu de ces mêmes patrons. Sans oublier Gino, l'Indien, qui a écouté mon histoire sans me connaître et qui d'un seul coup y a cru, Fred qui a appelé Louise pour la soutenir, madame Caya qui a prié pour moi, ainsi que mes enfants adoptifs… et François, un sergent détective, qui sollicita ma permission pour me donner la main.

Je m'en voudrais de ne pas souligner le respect de certains de mes codétenus. Pour beaucoup j'étais l'ennemi, je représentais ceux qui les avaient coffrés et pas toujours avec délicatesse. Pourtant je n'ai jamais eu à me plaindre de l'attitude de la majorité d'entre eux. Aux gars de Sainte-Anne et de Saint-François, je dis merci. Merci à vous Stéphane, Daniel, Ti-Marc le tatoué, les deux Patrick, Bazou, les deux Richard, Gerry, Michel, lui aussi ancien policier… et Jean-Yves, le dernier bonhomme que j'avais arrêté, et que, malgré son air de dur, je voyais attendre patiemment son fils infirme lors des visites dominicales.

Il y a aussi, non… le mot « aussi » n'est pas celui qui convient, il y a surtout ma tribu, le clan Aubin : deux enfants merveilleux et une femme droite et solide comme un roc, malgré la tempête, sans qui rien n'aurait été possible. Ils ont fait face au malheur et à l'adversité sans défaillir. Combien de fois m'ont-ils vu pleurer et ont-ils pleuré avec moi ? Mais toujours poussés par cette détermination… Combien de fois m'ont-ils appuyé et regardé dans les yeux pour que j'y puise le courage nécessaire pour aller au bout de ma traversée du désert ! Merci !

Je n'aurai jamais assez de mots pour remercier ma tribu au sens large. Sans eux, cette dernière tranche de ma vie aurait été fort difficile. Je me rends compte que pour eux ce sont aussi ces dernières trente années qui furent difficiles ! Être flic est une vocation, être une famille de flic c'est souvent l'absence et l'espoir que tout cela s'arrête un jour…

En mars 2002, c'est avec le cœur lourd que j'assistai à l'enterrement du jeune policier Lécuyer. Son père, qui venait lui aussi de disparaître, avait fait partie du même contingent que moi, et nos chemins s'étaient croisés à maintes reprises. J'ai toujours le mot « police » tatoué sur le cœur par fidélité à des hommes tels qu'eux… Ce fut bien sûr l'occasion d'affronter un certain opprobre de la part d'anciens collègues, mais comme je suis toujours marginal et un peu fou… personne n'aurait pu m'empêcher d'être là !

Claude Aubin

Introduction

Il y a quelques années, alors que j'étais sergent détective au service de police de la Communauté urbaine de Montréal, j'ai eu à traiter un cas plutôt délicat. Une jeune fille latino-américaine d'une grande beauté et quelque peu naïve s'était fait embrigader dans un groupe de criminels dangereux, digne des meilleurs gangs de rues. Sa mère, une dame un peu sorcière et très pieuse, avait pendant quelques semaines imploré Dieu de lui envoyer un ange protecteur. La jolie petite jeune femme s'était retrouvée à mon bureau, chaperonnée par sa grande sœur aux yeux charbon, sans savoir que l'enquêteur qu'elle rencontrait était le seul à bien connaître le groupe criminel qu'elle fréquentait. Ce groupe était constitué depuis des années de jeunes bandits que j'arrêtais avec la régularité d'un métronome et qui malheureusement ressortaient avec la même régularité. Ce groupe particulier affectionnait la coke, les filles, les armes, les camions blindés et les banques. Les filles devenaient facilement une monnaie d'échange ou de jolies petites mules pour la drogue et les armes. Après avoir dévalisé banques et camions blindés, le fric vite gagné était dépensé tout aussi vite. L'un d'entre mes « protégés » avait trois meurtres à son actif, et son ami cinquante-deux vols de banques. Un autre jeune de ce groupe sélect fut arrêté pour la plus grosse saisie de crack à Montréal… Ce ne sont là que trois spécimens de ce groupe d'une centaine de membres.

Après quelques semaines d'action, j'avais pu sans trop de mal renvoyer en prison quelques-uns de ces enfants chéris. Le danger ainsi écarté, la jeune femme pouvait mieux respirer. La petite ne cachait rien de mes méthodes à sa mère, et cette dernière m'avait ouvert sa maison et donné son amitié sans aucune réserve. Un jour, après un long monologue franco-espagnol, cette dame avait fini par me dire que ce Dieu qu'elle avait tant prié lui avait envoyé ce qu'il avait le plus près de lui et de plus efficace : le Diable. Je n'avais pas réalisé à quel point elle était sérieuse, mais j'en étais

15

quand même resté un peu troublé. Ce n'est pas tous les jours que l'on vous compare au Diable… surtout si c'est Dieu qui vous envoie.

Dans la religion musulmane, la main gauche est celle qui fait toutes les sales besognes, celle avec laquelle personne ne mange, celle que le bourreau ne coupe pas… pour mieux te punir. Chez nous comme en Europe, il fut très longtemps difficile aux gauchers de se faire accepter. Un spécialiste français de la fin du XIXe siècle prétendait qu'être gaucher était une tare et que l'on reconnaissait les criminels à cette anomalie. Aujourd'hui encore, la main gauche n'est pas en odeur de sainteté : qui n'a jamais entendu l'expression « être gauche des deux mains » ou vu, dans certains films, des pots-de-vin sournoisement échangés de la main gauche.

La Main gauche du Diable, c'est la somme de toutes ces petites choses illégales ou pas très propres, dénigrées et niées par nos patrons sans couilles, mais acceptées par certains d'entre nous, et sans lesquelles, rien ne peut réellement fonctionner dans ce système sclérosé. Quelques pieux mensonges aux magistrats, des sources à contrôler tout en leur pardonnant certaines incartades, des omissions ou des indiscrétions volontaires, des fausses pistes, de la désinformation, de brèves rencontres à la dérobée, des filatures officielles ou tout simplement des initiatives personnelles, des histoires de trahison, d'amour déçu, de succès flamboyants et grisants ou d'échecs durs à supporter. C'est tout cela, et même plus, qui fait la trame de *La Main gauche du Diable*.

La Main gauche du Diable, ce sont aussi des patrons pas très propres, ceux qui utilisent la traîtrise, la vengeance, la flatterie et le mensonge pour grimper dans la hiérarchie et l'échelle sociale en foulant des cadavres encore chauds. Ces grands et petits patrons, la personnification même du Diable, qui te demandent de mentir, ne serait-ce que pour un compte de dépenses ou pour une opération qui tourne mal… Ces charognards qui ne te soutiennent pas et te laissent en plan quand tout tourne au vinaigre… Le Diable, c'est la somme de tous ces gens qui font passer leurs intérêts personnels et politiques avant l'intérêt général : ceux qui vous racontent que vous êtes en sécurité, que le crime est à la baisse, que les gangs de rues n'existent pas, que la mafia russe n'est qu'un fantasme, ceux qui jouent de la statistique comme d'autres du violon, et qui ne reculent devant rien pour servir leurs propres ambitions.

16

La Main gauche du Diable vous fera rire, réfléchir et peut-être même pleurer. Tout ce qui est raconté ici est véridique. La réalité dépasse parfois la fiction, elle n'est ni très belle ni très laide... elle est juste là devant notre nez ! Il suffit de savoir regarder.

J'ai toujours comparé le système de justice au base-ball, les criminels au bâton, et nous au lancer. Pour sortir l'ennemi du jeu, il nous faut six prises. Si ton lacet gauche est défait, c'est un but automatique. Si tu as regardé dans l'assistance, c'est un circuit, et si tu mâchais de la gomme, tu es éliminé. Nous partons donc avec un fort handicap dans ce combat séculaire contre le mal. Avec les années, on apprend ainsi à hurler avec les loups, à danser avec les filles et à pactiser avec le Diable lui-même. Au fond, à force de vivre dans ce perpétuel mensonge, ne devenons-nous pas nous aussi un peu l'incarnation du Diable ?

Ma longue vie de policier a été parsemée de rencontres belles, palpitantes et parfois dangereuses. J'ai croisé une multitude de sources – ce que l'on appelle communément des informateurs dans le langage policier. Ce sont eux, les soldats inconnus, qui ont fait ma force dans ce combat inégal. Ils ont parfois risqué leur vie, souvent par vengeance, par peur ou par lucre, et parfois simplement par amitié ou par amour... Ils font partie intégrante de *La Main gauche du Diable*. Je les en remercie aujourd'hui. Sans eux, certains criminels des plus dangereux n'auraient jamais été capturés. Qui sait tout le mal qu'ils auraient pu encore faire ? Il y a aussi ces gens qui, sans être des sources officielles, m'ont aidé de leurs conseils, de leur écoute, de leur sourire... D'autres encore, morts seuls et sans aide, tués par une drogue trop envahissante, sans que je puisse y faire quoi que ce soit, et qui hantent encore certaines de mes longues nuits d'insomnie...

Il m'est impossible de raconter dans ce livre toutes ces belles aventures. J'ai dû en choisir quelques-unes et réserver les autres pour une prochaine fournée de souvenirs. De mes trente-deux années de vie de policier, il ne me reste que de beaux souvenirs... Les autres, les moins bons, n'ont plus d'importance. Ainsi que quelques noms et quelques visages amis. Même mon arrestation, qui n'est pas en soi un événement joyeux, n'arrive pas à ternir ces souvenirs.

Chapitre 1

Bureau d'enquête, rue Fabre, 13 avril 2001

Depuis plus d'une heure, ils sont là à fouiller en chuchotant. Personne pour nous dire ce qui ce passe, mais j'ai bien sûr ma petite idée, surtout quand un des policiers en civil décroche le combiné et annonce la fin de l'écoute. Je suis assis à mon bureau près de la fenêtre, dos à la rue Fabre, indifférent aux passants et aux badauds qui s'arrêtent pour regarder le spectacle. Mon partenaire veut me parler. Un des policiers intervient pour le faire taire. Pendant ce temps, les autres procèdent à la fouille générale.

– Dans le placard, il y a mes dossiers russes.

– Nous vous demandons de ne pas parler.

Je ferme donc mon clapet. Je lis la détresse sur la figure de mon partenaire et je ne peux m'empêcher de penser combien il est vulnérable. Moi non plus, je ne me sens pas vraiment dans mon assiette, mais lorsque j'aurai expliqué la situation aux enquêteurs, ils comprendront. Soudain, je pense au Tokarev 9 mm que je traîne dans ma mallette depuis que les Russes ont mis deux contrats sur ma tête. Je pense aussi au pistolet électrique qu'un ami m'a laissé et qui traîne quelque part dans un placard. Je suis dans de beaux draps ! Un des policiers me connaît de longue date… Je ne sais pas exactement ce qu'il sait, mais sa mine d'enterrement ne m'inspire rien de bon. Tout autour, il n'y a que murmure et secret.

Une dernière voiture de police arrive. Deux enquêteurs en descendent et s'approchent de moi. Je les connais, eux aussi, et machinalement je leur tends la main. Le premier enquêteur n'a pas le réflexe d'esquiver ma poignée de main. Quant à l'autre, il me toise, une moue méprisante aux lèvres, tel un mignon du temps de la reine Margot.

– Salut…

– Monsieur Claude Aubin, vous êtes en état d'arrestation pour vol d'informations…

Le reste se perd dans le brouillard de mes pensées : droit à l'avocat, droit au silence, prévenir mes proches… Au moins huit policiers s'entassent dans ce deux-pièces pas plus grand que ma main qui me tient lieu de quartier général. Certains ont l'air un peu embarrassés. Ils chuchotent entre eux. Ce qu'ils se disent n'a pourtant rien du secret d'État : dans quelle voiture vais-je devoir embarquer, qui va m'emmener… Deux policiers sont finalement désignés et l'un d'eux s'approche de moi.

– Monsieur Aubin, vous allez venir avec nous.

Le policier qui me passe les menottes est assez jeune pour être mon fils. C'est d'un ridicule accompli. Il a au moins la gentillesse de ne pas me les mettre dans le dos. Je monte dans la voiture. Le policier me passe gauchement la ceinture de sécurité autour de la taille. Me voilà parti.

Le trajet est long et je me perds dans mes pensées. Tout se bouscule dans ma tête. Je suis tombé dans un piège à cons. Bon, au moins j'aurai droit à une promesse de comparaître et, à partir de là, ce sera plus facile de me défendre. Les deux policiers discutent entre eux comme si je n'étais pas là. Ils ne sont ni agressifs ni attentionnés. Pour eux, je ne suis qu'un détenu de plus dans leur vie de flics. Ils transportent leur cargaison de viande comme demandé, rien de plus.

Le périple se termine au centre d'enquête ouest. Je me rends compte que je n'ai jamais visité les cellules de ce centre. Le policier qui me reçoit me connaît depuis plus de dix ans. Denis a travaillé sous mes ordres pendant l'enquête de la piste cyclable et sur les gangs de rue du Centre-Sud. Il est très mal à l'aise et peine à trouver ses mots : « Bonjour, Claude… » Prestement, la mine déconfite, il se trouve aussitôt quelque chose à faire, question de s'occuper. Que pourrait-il me dire ?

Le jeune policier qui m'interroge ensuite n'a pas le poids des souvenirs. En bon fonctionnaire, il me pose les questions d'usage : nom, adresse, etc., puis me fouille tout comme moi-même je fouillais mes détenus. Le tout se passe dans un silence religieux, au milieu de murs blêmes qui ressemblent à s'y méprendre à ceux du Centre-Sud. Ici, tout est moderne, froid et impersonnel. Me voici à présent en cellule. Une grande cellule encore tiède du dernier locataire. Le concierge n'a pas eu le temps de ramasser les vestiges de mon prédécesseur. Je m'assois sur le banc de plastique froid en attendant qu'il se passe quelque chose, car je suis persuadé que les enquêteurs viendront me rencontrer dans les prochaines heures.

Le premier à m'honorer de sa visite est encore une fois Denis, le « tourne-clé », qui a la garde des cellules. Avec un air de circonstance, il dépose en silence un berlingot de lait et un sandwich. Autour de moi, j'entends des gens qui s'énervent. Le bruit vient des autres cellules, mais ce ne sont encore que des rumeurs qui meublent ma solitude. Je ne veux pas appeler chez moi, de peur d'affoler Louise, ma compagne. J'ai toujours espoir d'un dénouement rapide.

Les heures s'écoulent. Je les passe à lire les graffitis dont mes prédécesseurs ont couvert les murs avec les moyens du bord. C'est déjà l'heure de souper. J'ai le pressentiment que mon internement va être un peu plus long que prévu. Il faut que je prévienne mes proches et que je trouve un avocat. J'attends patiemment que l'un des jeunes policiers fasse sa ronde pour pouvoir faire mes appels. Quelques minutes plus tard, je téléphone au bureau d'avocat, la secrétaire prend le message et m'avise que son patron va me contacter bientôt. Je n'ai plus qu'à prendre mon mal en patience. Il n'y a pas grand-chose à faire en cellule, à part lire les graffitis, mais j'en ai déjà fait le tour depuis un moment, et dresser l'inventaire du mobilier : un banc-lit, une toilette-évier en métal. Voilà, le tour du propriétaire est fait. Il ne me reste plus qu'à plonger dans mes pensées.

* * *

Je me retrouve dix-sept années plus tôt : ma première journée d'enquêteur, dans un poste de l'Ouest de la ville. Ce matin-là, je n'avais pas la moindre idée de ce que serait ma carrière d'enquêteur, ni de ce que ce travail exigerait de moi. Je m'étais cravaté pour l'occasion, une des rares fois dans mon existence. Je n'avais jamais vraiment travaillé dans l'ouest de la ville et, pour moi, Notre-Dame-de-Grâce, c'était aussi loin que l'Afrique. Tout était nouveau, la fin de la rue Sherbrooke, Upper Lachine road, les rues Hingston, Rosedale, Melrose… Tout se passait donc en anglais dans le coin ?

Au bureau je suis accueilli par le gros Pierre, mon ancien sergent, nouvellement promu aux enquêtes lui aussi.

– Tu vas t'y faire… Bien sûr, c'est en anglais, mais ça nous fait pratiquer ! Tu vas être en terrain connu, ici, c'est Paul notre lieutenant.

– Ça va, l'anglais, je connais déjà… Et Paul est un abruti.

Malgré son nom francophone, Paul est un parfait anglophone, qui baragouine en français avec le même succès que Joe Clark. Un malheur n'arrivant jamais seul, Paul sort de son bocal à poisson et vient à ma rencontre en feignant la surprise.

– Paul… C'est Claude Aubin, notre nouvelle recrue.

Je me dirige lentement vers lui et lui tends une main un peu molle. Je n'ai pas vraiment envie de socialiser. Je connais cet imbécile depuis des années. Nous avons eu des différends dans un poste du centre-ville, alors que j'étais chargé d'un groupe d'intervention et qu'il était lieutenant détective. Ce grand garçon de quarante ans cachait les clés des voitures banalisées dans l'espoir de nous nuire. Il est vrai que mes hommes avaient obtenu des résultats plus que spectaculaires, ce qui faisait de l'ombre à son propre groupe d'enquêteurs. Le pauvre était allé porter plainte auprès de mon directeur de poste, en soutenant que j'ouvrais les tiroirs de son bureau par effraction pour y voler les clés. Le directeur de l'époque avait bien ri, mais m'avait quand même sermonné... jusqu'à ce qu'il ait lui-même besoin d'un véhicule.

Paul me fixe de ses yeux bleus globuleux et insignifiants, comme s'il ne me reconnaissait pas. Il prétend ne pas se souvenir vraiment de moi. Sans me troubler, je lui réponds que, moi, je me souviens très bien de lui ! Puis, nous restons silencieux quelques minutes. Paul sent bien que je ne suis pas dupe de sa soudaine perte de mémoire. Comme il faut bien me caser, il tire sa révérence en s'en remettant au contrôleur. Pierre me regarde encore un peu étonné.

– T'as pas été tendre...

– Pas mon genre.

– Fais quand même attention.

Je suis présenté au groupe, qui m'accueille avec une indifférence polie. Comme je n'ai pas de place, les bureaux étant tous occupés, André B., un vieux de la vieille, fort comme un bœuf, saisit un vieux bureau laissé dans la chambre d'interrogatoire et le projette à l'autre bout de la salle. La course du meuble s'arrête finalement avec fracas contre le mur opposé, il a parcouru une vingtaine de mètres et laissé des marques visibles de son atterrissage. Dans les semaines qui suivent, j'apprendrai à me méfier des colères d'André.

Mon arrivée ne fait pas que des heureux. Il faut dire que les gars du bureau ont en moyenne vingt-huit années de services, et toutes les petites habitudes qui vont avec. L'arrivée d'un plus jeune chamboule un tas de choses : les horaires, le partage des véhicules et des plaintes, les déjeuners et les dîners à la brasserie... Pour les voitures, ce sera une guerre perpétuelle. Douze véhicules pour vingt-huit enquêteurs, tous garés devant la brasserie l'Alsacienne la plupart du temps. Pour les plaintes, en revanche, on n'aura pas à se battre. En bon administrateur qui refuse le conflit, Paul s'abstiendra de les donner à mes collègues, toujours prompts à pousser une gueulante, et c'est moi qui serai régulièrement enseveli sous la paperasse.

* * *

– Votre avocat veut vous parler.

Je frissonne dans ma belle cellule, si aseptisée, si crûment éclairée et si froide. Moi qui ai vu tous ces paumés sortir de leur cellule en grelottant, je frissonne à mon tour dans l'hospitalité glaciale de ces murs. Avec le peu que j'ai dormi, mon corps s'est engourdi et peine à me suivre, mes jambes lourdes portent ma carcasse tant bien que mal. Mais le désir de ne rien montrer de mon angoisse est le plus fort. Un peu de dignité, que diable ! Lentement, je suis le jeune homme qui me conduit au téléphone. Il est tellement poli cet enfant, sa mère serait fière de lui.

– Salut, Jean.

– Je n'arrive pas à y croire… Quand j'ai vu ton nom, j'ai fait une plaisanterie aux policiers, je leur ai demandé si c'était le détective Aubin qui était détenu… Ils ont répondu que oui ! Excuse-moi, j'en suis encore abasourdi.

– Pas autant que moi…

– Écoute, tu connais tes droits… Moi, je pars en vacances ce soir, mais je te réfère… Ils vont sûrement te sortir sur promesse.

– Ouais… Peux-tu me rendre un service et appeler ma femme ?

– Attends… Donne-moi le numéro et nous ferons un trois voix. Tu vas lui parler en direct.

– Merci, Jean.

Le téléphone sonne chez moi, l'attente est insupportable. Que vais-je lui dire ? La veille nous avions eu une petite dispute à propos de mes bas qui traînaient et je m'étais stupidement endormi avant de la régler. Nous nous sommes couchés sans nous embrasser, et le matin je suis parti alors qu'elle dormait encore… Quel idiot je suis !

– C'est moi…

Louise ne sait pas par où commencer, ni même comment commencer. Elle me lance en rafale :

– Tu m'en fais voir de toutes les couleurs… Comment vas-tu ? Où es-tu ? Ils sont venus ici et ont tout mis sens dessus dessous. Tu es partout à la télé… Tu vas bien ?

– Oui, ça va… Je ne sais pas quand je vais sortir, plus tard sûrement. Et toi, ça va ? Les enfants…

Nous ne savons pas ce que nous devons faire. Les priorités se bousculent. J'explique brièvement la situation à Louise. De son côté, elle me fait part de l'ampleur des dégâts. Mon fils est au courant et, en bon petit soldat, il s'efforce d'être à la hauteur, malgré son désarroi, il prend tout en charge. Plus tard, j'apprendrai que les enquêteurs ont tenté de l'amadouer tout en l'invitant à leur bureau pour l'interroger, mais puisqu'ils taisaient l'endroit de ma détention, il les avait envoyés paître. C'est bien mon fils.

– Je vais parler à l'avocat et tenter de sortir… Je t'aime.

– Je t'aime.

Je retourne en cellule la tête basse. Louise semble dévastée, mais qui ne le serait pas ? Il me reste à attendre que les enquêteurs viennent me poser quelques questions, et je serai libéré sur promesse de comparaître… Ce n'est pas le crime du siècle quand même ! Pendant toute ma carrière, je me suis constamment battu avec les juges pour que les individus dangereux restent derrière les barreaux. Je me dis que ma sortie ne devrait être qu'une formalité. J'ai toujours été un peu naïf. Plusieurs heures plus tard, je n'ai toujours pas vu mes accusateurs, mon optimisme relatif se transforme en questionnement existentiel. Que font-ils ? J'aurais dû être vu déjà… Les deux enquêteurs arrivent finalement au petit matin. Je ne peux pas m'empêcher de penser que c'est l'heure où l'on réveille les condamnés à mort. Ils n'ont pas l'air très frais, la journée a été longue pour eux aussi. L'attente m'a mis dans un sale état, mais je me lève malgré tout pour les recevoir. L'accueil est tout sauf chaleureux, pas même humain. Il est sûrement un peu tard pour les civilités. Et sur le visage d'un des flics, toujours cette moue dédaigneuse, comme s'il marchait perpétuellement dans la merde.

– Viens avec nous.

Je les suis jusqu'à un petit bureau attenant aux cellules. Dans de telles circonstances, je préférais amener les détenus dans un décor moins austère. Plus convivial. Ce n'est manifestement pas le sort qu'on me réserve. D'entrée de jeu, j'indique mon droit au silence. Les deux enquêteurs ne semblent guère surpris. Mon interlocuteur me fait comprendre combien il s'est battu pour moi et combien il est déçu. Pour un peu il en pleurerait, ce gentil comédien frise l'oscar !

– Maintenant… que j'exerce mon droit au silence, je vous

demande votre parole d'hommes que ce que je vais vous dire ne sera pas utilisé à la cour contre moi…

Les deux hommes se regardent et mon interrogateur acquiesce silencieusement. Je raconte les faits, évoque les informations recueillies sur les Russes, celles que je croyais avoir trouvées sur les Libanais, ma source chez les motards, qui travaille pour une agence de sécurité, la cassette vidéo… Quand tout à coup je me fais interrompre.

– Tu es un menteur…

Jamais dans toute ma carrière personne n'avait osé me traiter de menteur. Cette fois, je sens la haine monter en moi. L'autre s'accroche à sa petite moue suffisante de vainqueur. Je bous intérieurement, mais tout s'écroule autour de moi et je ne peux que me taire. Mon interlocuteur s'avance un peu vers moi comme pour rendre ses paroles plus explicites.

– Je sais pourquoi tu as trahi… j'ai étudié ton dossier… Tu voulais aller dans les escouades et on t'a refusé…

Je suis scié en deux, comment peut-on être aussi stupide ? Tous ceux qui connaissent ma carrière savent que si j'ai refusé certaines sections, c'est par esprit d'indépendance, c'est parce que l'esprit de groupe y était de rigueur et qu'ignorer la ligne de pensée officielle pouvait se révéler fort dangereux.

– Sais-tu combien tu avais de sources dans la police ?

– Une soixantaine…

– Quarante-cinq.

Il faut dire que plusieurs de mes sources n'étaient pas enregistrées. Le système en place ne s'y prêtait pas. Dans la majorité des cas, mes sources avaient été malmenées par certains policiers. Sans même parler du peu de cas qu'on faisait de la confidentialité dans mon département. L'homme prend le temps de bien savourer sa réponse. J'attends la suite…

– Sais-tu combien j'ai de sources, moi ?

– Non…

Tel César savourant la traversée du Rubicon, mon petit Mussolini de service fait une pause pour ménager le suspense.

– Une… Mais elle est bonne !

Je n'ai pas envie de lui répondre. Dans ma tête défile le film d'une rencontre que j'ai eue avec ce même enquêteur. Il avait alors la queue entre les jambes. Le pauvre, il s'était fait couillonner par les Russes dans une tentative de vente de stupéfiants et venait chercher, un peu tardivement, de l'information sur son suspect. Même à ce moment, il avait douté de mon efficacité et j'avais dû lui montrer la photo de leur contre-fileur, qui les avait pris en chasse, mon ami Édouard. Comme je ne réponds pas, il ne va pas s'arrêter en si bon chemin.

– Ton fils… ton pauvre gars que tu embarques dans tout ça…

– Avez-vous arrêté mon fils ?

Pour la première fois, je suis près de perdre les pédales. Cet homme ne connaît pas sa chance. S'il m'avait répondu par l'affirmative, j'aurais pété les plombs et je l'aurais entraîné dans la mort avec moi. J'en étais là ! Une chose à retenir, ne jamais acculer un adversaire dans les câbles sans espoir de retour : un homme désespéré est capable de gestes désespérés. Comme s'il sentait ce qui se passe en moi, mon interrogateur change instinctivement de registre.

– Ton pauvre partenaire… Il va se suicider… C'est ta faute… Après lui avoir parlé au téléphone aujourd'hui, t'as dis… Je ne peux rien faire pour lui… Tu l'as laissé tomber. Il perd son travail à cause de toi, il va se suicider à cause de toi…

Il s'arrête quelques instants, histoire de reprendre son souffle. Le pauvre, il doit être fatigué, il n'a pas beaucoup dormi ces dernières heures. Puis, il repart dans une nouvelle direction.

– T'as donné le nom d'une police…

– Pas le vrai nom… Tu le sais !

– C'est pas grave et ce n'est pas fini… Tu sais ce que c'est « printemps 2001 » ?

– Non…

Je crois l'avoir déstabilisé. À vrai dire, je n'en ai pas entendu parlé.

– D'autres enquêteurs cherchent, ils vont t'accuser de complicité de meurtre… C'est pas fini… Tu as gardé tes rapports de sources, tu aurais pu les faire tuer.

Quelle blague ! Je comprends que je n'ai plus rien à attendre de lui. Le reste de la conversation tourne en monologue. Je n'écoute plus. Le petit vicieux à la moue efféminée me toise toujours, presque silencieusement… Mussolini ne lui laisse pas beaucoup d'espace. Il finit quand même par me dire de prendre mes responsabilités, que ce sera mieux pour tout le monde. Mes responsabilités… Quel bouffon ! Si on lui peignait la bite en vert-blanc-rouge, il ferait fortune dans un cirque. Mesdames et messieurs… Mussolini et sa bite tricolore… Applaudissements !

L'entrevue est terminée. Je suis de retour en cellule. J'ai l'impression que je n'aurai pas de promesse de comparaître. Patiemment j'attends la suite des événements qui, je le sens, viendront bien assez vite. Quelques minutes plus tard, le tourne-clé ouvre ma porte. C'est l'heure de mon premier transport officiel de détenu. Mes deux enquêteurs sont encore sur les lieux et je les interpelle.

– Messieurs… Je vais prendre mes responsabilités…

Je ne sais pas ce qu'ils comprennent, mais la réponse du petit roquet est cinglante :

– On va te revoir samedi matin, tu auras exactement trente secondes pour nous parler.

– C'est ça, oui… Trente secondes, samedi…

Sur ce, Mussolini et son second disparaissent…

De mon côté, les préparatifs vont bon train, les policiers sont là à attendre la fin des procédures d'écrou pour me transférer à Laval.

Chapitre 2

Mon transfert s'effectue dans un autre fourgon. Nous sommes vendredi saint et je sais que le Palais de justice est fermé. Les deux policiers qui s'occupent de mon transport ne sont pas très bavards. Moi non plus du reste. Je ne me suis pas regardé dans un miroir, mais je sais de quoi j'ai l'air.

– Nous allons vous mettre les menottes.

Il est vrai que je suis un criminel dangereux maintenant. Mes geôliers sont corrects et même attentionnés. Je monte sur le petit marchepied et je m'installe sur un des bancs durs du camion. À l'intérieur il fait froid, ça sent mauvais et c'est sale. Je n'ai pas la moindre idée de ma destination : Rivière-des-Prairies, le centre d'enquête sud… Le camion se dirige rapidement vers l'est. Les deux policiers me posent quelques questions, surpris et déconte-nancés de voir un ex-policier dans ces sales draps.

– On va te laisser à Laval.

– Laval ?

– Ouais… Il y aura de la cour samedi pour vous autres. Ils font rentrer un juge juste pour ça.

Au moins, maintenant je sais où je vais. Laval. Je retourne dans mes pensées. Laval. Il y a plus de quinze ans…

* * *

Un matin de septembre 1986. Une pharmacie de la rue Somerled a été victime d'un cambriolage et un témoin a vu partir une voiture suspecte. Il a eu la présence d'esprit de noter le numéro de la plaque et l'a remis aux policiers. L'enquêteur du groupe est à la cour. Les policiers sont encore en discussion avec Paul. Machinalement je m'approche d'eux.

– Claude, mon ami… Une bonne enquête pour toi !

– C'est drôle… je m'y attendais.

Ce cher Paul, toujours aussi couillon. Bien sûr que c'est une bonne enquête, il n'y a personne d'autre que moi dans ce bureau, tous les autres sont partis déjeuner et il est là comme une âme en peine, ne sachant que faire de cette patate chaude.

– Désolé, je n'ai pas de voiture…

– Moi, oui ! Je l'ai gardée pour toi…

– Quelle chance…

Tout ragaillardis, les deux policiers partent vivement chercher dans l'ordinateur le nom du propriétaire de la voiture. De mon côté, je téléphone au témoin pour qu'il me donne la meilleure description possible.

– Claude… Notre gars est un Italien qui demeure à Pierrefonds. Il possède un dossier pour vol, stupéfiants et introduction par effraction.

– Bravo, enquêtez aussi pour des relations.

Je vais immédiatement à la rencontre du lieutenant de relève. Je sais que je vais monopoliser ses hommes pour le reste de la journée et qu'il est déjà à court de personnel. Ce lieutenant me connaît. Non seulement il vient de perdre ses deux hommes, mais en plus ils vont finir très tard.

– Écoute, tes gars ont fait du bon travail. Il serait logique qu'ils puissent participer à l'opération.

– Je ne veux pas qu'ils fassent du supplémentaire. Compris ? La dernière fois, j'en ai eu pour deux heures à me faire crier après… Et cinq heures de paperasse.

– Ben voyons…

Mon sourire quelque peu narquois le laisse dans l'expectative. Il sait bien qu'il va avoir à remplir un ou deux rapports pour justifier le surtemps que je vais consentir à ses hommes. Je retourne à mon bureau, j'ai beaucoup de travail devant moi.

– Mes beaux garçons, vous allez immédiatement au quartier général et vous me trouvez une photo de ce gorille, vous me la mélangez avec une dizaine d'autres, ensuite, chez le témoin pour l'identification. Pendant ce temps, je prépare le mandat de perquisition.

Les deux hommes sont fiers de participer à l'enquête et ne se font pas prier. De mon côté, je rassemble les éléments de preuve qui vont me permettre de rédiger le mandat de perquisition. C'est mince, mais suffisant pour le moment. Sans attendre le retour de mes policiers, je me rends à la cour pour y rencontrer le juge. Autre orgie de procédures. Mandat en cinq copies, qu'il faut recommencer toutes les deux pages : le papier carbone n'est pas aux dimensions du mandat et je dois m'y reprendre à trois reprises. J'attends mon tour, une secrétaire aux allures de nonne me sourit nerveusement, elle sent que je suis très impatient. Pendant que je poireaute, j'entends ces beaux messieurs discuter de leur partie de pêche, de la pluie et du beau temps…

– Le juge va vous recevoir dans quelques minutes.

– Merci, madame.

J'ai dû parler suffisamment fort pour déranger ces messieurs, car l'un d'eux sort solennellement d'un bureau pour entrer dans le sien. Il lui faudra quand même quelques minutes avant qu'il daigne me recevoir.

– Suivant !

– Monsieur Aubin…

Cette fois, la secrétaire me fait un beau grand sourire, ma patience a été récompensée. Je peux enfin pénétrer dans la sacro-sainte tanière du juge qui, comme à son habitude, feuillette un petit tas de papiers tout en me jetant un regard distrait.

– Bon… Contez-moi ça !

Je raconte les faits comme je les ai écrits. J'ai déjà mentionné que le suspect ressemble à la photo que nous possédons. C'est un pieux mensonge, mais un gain de temps incroyable. Il est près de onze heures et dans quelques minutes nos magistrats vont disparaître jusqu'à quatorze heures trente. Pas le temps de faire dans la dentelle.

– Jurez-vous que tout ce que vous avez écrit est la vérité ?

– Bien sûr…

– Hum… Signez là et mettez la date.

Me voilà muni d'un mandat de perquisition. Je peux retourner au bureau et commencer l'opération. Déjà mes hommes attendent avec impatience.

– Eh ! Tu sais quoi ? Notre témoin reconnaît notre suspect à 80 %.

– Bon… J'ai le mandat, on attend quoi ?

Nos deux voitures partent en trombe vers Pierrefonds. En vingt minutes nous sommes devant la maison. Un véhicule de police est déjà sur les lieux.

– Personne n'a bougé depuis que nous sommes ici.

– Pas même à l'intérieur ?

– Tout est fermé.

– Allons frapper !

Les deux policiers de surveillance prennent l'arrière de la maison, je me pointe à la porte en compagnie des deux autres. J'appuie sur la sonnette, je frappe. Une femme d'une grande beauté ouvre la porte. Elle porte un déshabillé vaporeux et, les yeux lourds de sommeil, me regarde en attendant la suite. Je suis un peu décontenancé, et elle se rend bien compte de l'effet qu'elle a sur moi. Je bégaie quelques mots. Je me reprends gauchement.

– Entrez.

– Merci… Madame, nous avons un mandat de perquisition qui nous permet de fouiller la maison. Je vais tenter de me faire discret, mais pour le moment je vous demande de ne pas intervenir dans nos fouilles.

– Allez-y, la maison est à vous.

Les deux policiers me font un petit sourire en biais. La jeune femme aux formes rondes et sensuelles me regarde droit dans les yeux et ne semble pas le moins du monde intimidée par notre présence.

– Les gars… Un à la cuisine, les sacs à ordure, etc. L'autre, la chambre du fond.

De mon côté, je me suis réservé la chambre du couple. Je fouille avec délicatesse dans les tiroirs des deux commodes et touche malencontreusement un vibromasseur de grande taille. Mon malaise doit sûrement se voir. La belle me regarde avec un léger sourire, sans baisser les yeux. Je change quand même de commode. Tout à coup, je touche autre chose. Long, dur et métallique, cette fois ce n'est pas un godemiché, c'est bien un revolver : un 44 mm au canon de six pouces, l'arme de Dirty Harry. La femme ne sourcille même pas.

— Claude, j'ai trouvé une caisse de médicaments de chez Somerled… Des cigarettes aussi… Mais il en manque encore beaucoup.

Le policier reste sidéré, il semble ébloui par l'arme. Il s'avance tranquillement avec respect, regarde avec attention.

— Wow !

— Ouais, comme tu dis.

En moins d'une heure, la fouille est finie et nous sommes prêts à partir. La belle, que je dois arrêter, s'habille et nous suit. Le petit sourire qui m'a séduit au premier regard ne quitte pas son visage.

— Nous allons au poste quinze, madame, je vais vous y laisser appeler un avocat.

— Merci, répond-elle d'une voix à la fois douce, mielleuse et sensuelle.

Je suis persuadé qu'elle ne joue pas la comédie. Elle est simplement magnifique. Dans le rétroviseur, je la vois me sourire. Le retour se fait en silence et à pleine vitesse. J'imagine le travail qui reste à faire. Je n'ai pas le suspect, mais la galanterie l'incitera peut-être à faire un échange. Je laisse la belle à mon bureau, toujours escortée d'un policier. Son avocat, que je connais bien, me propose de contacter le mari.

Je reçois un appel de mon ami Serge de la filature Ouest. Il connaît bien mon homme et travaille sur son cas depuis un mois.

— Il a un complice : son receleur. Il est à Laval près des carrières. Le juge ne nous a pas accordé de mandat cette semaine, il pensait qu'on allait à la pêche.

— Je vais en avoir un…

— Pas sûr…

Je regarde l'heure. Pas de temps à perdre. Il est près de quatorze heures et le temps d'écrire, je serai chez le juge juste à temps pour la réouverture.

— Écoute, Serge, si j'ai le mandat, veux-tu venir avec moi ?

— Si t'as le mandat, je paye la bière !

— Prépare ton argent.

Cet après midi-là, le même juge me donne le deuxième mandat sans même poser une seule question. J'avais trouvé une partie du butin et pour lui je ne mentais pas. Tout s'est fait en un temps record et en moins d'une heure je suis de retour au bureau.

– Serge, mon beau bonhomme, devine un peu ce que j'ai avec moi.

– Comment as-tu fais ?

– Magie.

Serge en est abasourdi. Depuis des semaines qu'il est sur ce dossier et tente de coincer son suspect... Il faut qu'un enquêteur de poste, une recrue de surcroît, vienne lui faire la barbe. Il me lâche qu'il va me rejoindre avec ses hommes. S'ensuit une course folle vers Laval car je veux être le premier sur les lieux. Serge m'a donné rendez-vous sur le boulevard Saint-Martin, tout près de la maison du suspect. Les deux policiers qui m'accompagnent trépignent d'impatience. Ils se sentent dans le coup. Pour une fois qu'un détective les laisse s'impliquer dans le déroulement de son enquête... Tout à coup, une, deux, non... trois voitures arrivent en trombe. Serge vient à ma rencontre, tout sourire.

– Salut, petit crisse...

– Comme ça, tu ne pouvais avoir de mandat ! Je ne pensais pas avoir à travailler avec des amateurs.

Le Pic sort à son tour de la voiture. Le Pic, c'est un des meilleurs pisteurs du groupe : à sa façon il passe inaperçu, toujours l'air d'être sorti trop pressé ; il a tout du commun des mortels, c'est ce qui fait sa force.

– T'as convaincu le juge...

– Je suis persuasif, moi !

– À voir le nombre de filles autour de toi, c'est sûr !

Tout ce beau monde ri de plus belle. Le Pic a toujours le chic pour avoir le dernier mot.

En quelques minutes nous montons l'opération. Le Pic fera une passe devant la maison et nous avisera de la situation. Pour le reste, c'est assez simple, nous envahirons la place et fouillerons tous les coins de la maison. La radio grésille, c'est le signal.

– Pic à Serge.

– À l'écoute.

– On dirait qu'il n'y pas personne au schack, juste la moto.

– Reste là. Je consulte l'enquêteur.

Serge me regarde. C'est mon opération et c'est à moi de prendre la décision. Serge aurait aimé que l'autre suspect soit à la maison, mais nous ne pouvons pas nous permettre de l'attendre toute la soirée.

– Prépare tes hommes.

Nous repartons en file indienne vers la maison du suspect, une vieille bicoque aux murs délavés, qui semble inoccupée. Une belle Harley Davidson trône dans le petit stationnement. La moto semble valoir plus cher que la maison. Bizarrement, ce taudis déglingué est protégé par un système d'alarme ! Je n'ai pas les clés, Serge me regarde. C'est mon enquête, c'est donc ma décision. Je fais sauter la serrure d'un coup de pied bien placé. L'alarme se déclenche et la sirène retentit. Emmerdant. Mais, je trouve les fils et j'arrache tout le dispositif.

Maintenant les recherches peuvent commencer. Au flair, je décide de fouiller la cave. Une belle cave en terre de moins de deux mètres, éclairée par une seule ampoule, pleine de tuyaux, de toiles d'araignées, de moisissures et de crottes de souris. Par endroits, je dois même ramper sur une terre poussiéreuse. J'arrive devant la fournaise. Un policier m'éclaire de sa lampe de poche. Une chaise… et sur cette chaise une petite mallette en simili cuir. Je m'approche et, comme elle est grande ouverte, je regarde.

Bingo ! Des billets de cent dollars américains. Il y en a pour plusieurs milliers. La mallette en est remplie. À côté, il y a une tablette de hachisch libanais qui vaut bien dans les vingt mille dollars. Malgré mon exaltation, je laisse tout en place. Il me faut le photographe de l'identité. De leur côté, les policiers ont trouvé des livrets de chèques de voyage en francs suisses, quelques boîtes de cigarettes, un revolver de calibre .38, des liasses de billets de loto.

Les policiers de Laval, qu'on a complètement oublié d'avertir, arrivent juste à temps pour nous aider dans notre fouille.

– On va rester avec vous autres pour garder la place.

Deux hommes de plus ne changeront rien, mais il n'est pas difficile de comprendre qu'ils n'ont pas très envie de repartir répondre aux appels. Je poursuis les fouilles dans la chambre à coucher. Tout est déjà sens dessus dessous. C'est bien un homme qui habite ici. Dans un tiroir de la commode, quelques enveloppes d'héroïne, dans l'autre tiroir, de la cocaïne, pas des tas, mais une dizaine de grammes.

– Claude, quelqu'un arrive !

Effectivement, une rutilante Jaguar bleue se stationne face à la maison délabrée. Les policiers de Laval vont à la rencontre du conducteur et lui demandent s'il est bien l'heureux propriétaire du bâtiment. Le bonhomme acquiesce et je m'avance à mon tour.

– Bonjour, c'est un peu à l'envers…

– Quelqu'un a encore défoncé !

Je réponds que oui, ce qui en soit n'est pas un mensonge. Je remarque soudainement que des billets dépassent de la poche mouchoir de son veston. Nos regards convergent dans un mouvement lent et interrogateur.

– Ce sont des cent dollars américains ?

Il ne me répond pas, il comprend qu'il s'est fait piéger. Sa mine déconfite en dit long. L'homme hausse les épaules tout en dodelinant de la tête. Je le mets aussitôt en état d'arrestation. En état d'arrestation, quelle drôle d'expression, comme on dirait en état de grâce, en état d'urgence… Le fait est que le type est surtout en état de choc.

– OK, amenez-moi ce grand garçon au poste.

La fouille permet de découvrir d'autres petites babioles – bijoux, cigarettes, boîtes de médicaments – qu'on dépose juste devant la porte. Sans attendre l'identité, le Pic prend toutes les photos nécessaires. Quelques heures plus tard, je referme la porte, apportant avec moi toute la preuve, sauf les stupéfiants que mes amis des stups, Gaston et Mario, sont venus récupérer et qui serviront de preuve au tribunal. Le Pic a ramassé le tout. En passant à ma hauteur, il me donne un petit coup de coude.

– Claude, il faudrait penser à manger !

Merde, c'est vrai, dans toute cette excitation j'ai oublié de manger ! Il m'arrive régulièrement de passer l'heure des repas. Mais comme tout le monde n'est pas fait comme moi, il est bon que quelqu'un me rappelle à l'ordre. Nous nous rendons quand même au bureau. Mon prisonnier n'a pas l'air bien fin.

– Je peux appeler mon avocat ?

– Bien sûr.

Coïncidence, il a le même avocat que ma jolie Italienne. Je l'avais déjà oubliée celle-là. Moe, le gros sergent de garde, passe sa bouille souriante dans l'entrebâillement de la porte.

– Claude, un autre bonhomme est venu se constituer prisonnier tout à l'heure. Il attend en avant.

– Tiens donc… Serait-il italien lui aussi ?

Effectivement, le mari de la belle s'est rendu au poste comme convenu. Où aurait-il pu se cacher ? L'avocat a tenu sa promesse.

– Mon cher ami, votre compagnon de travail est ici…

– Je ne comprends pas ce que vous voulez dire.

– Moi non plus !

Les policiers s'occupent de l'écrou. De mon côté, je laisse partir la gente dame, qui ne gratifie même pas son petit mari d'un sourire. Je laisse mes bonshommes quelque temps en cellule, le temps de prendre une bouchée. Tout le monde est heureux. Serge et ses hommes peuvent retourner en paix. Notre homme ne sortira pas ce soir. À mon retour, je prends quelques minutes pour identifier tout ce que j'ai apporté. Puis, j'aborde mon voleur de plain-pied. J'ai avec moi un des policiers, l'autre devra se payer l'étiquetage et les rapports. Tous les deux sont déjà en supplémentaire depuis quelques heures, alors une de plus, une de moins… La rencontre se prépare à être brève. L'homme se retranche derrière son droit au silence et comme j'ai devant moi un vieux singe, je n'ai pas l'impression que je vais le faire pleurer. J'ai l'autre à rencontrer. C'est la même routine. Bien sûr, ces gens ne parlent pas. Mais ça ne coûte rien d'essayer.

– J'ai trouvé chez toi… de la fausse monnaie, des stups, un revolver… Tu sais que ton partenaire s'est fait aussi arrêter avec un revolver… Un 44 mm.

L'autre cache très mal son étonnement. Se penchant vers moi, il me regarde par-dessus ses lunettes.

– Tu veux me montrer cette arme…

Le policier va chercher le revolver et le lui tend. Immédiatement le visage de notre homme devient écarlate.

– Petite merde !

– Ah…

– Je peux te raconter quelque chose… Juste entre nous…

– Bien sûr.

– Il y a un mois, j'ai été cambriolé. Ce revolver était dans ma chambre, un kilo de coke a aussi disparu, ainsi que mes bijoux…

– Je suis content que maintenant tu connaisses ton voleur. J'imagine que tu n'as pas l'intention de porter plainte…

Sur ce, nous éclatons tous les deux d'un fou de rire. Quelle situation ! Volé par son propre complice.

– Non… Je ne porterai pas plainte, pas à la police… Tu sais, cette merde est venue chez moi pour m'aider à retracer les gars qui avaient fait le coup.

– Tu vois… Il t'a beaucoup aidé.

– Ouais…

Je ne voudrais pas être dans la peau du complice, voler son receleur et son ami, son plus que père. J'ai bien l'impression que l'autre aura moins peur de nous que de sa famille.

* * *

Je suis réveillé par le grincement de la vieille porte métallique. Le déjeuner, un café sans goût, des rôties froides et de la confiture de fraise. Le policier qui me l'apporte doit être au moins aussi vieux que la bâtisse. Je demande à téléphoner. Je pourrai, après le déjeuner. Le repas doit être épouvantablement long ou le vieux a tout simplement oublié. Peu avant le dîner, une jeune et jolie policière vient faire un tour de garde. Elle jette un coup d'œil de mon côté et me lance un timide sourire. Elle m'a l'air plus conciliante.

– Mademoiselle, deux questions pour vous : mon partenaire était censé être en cellule avec moi et j'ai demandé à téléphoner lors du déjeuner…

– Je ne sais pas… Pour le téléphone, je vous promets que ce sera fait tout de suite après le dîner. Mais pour votre partenaire… Je vais m'informer.

Je m'en remets à elle, pas le choix. Un autre policier vient me porter le dîner, un autre sandwich, un autre café. Un nouveau détenu arrive. Il est russe et je le connais. Le jeune homme est à l'autre bout de la salle et n'a pu me voir, mais à l'entendre invectiver ses geôliers je sens que ce n'est pas le moment de lui transmettre mes amitiés. Le monde est petit ! Il n'y a pas si longtemps, je le pourchassais pour une série de vols. Maintenant, je croupis à ses côtés en attendant mon procès.

L'avocat promis par mon ami Jean ne s'est toujours pas manifesté. J'en suis réduit à soupeser tous les éléments de l'enquête. Il va être difficile de nier avoir eu en ma possession des informations policières… Tiens, voilà de la compagnie. Mais pas celle qu'on m'avait promise. Ce n'est pas mon partenaire qu'on amène, mais un homme assez âgé, qui s'excuse illico de devoir être enfermé avec moi. Va falloir se tasser... Le pauvre hère s'assoit et me tourne le dos. Aux soubresauts de ses épaules, je devine qu'il pleure en silence. Il se retourne lentement et me regarde avec gentillesse.

— Je m'excuse de te déranger.

— Ce n'est rien...

Je n'ai pas beaucoup envie de parler, mais je vois qu'il est en plus mauvaise posture que moi.

— Vous êtes ici pour quoi ?

— Ma blonde vient de me mettre à la porte. Je ne l'ai même pas menacée... Mais c'est ce qu'elle a dit aux policiers. Je n'ai jamais fait de mal à personne... Je prends un coup !

Nos yeux se rencontrent. Il a l'air au bout du rouleau. Des larmes restent accrochées à ses joues ridées, des larmes qu'il ne tente même pas de cacher. Le bougre à des allures de Belmondo, du moins pour ce qui est des rides.

— Ils ne peuvent pas vous faire grand-chose... Juste vous défendre de retourner chez elle.

— Ben... C'est chez moi ! Elle vit chez moi.

— Alors, vous êtes un peu dans la mélasse.

Il me raconte ses déboires, d'abord avec retenue. Mais il n'y a rien d'autre à faire et je finis par connaître tous les détails de sa vie.

— C'est vous qui voulez téléphoner ? C'est le temps.

Je suis docilement le policier qui m'escorte dans ce joyeux labyrinthe. Malgré les efforts des rénovateurs, ici tout rappelle les années 30.

— Vous avez dix minutes.

Que dire en dix minutes ? Je sais que Louise doit être impatiente de me parler. Depuis la veille, c'est la première fois que je vais pouvoir entendre la femme que j'aime et la rassurer.

— Tu es bien traité ?

— Oui, ma belle...

— Tu me manques...

Suit un silence pesant entrecoupé de sanglots impossibles à contenir.

— Michel a téléphoné... Maître P. veut te représenter.

— C'est correct... Comment allez-vous tous ?

— Ce n'est pas facile, Marty a téléphoné... Il ne savait pas que tu avais été détenu... J'ai parlé à Roger, il va me rappeler. Michel Lebel est toujours en contact avec moi, il en devient complètement maboul... J'ai peur qu'il fasse une crise de cœur.

– Et toi...

– Ça va, je tiens le coup... Les enfants sont très présents, ils me soutiennent de toutes leurs forces.

Déjà, d'un pas faussement nonchalant, le policier s'avance vers moi pour me faire comprendre que mon temps d'antenne est écoulé. Je lui fais un petit signe de la tête. Je n'ose pas interrompre Louise qui tente de m'expliquer tous les événements à la canonnade. Finalement, je dois à regret lui glisser les mots fatidiques.

– Il va falloir que je te laisse, mon grand amour, le geôlier me fait comprendre que c'est la fin de la conversation.

– Peux-tu rappeler ?

Que dire ? Je n'en ai pas la moindre idée. À Montréal, nous aurions tous été rassemblés dans une salle commune avec accès au téléphone. Mais ici, l'installation est plutôt rudimentaire, il ne manque que les fers au mur et le bourreau au bonnet de cuir. Alors, pour la salle commune et le téléphone... Je sais maintenant que la police ne veut surtout pas que nous soyons en communication. Je ne sais pas pourquoi. Nous sommes accusés, les enquêteurs ont fini leur dossier, il n'y a plus de secret... C'est pour nous faire chier... ou pour protéger quelqu'un. Je passe donc la journée à attendre... Mon pauvre compagnon de cellule dort le plus souvent possible. J'en fais autant quand je n'essaie pas de rassembler mes idées. Que faire d'autre ? La journée s'estompe lentement, de minute en minute, au gré des mots échangés et des silences respectueux.

Dans la soirée, un policier un peu fort en bide vient me chercher.

– Tu as de la visite... Ton avocat.

Encore un peu engourdi, je traverse des couloirs sales et mal éclairés pour arriver dans une petite salle que baigne la lumière crue des néons. Je cligne des yeux. Les quelques heures passées dans la pénombre ne m'ont pas préparé à cette orgie de clarté. John, mon avocat, me regarde avec cet air de circonstance qu'ont les gens de la profession.

– Comment vas-tu, mon Claude ?

– Bien...

– J'ai rencontré ta femme et tes enfants. Ce sont des gens bien. Ils sont très courageux. Tu as une belle petite famille.

– Merci…

– Ils te traitent bien ici ?

– Dans les circonstances…

J'esquisse un petit sourire qui se veut rassurant. Mais à l'intérieur de moi tout fout le camp. Que puis-je lui dire ? Qu'au petit matin j'ai serré mon chandail autour de mon cou… mais que j'ai manqué de courage. Quelle merde !

– Écoute, mon Claude, demain c'est la comparution. Ils vont te laisser sortir et pour le reste, on verra.

– Ils ne me laisseront pas sortir, ils vont s'objecter au cautionnement… Ils me font passer pour un membre affilié des motards… « Printemps 2001 »… Ils ont de la preuve pour les documents, mes armes, je ne sais pas quoi d'autre ?

– Ils vont te laisser partir…

En ce moment, j'aimerais bien être aussi optimiste que lui. Malheureusement, je ne le suis pas. Le policier nous fait signe qu'il est temps de clore la conversation.

– Je te revois demain. Ne lâche surtout pas. Pense à ta famille.

Le reste de la soirée est fait de récits et d'écoute. Mon vieux bonhomme s'épanche à loisir avant de s'endormir. Il est alcoolique, bien sûr, mais c'est rare qu'on boive quand on est heureux. Au matin, ce sera l'heure de vérité. Intérieurement, je me prépare à affronter l'une des plus grandes épreuves de ma vie. J'imagine que tous les prisonniers sont passés par ces moments de réflexion et par cette solitude. Malgré le va-et-vient incessant des gardiens et le vacarme des nouveaux arrivants, je réussis à fermer l'œil et à échapper au monde de l'éveil.

* * *

Tout à l'heure, quand j'ai vu ce jeune mulâtre passer tout près de l'unité, je n'ai pu m'empêcher de penser qu'il ressemblait à une de mes anciennes sources. Je savais que D. était de retour en prison : il avait rencontré Alain, un peu avant que ce dernier soit arrêté, pour lui livrer plus de quatre-vingts introductions par effraction qu'il avait commises dans les dernières semaines. D. était comme des centaines de jeunes garçons de bonne famille, pas plus bête, ni plus

38

malin. À treize ans, il avait hérité de quelques milliers de dollars de sa grand-mère et dès lors, pour des raisons connues de lui seul, avait décidé de faire suer sa mère. Quant à son père, un Jamaïcain, il était mort ou avait disparu, je ne sais plus vraiment, mais ce dont je suis sûr c'est que le jeune homme était maintenant quelque peu perturbé. Le sort a voulu qu'il se ramasse à Shawbridge, l'école par excellence du crime pour adolescents, pour ne pas dire l'université du crime. Très vite il est devenu un bon voleur et son cercle d'amis s'est rapidement mis à ressembler à la cour des miracles. D. était intelligent et vif d'esprit, un peu vantard aussi, mais extrêmement sympathique.

Marty, l'unique policier spécial de Shawbridge, qui connaissait tous ces jeunes et qui travaillait maintenant de concert avec moi, m'en avait parlé et nous l'avions déjà filé plusieurs fois. Mais ce n'est pas ainsi que nous avons été officiellement présentés. Ce petit futé s'était mis dans de sales draps. Des revendeurs voulaient lui trouver la peau car il n'arrivait plus à payer ses dettes. Il avait donc besoin de mon aide pour se débarrasser de ces empêcheurs de fourrer en rond et continuer à mener sa petite vie tranquille. C'est ainsi que j'ai reçu ses premières informations à titre de source. Ce n'était pas encore très important, mais avec le temps cela allait finir par être payant.

Un soir de décembre 1988, Marty vient au bureau. D. veut nous rencontrer pour nous donner une information importante. Le jeune homme étant en cavale, tout doit se faire dans le plus grand secret. Je vais le ramasser au métro Vendôme et il nous conduit à une petite ruelle tout près de la rue Girouard. Dans l'obscurité, on aperçoit un camion qui semble avoir été laissé là pour échapper aux regards. Je demande à D. si c'est un camion volé et s'il est l'auteur du vol. D. me répond que le véhicule a servi à deux vols qualifiés, mais qu'il ne sait pas où ils ont eu lieu. Par contre, il sait où demeure un des suspects. C'est tout près. Je pige dans mes poches pour lui donner vingt dollars. À cette époque, D. n'a que dix-sept ans, et comme mon département n'autorise alors le recrutement de sources mineures que dans certaines circonstances et dans des cas exceptionnels, je récompense parfois mes sources en puisant dans mes propres deniers.

– Ne me pose pas de lapin.

– Promis, monsieur.

D. repart tout heureux, moins pour les vingt dollars qu'à l'idée de participer à une opération policière à titre de source. Pour une fois, quelqu'un lui fait confiance et le traite bien. Je fais rapidement remorquer le camion. Comme il est en bonne partie recouvert de neige, il est peu probable que les voleurs se pointent. Entre-temps, je demande à Nick de faire le tour des vols qualifiés qui ont eu lieu dans le secteur. Il fait tout ce qu'il peut pour les retracer, mais, à part le vol du camion, rien ne semble coller.

Dès le lendemain, D. m'informe que le suspect vient de voler une voiture de luxe et qu'il sera chez lui dans la soirée. Il ne m'en faut pas plus. Nick, Marty et moi, nous nous cachons dans la ruelle et attendons que notre cible arrive. Vers vingt heures, une Saab conduite par un jeune homme de couleur entre dans la ruelle et s'arrête devant nous. En moins de trente secondes tout est terminé. Le jeune se retrouve rapidement plaqué dans une neige épaisse et menotté. Il tremble autant de peur que de froid. Je l'emmène au poste tandis que Nick se charge de l'auto volée. Au bureau, les choses vont bon train. En l'espace de trente minutes, mon suspect avoue sept vols commis dans des domiciles, trois vols d'auto et deux braquages de dépanneurs. Il est intarissable. Après s'être évadé d'une institution de Toronto, il s'est lié d'amour à une jeune femme chez qui il demeure encore. Ses complices, il les a rencontrés dans le métro. Je le ramène chez lui, ou plutôt chez sa « copine », une femme bien en chair qui a l'âge d'être sa mère. Elle pleure abondamment non seulement à cause des vols, mais aussi parce qu'elle a peur de perdre son jeune amant.

– Vous saviez ce qui se passait ?
– Oui… Non… Pas tout.
– Assez !
– Oui… Je lui avais dit.

D'un pas lourd, le garçon m'amène au garde-robe où les armes sont entreposées. Les armes sont à peine cachées. Je pense au petit garçon de deux ans qui se trouve dans la pièce.

– Où est tout ce que tu as volé ?

Sa copine le regarde avec beaucoup de sérieux, ce qui me fait un peu sourire.

– Steven et D. en ont chez eux.
– Qui est Steven ?

– Un bonhomme qui demeure dans le nord de la ville. C'est un Paki...

– Et ?

– D., je n'ai pas son nom de famille, il est noir... Pas tout à fait. C'est lui qui s'occupe des voitures et des places à voler.

Marty me jette un coup d'œil à la dérobée. Bien sûr, je savais que D. était son complice, mais pas à ce point. Le jeune homme, qui ne connaît pas la vérité, est prêt à nous aider à retrouver ses complices. J'ai l'impression que nous l'avons quelque peu perturbé. Sa copine nous remet son nouveau téléviseur, un manteau d'hiver et un magnétoscope, en suggérant qu'ils ont été volés. Le garçon penche la tête et sourit. Je n'ai pas à lui poser de questions, sa copine fait le ménage pour lui.

– Prends quelques minutes pour dire au revoir à ta copine.

Elle pleure maintenant à chaudes larmes. Son amant va repartir pour Toronto et elle sait très bien qu'il ne reviendra pas, malgré ses belles promesses.

Nous l'amenons au bureau où il continue ses déclarations. Reste à épingler l'autre complice, Steven. Pour D., c'est un peu différent, il faudra jouer serré. Pour ne pas perdre mon informateur, je décide de passer sous silence sa participation à quelques crimes. Personne n'en parle ouvertement et nos patrons aiment mieux ne pas le savoir, mais cette pratique est courante dans mon département. Le lendemain, je vais arrêter Steven à son domicile. Son père est là et il tente de s'opposer. Après une discussion de cinq minutes, j'atteins mon point de saturation, et il se ramasse le derrière dans un banc de neige. Quelques heures plus tard, le mioche me donne deux autres introductions par effraction et me laisse ramener quelques objets entreposés chez sa sœur. Pour une première vraie information, c'était acceptable. Le prix à payer est de fermer les yeux sur la participation de D. En bon garçon repenti, il me promet, sans sourire, de ne plus jamais commettre de crime. Quelle bonne plaisanterie !

* * *

– Tu ne dors pas, toi non plus...

Le bonhomme me tire de mes pensées. J'ai dû le déranger à force de me retourner dans mon sommeil. Il faut dire que, depuis plusieurs années, je souffre du dos et que la nuit se passe en d'interminables fourmillements qui m'empêchent de dormir.

– Non.

– C'est pourtant pas le bruit.

Effectivement, le bruit n'y est pour rien. Autour de nous règne un silence hallucinant. Tout ce qui vit est en hibernation. Hormis la respiration de quelques-uns et la toux rauque de mon compagnon, tout semble mort.

– Je fumerais bien une bonne cigarette... J'ai la bouche toute pâteuse, j'ai sûrement trop bu.

– C'est pas ici que ça risque d'arriver.

Ça crève les yeux : sans empester l'alcool mon compagnon de cellule était loin d'être à jeun quand les policiers l'ont arrêté.

– J'ai peur qu'ils me gardent pour plusieurs jours...

– Mais non.

Je me retourne dos à lui. Je n'ai pas envie de parler. J'aime mieux retourner à mes pensées. Ça ne règle rien, mais le temps passe.

* * *

Après s'être fait oublier quelque temps, D. revint me donner de petites informations sur des revendeurs du secteur ou sur des évadés. Rien de bien compliqué, mais assez pour garder un contact régulier. Il avait recommencé à fumer et à voler, tout en se gardant bien de m'en parler.

Quelque temps après mon transfert au centre-ville, il apparaît encore une fois miraculeusement dans une histoire rocambolesque. Le bougre vient candidement me balancer son revendeur et sa plantation hydroponique de marijuana, qui est curieusement installée à deux pas du Palais de justice. La section des stupéfiants viendra par la suite inspecter les lieux pour le bénéfice de leurs nouveaux enquêteurs : il faut dire que nous sommes alors dans les premiers temps des serres hydroponiques et que peu de gens en ont l'expérience. Ce petit futé de D. a encore une fois commis plus de quatre-vingts introductions par effraction et m'indique d'où proviennent tous les objets que je trouverai chez le revendeur. Le marché est simple : l'immunité contre l'information.

Je n'ai pas à y réfléchir longtemps. Dans la même semaine, la perquisition est faite, j'arrête le revendeur, je récupère pour plus de cinquante mille dollars de biens volés, je ferme quatre-vingts plaintes et fais saisir plus de deux cents plans de mari… D. est aux anges. Il me promet encore une fois de s'amender et de faire une autre tentative de désintoxication. Maintenant qu'il a une petite famille et deux beaux enfants, il désire ardemment changer sa situation. Malheureusement, il se fait pincer pour quelques petits vols et retourne en prison. Cette fois, l'enquêteur ne se laisse pas attendrir. D. n'attend pas la fin de sa sentence et, un soir d'avril, oublie de retourner à sa maison de transition… pendant une année entière.

Un matin, mon gentil bandit me téléphone au bureau.

– J'ai quelque chose à te demander… Je suis en cavale depuis trop longtemps et j'ai besoin d'aide… Ma femme est fatiguée de toute cette merde et j'ai maintenant quatre enfants… Il faut que je reprenne ma vie en main.

– Tu veux venir me voir ?

– Je ne veux pas être arrêté tout de suite… Il faut que je te parle avant.

– Tu as ma parole.

C'est ainsi que D. vient me rencontrer au poste. Le pauvre garçon est particulièrement nerveux, un évadé dans un poste de police, entouré de cinquante enquêteurs, il faut avouer que ce n'est pas banal.

– Tu ne vas pas me détenir aujourd'hui ?

– Non… mais nous avons du travail… Dis-moi… tu as combien d'intros de commis ?

– Trois cents… Un peu plus…

Je ne suis pas surpris. Ce garçon a du potentiel, c'est un génie dans son genre. Le problème, c'est que bien souvent des gens en souffrent.

– Comment peux-tu faire ?

– Facile…

D. me fait un petit sourire embarrassé. Son joli visage est maintenant creusé de rides. Le manque de sommeil, la drogue et la malnutrition ont commencé à faire leur effet. Ce gamin d'à peine vingt-cinq ans a dans les yeux les signes du désespoir. Même son sourire n'est plus qu'une pâle copie de ce qu'il a été.

Tout le reste de la journée, je me promène avec mon délinquant préféré, un carnet à la main, qui se noircit d'adresses à la vitesse de l'éclair. D. est totalement déchaîné, il vole littéralement d'adresse en adresse, de rue en rue, d'anecdote en anecdote. Ici, me montre-t-il, ils n'ont même pas encore réparé la fenêtre. Là, il a été pourchassé par un voisin. Plus loin, la porte n'a toujours pas de verrou. Il est tellement content de me montrer son terrain de jeu qu'il pourrait donner des cours ou des conférences partout au Canada. La journée se termine sans que j'aie pu en faire le tour. Tout heureux de son aventure, D. est déjà prêt à remettre ça le lendemain.

– Je serai ici à neuf heures…

– Neuf heures… trente !

D. retourne donc dans sa planque, que je ne connais pas. Les recherches reprendront bien assez tôt demain. Entre-temps, je commence mes fouilles dans l'ordinateur. D. possède une mémoire formidable. Jusqu'à maintenant presque toutes les plaintes qu'il m'a mentionnées sont retrouvées. Ça ne fait pas encore le compte : à peine une centaine ! Le lendemain matin, nous programmons notre journée devant un café.

– Cette fois, c'est Outremont et Notre-Dame-de-Grâce, Claude.

– Pourquoi pas !

Je me demande s'il y a un endroit dans la ville qu'il n'a pas écumé. Et j'ai peur de la réponse. Nous voici encore une fois sur la route, encore une fois j'ai peine à suivre mon jeune voleur. Il court, il vole, une cour, un escalier, une fenêtre. Ici, il a trouvé une montre de poche en or… et dix mille dollars en argent sur la table.

– Combien ?

– Oui, oui, dix mille dollars… J'ai jamais autant tripé de ma vie… Toute une fin de semaine gelé !

J'ai au moins autant d'adresses que la veille. J'ose à peine imaginer la paperasse qu'il me faudra faire. Je vais en avoir pour des jours et des jours.

– OK. Assez pour la journée…

– Attends… Tu vois le bar au coin de la rue ? Le Libanais achète tout ce que je lui apporte.

Je prends l'adresse en espérant pouvoir monter une opération. Mais depuis que nous sommes la police de quartier, nous n'avons plus le personnel, ni la volonté, ni la générosité nécessaires pour dégager un groupe efficace.

– Je reviens demain ?

– Bien sûr… Mais pense qu'après-demain sera ta dernière journée d'homme libre.

– Je sais…

Mon jeune n'est pas triste, du moins pas pour cette raison. Il semble apprécier tous ces moments privilégiés. Le flic et le vaurien réunis sans animosité, sans pudeur et surtout sans préjugés. Le petit aurait pu tourner autrement avec un peu de chance… Et avec un peu de malchance, c'est mon fils qui aurait tourné ainsi. Les deux jours suivants se passent comme les premiers. À la fin du dernier jour, nous avons recensé plus de trois cent vingt introductions par effraction et identifié trois receleurs. À peu de choses près un crime par jour. D. a apporté avec lui quelques vêtements. De mon côté, j'ai tout arrangé… Quelques accusations, assez pour le détenir, mais de toute façon il était déjà évadé !

– Veux tu me rendre un service ?

– Bien sûr…

– Ma femme a ton numéro de téléphone… Si jamais elle avait besoin d'aide, peux-tu t'en occuper ?

Quelle belle preuve d'amitié, ce bonhomme que je renvoyais en prison me demandait de prendre soin de sa famille !

– Tu le sais bien…

– Quand tu vas prendre ta retraite, comment je vais faire ?

– Tu pourrais arrêter de voler pour commencer !

Il demeure interdit quelques instant. Ça ne lui avait jamais effleuré l'esprit.

C'est la dernière fois que j'ai vu mon ami D. Je n'ai eu de ses nouvelles que quelques semaines avant d'être moi-même arrêté. Alain venait de trouver plus de quatre-vingts plaintes de vols, encore une fois éparpillées dans toute la ville. D. s'était évadé… pour la cinquième fois. Et s'était naturellement remis à faire ce qu'il faisait le mieux au monde : voler.

* * *

C'est idiot, moi qui avais sommeil, je suis en pleine nuit dans une cellule merdique et je pense à Terry la folle. Que de souvenirs… J'avais rencontré cette petite lors d'une enquête pour vol et méfaits. Sa voisine, une énorme Noire de plus de cent kilos pour un mètre soixante s'était fait voler ses pauvres biens et vandaliser tout ce qu'il restait par un bonhomme qu'elle et moi connaissions. Ce jour-là, Terry s'était pointée aussi soudainement que bruyamment dans l'appartement pour accuser l'autre d'avoir voulu lui voler son homme. Avant que j'aie eu le temps de calmer le jeu, elle ressortit tout aussi soudainement qu'elle était entrée. L'autre semblait habituée, car elle ne lui prêtait aucune attention. Rentrant à nouveau dans la pièce, ce tourbillon sur deux pattes avait jeté un coup d'œil inquisiteur sur moi.

– C'est l'enquêteur.

La petite me détaille tout autant que je la détaille moi-même. Elle finit par s'approcher comme pour me sentir.

– Tu es un enquêteur ?

– C'est pour ça qu'on me paye.

– Je n'aime pas la police…

– Ce n'est pas obligatoire, moi non plus je ne l'aime pas toujours.

La réponse doit l'avoir décontenancée, car elle s'arrête de tourner autour de moi et me fait un énorme sourire. Je la regarde plus longuement : de beaux yeux vert pâle, fortement cernés, mais curieux et toujours en mouvement. Un tout petit nez qui laisse à ses lèvres pleines toute la place qui leur est due. Elle est mince… Maigre ! Sur ses avant-bras, je lis la carte géographique des chemins qu'ont suivis les seringues. Elle porte un chandail troué. Ses petits seins bien tendus en profitent pour me narguer. Son jean usé est deux tailles trop grand pour elle.

– Je prends de la drogue…

– C'est ta vie…

Je sais bien qu'elle veut me provoquer. De mon côté, je n'ai pas envie d'une confrontation.

– J'en ai chez moi…

– Profites-en.

– Tu veux voir ?

– Non.

Ma pauvre victime, qui me fait des yeux doux depuis le début, en a ras-le-bol et montre des signes d'impatience. De mon côté, il n'y a rien de plus à faire. Je laisse ma carte à la victime, en lui recommandant bien de me téléphoner si son ex-Roméo réapparaît.

Deux jours plus tard, je reçois un appel de la petite. Je reconnais immédiatement sa voix un peu rauque au débit de mitrailleuse.

– J'aimerais te parler… C'est important.

– Je passerai dans l'après-midi.

46

La jeune femme semble contrariée. Je sens que pour elle il faut tout faire tout de suite. Je laisse donc ma paperasse de côté, le temps d'aller voir ce qu'elle veut. À mon arrivée, son appartement est sens dessus dessous. Un ouragan a tout renversé sur son passage.

— Regarde ce qu'ils ont fait...
— Qui ?
— Tes amis les flics...

Je dois admettre qu'ils n'y ont pas été de main morte. Tout est chamboulé.

— Que s'est-il passé ?
— Ils cherchaient de la drogue...

Il faut dire que la petite n'a pas l'air très frais. Le rimmel lui coule jusqu'aux lèvres, et ses yeux vides me laissent croire qu'elle devait être complètement défoncée la veille. Je m'assois près d'elle et l'invite à en faire autant. Elle est un peu moins surexcitée.

— Tes policiers sont des salauds.
— Tu es sûre de ne pas les avoir provoqués juste un petit peu ?
— C'est pas ma faute.
— Raconte...
— J'étais un peu beurrée quand ils sont arrivés en trombe. J'ai dit au gros avec la moustache d'aller se faire voir et je l'ai poussé un petit peu, c'est tout.

Évidemment, vu comme ça, elle n'avait pas beaucoup fauté... Mais je soupçonnais autre chose.

— Tu en es sûre ?
— Ben... Je lui ai donné un petit coup de poing et aussi un petit coup de pied. C'est pas une raison de tout mettre à l'envers.

Je commence à mieux reconstituer les faits : la pauvre en aurait bien pour deux jours, et dans son état, peut-être même une semaine. Je tente malhabilement d'apaiser son angoisse en passant ma main doucement dans ses cheveux, j'imagine que si j'avais une sœur et qu'elle était dans ses conditions... La jolie Terry laisse couler des larmes de fatigue, de celles qu'on ne peut contenir quand la marmite est trop pleine. Je reste avec elle pendant plus d'une heure. Sa voisine, la grosse femme, vient à son tour aider à ramasser les dégâts.

— Tu nous as empêchés de dormir hier. Que faisais-tu sur le toit ?
— Le toit ?
— Oui... La police se débattait avec elle pour la faire descendre.

Je regarde la petite qui me sourit faiblement. La blancheur de sa peau est surprenante. Dans la semi-obscurité, on croirait avoir affaire à une morte.

– Je voulais me tuer…

– Pourquoi, Terry ?

Elle me regarde de ses yeux tristes et délavés.

– Quelquefois, j'en ai assez de cette vie. Je n'ai même pas le courage d'en finir… Tu veux prendre ma place ?

Sans plus penser, je la prends dans mes bras. Elle est si maigre que j'ai peur de la blesser. Je lui caresse doucement la joue.

– Tu es une gentille fille…

– Une junkie…

Je retourne à mon bureau, encore un peu bouleversé. Malgré mon expérience, je n'arrive pas à me détacher de la misère humaine. Combien de gens comme elle n'arrivent pas à suivre le convoi ? Pour nous, ce n'est pas simple… Pour eux, c'est pire : depuis le début, c'est mal barré. Je m'assois et reprends mon travail, mais le cœur n'y est pas. J'aimerais que Nick soit là, mais il est sur la route et je n'ai personne avec qui partager tout cela.

Je reçois un deuxième appel le lendemain matin. La petite s'excuse de son esclandre et m'offre de me payer un café. Malheureusement, j'ai déjà un rendez-vous à la cour et le juge ne comprendrait pas. Avant de partir, Denis, un de mes jeunes policiers, vient me retrouver.

– Tu as été chez la folle ?

– Terry ?

– Ouais… Elle nous en a payé toute une traite. Moi, elle me déteste depuis toujours.

– Tu n'as pas été gentil ?

– Crisse… J'ai reçu tellement de coups de pied que j'en ai encore les jambes bleues. Même au poste, elle a continué à faire des problèmes : rouleaux de papier de toilette dans les cuvettes, débordement des eaux dans la cellule… Sans mentionner les coups de griffes !

– Ce sont les risques du métier !

Je sais bien que si je donne mon amitié à la petite, ce ne sera pas du gâteau. Mais bon… L'abbé Pierre le fait régulièrement, lui, alors pourquoi pas moi ?

Je retournai voir la petite malgré ses crises de nerf et ses sautes d'humeur. Certains jours étaient plus difficiles que d'autres. Le plus souvent, j'apportais quelque chose à manger. Je la payais de mes propres deniers pour les informations qu'elle me donnait, car elles n'étaient pas considérées comme très importantes, sans compter l'avarice de mon département. Elle me parlait ouvertement des voleurs du secteur et calmait lentement ses ardeurs de furie avec les policiers. Elle m'aida même à épingler mon ami Ragga et le non moins célèbre Foxie. Pour ce dernier, ce fut plutôt drôle... La petite m'appela aux aurores pour m'informer que mon ami dormait chez elle. Il était venu s'y réfugier, croyant être à l'abri de mes recherches... Il eut la surprise de sa vie !

Puis elle disparut, pour réapparaître à nouveau, encore plus mal en point. Elle vivait avec un nouvel accro qui la battait sans cesse. La belle me téléphonait en cachette pour me donner des nouvelles de sa santé ou tout simplement pour me crier sa haine des policiers, selon l'humeur du moment. La petite avait contracté une forme d'hépatite plutôt virulente et de maigre, elle devint squelettique. Désormais, Terry était de plus en plus imprévisible. Un soir de septembre, je passai aux nouvelles pour me frapper à une porte close. Les voisins me dirent qu'elle était partie à l'hôpital. Elle n'en revint pas. J'aurais voulu... Salut Terry !

Chapitre 3

La faible lueur qui traverse la vitre salie me fait comprendre que le matin à la fois tant attendu et tant redouté est arrivé. À pas feutrés, le gardien vient m'apporter ma pitance. Bien qu'il soit au début de son quart de travail, il n'a pas l'air beaucoup plus frais que moi.

– Après ça, monsieur Aubin, vous allez partir pour la Cour.

Mon compagnon de cellule me regarde piteusement en silence. Il va rester seul et c'est peut être ce qu'il redoute le plus. La solitude face à soi-même.

Mon café tiède à peine terminé, je me prépare consciencieusement pour le départ. Un peu d'eau froide sur le visage, les mains dans les cheveux. Je rectifie ma tenue, je me dois d'être digne. Quelques minutes plus tard, après un au revoir un peu triste, le policier vient m'arracher à mon cloaque. Je le suis dans un dédale de couloirs mal éclairés. Nouvelle attente, nouvelles vérifications. À ce moment, Alain arrive à ma hauteur d'un pas mal assuré. Je le prends dans mes bras.

– Ça va ?

– Ouais…

– As-tu fait des déclarations ?

– Non.

– Mon avocat va s'occuper de tout… Courage.

Alain me regarde comme un personnage de mauvais rêve. Ses yeux trahissent l'hébétement de l'agneau que l'on mène à l'abattoir. À partir du moment où nous serions condamnés, je savais que l'opprobre serait sur nous. Je n'ai jamais eu peur et j'ai toujours assumé mes actes, mais ça me fait mal de voir mon partenaire si décontenancé. Les policiers nous font sortir à tour de rôle. Le soleil est déjà haut et m'éblouit. Je vois à peine les quelques journalistes qui nous mitraillaient de tous les côtés à grand renfort de flashs. Mes menottes sont un peu serrées et j'ai un peu de mal à grimper dans le fourgon cellulaire. D'un geste protecteur, le policier d'escorte m'agrippe doucement pour m'aider.

Nous avons ensuite droit à un joli tour du propriétaire dans un autre wagon frigorifié, avant de nous arrêter face au Palais de justice de Laval. Belle bâtisse moderne, toute propre et nouvellement fleurie. Je n'ai pas encore vu Michel, peut-être l'ont-ils libéré ? Pourtant, non… Alors, pourquoi ne fait-il pas partie du groupe ? J'attends quelques minutes avant que ma porte s'ouvre. Alain est déjà sorti. C'est enfin mon tour.

– Vous allez avoir la chance d'être plus tranquilles. Les journalistes sont partis après les deux autres.

Mes geôliers croient-ils vraiment que les journalistes m'ont oublié ? Ne suis-je pas le cerveau de ce groupe d'abominables criminels ? Pour l'instant, je marche sur un trottoir sec et neuf, en savourant ces quelques instants de tranquillité. Dès mes premiers pas dans le hall, tous les yeux se portent sur moi. Dans un coin, un couple de mariés s'est figé : l'espace d'une seconde, mon apparition leur a fait oublier pourquoi ils sont ici. Mon avocat vient à ma rencontre, et les journalistes aussi. Je monte l'escalier lentement en les regardant droit dans les yeux, tout en me remémorant une phrase de Danton à son bourreau : « Tu montreras ma tête au peuple de Paris… Elle en vaut la peine. » Je suis bombardé de flashs. Les caméras ronronnent. Tout s'apaise quand j'entre dans un des cubicules.

Mon avocat fait son travail d'avocat. Je lui ai donné les consignes à suivre et je veux surtout garder le contrôle du dossier. Nous avons un petit conciliabule en privé.

— Écoute, John… Tu demandes ce que tu peux pour moi, mais je veux que les deux autres s'en tirent avec le moins de dégâts possible. Essaie de les faire acquitter.

— J'en ai parlé avec la Couronne… La police demande cinq ans pour toi et ils ne veulent pas lâcher le morceau pour les deux autres. Ils me parlent d'une preuve irréfutable. L'enquêteur te fait dire « R ». Il dit que tu comprendras.

Je suis soufflé, complètement abasourdi. Voulait-il dire que mon ami m'a trahi, lui aussi ? Ça, je ne peux le croire, il n'a strictement rien à trahir ! De son côté, la police demande beaucoup ! À ce compte il y aura une bagarre mémorable. Nous sommes sûrement de grands criminels… mais à ce point-là ! Et pour ce qui est de R., je suis persuadé qu'il tente de protéger quelqu'un d'autre… J'ai déjà connu ce manège, c'est un vieux piège éculé pour déstabiliser l'adversaire.

— Dis bien à mes partenaires que je témoignerai pour eux et que je prendrai tout sur mes épaules s'ils décident de plaider non coupable.

— Tu veux vraiment que je leur présente l'offre ?

— Oui… Ils n'auront qu'à me laisser témoigner.

John, en bon avocat, retourne à la table des négociations. Pendant ce temps, le chapelain de la police me rend une petite visite. Nous nous connaissons depuis des lunes et nous avons affronté ensemble plusieurs moments d'adversité, des suicides de flics, des emprisonnements, des dépressions et des descentes aux enfers pour d'autres. C'est à mon tour aujourd'hui et je sais combien ça lui est pénible. Ses beaux yeux bleus quelque peu flétris expriment une réelle douleur. Mais ce que je ne savais pas alors, c'est qu'il se mourait d'un cancer et que je ne le reverrais qu'une ultime fois, à quelques heures de la mort, grabataire, mais toujours aussi gouailleur, traînant une carcasse émaciée sur un lit de l'hôpital Notre-Dame.

— Bonjour, Claude…

— Salut, l'abbé.

— J'ai téléphoné à ta mère. Elle est un peu bouleversée par tout ce qui arrive, mais il y a des gens qui s'en occupent présentement.

— Merci l'abbé, tu es bien bon… Rends-moi un service, va voir Alain, il est ébranlé. Moi, tu le sais, ça ira.

Mon vieil ami repart péniblement et va à la rencontre de mon partenaire. De nous tous, il est celui pour qui je me soucie le plus. Mon avocat revient en colère.

– Ils ne veulent pas accorder de caution… J'irai en Cour Supérieure mardi et tu sortiras d'ici une semaine à dix jours.

– John, fais un marché avec eux, ma tête contre celle de mes deux associés.

– Tu comprends que tu t'impliques… OK, mais ce n'est pas facile, l'avocate de ton partenaire ne veut rien entendre. Elle veut à peine me parler.

– C'est sa sœur…

– Je comprends.

L'avocat y retourne encore une fois, me laissant seul avec ma décision. Je suis à la fois triste et rassuré que ma famille ne soit pas là. Louise et les enfants n'auront pas à subir la horde des journalistes qui n'hésitent pas à plonger dans le pervers et dans la fange pour faire leur « travail », sans égard pour qui que ce soit.

John revient une troisième fois, en traînant avec lui ses deux fils qui ont les yeux écarquillés.

– Claude, j'ai écouté la preuve… j'ai présenté ton offre à la Couronne. La réponse est deux ans moins un jour pour toi, et tes partenaires s'en sortent avec du temps dans la communauté. Et ils sortent aujourd'hui.

– Bon, je prends les deux ans… mais au fédéral. Je l'ai toujours suggéré à mes détenus, alors…

– T'as bien raison… De toute façon le sixième, c'est quatre mois… en août tu seras dehors, mon Claude.

Je savais ce qui allait m'arriver. Mon avocat revient rapidement avec le libellé des accusations. Une vingtaine d'armes saisies, le vol d'informations. Nous repassons méthodiquement tous les deux la longue liste des accusations.

– John, ce revolver est à mon grand-père. Cette carabine est à moi depuis que j'ai quinze ans. L'autre est à mon père. Le stunt gun n'est pas à moi, mais à un ami qui avait prévu qu'il aurait de la visite de la police.

– Alors…

– Rien.

Ma stupide loyauté fait que je prends sur moi cette accusation supplémentaire. Ça ne change plus rien. J'étudie longuement le document.

– Où est le Tokarev ?

– Le quoi ?

– J'avais dans mon sac de cuir un pistolet russe, un Tokarev 9 mm. Je l'avais dans un étui d'épaule. Je transporte cette arme depuis les contrats des Russes.

– Les policiers ne m'ont rien dit... Tu es sûr de ce que tu avances ?

– Va voir, John ! J'ai peur d'une entourloupe...

John fait une nouvelle navette et revient en moins de vingt minutes tout sourire.

– Ils l'avaient oublié.

– Quoi ! Et tu crois ça ?

– C'est assez bizarre, mais...

– Ils font quoi avec le bébé ?

– Bon, écoute bien : ils ne porteront pas d'accusations pour l'arme, si elle n'est impliquée dans aucune autre infraction. Pour le reste, ils vont retirer l'accusation pour l'arme de ton grand-père et exiger que tu ne possèdes plus d'armes à feu pendant dix ans. Alors, nous sommes tous d'accord, tu es prêt à passer devant le juge ?

Je hausse les épaules. J'ai obtenu le maximum pour mes partenaires. Les flics m'ont, moi. Une opération de cette envergure doit se terminer par de l'emprisonnement. J'ai passé plus de trente ans à dormir avec une arme, à manger avec une arme, à sortir avec une arme... et maintenant que je n'ai plus de plaque de police, je suis subitement devenu un danger public !

Deux gardiens viennent me chercher. Des gens de la fraternité sont restés tout autour et me sourient avec sympathie. Je passe devant la foule le regard droit comme me l'a appris mon grand-père, les yeux au niveau de ceux qui me filment et me tendent un micro pour surprendre quelques paroles à la dérobée. Mes gardes du corps me font traverser le cordon serré des curieux et j'entre enfin, en une seule pièce, dans la Cour. D'un côté, Michel, le regard fuyant, au centre, Alain, toujours aussi abasourdi, et de l'autre côté, moi. Le juge attend déjà. La comédie peut commencer. La jeune et fort jolie procureure de la Couronne félicite les policiers pour le bon travail qu'ils ont fait depuis plus de deux ans. Je jette un coup d'œil à mes deux cerbères, qui se gonflent comme des paons. Je pense intérieurement qu'on devrait enlever au mignon la barre de fer qu'il a dans le derrière. Il sourirait sans doute un peu plus. Je n'écoute plus… Je connais la fin de l'histoire. Quand tout est terminé, le juge me fait un léger signe de tête et m'adresse un sourire peiné. Dans des temps meilleurs, nous avons fait quelques causes ensemble alors qu'il était avocat.

– Bonne chance, monsieur Aubin.

– Merci, monsieur.

Je retourne en cellule tandis que mes partenaires peuvent respirer à l'air libre. Je sais que ce ne sera pas plus facile pour eux. Alain vient de voir tout son univers s'écrouler. Nous sortons ensemble, Alain et moi, droits comme des hommes. Michel, qui s'était toujours vanté de la longueur de son pénis, se traîne plié en deux, à la même hauteur que son membre viril. Il marche ainsi, les mains devant la figure, l'air pitoyable, soutenu par deux gardiens.

Voir Michel se conduire en lâche alors que je le considérais comme un homme, cela me scie en deux. Ce garçon qui se considérait l'égal du loup, je le revois encore en train de nous montrer fièrement une lithographie de ce si bel animal dont il s'estime proche… Et, au restaurant pour épater la galerie, je l'entends encore parler haut et fort en russe, s'attribuant devant certains clients une partie de mes exploits. Cela me faisait sourire… Maintenant, je comprends qu'on ne peut faire un loup d'un chien. Surtout pas d'un chien qui rampe comme il vient de le faire. Michel vient de perdre tout ce qui lui restait de dignité humaine à mes yeux. Il disparaît ainsi de ma vue… mais pas tout à fait de ma vie : il trouvera d'autres occasions de me décevoir encore plus.

– Claude, bonne chance.

Je me retourne vivement. Un gardien qui me connaît depuis plus de vingt ans se tient à mes côtés. Grand, le dos un peu voûté, il me serre la main fortement. Il semble aussi bouleversé de ce qui m'arrive que je le suis moi-même.

– Merci.

Un signe de la tête, et je retourne avec les agents de police. Je marche maintenant vers le pénitencier. À cet instant précis, je voudrais serrer Louise dans mes bras et pleurer en silence avec elle. Je voudrais disparaître dans l'éther et ne réapparaître que dans un millier d'années, dans dix autres vies. Mais tout a été fait dans les règles. Il ne me reste plus qu'à aller droit devant.

Chapitre 4

La camionnette bleue et blanche de la CUM file rapidement sur l'autoroute 15. J'ai l'impression que le quart de travail de mes bons-hommes est à la veille de prendre fin. Ils ne parlent pas beaucoup, et c'est tant mieux. J'angoisse un peu, c'est ma première visite en prison en tant que volontaire !

— Excusez-moi... nous allons où comme ça ?

— Saint-Jérôme.

C'est assez ironique. Pendant plus de deux ans, je suis passé régulièrement devant cette prison pour me rendre au chalet de Pierre à Saint-Hippolyte et j'ai toujours eu envie de visiter cette geôle. J'avais visité Parthenais, Bordeaux, Saint-François, mais cette prison-là, jamais. Ça devait manquer à ma culture.

Le soleil est encore au rendez-vous malgré le froid, mais je n'ai pas tellement le goût de l'apprécier à sa juste valeur. Le fourgon prend la voie de service et nous voilà arrivés à destination. Quelques minutes d'attente à la porte grillagée, puis la cour intérieure. La prison de Saint-Jérôme... Côté esthétique, rien à redire. Tout est assez propre et l'accueil est correct. Tous ici savent qui je suis et personne ne fait de remarques désobligeantes. Naturellement, photo, empreintes, description, fouille, tout y passe. Je regarde autour de moi sans savoir ce que je cherche. Maintenant je suis en territoire hostile.

— Voulez-vous signer ici, s'il vous plaît.

Je regarde à peine ce qu'il y a à signer, je n'ai pas l'impression qu'ils vont me faire signer un chèque.

— Après la paperasse, je vais vous conduire aux cellules, nous allons vous trouver une place.

— Vous en avez sûrement !

— Oui... On a quelques chambres libres.

Le bonhomme qui s'adresse à moi est gentil et totalement dépourvu d'agressivité. Contrairement aux policiers de Laval plutôt indifférents, lui s'occupe de ses clients. Avec un autre gardien, il m'accompagne à ma cellule. Ici tout se fait en douceur.

— Tu vas avoir tout un bloc pour toi, mais ne t'avance pas trop pour ne pas te faire voir par les détenus de l'autre wing... Ce sont des Rock Machines... Sinon t'as rien à craindre.

— Merci...

Mon bloc cellulaire se compose de deux chambres à lit double, d'une aire de loisir de bonne dimension, de douches et d'un service de lavage. J'ai la télévision et, confort suprême, le téléphone. Le tout est d'une propreté acceptable, ce qui contraste avec Laval. Il n'en reste pas moins que tout est beige et gris. Même ma figure dans le miroir métallique a pris cet aspect terne, amplifié par le violacé des cernes autour de mes yeux.

– Nous allons t'apporter les couvertures et les draps dans quelques minutes.

– Merci !

Que dire d'autre ? Laissez-moi sortir… J'ai peur… Je veux rentrer voir ma famille ! Je laisse quelques minutes à ma raison… le temps de décanter. Mon besoin de parler à Louise se fait aussi pressant qu'il m'angoisse. Je sens qu'aux premières paroles je risque d'éclater en sanglots. Il me faut un courage surhumain pour décrocher l'appareil et composer le numéro. Le téléviseur est allumé, la chaîne météo laisse couler une musique classique apaisante et émouvante à la fois. Louise répond, elle est toujours sous l'effet du choc, mais très digne. C'est elle qui talonne mon avocat afin de tout savoir. Le fait de se parler enfin brise les dernières digues que nous avions construites à la hâte pour retenir un océan de larmes sans cesse refoulé.

– Comment vas-tu ? Ils te traitent bien ? Es-tu protégé ?

De la bouche de Louise jaillit un flot de questions qui fusent en pétarade. J'ai l'impression qu'elle ne fait qu'entrevoir l'immensité du drame qui nous arrive… ou qu'elle le comprend déjà trop bien !

– Tu as vu les nouvelles ?

– Oui, mon homme… Je suis fière de toi ! Tu ne t'es pas caché, tu regardais tout le monde droit dans les yeux… Comme tu l'as toujours fait. Tous ici sont fiers de toi…

– J'ai récolté deux ans, ma grande…

– Je sais… Mais bientôt nous serons ensemble.

À ce moment-là, mon avocat croyait à tort que je ne ferais que quatre mois. Ce n'était déjà plus vrai… Mais pour le moment nous nous accrochions à cet espoir.

– Je t'aime…

– Je t'aime. Si tu savais combien d'amis ont appelé pour te soutenir… Le téléphone ne dérougit pas. Personne ne peut croire ce qui arrive… Micheline a téléphoné… Ton ami André est atterré, il ne comprend pas…

– Moi non plus… Comment vont les enfants ? Dis-leur que je m'excuse… pour tout ce que je leur fais vivre. Ils doivent être bouleversés… Jon s'en sort ?

– Ici… personne n'a honte, n'a peur, ni ne baisse la tête… Nous sommes avec toi. Tes enfants sont fiers de leur père… Nous connaissons ton cœur, nous t'aimons… Je t'aime.

Je tente de ne pas chialer. Mais comment ne pas le faire ? Qui va les protéger maintenant ?

– Nous allons monter te voir demain…

– Je… je vous aime.

Que dire de plus ? Je retourne lentement à mes quartiers. La musique berce ma peine et doucement le sommeil me gagne.

* * *

Mon aventure jamaïcaine avait commencé un samedi après-midi d'été. Par une fusillade. Au coin des rues Sherbrooke et Hampton. Mon ami Leroy Edwards, surnommé Ragga, était le chef d'un groupe de petits revendeurs de coke, proxénète à ses heures. Un pauvre bougre était tombé amoureux d'une des travailleuses appartenant à Ragga. Naturellement, un chef ne peut se permettre de perdre un de ses gagne-pain sans réagir. Alors, fou de rage et fidèle à son surnom, Ragga était parti en chasse et l'autre, fou de peur, était parti s'armer.

Ce samedi-là, un soleil magnifique brille de tous ses feux, une multitude de passants profitent de la journée pour faire leurs courses, flâner ou tout simplement promener les enfants jusqu'au Dairy Queen de la rue Madison. Notre nouveau Roméo, armé d'un 357 mm, a la mauvaise idée d'aller faire des courses tout près du restaurant de Ragga. Naturellement, Ragga sort, arme à la main, et court en direction de son rival. N'écoutant que sa panique, l'autre dégaine un énorme revolver et, dans son énervement, tire un coup par terre. De son côté, Ragga tente désespérément de désenrayer son automatique tout en s'approchant de son adversaire. Le nouveau Roméo fait volte-face et décampe à toute vitesse. Malheureusement, il a toujours le doigt sur le chien de son arme et il tire un autre coup de feu dans une touffe de gazon. Ragga finit par réparer son arme et vide son chargeur au petit bonheur au beau milieu de la foule. La panique s'empare des gens, des femmes s'aplatissent sur leurs enfants afin de les protéger. D'autres s'enfuient à toutes jambes oubliant même un carrosse. À bout de souffle, notre Roméo s'engouffre dans un taxi, l'arme toujours à la main. Le chauffeur, un vieux routier, a la bonne idée de ne pas paniquer et d'aviser son répartiteur par code… Quelques minutes plus tard, l'auto se retrouve cernée par une dizaine de voitures de police. S'estimant sauvé, notre homme sort du véhicule tout sourire, pourtant une vingtaine de revolvers sont braqués sur lui. Se sachant en sécurité, notre homme est plus qu'heureux de poser son arme par terre.

Je le rencontre alors qu'il reprend ses esprits à l'intérieur d'une cellule où, malgré le froid de la pièce, il sue comme un bœuf.

– Tu as bien failli mourir !

– Ce Ragga est fou…

Mon Roméo commence à me raconter son histoire, en n'omettant aucun détail. L'homme est intarissable.

– Tu as un avocat ?

– J'ai appelé tout à l'heure…

Quelques minutes plus tard, Maître Jean-Paul B., une de mes connaissances, m'informe qu'il prend la cause et que son client est prêt à collaborer avec moi. Je me mets immédiatement à la recherche de Leroy, certain qu'il n'est pas resté là à nous attendre. Je fais isoler la scène du crime et relever quelques détails auprès des témoins. Un autre enquêteur fait le reste du travail. Toute la soirée et une partie de la nuit se passent à rechercher notre homme.

Le poste m'envoie une information selon laquelle Leroy est caché chez une jeune femme, rue Sherbrooke. J'investis la place en compagnie de cinq autres policiers. La pièce n'est pas très grande, la jeune femme la remplit très bien. La pauvre est dans un short trois tailles trop petit qui laisse voir une partie de son poil pubien. Steve, un de mes policiers plutôt dégourdis, ne peut s'empêcher de remarquer :

– Jolie chatte…

La jeune femme le regarde d'un air étonné, espérant avoir mal compris le sens de la déclaration. De mon côté, j'attrape une grosse chatte angora et la flatte avec une passion redoublée.

– Oui… très bel animal.

La jeune femme en est quitte pour une interrogation muette. La fouille s'avère infructueuse et je repars les mains vides. Plus tard, au bureau, Steve me confie :

– Tu sais, boss… on était quatre anglophones et seulement un francophone dans la maison. Tu es le seul à avoir compris la blague !

Les recherches reprennent le lendemain matin. Quelques heures plus tard, un avocat appelle pour représenter son client. Ragga se présente au bureau pour y être incarcéré. C'est là que je le rencontre pour la première fois. Il est arrogant, rageur et menteur. Notre conversation se termine rapidement.

– I will kill you, man !

– You can try…

– I will…

Ragga vient de me déclarer la guerre. J'allais lui en faire payer le prix !

Sitôt libéré par le juge, Leroy est de retour à son resto et recommence son lucratif commerce. Depuis quelques jours, je cherche à le coincer. En fait, ce grand idiot est devenu mon ennemi dès l'instant où il a promis de me tuer. Le seul moyen de le mettre à genoux est de tarir les profits qu'il tire de la vente de coke. Mais pour le prendre au bon moment, je dois tout savoir sur lui. Or, il m'est difficile de compter sur des sources sûres dans la communauté noire du secteur. Je décide donc de me rendre régulièrement à son restaurant pour y prendre un verre de Coke et me prélasser un peu. Ça ne dure pas très longtemps. Ma réputation est rapidement faite, ce qui éloigne les clients.

Un événement inattendu accélère cependant mon enquête. Une dame vient à ma rescousse sans le savoir. Elle est prête à stopper son frère, lui aussi revendeur. L'affaire ne fonctionne pas bien, mais elle me permet de laisser couler une désinformation de mon cru. Pendant la perquisition, innocemment et presque en secret, j'avise un des policiers de la mauvaise qualité de l'information donnée par Ragga… À partir du petit parc Hampton, j'assiste ensuite en direct à une belle bagarre entre les deux frères ennemis. Mais ce ne sont encore que de petits succès.

Un jour, je reçois un coup de fil providentiel. Un pasteur désire m'entretenir de quelques secrets concernant la communauté criminelle jamaïcaine. Le destin venait-il encore une fois à ma rescousse ?

– Je me nomme Vernal J. et je crois que vous serez très intéressé par le marché que j'ai à vous proposer.

– Pourquoi pas ?

– Je connais tout le monde dans ma petite communauté et la

drogue devient un fléau... Il y a un petit restaurant de beignes chemin de la Côte-Saint-Luc...

– J'y serai...

J'annonce la nouvelle à mes patrons en leur précisant que je veux y aller seul. Ils ne veulent rien entendre.

– Ce sont des Jamaïcains... Ils sont dangereux.

– Allons donc...

Finalement, mon directeur me laisse y aller, mais sous escorte. Je rencontre donc mon pasteur dans le petit restaurant qu'il m'a indiqué. Deux policiers en civil sont assis à une table voisine, au cas où... Dans l'heure qui suit, Vernal arrive. C'est un petit homme à la peau couleur charbon, presque bleutée, jovial, un éternel sourire de vendeur de voitures accroché à son visage, habillé sobrement comme se doit de l'être un pasteur. Malgré tout, il a l'air aussi vrai qu'un deux dollars américain.

– Mister Aubin... J'ai beaucoup entendu parler de vous... Les petits revendeurs vous craignent déjà. Vous combattez la drogue dans notre communauté et moi aussi je la combats. Peut-être qu'à nous deux nous arriverons à quelque chose...

– Possible...

– J'ai un pas sur vous... Je travaille au restaurant de Ragga quelquefois, alors je vois ce qui ce passe.

Dire que je suis surpris est faible, je suis estomaqué ! Enfin quelqu'un de proche de ma cible...

– Vous voulez m'aider ?

– Dieu ne choisit pas ses soldats. Vous voulez stopper Ragga, et moi aussi. Je vous propose donc une association... payante si, possible ! Ce n'est pas pour moi bien sûr, c'est pour mon église.

Le diable d'homme discourt ensuite à n'en plus finir sur son passé de pécheur, n'omettant aucune des turpitudes auxquelles il s'est livré : la boisson, les femmes, le vol et la prison dans les îles, sans oublier les bastonnades et les lynchages préventifs.

– Mon père était chef de police à l'île de Trinidad, mais moi je suis devenu le mouton noir.

Cette remarque provoque en nous un fou rire... Il lui aurait été difficile d'être un mouton blanc !

– Il n'était pas très fier de moi, le pauvre homme. Maintenant je suis pasteur et je veux faire le bien dans cette petite communauté. Dieu m'a choisi et vous a aussi choisi pour cette croisade...

Je n'en demande pas tant à mon créateur, l'idée de la croisade est un peu forte, mais comme Vernal est pasteur...

– Les ennemis de mon ennemi sont mes amis, monsieur le pasteur.

– Appelez moi Vernal !

Avec le pasteur, je viens de placer ma première pierre dans le jardin de mon ami Leroy. Désormais, il ne me reste plus qu'à bien l'utiliser.

Mon ami Vernal fait rapidement preuve de son efficacité. La même semaine, Ragga devait faire une transaction de stupéfiants. Je réussis à rassembler un petit groupe de policiers pour l'intercepter. Le soir de la transaction, au moment où il va se passer quelque chose, mes hommes entourent l'auto de Ragga. Mais notre homme parvient à s'enfuir par la fenêtre de la porte arrière. Il ne reste sur les lieux que le complice et le sac de coke. Ragga prend encore une fois le maquis. Mais sa vie change maintenant du tout au tout. Son commerce, lucratif au départ, commence en effet à devenir une source d'ennuis, pour ne pas dire de cauchemars. Pour corser ses affaires, je fais courir la nouvelle que je le recherche... Quelques visites à des jeunes femmes travaillant pour lui, quelques rencontres dans des restaurants et quelques informations et sous-entendus bien placés... C'est suffisant pour que Ragga appelle et m'annonce sa reddition.

Moyennant finances, Vernal est devenu une pièce importante de mon jeu. Il me renseigne sur tout ce qui se dit dans sa communauté. Mes petits amis me surnomment déjà Casper, le petit fantôme.

– Ils vous voient partout.

– Tiens...

– Même les autres groupes commencent à en parler.

– Autre chose...

– La copine de Ragga a sniffé une livre de poudre à elle seule, et hier elle lui courait après sur la rue Sherbrooke un énorme couteau à la main.

– C'est bien... La belle S. devait être défoncée à souhait.

– Ouais... Ils ont aussi recommencé à cuire la poudre au restaurant...

– Et...

– Oh... Ragga viendra te voir demain matin. Il sera avec un dénommé Paul. Ragga répand la rumeur que tu en veux à sa vie.

Cette dernière information pouvait m'être utile. Vernal me donna aussi des renseignements sur Paul, et je sus tout de suite que je pourrais les mettre à profit.

Le lendemain, comme prévu, mon meilleur ennemi arrive au bureau en compagnie de Paul. J'amène Ragga au comptoir et lui demande de téléphoner à son avocat. Pendant ce temps, je m'occupe de la paperasse habituelle.

— Tu me passeras ton avocat...

Bien gentiment, Leroy me laisse parler à maître M., joyeux drille et avocat vénal, que je connais depuis un certain temps. Comme il défend Leroy et que son partenaire défend son ennemi juré, nos discussions sont plutôt instructives ...

— Salut, maître M., viens-tu voir ton client ici ?

— Non...

— Il a huit cents dollars en poche... J'ai peur qu'il les perde en chemin...

— Ce pourri me doit plus de mille dollars et il me raconte qu'il n'a pas un sou ! Je vais monter le voir !

Une surprise de taille attend donc mon ami Leroy ! Je me garde bien de lui en faire part. Je l'entraîne plutôt vers une autre terrain, celui de la superstition.

— Dis-moi, Leroy, pourquoi t'es-tu enfui ?

— J'ai entendu dire des choses...

— Si j'avais voulu te tuer... il y a longtemps que tu serais mort.

L'autre demeure interdit, frappé de stupeur. Cette fois, il n'arrive plus à penser, il est persuadé que je lis dans ses pensées. Et ce n'est pas fini. Je regarde de l'autre côté du comptoir. Paul est toujours là.

— Salut, Paul...

Le grand Jamaïcain s'en décroche les mâchoires... Je sais qu'il commence à se poser des questions. Il n'a pas encore passé une semaine au Canada qu'un policier l'interpelle déjà par son prénom.

— Tu sais, Paul... Hier, tu es allé porter des patties dans un petit sac de papier brun. Dans ce sac, il y avait trois sachets de coke. Mais hier, je n'avais pas de temps pour toi. Ce sera pour la prochaine fois.

L'autre n'en demande pas plus, il ramasse ses affaires et part sur-le-champ. Je regarde Leroy en souriant.

— Ton ami n'a pas l'air de me trouver drôle !

Ragga n'arrive plus à ordonner ses pensées. Je fais tout ce qui est en mon pouvoir pour le maintenir dans cet état. Finalement, maître M. arrive en trombe et vient à ma rencontre avec un large sourire.

– Salut... Comment vas-tu ?

– Très bien maintenant.

Leroy regarde son avocat sans comprendre... ou peut-être commence-t-il à réaliser l'ampleur du piège ! Je m'approche de mon ennemi avec un petit sourire en coin.

– Leroy... Tu as huit cent vingt dollars en poche. Ici, c'est bien connu, la police peut voler ton argent... Tu me suis bien ?

– ...

– Alors, je vais donner ton argent à maître M. pour qu'il en prenne le plus grand soin. C'est d'accord ?

Leroy ne sait plus que penser, tout va trop vite pour lui. Je suis persuadé qu'il sent le tapis lui glisser sous les pieds, mais il ne sait plus du tout comment s'en sortir. C'est au tour de maître M. d'intervenir. Il ramasse l'argent et le compte consciencieusement devant son client.

– C'est bien ça... Huit cent vingt... Leroy, tu me dois déjà mille dollars, je vais donc considérer ce montant comme un versement.

Cette fois le caïd est complètement atterré. Il n'y a plus personne à l'intérieur de son crâne, le vide sidéral ! De mon côté, je trouve que l'avocat va un peu loin. Je reprends donc vingt dollars de la liasse, qui trône encore sur le comptoir, et je remets le billet dans l'enveloppe.

– Bon... Il ne faut pas exagérer tout de même, laisse-lui quelque chose pour s'acheter des cigarettes !

Maître M. opine à regret et se contente de huit cents dollars. Nous nous quittons dans un concert de « Joyeux Noël » (qui s'en vient). Leroy prend la direction des cellules... Pas pour très longtemps, le juge lui accordera une caution et il pourra continuer son petit commerce en attendant.

* * *

La douche est une réelle torture. L'eau est froide à souhait. Et cet idiot de bouton que l'on doit constamment pousser pour obtenir un maigre filet d'eau à peine tiède... Pour se laver les cheveux, les yeux pleins de shampoing, ça tient de l'exploit. La lessiveuse a de l'eau chaude, elle, mais de là à s'y laver la tête... Je fais des efforts incommensurables pour avoir l'air digne, je me suis fait la barbe avec un rasoir jetable, j'ai passé mes vêtements à la lessive au savon en barre, brossé ma veste, peigné mes cheveux avec les doigts. Ainsi, je serai, je l'espère, assez présentable. La télé diffuse le film *Dardanelles* avec Mel Gibson et l'*Adagio* d'Albinoni en trame sonore. Dès les premières notes, de belles et languissantes plaintes tirées des profondeurs de la terre me frappent de plein fouet, mes yeux s'embrument et des larmes coulent en cascades sans que j'aie envie de les retenir. Je ferme les yeux, mais je ne vois que ces dernières heures cauchemardesques… faites de souffrances, de tristesse, d'abandon, de courage et de vaines bravades. Je sais que ma famille sera là bientôt et que je me dois de me montrer fort. Mon désarroi et ma blessure ne doivent pas transparaître. Mais pour le moment, mon corps ne m'obéit plus, je pleure de toutes mes forces. Silencieusement, mais avec la force d'un torrent qui emporte avec lui arbres et rochers. Albinoni revient sans cesse me hanter, il me hante encore aujourd'hui. Quoi que je fasse maintenant, lorsque cette magnifique pièce musicale surgit par hasard de nulle part, je m'arrête, j'écoute : inévitablement, j'ai le cœur qui se serre et j'ai grand-peine à ne pas pleurer.

Pour tromper mon attente, j'ai récupéré quelques livres sales et déchirés qui traînaient au fond d'une corbeille à papier. Un volume en particulier frappe mon attention : *Talleyrand, le grand diplomate.* Je m'évade dans l'ère postnapoléonienne, le temps de ces quelques pages, moi qui me plaignais de manquer d'occasions pour lire ! Un gardien vient brusquement cogner aux barreaux, il m'invite à le suivre en me pointant du doigt.

– Aubin ?

– Oui, monsieur…

– Tu as de la visite.

C'est maintenant le vrai test. Ma famille, ceux que j'aime, sont là, et je suis mort de trouille. Comment ne pas pleurer ? Le miroir métallique dans lequel se reflète mon visage ne peut me donner une juste appréciation de ma condition. Même si je me suis fait la barbe, le miroir déformé me renvoie une image de moi très peu flatteuse.

– Allons… c'est l'heure.

Le gardien doit comprendre, car il ne relève pas cette dernière phrase. Juste un léger sourire sans joie avant de s'éclipser lentement pour me laisser passer. J'arpente avec anxiété un long couloir beige et impersonnel menant à la salle des visites. C'est terrible de devoir s'arrêter à tous les dix pas pour régulariser sa respiration et son rythme cardiaque. J'ai les jambes toutes molles et le cœur me sort par les oreilles. Je me répète à chaque pas, sans arrêt : « Ne va pas pleurer, surtout ne pas pleurer. » Une porte vitrée, « Salle des visites ». C'est maintenant ! Me voici dans un réduit, devant une vitre blindée, toute ma tribu est face à moi. Louise, les yeux rougis, grimace ce qui se veut un sourire. Jon me regarde attentivement comme pour déceler la faille dans mon armure ; il a tellement l'air malheureux et impuissant que même le sourire dont il s'affuble tombe à plat. Marie approche sa main doucement et, tous les deux, nous tentons chacun à notre manière de rassurer l'autre. Comme nous croyons au magnétisme, Marie tente de me donner un peu de son énergie par l'imposition de sa main contre la mienne. Je m'assoie pour me donner une contenance et tente de cacher les tremblements nerveux qui me tiraillent.

– Tu vas bien ?

– Oui, Marie…

Louise se colle à la paroi et me dévisage dans un ultime acte d'amour. Comme si le fait d'être ensemble pouvait faire disparaître par magie la barrière de verre qui nous sépare. Nous échangeons quelques informations. Michel a été relâché, il est même venu vider le bureau… Il n'a pas perdu son temps. L'autre Michel, mon ami, ne cesse de téléphoner, il fait une crise de nerfs à tous les appels. Roger a disparu… ainsi que Marty. Selon ce qu'elles connaissent de la vie, quelques autres connaissances soit sont pleines de compassion, soit me jugent sévèrement. Certains, oublieux des services qui leur furent rendus, accablent Louise de propos moralisateurs. Je sais que tous ces mots la blessent. Malgré tout, courageusement, en bon petit soldat, elle me gratifie d'un joli sourire.

– Je t'aime…

Que pouvons-nous dire d'autre ? Quelques silences, quelques sourires empreints d'une tristesse sans nom, et déjà la visite se termine. Le gardien vient frapper deux fois à la porte. Dans l'énervement, je n'arrive pas à l'ouvrir correctement. C'est fini…

– Je vous aime…

– Je t'aime, papa…

Marie et Jon ont sorti ce cri à l'unisson, comme un appel, un cri de désespoir. Louise n'ose même plus me regarder, ses belles épaules carrées se voûtent de douleur. Nous pleurons tous… Malgré ma promesse, des larmes chaudes et pesantes sillonnent mon visage qui, j'en suis persuadé, doivent me donner une allure grotesque.

– J'attends ton appel…

Je pars dans un dernier salut et refais le parcours à l'envers. Un gardien reste près de moi.

– Tu sais, ici je suis comme un travailleur social, si jamais tu avais envie de parler…

– Merci.

Je rentre dans ma cellule et me laisse tomber sur mon lit dur et impersonnel. Je chiale tout mon saoul. J'en aurai pour une heure à m'en remettre. Je finirai l'après-midi dans un sommeil d'épuisement profond et salutaire. Dans la soirée la télé repasse *Dardanelles*… Je n'ai pas le courage de changer de chaîne.

Chapitre 5

Le soleil est levé depuis peu. C'est aujourd'hui que je déménage. Mon gardien est venu me prévenir que je dois me préparer. Je vais à la douche. Elle est toujours aussi froide. Le café et les rôties m'attendent sur la table : moi qui déteste le café instantané et les rôties froides, je suis servi. Mais c'est compris dans le forfait ! Deux gardiens m'emmènent, ce sont des gens bien, aucune brusquerie, aucune allusion de mauvais goût. Sur mon passage, une petite jeune fille me regarde bien un peu de travers, mais je la comprends, elle ne sait rien de ma vie et se fie certainement aux journaux pour se faire une opinion.

– Monsieur Aubin, nous allons nous rendre à l'accueil. De là, ils vont vous transporter à Rivière-des-Prairies.

Quelques minutes plus tard, je me retrouve devant deux gardiens indifférents à mon désarroi. Les premiers d'une longue série.

– Allez vous mettre à genoux sur le banc…

J'obtempère, le garde-chiourme me passe des fers aux chevilles, en s'efforçant de ne pas trop les serrer. Je me relève pour les menottes. Ces humiliations sont difficiles à accepter. Hier encore, j'étais un homme respectable et respecté. Un homme qui n'a jamais changé de cap. Même si c'est toute une famille que ce mauvais rêve engloutit, j'ai, Dieu merci, trop de volonté pour me laisser abattre.

– Le camion est là…

Je me retourne. Les gardes sont tous un peu mal à l'aise.

– Merci beaucoup, les gars…

Deux autres hommes sont déjà assis et menottés dans la petite camionnette du ministère de la Justice. Le voyage se fait en silence. Nous passons par Sainte-Anne-des-Plaines pour y déposer un détenu et en prendre deux autres. Retour par les petites routes secondaires aux côtes tire-bouchonnantes, puis nouvel arrêt à Saint-François pour y laisser deux de mes compagnons… Nouveau départ par l'autoroute. Tout défile comme dans un rêve. Le camion quitte enfin la route pour s'engager dans un long couloir goudronné. Au bout du chemin, un vaste complexe en briques et en métal… L'établissement Rivière-des-Prairies. Nous attendons dans l'arrière-cour que les gardiens viennent ouvrir une à une les portes grillagées, puis ils nous emmènent à l'intérieur du complexe. Ici comme à Laval, tout est gris, sale et impersonnel. J'emboîte le pas au gardien qui m'enlève les chaînes des pieds. Je suis transféré dans ce qu'ils appellent un « bull pen » : une petite salle malodorante couverte de milliers de graffitis et baignant dans une lumière crue. Assis sur un banc de bois vissé au mur, je me sens aussi maculé que les murs qui m'entourent. De jeunes Noirs s'entassent dans les autres « bulls pens », et à leurs attitudes on devine que ce sont des habitués du système. Les détenus passent dans un sens et dans l'autre, comme sur une chaîne de montage à l'usine… ceux-ci pour la sortie en institution, ceux-là pour l'attente de décision.

– C'est toi Aubin…

– Oui, monsieur…

– Ils vont venir te voir…

J'ignore pourquoi le gardien voulait mon nom. Il repart en me laissant seul avec l'attente. J'en profite pour regarder de plus près les dessins et les messages gravés sur les murs. Ils me font penser aux peintures rupestres laissées sur les parois des cavernes par nos ancêtres. Une idée folle me traverse l'esprit… Si d'aventure ce bâtiment résistait aux siècles, un archéologue pourrait les prendre pour des peintures rituelles offertes à nos dieux. J'ai du temps, beaucoup de temps… La fatigue aidant, je sombre dans une douce somnolence.

* * *

Au fil des mois, Vernal était devenu le confident de Leroy, il l'aidait même à cuire la pâte de coca. Bien sûr, ce n'est pas très légal,

67

mais comment gagner la confiance de quelqu'un sans se salir les mains ? Il venait régulièrement me faire un rapport de tout ce que Ragga mijotait. Un jour, il m'expliqua que son grand ami avait acheté des gousses d'ail – trois cents dollars pièce – pour m'éloigner de son commerce. Il n'en fallait pas plus que je m'y rende !

Cet après-midi-là, je vais au restaurant de Ragga, fort de l'information que le pasteur m'a révélée. Bien calé dans sa chaise, le caïd me voit arriver sans se douter de ce qui va arriver. Sur le seuil de la porte, j'écrase soigneusement du pied les gousses d'ail ensorcelées. Ragga n'en revient pas. Puis, avec un grand sourire, je brandis ostensiblement sous son nez l'os en plastique qui me sert de porte-clés.

– Leroy... Mon ami... Ma sorcellerie est plus grande que ton Oubia et personne ne peut m'arrêter. Je sais tout ce que tu penses et tout ce que tu fais... Un jour, tu auras une grosse facture à payer !

Sur ce, je tourne les talons et je laisse un Ragga ébahi profiter pleinement de la forte odeur d'ail qui règne à présent dans son restaurant. Le même soir, Vernal me fait son rapport. Leroy est toujours sous le choc, il est au bord de la paranoïa. Cette fois, il est sûr que je suis l'incarnation du Diable, et Vernal ne fait rien pour le rassurer.

Le point faible de Ragga est son « harem », si on peut appeler ainsi les jeunes filles travaillant pour lui. Je me fais donc peu à peu plus présent auprès de ces dames, qui se disputent déjà les faveurs de Ragga, et j'utilise leur jalousie pour déstabiliser notre homme. Ma présence devient gênante. Quelques-uns de ses hommes commencent à croire qu'il a la poisse. Son restaurant a de moins en moins de clients et S., sa copine régulière, commence à lui coûter de plus en plus cher en poudre illicite. Bref, Ragga doit mettre un frein à l'expansion de ses affaires.

Vernal est sur le point de m'offrir la tête de Ragga. Mais un incident vient sauver la mise de mon ennemi favori. Depuis l'arrivée du gros Robert, mon capitaine préféré, mon directeur avait non seulement cessé de me soutenir, mais s'était également mis en tête de se débarrasser de mon encombrante présence. Le prétexte qu'il trouve pour m'évincer est efficace à défaut d'être subtil. Un matin je lui propose une opération, il me demande un rapport pour y réfléchir... Deux jours plus tard, il me convoque dans son bureau et, devant Robert et mon lieutenant, me demande ledit rapport.

– Je n'ai pas eu le temps de le faire...

Le directeur triomphe, il jette un regard satisfait à ce gros huileux de Robert, et dit à l'attention des deux autres :

— Vous voyez… Il n'est pas fiable, il ne fait pas ce qu'on lui demande.

Je suis scié de cette bassesse. Ce directeur qui vient de me poignarder tel un Brutus, je l'ai soutenu, j'ai eu un certain respect pour lui alors qu'il était sergent détective, et je lui ai donné de nombreuses heures de travail sans rien réclamer.

— Bon… J'ai compris.

Je sors immédiatement du bureau pour y revenir tout aussi vite, une demande de mutation à la main. Je la lance sur son bureau.

— Voici… Ça va me dispenser de voir vos figures hypocrites.

Mon pauvre lieutenant de relève, le brave et imbécile Gerry, qui est sous le coup d'une préévaluation merdique, vient me rejoindre, atterré. Il n'a pas encore compris le coup de balai que prépare ce roitelet de basse cour qu'est notre capitaine. Malheureusement pour lui, quelques jours plus tard, c'est le directeur qui partira.

* * *

Pendant ce temps, pour une raison inconnue, Vernal avait commis quelques indiscrétions et ainsi compromis sa situation. Quelques jours avant la Carifiesta, la fête annuelle de la communauté jamaïcaine, il m'appelle sous l'emprise de la panique.

— Il faut m'aider maintenant, des gens de Toronto veulent me tuer. Leroy sait que je suis de mèche avec toi, ou du moins il a de forts doutes. Des amis m'ont prévenu… Trois bonshommes de Toronto sont ici dans un motel… Ils sont armés et veulent me faire la peau… J'ai peur pour ma femme et mon enfant.

Je n'ai pas le choix. Nous sommes vendredi soir, et mon directeur n'étant pas au bureau, c'est moi qui suis le garant de ma source. Je me rends au poste et Marty vient me rejoindre. Le lieutenant appelle le directeur, qui consent à donner cent dollars pour un déménagement rapide.

— Marty, toute cette aventure est pleine de dangers. Tu ferais mieux d'y penser.

— La seule chose qui m'inquiète est que je ne suis pas armé.

Bien qu'il ait un statut d'agent de la paix, il ne possède pas d'arme. L'opération pouvant s'avérer dangereuse, je sors un revolver de ma poche et je le lui tends. Quelques-uns d'entre nous prennent de telles précautions qui, sans être très légales, sont néanmoins pratiques et même vitales dans certains cas.

– Tiens, à présent, tu es armé… S'il arrive quelque chose, tu tires… et tu laisses tomber l'arme…

Nous arrivons sur les lieux avec une demi-heure d'avance. Après quelques minutes de guet, nous frappons chez Vernal. Sa pauvre épouse ne connaît rien de ses activités et semble dépassée par les événements. Elle remplit lentement une valise, tout en tentant de comprendre… Quant à Vernal, il n'est pas d'humeur à s'épancher, il se promène nerveusement de long en large en jetant un coup d'œil par la fenêtre chaque fois qu'il peut.

– Nous sommes prêts.

C'est le moment de partir. Comme nous ne savons pas si les hommes qui cherchent Vernal connaissent son adresse, un véhicule de police vient se stationner dans la rue au tout dernier moment. La petite famille descend, les valises à la main. Un petit signe, et tout ce beau monde part en trombe. Vernal et sa famille sont rapidement conduits chez des gens sûrs à Verdun. Je lui donne les cent dollars pour l'aider à se retourner. Maintenant, il est brûlé, il doit s'éclipser et penser à sa famille.

Je perdais ainsi une de mes meilleures sources dans le milieu, ce qui n'était pas si important puisque mon directeur venait de me chasser. Vernal resta dans l'Ouest pendant quelques années et ce n'est que bien plus tard que nous pûmes renouer. Ragga n'avait pas tout perdu.

* * *

– Ton nom…
– Aubin.
– OK.

Bon… Un deuxième gardien me demande mon nom, ils doivent bien se parler à quelque part ! Ou est-ce comme partout ailleurs : une grosse machine sans tête ?

– Ça ne sera pas long…

Pas long pour quoi ? Quelqu'un arrive avec un sac de papier brun contenant un sandwich à la mortadelle, deux biscuits Feuille d'érable et un berlingot de lait. Si je comprends bien, c'était le dîner qui ne devait pas être long à arriver. Quelques minutes interminables plus tard, un vieux gardien sans âge passe devant moi. Il porte sous le bras une enveloppe jaune et froissée de prisonnier, mais je ne suis pas sûr qu'il sache encore lire.

– C'est quoi ton nom ?

– Aubin.

Il repart lentement, traînant ses bottines noires aussi usées que lui jusqu'à son poste situé à la porte d'entrée. Quelqu'un vient vers moi, un autre gardien, il jette un coup d'œil sur ses fiches et sur les hommes qui sont devant lui.

– Ton nom, c'est quoi ?

– ... Aubin.

J'aurais presque envie de m'accrocher une pancarte au cou... L'homme se retourne lentement, fait quelques pas et crie aux autres employés :

– OK, il est ici !

Je suppose qu'on me cherchait, quatre détenus à la fois c'est très compliqué, il faut savoir compter jusque-là ! Enfin, on vient me sortir de cette pièce sale et exiguë dont je connais les graffitis par cœur.

– Suis-moi.

Le gardien me parle sur un ton bourru, comme si c'était de ma faute s'il a eu à me chercher. Me voici à la remorque d'un gardien à bedaine qui m'entraîne vers un réduit ressemblant à une salle d'habillage. D'un geste, il me montre une des cavités et me fait signe de me dévêtir. Je suis une fois de plus nu comme un ver, mes vêtements datent de sept jours maintenant et, même lavés au savon en barre, ils ne sont pas de première fraîcheur.

– Vous excuserez ma tenue...

– Pas grave.

Je passe à l'inspection, bouche, aisselles, dessous de pieds et trou de balle. Le tout est promptement mené et nous passons à autre chose.

– Habille-toi et viens.

Je marche en silence derrière mes deux gardiens. Je n'ai pas la moindre idée de l'endroit où je vais atterrir. Nous franchissons quelques couloirs peu éclairés pour aboutir à un couloir encore plus sombre. Grands dieux ! Le trou... Petit couloir étroit, six cellules crasseuses et sombres. Une prison aux murs d'un beige sale et assombris par des lumières tamisées. Nouvelle fouille à nu et me voilà dans mon nouveau royaume. La lourde porte pleine se referme

71

derrière moi, une petite lucarne laisse filtrer la lumière. À l'intérieur même de cette porte, une porte plus petite, que je regarde avec étonnement. C'est elle qui servira de lien avec l'extérieur... Mes repas ! Les gardiens me passent la nourriture par ce portillon qui s'abaisse. J'apprendrai vite à être rapide car il n'y a pas de deuxième chance. Tu n'as pas ta tasse... pas de café ! Quelques minutes plus tard, ils viennent reprendre le tout ou le laissent traîner, c'est selon.

Je fais le tour du propriétaire : un lit en béton, une table en plastique fichée au mur, comme chez McDonald's, des toilettes en inox surmontées d'une fontaine et un petit rouleau de papier de toilette ! J'oubliais... un miroir de métal renvoyant une image aussi pâle que floue. De toute façon, avec quoi pourrais-je me laver ? Je me mets à nettoyer ma cellule. Je plonge la main dans la cuvette et, avec quelques papiers, je lave les murs et le plancher. Je dois me battre contre des dizaines de petites mouches à fruits ou à toilette, c'est selon... Les petits insectes pullulent autour de ma table. Soudain je me rends compte de l'inutilité du combat. J'abandonne et je me couche dans mon nouveau lit... Heureusement, les draps et la couverture sont propres. Quelques détenus vont et viennent entourés de gardiens, l'un d'entre eux pique une crise et je passe une partie de la soirée à me payer un concert de coups de pieds et de cris effrayants. Vers vingt heures, un gardien frappe à ma porte.

– Téléphone et douche... T'as trente minutes.

Quel dilemme... Mon corps entier se meurt pour une douche, et mon cœur entier, lui, se meurt d'entendre la voix de celle qui attend avec inquiétude l'appel qui apaisera son esprit. Rien ne peut être comparé à ces déchirements. La porte s'ouvre et je sors, je passe devant la cellule d'un autre pauvre bougre qui me regarde d'un air hébété. Ses yeux sont écarquillés, deux billes roulant d'un côté à l'autre des orbites. Le garçon n'a pas vingt ans... Je lui fais un petit signe d'amitié. Ça le calmera peut-être un peu si quelqu'un entre en contact avec lui. J'ai pris la décision de sentir mauvais. Ce sera donc le téléphone. Louise attend avec impatience, sa fidélité est indéfectible. Nous ne savons pas par quoi commencer.

– Je t'aime.

– Je t'aime aussi...

Mon fils est aussi chez lui à attendre comme un brave petit soldat... Ma fille également. Ils attendent cet homme qui fut, lui aussi, un brave petit soldat et qui s'accroche avec l'énergie du désespoir aux maigres parcelles d'humanité qui lui restent.

– Je suis en protection.

– C'est bien…

– Oui… C'est bien ainsi…

– Peux-tu communiquer avec quelqu'un ?

– Toi. Le soir et trente minutes.

– Je vais aller te voir demain si tu veux. Jonathan sera avec moi, je ne sais pas encore pour Marie…

– Vous allez bien ?

– Les journaux continuent à te salir…

– Ça fait vendre, mon amour… Je suis un homme marqué maintenant.

Louise pleure en silence une douleur qu'elle arrive mal à cacher. Ses larmes me déchirent et brûlent mes entrailles comme autant de flèches aux pointes chauffées à blanc. Je ne veux pas pleurer, mais les larmes ruissellent le long des rides qui se sont creusées depuis peu sur mon visage. Je voudrais mourir, juste pour soulager ces souffrances. Le désespoir, mon grand ennemi, vient me frôler de ses longues ailes noires, ses ailes de vautour qui ombragent la vision de la future victime pour mieux happer son dernier souffle. J'essaie maladroitement de trouver des mots qui feraient apparaître par magie l'arc-en-ciel d'un bonheur fragile, ne serait-ce que quelques instants. Trente minutes, comme c'est court ! Nous nous laissons en pleurs, tout en faisant semblant de rire pour la galerie, et surtout pour ne pas se laisser abattre et ne pas affoler l'autre. La conversation s'arrête brusquement. Me voilà seul à nouveau. Je ne sais pas pourquoi je pense au Christ : au premier soir de sa détention, il a dû ressentir quelque chose de proche de l'abandon, de la solitude… le vide infini et sidéral de l'incompréhension.

Je retourne dans ma cellule. Nouvelle fouille à nu. J'apprends rapidement qu'une sortie de cellule, même de quelques secondes, signifie une fouille de quelques minutes. Je me rhabille dans ma chambre, mes gardiens n'ont pas beaucoup de temps. Je reprends l'inspection du cubicule qui me sert de gîte. Je me lave à l'évier et je m'étends.

* * *

73

Mon voisin immédiat frappe frénétiquement sur le mur.

– Tu m'entends ?

Sa voix sort de la bouche d'aération, un peu comme une voix venant de l'au-delà, et il me faut plusieurs minutes avant de bien comprendre. Je me penche vers la trappe et je réponds. L'autre commence alors à parler de façon étourdissante. Conversation à sens unique. Il a été arrêté pour un vol qualifié dans un club. Pour voler les recettes des machines vidéos, il a pris la serveuse en otage et a attendu le propriétaire… Surprise ! C'est la police qui est arrivée ! Par trois fois, je lui dis bonne nuit, mais le jeune n'a pas envie de me laisser seul. Il n'est pas à son aise dans le trou et aimerait bien que je lui tienne compagnie le temps qu'il trouve le sommeil. Et ce n'est que lorsque les lumières s'éteignent à vingt-deux heures qu'il cesse finalement de parler. Je profite de la clarté que jettent en permanence les projecteurs extérieurs pour refaire le tour du propriétaire. Et je trouve miraculeusement un petit trésor : une mine de crayon ! Elle n'a beau mesurer que deux centimètres, elle me permettra d'écrire à mes proches. Je déchire le sac de papier brun et j'écris avec minutie tous les mots que je voudrais leur dire, tous les mots qui ne se disent pas mais qui s'écrivent. C'est aussi dans cette cellule minable, peuplée d'un homme et de dizaines de mouches qui le harcèlent, que germera l'idée de ce livre.

Je finis par dormir quelques minutes… pour être aussitôt réveillé par le fracas des portes métalliques que l'on ouvre à toute heure et le rayon cru des lampes de poche qui cherchent avec soin nos visages. Je pense aux hôpitaux, aux infirmières qui vous réveillent pour vous donner une pilule pour dormir.

Sept heures du matin. Impossible de se tromper ! Les gardes-chiourme frappent aux portes.

– Déjeuner…

Il faut se lever en vitesse pour être prêt à recevoir sa ration de « café » et de rôties froides et sèches, sinon on reste sur sa faim. Le service ne repasse pas, on n'est pas à l'hôtel ! Notre pitance nous est donnée avec une rapidité d'autant plus effarante qu'elle est toujours servie froide. Pourquoi les gardiens se donnent-ils autant de peine pour aller si vite ? Mystère. Je mange sans appétit et partage le tout avec mes innombrables petites mouches. Quelques minutes plus tard, les cerbères viennent ramasser les restes. Si seulement ils pouvaient aussi ramasser les mouches ! Je garde quand même quelques petits morceaux du sac en papier, ils me serviront de papier à lettre.

* * *

Maurice s'était stupidement noyé lors d'un accident de chasse. Il avait été mon ami, mon supérieur et un partenaire occasionnel. Je n'avais que de bons souvenirs de son passage. Un matin que nous travaillions ensemble, j'avais oublié mon porte-monnaie avec mon insigne de poche. Pour convaincre le concierge d'un bloc d'appartements d'ouvrir la porte de l'un de ses petits meublés, je lui avais candidement montré mon arme, mais c'est seulement en voyant l'insigne de Maurice qu'il nous avait gratifiés d'un énorme soupir de soulagement.

Nous avons bien sûr eu un remplaçant, mais j'avais perdu une belle complicité. Un malheur n'arrivant jamais seul, un ancien collègue avec qui je n'avais pas vraiment d'atomes crochus, et qui se donnait des airs de prima donna, m'appelle pour m'annoncer candidement qu'il sera mon nouveau patron.

– Je viens d'être nommé lieutenant détective et je commence demain chez vous.

– Félicitations.

– Nous allons travailler ensemble…

À l'époque, je n'avais jamais travaillé avec lui, mais son attitude condescendante et narcissique me déplaisait déjà au plus haut point. Mais comme j'ai toujours donné la chance au coureur, je me disais que je verrais avec le temps.

Avec le groupe réduit d'intervention dont j'étais en charge, nous avions déplacé beaucoup de poussière au cours des dernières semaines. Comme à notre habitude. Clovis, mon nouveau directeur en était assez fier : ses statistiques mensuelles étaient partout à la baisse, sauf pour les vols qualifiés dans le métro. C'était le début du phénomène du taxage et personne, sauf peut-être les adolescents eux-mêmes, ne semblait avoir pris conscience de l'ampleur du fléau.

Ce mardi après-midi-là, l'arrivée de mon nouveau lieutenant, mon officier supérieur direct, marqua le début de trois longues années de guerre ouverte. Le petit Michel… À peine a-t-il fait son apparition qu'il me convoque dans son bureau pour un entretien très prometteur. Il n'a jamais fait dans la dentelle, et de mon côté j'ai jeté mes gants blancs aux ordures depuis fort longtemps. J'entre dans son bureau (seul le lieutenant a un bureau personnel) le « bocal » comme nous l'appelons par dérision depuis toujours. J'attends patiemment et en silence qu'il m'invite à m'asseoir.

– Ça fait combien de temps que tu roules avec ton équipe ?

– Trois mois...

– Vous faites quoi ?

– Tout... Nous venons de terminer les arrestations d'un gang de vols qualifiés, et avant cela celui des introductions dans le secteur Côte-Saint-Luc.

– Tu fais des rapports ?

– Eh bien, oui...

Je ne fais pas grand-chose pour qu'il se sente à l'aise, je n'ai pas du tout envie qu'il se sente à son aise... Nous sommes déjà en état de guerre.

– À quelle fréquence ?

– Une fois par semaine.

– À l'avenir, je veux un rapport quotidien de l'activité de ton groupe.

– Tu en auras un hebdomadaire.

Le pauvre... Il est déjà tout rouge ! La partie de bras de fer est commencée et je sais qu'elle sera rude.

– Non... quotidien.

Je crois rêver. Ce cabotin qui se prend pour un agent de la paix veut me river le cul sur un fauteuil.

– Je n'ai pas l'intention de passer mes journées derrière une machine à écrire pour te faire plaisir, Michel... J'ai du travail à l'extérieur. Des arrestations, des filatures... des perquisitions... Tu sais ! Le train-train, la routine.

– Tu ne veux pas faire de rapports quotidiens...

– Non !

Il n'y a pas dix minutes que nous sommes ensemble et déjà se dessine une guerre de pouvoir. Il me regarde d'un petit air arrogant dont il ne se départira jamais en trois ans, et moi je vois déjà en lui la suffisance et l'incompétence incarnées. Un enquêteur à complet Gucci et à chemise Polo de luxe... Très pratique lors de perquisitions pour fouiller sous les éviers et dans les poubelles !

– Bon... De toute façon, ton équipe est dissoute à partir de lundi prochain et tu reviens travailler pour moi. Nous manquons de personnel et j'ai des tas d'enquêtes en retard.

Je ne réponds pas, c'était préparé depuis le début. Il a toute l'autorité pour le faire. Je ne suis pas surpris le moins du monde, je m'y attendais.

– En attendant... pour les trois derniers soirs, tu vas dans le métro et tu cherches les voleurs...

Je n'ai plus envie de discuter, entre lui et moi s'est installé un malaise indéfinissable et durable. Nous avons tous les deux un ego très fort : lui est lieutenant, et moi je suis compétent ! Je sais seulement que mon capitaine bileux vient de se trouver un allié de taille et qu'il ne me reste que le directeur, Clovis, pour me rendre justice. Mes hommes sont arrivés et regardent déjà les plaintes des dernières vingt-quatre heures. Le nez dans ses fiches, Nick se donne un air faussement décontracté, mais je sais qu'il guette mes réactions du coin de l'œil.

– Bad day...

– Quelle petite merde !

Jean, le beau bonhomme de l'équipe, vient à peine d'arriver, il renverse son café un peu exprès sur les papiers du gros monstre et provoque ainsi une course à obstacles entre les bureaux. Richard, le quatrième mousquetaire, son café bien en main, préfère rester neutre. Son dernier combat avec le monstre est encore douloureux. Il faut bien commencer à bosser. Nous avons du travail. J'explique en quelques mots les attentes de notre nouveau G.O. (J'ai toujours appelé mes lieutenants et mes directeurs les « gentils organisateurs », euphémisme pour semeurs de pagaille.) Je leur dis que le chef a décidé de dissoudre notre groupe. Bien sûr, mes gars ne sont pas très heureux de cette décision. La mort dans l'âme, nous convenons d'une journée pour un souper de groupe, chez Wings and Things, notre quartier général. Là, au moins, tout le monde est souriant. Il ne nous reste plus qu'à travailler.

– Alors, les enfants... Aux autos... On va visiter le métro Villa-Maria.

Une surprise de taille nous attend. Plus d'une douzaine de policiers en uniforme patrouillent préventivement à l'intérieur du complexe. Si quelqu'un est assez stupide pour y commettre un vol dans ces conditions... Je rencontre l'officier en charge, qui m'explique que son groupe patrouille systématiquement dans les trois stations de métro du secteur depuis le début de la semaine.

– Quel con, ce lieutenant !

Je retourne donc à mes hommes. Nick garde un sourire imperturbable et énigmatique. Pressent-il lui aussi de quoi sera fait notre avenir immédiat ?

– Allez, nous retournons à nos affaires en cours ! Il y a notre revendeur de la rue Grand… Si nous pouvions le ramasser !

C'est le calme plat tout le reste de la soirée. Notre revendeur a disparu dans la nature. Il faut dire qu'une semaine auparavant, nous avons arrêté un autre revendeur et saisi six bouteilles de morphine base : trente mille dollars au prix du marché. Et l'opération a eu lieu dans l'appartement d'en face…

De retour au bureau, j'avise mes hommes de rentrer plus tard le lendemain. Nous avons des informations sur des vols qualifiés, et comme ces vols ont généralement lieu à la fermeture des dépanneurs, je veux optimiser nos chances de succès. Le lendemain après-midi, mon lieutenant me fait venir dans son bocal dès mon arrivée.

– Tu n'étais pas dans le métro hier !

– Aujourd'hui non plus.

– Je t'avais dis…

– Écoute bien, le G.O., tu m'as organisé une belle petite sortie… Savais-tu que toute une troupe de bleus campent dans le métro depuis le début de la semaine ? Que veux-tu que je fasse là-bas ? En tant que G.O., c'est ton rôle de savoir ce qui se passe avant de préparer des opérations… Le savais-tu ? Nous avions l'air d'une bande de débiles se marchant sur les pieds.

Michel est trop estomaqué pour me répondre du tac au tac, il ne connaît pas encore assez mon caractère.

– C'est qu'il y a beaucoup de vols dans le métro…

– Et… c'est nouveau ?

– J'ai le mandat de faire cesser les vols dans le métro.

J'ai soudain un trait de génie. Je connais mes hommes, je sais qu'ils feront tout pour moi.

– Le métro, c'est important pour toi ?

– Bien sûr…

– Alors… Me donnes-tu l'enquête des vols dans le métro et le taxage en général ?

C'est un pari d'autant plus risqué que je n'ai que deux jours devant moi, mais je n'en suis pas à mon premier défi. De mon siège, j'entends mon lieutenant réfléchir… Quatre enquêteurs sont sur le dossier depuis plus d'un mois et rien ne bouge, exception faite de l'opération préventive dans laquelle ils sont parfaitement visibles. Il n'a rien à perdre, et moi tout à gagner.

– Bon… Tu as l'enquête jusqu'à lundi.

Mes hommes m'attendent avec impatience, un petit sourire ironique au coin des lèvres. Comme s'il avait deviné, Nick fait le tri dans les vols commis dans le métro et dans les écoles du secteur. Je dois sûrement être très prévisible. Tout le monde éclate de rire. Réunis autour de mon bureau, mes hommes attendent le verdict. Je leur explique la situation en quelques mots J'ai bien envie d'embêter ce blanc-bec en réussissant l'impossible. Déjà, la fébrilité de la chasse s'installe en nous. Nick nous avait déjà comparé à des prédateurs, il ne se trompait pas ! Peu importe le temps qu'il nous reste, nous allons l'employer totalement.

– Jean et Rick, vous allez rencontrer vos sources… Nick, as-tu quelque chose de précis ?

– Oui… Ils sont jeunes, mâles, de toutes les couleurs, sont dans le métro et près des écoles.

C'est le fou rire général. Nick le fait exprès. Cette seule intervention nous déride et nous donne à réfléchir.

– Une chose… Il y a l'arcade de la rue Décarie et je parie toute ma paye qu'ils s'y rassemblent.

En recoupant des plaintes, Nick a noté que des jeunes se sont fait attaquer après avoir été à l'arcade ou à l'extérieur du métro voisin. Il s'agit d'une piste et nous n'en avons pas des tonnes ! Pour ce qui est des suspects, ils sont blancs, noirs, asiatiques… Nous avons l'embarras du choix !

Jean et son partenaire iront à l'arcade de la rue Décarie, un vrai nid de petits malfrats. Pendant ce temps, Moby Nick et moi, nous ferons une petite compilation maison. Il faut dire que Nick est passé maître en la matière. Nous n'avons pas commencé depuis dix minutes que la chance nous sourit. Un policier vient m'aviser que mes hommes arrivent avec un suspect… En fait, deux suspects ! Tout se bouscule. Les deux jeunes garçons, un peu sales, menottes aux poignets, ont déjà le ventre collé au comptoir et les jambes écartées pour la fouille. Jean entre en trombe et avec son sourire habituel nous montre ses derniers trophées avec une satisfaction apparente.

– Directement la main dans le sac…

– Comment ?

– Facile !

Jean sort un coutelas de bonne taille et m'explique ce qui s'est passé. Avec des policiers en uniforme, il a répondu à un appel de taxage à l'école Waggard dans Côte-Saint-Luc. Ils ont eu la chance de pouvoir arrêter les deux jeunes en pleine fuite. Une petite course-poursuite pour se mettre en jambes, une petite bousculade…

– Dieu est bon, mes enfants… Vous pouvez parier votre chemise sur une prolongation de contrat.

Je ne peux résister à l'envie de rencontrer nos prises. Je m'adresse au plus âgé des deux voyous, le plus tatoué également : une croix gammée sur l'avant-bras gauche et un crâne sur le droit. Il doit être le seul à qualifier de barbe le léger duvet blond qui orne son visage d'enfant.

– Quel est ton nom, petit ?

– F… you !

– Et ton prénom ?

– J'ai pas à te parler, le cochon. F… you !

– C'est assez limité comme vocabulaire, non ? Dans ta courte vie, as-tu déjà fréquenté l'école ?

Le jeune, à qui on vient d'enlever les menottes, se frotte soigneusement les poignets.

– Je t'ai dit… F… you !

Je m'approche lentement de lui. Il sert les poings et se prépare à la bataille.

– Dis-moi… Connais-tu un bon dentiste ?

– Pourquoi ?

– À la façon dont tu me réponds, quand je vais en avoir fini avec toi, ta dentition va avoir besoin de certaines réparations.

Le tout est dit avec un sourire tout à fait neutre, et j'ai toujours les mains ouvertes devant moi.

– T'as pas le droit de me taper dessus…

– Je ne veux pas te taper dessus, juste une petite correction, comme un père à son fils.

Le jeune ne sait plus trop à quoi s'en tenir. C'est désarmant d'avoir en face de soi quelqu'un qui dit vouloir vous battre tout en continuant à vous sourire gentiment. Il baisse enfin les yeux. L'affrontement tant attendu n'aura pas lieu.

– C'est une sage décision, mon gars. Je te verrai tout à l'heure.

Je lui fais un petit clin d'œil et me place à ses côtés pour mieux regarder dans ses papiers. L'autre gamin n'en mène pas large, lui n'a pas du tout envie de se battre… Son père est déjà avisé et il arrivera dès que possible au bureau.

Dans les heures qui suivent, j'ai une bonne discussion avec mes deux jeunes détenus. Le plus jeune, que son père fusille du regard, est assez volubile et me donne les noms de quatre autres taxeurs. En plus de fermer deux plaintes avec ceux-ci, j'ai maintenant la possibilité de fermer quatre ou cinq autres dossiers, voire une dizaine. Selon le plus jeune des gamins, deux choses lient tout ce petit monde : l'arcade rue Décarie et un gang en formation, qui prendra le nom de Rebels quelques mois plus tard. Le jeune n'était pas un grand criminel. Il quitta le groupe et je n'entendis plus parler de lui par la suite. Pour l'autre, ce fut un peu différent.

La soirée se finit très tard, quelques déclarations, les accusations… Je rentre chez moi vers trois heures du matin, juste le temps d'embrasser Louise avant de sombrer dans un sommeil réparateur. Le matin suivant, j'arrive au bureau pas très frais, mais assez content de la situation. Je ramasse tous les rapports des derniers mois et j'envoie mes hommes rencontrer les victimes. Toute cette journée de vendredi se passe en rencontres. Certains des ados ont beaucoup plus d'informations à nous donner que ce qui était marqué sur les rapports et beaucoup d'entre eux connaissent de vue leurs agresseurs et en ont peur. À la fin de la soirée, nous avons en tout et pour tout six noms de suspects, impliqués dans un nombre de plaintes encore plus grand. Comme mon lieutenant est en congé, il n'apprend la bonne nouvelle que le lundi. J'accepte mes deux jours de congé avec satisfaction. La semaine s'est somme toute bien déroulée et j'ai des plans pour lundi matin.

Ce lundi-là, j'arrive tôt au bureau et, comme d'habitude, je vais sans hésitation à la rencontre de mon directeur. Me connaissant, il attend patiemment que j'en aie fini.

– En fait, vous désirez quelques jours de plus…
– Une ou deux semaines… Après, nous verrons !
– Bon… Trois semaines, ça vous va ?

Je suis aux anges. Je vais garder mon équipe trois semaines de plus. Je retourne à mon bureau pour préparer la chasse. Mon lieutenant qui est arrivé entre-temps m'aborde avec son air important comme d'habitude.

– Tu commences demain.

– Je commence quoi ?

– Tu reviens travailler pour moi...

– Oh... J'ai oublié de te dire... Le directeur m'a accordé trois semaines supplémentaires sur le dossier du métro.

Frappé de stupeur, Michel me regarde la bouche stupidement ouverte, comme s'il venait d'être heurté de plein fouet par une masse. Le pauvre finit tout de même par articuler un reproche.

– Tu es passé par-dessus ma tête !

– Ça, c'est assez facile, j'en conviens...

Ma remarque, prononcée sur un ton narquois, ne fait rien pour arranger les choses. Mais je n'ai désormais plus l'intention d'arranger quoi que ce soit.

– Tu es passé par-dessus ma tête...

Ce n'est plus une exclamation, c'est presque un râle. De blême, Michel tourne à l'écarlate.

– Eh oui !

– Tu n'as pas à passer par-dessus moi. C'est à moi que revient la décision de garder ou pas l'équipe. C'est moi ton patron, c'est à moi que tu dois demander.

Sur ce, il sort en trombe et va directement au bureau du directeur. Il s'écoule plus d'une vingtaine de minutes avant son retour. Michel n'a plus le sourire, ses yeux ont pris la couleur sombre du dépit. Il tente de se donner un peu de contenance en jouant nerveusement avec son Mont-Blanc.

– C'est bon, trois semaines, pas plus. À l'avenir, c'est à moi de vendre la salade au directeur... C'est moi qui dirige la sûreté, moi et personne d'autre.

J'ai atteint au plus haut niveau sa corde sensible, l'orgueil. À partir de ce jour, je serai pour lui l'homme à abattre.

Au cours des trois semaines suivantes, notre groupe met au jour une dizaine de nouveaux cas, qui tous nous mènent vers d'autres vols et d'autres suspects. À notre grande surprise, nous venions de découvrir le phénomène des gangs de rues. L'un des petits garnements auxquels nous avons affaire sera plus tard accusé d'un meurtre crapuleux à coup de fusil de chasse, à dix-huit ans tout juste ; un autre trouvera la mort dans l'année. Au bout des trois semaines, mon lieutenant n'étant pas au bureau, je vais encore une fois rencontrer mon directeur. Je lui explique la situation, en sachant très bien quelle discussion il a eue avec mon lieutenant. Il me reste encore cinq ou six individus à ramasser et je lui demande encore un peu de temps pour pouvoir le faire. Beau joueur, il me donne deux semaines, et d'un petit sourire me fait comprendre de ne pas m'en faire, qu'il s'arrangera pour en parler avec mon patron.

Désormais, nous sommes le point de mire du département. Tout le monde au poste connaît l'incident et les paris sont ouverts sur le nombre de semaines que je finirai par obtenir et sur le temps que je pourrais tenir, car mon capitaine a désormais un nouvel allié. Mon pauvre lieutenant en a pris pour son rhume. À peine arrivé, tous ceux qui le côtoyaient détestaient son arrogance et sa suffisance. Le fait qu'il ne puisse avoir le dessus avec moi leur fait le plus grand bien. À son grand dam, Michel a perdu la face et devra encore attendre deux semaines avant de m'avoir pour lui tout seul !

L'opération continuait. Un après-midi de chasse, j'ai la chance de rencontrer une petite peste noire d'à peine un mètre cinquante, mais dotée d'un indéniable caractère de chien. Cette jeune fille, très belle au demeurant, avait commis quelques vols dans les dépanneurs du secteur, armée d'un fusil au canon tronçonné. Trois fois rien ! Il va sans dire qu'elle n'est pas très aimable. La conversation tourne très vite autour de sa vie sexuelle, à tendance sodomite. Quand elle pousse l'audace jusqu'à me cracher dessus, je suis assez inspiré pour ne pas réagir. Mais, au moment de la photo, la petite ne veut toujours rien entendre. Cette fois, c'en est assez : elle se fait durement écraser son joli minois entre mes mains.

– Il n'y a qu'un patron ici, et c'est moi… Alors, ta jolie petite gueule, tu la places devant la caméra.

J'avais entendu cette phrase-là quelque part, il fallait bien qu'elle me resserve. Je sais que je lui ai fait mal, mais c'était le prix à payer pour son attitude. Je devais établir un rapport de force avec elle, ce qui plus tard s'avéra payant.

Cette petite peste est très proche des Rebels, qui s'affirment déjà comme un des plus violents gangs de rue du secteur, et elle fourgue de la coke pour Ragga et ses Jamaïcains. Sur le moment, je ne peux tirer d'elle qu'une belle grimace, mais pour toute bonne récolte il faut savoir attendre. Elle deviendra l'une de mes meilleures sources et c'est aussi celle qui aura une des plus grandes places dans ma vie. Elle saura m'apprivoiser par ses gestes câlins et sa moue irrésistible.

Toute bonne chose ayant une fin, mon équipe doit se dissoudre avec regret, non sans avoir procédé à dix-sept arrestations. Mais comme rien ne se passe normalement avec moi, la fin de l'équipée est aussi mouvementée que le début. Un vendredi soir, je reste au bureau très tard pour compléter sur mon temps une partie de l'enquête. Je reçois un coup de fil d'un journaliste qui fait un article à sensation de deux pages sur le nouveau phénomène des gangs de rues. Un peu plus tôt dans le mois, un de mes grands amis policiers du métro a sonné l'alarme via le même journal et s'est fait rabrouer par ses patrons. J'explique donc au journaliste de long en large de quoi il retourne : le nombre de crimes, le nombre de jeunes arrêtés, la description des armes, etc. L'article paraît le lendemain avec les répercussions habituelles. Le lundi suivant, alors que je poursuis mon enquête dans un poste de Côte-des-Neiges, mon lieutenant m'appelle en fulminant. La télévision est là à attendre et il n'a pas mis de cravate... Quel drame ! Le journaliste de CBC veut parler à l'enquêteur et, croyant que tout a été autorisé, je le fais entrer dans mon bureau. Nous sommes sur le point de commencer la diffusion quand mon lieutenant arrive au pas de course, les mains en l'air, pour le sommer de tout arrêter.

– Pas d'entrevue !

– Mais...

– Vous, le journaliste, suivez-moi !

Le journaliste suit le petit Michel dans son bureau et les choses tournent rapidement au vinaigre. Il s'ensuit une discussion orageuse qui s'ébruite bien au-delà des murs du bocal. La télé veut me rencontrer parce que c'est moi qui connais le dossier et qui ai fait toutes les arrestations, mais Michel, suivant une directive du service, veut absolument faire l'entrevue malgré sa méconnaissance évidente du dossier. C'est pour lui le meilleur moyen d'asseoir son autorité. Dans la pratique, la question est à la discrétion de l'officier et, dans la majorité des cas, l'enquêteur fait l'entrevue avec la bénédiction de ses patrons. J'en ferai d'ailleurs des dizaines d'autres sans problèmes... ainsi que quelques autres avec leur lot de problèmes. Pour l'heure, le journaliste sort du bureau en furie et se dirige vers moi, suivi de mon lieutenant.

– This is an asshole !

– Je sais... moi, je vis avec, c'est mon patron...

Michel, qui semble ne pas comprendre, est encore sous le choc de la discussion et me regarde bouche bée. Je souris en haussant les épaules. Finalement, il n'y a pas d'entrevue et Michel retourne à son bocal, fier de sa victoire.

Le lendemain, je commence à accumuler les plaintes pour vol simple et les chicanes de ménages… J'ai quand même la satisfaction de garder Nick comme analyste. Le premier épisode de la guerre longue et pas toujours propre qui m'opposera à Michel vient de s'achever.

* * *

Le temps gris ne semble pas vouloir s'améliorer. Dehors, tout est brun, gris et sale. Dans la cellule voisine, Jason est debout et commence déjà à me harceler de questions auxquelles je ne sais pas quoi répondre.

– Tu crois que ma blonde va me laisser tomber ? Combien de temps penses-tu que je vais faire ?

Comme si j'étais devin… J'ai beau avoir assez de mes propres problèmes, je ne peux m'empêcher de revoir les yeux de Jason, les yeux d'un enfant qui a grandi trop vite, des yeux remplis de peur… Ce garçon ne connaît pas encore le monde des grands et il croit toujours qu'avec un peu de chance il s'en sortira encore une fois, comme au tribunal de la jeunesse.

– C'est-tu bien dur en-dedans ?

Quelle question ! C'est moi qui devrais lui poser toutes ces questions. Aux yeux de ce morveux, j'ai l'âge d'être un pro de la prison ! Des pas dans le couloir, un gardien amène un nouveau. Le pauvre est bien enchaîné, et à le regarder, j'ai l'impression qu'il a perdu une bagarre. Dès que la porte se referme, il s'époumone et cogne contre la petite vitre de la porte métallique. Retour des gardiens… Ils entrent… Le bonhomme ne crie plus.

– Aubin ?

– Monsieur ?

– Veux-tu sortir un peu ?

La sortie quotidienne. Trente minutes de marche dans un couloir de trois mètres sur deux. Il fait froid, je n'ai pas de manteau. Je gèle et je tourne en rond, mais il y a un semblant de liberté dans cette sortie au grand air. Les gardiens ne sont pas loin, mais ils restent à l'intérieur.

La jeune femme qui me ramène à ma cellule est vêtue d'un uniforme affreux, ce qui ne l'empêche pas d'être assez jolie.

– Il fait froid dehors.

– Oui, mademoiselle…

Nos yeux se rencontrent au moment même où nous esquissons ce qui se veut un sourire. Que fait-elle dans ce monde sordide ? Peut-être la seule raison de sa présence est-elle de mettre un léger baume sur toute la douleur ambiante… Le léger parfum qui émane d'elle me réconcilie pour un moment avec tout ce qui m'entoure dans ce trou. Je retourne à mes pensées, mon seul refuge inviolable.

* * *

Cet après-midi-là, mes patrons étaient dans leurs petits souliers. La CFCF venait de diffuser un reportage sur une série vols commis dans la ville de Montréal-Ouest et la présentatrice avait disserté dans un anglais châtié de l'incapacité des policiers du secteur à capturer les suspects qui sévissaient depuis plus d'un mois. Les pauvres citoyens de cette petite ville riche qui étaient interviewés en avaient long à dire sur le peu d'attention que la police portait à la sécurité. Comme à son habitude, mon lieutenant avait décidé de monter l'opération du siècle, ce qui servait bien entendu ses propres ambitions. Les enquêteurs des crimes contre la propriété n'avaient malheureusement pas avancé d'un pouce. De mon côté, j'avais d'autres préoccupations : je tentais tant bien que mal de terminer les dossiers dans lesquels j'avais fait des arrestations car les dates de comparution approchaient à grands pas.

Le beau Michel me fait signe de le rejoindre. Je lui emboîte le pas avec une lenteur calculée. Entre lui et moi, il n'y a rien qui ressemble de près ou de loin à de l'amitié. J'ai donc pris la vieille habitude de me méfier.

– J'ai des gars qui travaillent sur les intros de Montréal-Ouest, mais peux-tu juste regarder ?

– Hum…

Je sais que, faute d'informations, son groupe de quatre enquêteurs nage dans le brouillard le plus complet depuis quelques semaines. L'un d'eux est même venu m'en glisser un mot.

Mon manque de civilité envers Michel devient de plus en plus évident. Cela fait longtemps qu'il n'y a pas assez de place pour nos ego respectifs. La seule chose qui a changé est qu'il a cessé d'être un enquêteur comme moi pour devenir lieutenant, mon patron direct qui plus est. Je retourne à mon bureau et à ma paperasse bordélique. À certains égards, je ne suis pas un digne représentant de l'ordre ! Tout autour de moi s'élèvent des tas de boîtes en carton, où s'entassent pêle-mêle les dizaines de petites pièces à conviction saisies au cours des derniers mois. J'ai réussi le tour de force de chaparder une vieille armoire de métal dotée de multiples portes, dans laquelle j'engouffre à la va-vite mon lot quotidien de saisies – couteaux, cartes contrefaites, montres, casquettes – en attendant que leurs heureux propriétaires viennent les réclamer, les carnets d'adresses de mes détenus et un tas d'autres inutilités qui finiront à moyen terme aux rebuts. La procédure exigerait que je fasse un joli petit rapport qui se retrouverait collé à la pièce et serait envoyé au dépôt, où il serait détruit après quelques mois. Mais je n'ai jamais suivi la procédure à la lettre et je ne fais que hâter le moment de leur destruction.

– Hey, little Pepper…

– Hi, Nick.

Nick, mon ange gardien, un mastodonte de près de deux mètres et de plus de cent cinquante kilos. Je n'hésite jamais à le provoquer, quitte à me ramasser avec la régularité d'une horloge dans les différentes poubelles du bureau. Nick est un policier sans grade, il n'a pas le chic pour les examens du département, mais aucun des enquêteurs de ce bureau ne l'égale. Il connaît tous les malfrats du coin, possède une mémoire à la mesure de sa taille, et il est doté d'une rare intelligence et d'une vivacité d'esprit peu commune. J'attends maintenant avec impatience qu'il ouvre le tiroir de son bureau. La veille juste avant mon départ, j'ai rempli tous ses tiroirs de confettis, de vieux papiers déchirés en mille morceaux, de mines de crayons et de trombones.

– F…

Le monstre me regarde d'un air détaché, mais je sais qu'il va préparer sa riposte. Ce petit jeu dure depuis des mois et aucun de nous ne veut baisser les bras. Quelques jours auparavant, je l'ai complètement douché avec un extincteur rempli d'eau et il m'a rendu la pareille à grands coups de chaudières.

– Quelque chose de spécial, Nick ?

– Non…

Mon bonhomme est déjà au téléphone. Il faut dire que notre

duo monopolise en général tous les téléphones. Je retourne fiévreusement à mes affaires. Tout en parlant, Nick me fait un petit signe de la main. Il semble que ce soit important.

– Call me later…

Les mains au ciel et tout sourire, il me fait signe d'approcher. Déjà il fouille dans le livre noir des plaintes. Je sais qu'il est sur un coup.

– Les intros in Montréal-Ouest… You want the man ?

– Tu as la réponse ?

– Je rencontre mon gars, and I'm coming back. Tu vas avoir ta réponse.

Nick se déplace à la vitesse de la lumière et disparaît une heure. À son retour, l'œil rieur, l'air triomphant et un hot-dog à la main, il m'annonce candidement que notre homme sera en cellule ce soir.

– C'est bien.

– Just one thing… Il faut la filature.

– Juste la filature. Il est tard dans l'après-midi, tout le monde retourne à la maison et, toi, tu veux la filature !

– Toi, tu veux ton voleur…

Je ne peux pas nier qu'il ait raison. Je fais d'une pierre deux coups : je ramasse l'homme de l'heure dans le secteur et je fais chier mon patron… C'est aussi la seule façon de demeurer en jeans, l'efficacité est le prix à payer pour sa liberté vestimentaire. J'ai la chance d'avoir un directeur qui me laisse en paix, ce qui ne fait pas l'affaire du capitaine, ni de Michel.

De tous les enquêteurs, je suis celui qui produit le plus, même si, dans sa grande stupidité, Michel m'a déjà lancé qu'il avait tenu le poste sur ses épaules. Je saute frénétiquement sur le téléphone en priant intérieurement que mon vieil ami Serge soit à son bureau.

– SIR Ouest, bonjour.

– Salut, Serge…

– C'est non !

– Tu as vu les nouvelles à la télé, les vols dans le secteur Montréal-Ouest… J'ai mon homme livré sur un plateau d'argent. Ce soir… j'ai besoin de ta filature.

– L'équipe finit à six heures… tu payes le temps supplémentaire ?

– Pas de problème.

En fait, je n'ai pas encore demandé de permission à qui que ce soit. Mon lieutenant est parti, et mon directeur aussi… Je suis donc seul maître à bord ! Pour le reste, on verra bien demain.

Nous revoilà, Nick et moi, emportés par la frénésie du chasseur. Notre sang de prédateur bouillonne et, sans avoir à se regarder, chacun fait de son côté une partie du travail que l'autre n'aura pas à vérifier. Dernier coup de téléphone, regroupement des événements. Je demande un ou deux policiers au lieutenant de relève, ce qui n'est pas pour lui plaire.

– Je peux faire une croix sur eux pour la soirée.

– Non, pas plus de deux heures…

– Des deux heures à la Claude !

Tous les officiers en charge des relèves connaissent ma réputation. Pour tout l'or du monde, ils ne voudraient pas avoir à me contrôler, mais ils connaissent ma passion pour la traque et il leur est difficile de me dire non. Je suis ce que l'on appelle un entêté. Si jamais le lieutenant me dit non, je demanderai de l'aide aux autos sur les ondes et j'obtiendrai le même résultat.

Entre-temps, Marty, qui est venu au bureau pour une toute autre raison, décide de se joindre à nous en voyant l'effervescence qui règne. Il a beau ne pas être policier à la CUM, son statut d'agent de la paix et sa connaissance des jeunes du milieu peuvent toujours m'être utiles. Nous épluchons ensemble les piles de rapports de police pour y trouver des détails qui pourraient s'avérer importants. Notre association fait suer certains de mes patrons, ils ont peur d'avoir peur et s'imaginent que Marty pourrait découvrir quelques secrets d'État. Ils m'ont souvent reproché le fait qu'il ne soit pas de la maison, tout comme ils me reprochent mon association avec Nick, qui n'est pas sergent. Mais puisque j'obtiens des résultats. Ils en prennent leur parti, en attendant l'heure de la revanche. Je suis au fait de toutes les petites vacheries qu'ils trament, mais je n'ai pas de temps à perdre.

Vers les dix-sept heures, Serge et son groupe sont déjà au bureau pour le début de l'opération. Tout se fait de façon informelle, mais les gars sont des pros. Les blagues fusent et j'en suis la première victime. Je sais que tous ont pris des notes et qu'ils seront à la hauteur de leur réputation. Nick est encore au téléphone et parle avec la source. De sa grosse main, il lève ostensiblement le pouce vers le haut. Nous voilà en affaire ! Serge et ses hommes reçoivent la photo du suspect et se mettent en route vers l'adresse à laquelle on devrait le trouver. Je garde avec moi un walkie-talkie du groupe et attends avec une certaine impatience la fin de la discussion téléphonique. Nick laisse le téléphone en vitesse et ramasse les clés de sa voiture. Ce gros peureux n'apprécie pas ma façon de conduire. Il a trouvé une bonne raison pour prendre le volant : en tant que maître d'œuvre de l'opération, je dois avoir les mains libres pour penser !

Nous suivons notre homme à la trace. Il est évident qu'il cherche un endroit où frapper. Notre voleur s'esquive rapidement dans une ruelle de la rue Girouard et les hommes de la filature doivent relâcher quelque peu leur surveillance.

– Serge à Claude...

– À l'écoute.

– Ton gars est en arrière d'un duplex, j'ai un gars dans la ruelle, mais il n'a pas le contrôle dessus.

– Il nous reste à attendre...

– J'ai peur de le perdre.

Malgré mon air détendu, je déteste cette partie du jeu. Nick me regarde toujours aussi calmement : « imperturbable » est le mot qui le décrit le mieux. Rien ni personne ne semble atteindre cette masse d'optimisme. Je suis un peu plus fébrile, je n'aime pas avoir à recommencer une opération qui peut se régler maintenant. De plus, je prête le flanc à mes patrons qui auront encore une fois beau jeu de me reprocher les budgets mobilisés par l'opération si elle fait chou blanc. Le walkie-talkie grésille encore une fois.

– J'ai entendu un bris de vitre, mais je ne peux pas voir.

– Serge au Kid... Tu iras plus tard.

Nous attendons encore plusieurs minutes, rien ne bouge et intérieurement nous pensons tous qu'il se passe quelque chose d'anormal. Il est difficile de bouger sans se faire remarquer. Les ondes restent muettes, le suspect nous aurait-il glissé entre les doigts ? Nick ramasse lentement son *pager*, le regarde avec l'attention d'un homme pour qui la presbytie de la quarantaine n'est plus un mystère.

– I have to call, c'est la source.

J'explique la situation à Serge et demande au groupe de ne pas bouger. Nous nous rendons au premier téléphone venu – nous ne sommes pas encore à l'heure du cellulaire –, Nick parle avec son bonhomme quelques instants et revient tout sourire.

– Il chie dans son pantalon... Notre voleur n'est plus sur

Girouard, il est passé chez ma source pour lui vendre le stock qu'il a volé. Il n'a pas apprécié… Je lui ai dit que nous contrôlions la situation, mais il n'est pas rassuré.

– Où est-il ?

– Dans un stand à hot-dogs de la rue Notre-Dame, il attend patiemment d'être cueilli…

Je m'empresse d'aviser l'équipe de filature et de me rendre sur les lieux. Cette fois, c'est moi qui prends les clés, Nick s'accroche comme il peut, ma conduite s'apparente à celle d'un pilote de jet. L'arrivée au restaurant se fait quand même dans la plus grande discrétion. Je passe en premier, deux hommes de la filature juste derrière moi. Nick doit attendre car le jeune homme le connaît. Il attend d'être servi au comptoir. Il a l'air sale, la barbe non taillée, un peu défoncé, le manche d'un couteau sort de la poche arrière de son jean et on voit une autre bosse plus menaçante sous son chandail… Mes deux gars de filature attendent l'ordre d'intervention. Je m'approche l'air faussement insouciant. Je suis si près du suspect que je pourrais le toucher. D'un petit signe de tête, j'invite mes hommes à s'approcher. Nick fait aussi son entrée. Je pousse brusquement le suspect sur le comptoir de métal. Tout va à la vitesse de l'éclair. Je lui fourre le canon de mon revolver dans l'oreille interne et je crie suffisamment fort pour qu'il soit saisi.

– Si tu bouges, tu vois la salade de choux en face de toi, elle va devenir toute rouge… Compris ?

Je crois qu'il a compris. Il est pétrifié tout comme le reste des clients. À nous voir, il n'est pas évident que nous soyons des flics. Les trois couteaux que possède le suspect lui sont promptement arrachés et la fouille sommaire se fait de façon musclée. Le mauvais garçon se retrouve rapidement menotté dans une voiture de police, pendant que notre source assiste à l'arrestation, bien assise dans son véhicule rutilant. Tout le monde se retrouve au bureau et c'est dans un babillage certain que tous racontent la scène du resto.

Le seul qui ne jubile pas est notre prisonnier. La peur passée, il ne décolère plus. Une pluie d'insultes de toutes sortes s'abat sur les tourne-clés, qui n'y sont pour rien. Je reste présent pour l'écrou, mais Nick s'occupe de la paperasse et s'efforce d'amadouer notre bête féroce, chez qui le manque de cocaïne commence à se faire sentir. Dans de telles circonstances, mon gentil géant est d'une tranquillité admirable, jamais un mot plus haut que l'autre, jamais un gros mot, il susurre presque à l'oreille du détenu, qui se calme un peu et hoche la tête en haussant les épaules. Je retourne à mes amis de la filature et comme d'habitude, je leur offre le café. C'est un rituel en hiver comme en été. Lors des grands froids, j'approvisionne le groupe en rhum des îles fourni par Hélène, une de mes amies de la Barbade. Un verre chacun et tout le monde est content. Dans ce domaine, il faut savoir prendre soin de ses hommes. Ce n'est pas tant la quantité d'alcool que le geste qui compte. L'été, comme aujourd'hui, c'est le café ou les boissons gazeuses. Tout le monde y va de son petit commentaire et récapitule les événements. Plus tard, la CUM organisera des réunions de ce type, mais de façon formelle et systématique, privant ainsi de leur cachet ces moments où fusent les idées novatrices.

– Bon, c'est pas tout ça, maintenant c'est à mon tour de travailler. Je ne vous mets pas à la porte, mais…

Il commence à se faire tard et j'ai devant moi une montagne de travail. J'aurai une soirée et une nuit plus que chargées. Connaissant l'ampleur du dossier, je ne serai pas couché avant l'aube. J'appelle Louise et tente gentiment, presque trop mielleusement même, de lui faire avaler la pilule.

– J'en aurai pour quelques heures… Trois tout au plus !

Louise me connaît trop bien pour se faire des illusions. Elle me compare souvent à un fantôme qui va et qui vient dans sa vie. Nick me regarde avec un petit sourire complice, lui aussi devra aviser son épouse.

À trois nous compulsons encore une fois les plaintes du secteur. Marty en sort une, me la tend, je la passe à Nick qui la jette sur une pile déjà impressionnante, et ainsi de suite. Je prépare les mandats de perquisition pour l'adresse personnelle de mon détenu et pour une autre adresse sur la rue Walkley, que nous a fournie notre informateur. Je vais devoir me rendre à l'autre bout de la ville pour les faire signer par un juge de garde. C'est pas si mal, quelques semaines plus tôt j'ai dû aller jusqu' à Rosemère pour un autre mandat. Marty et moi allons prendre le pouls de notre détenu. Il m'abreuve d'insultes comme je l'ai rarement été dans ma vie. Les plombs sautent et je lui donne un aperçu de l'étendue de mon vocabulaire anglais, aussi riche que le sien en expressions populaires… Nick me regarde un peu étonné. Il note avec satisfaction les progrès considérables que j'ai faits dans la langue de Shakespeare. Il risque quand même une question :

– Nous lui parlerons plus tard ?

– Yes… Sûrement !

– Good boy !

– Va te faire voir.

Le temps de retrouver mon calme, et je suis à mon bureau, résigné mais résolu à me rendre à Anjou pour y faire signer les mandats. Le juge attend ma venue avec impatience, il aurait bien aimé se coucher tôt lui aussi. Les civilités sont réduites à leur strict minimum, les questions aussi.

Dans l'heure qui suit, muni d'un mandat, je prends la tête d'une équipe réduite et nous allons rue Walkley. Une petite soirée a été organisée, et nous nous invitons à la fête. Le locataire des lieux, une bonne connaissance à moi, n'est pas surpris par ma présence. Il retourne s'asseoir, bouteille à la main, avec son groupe d'amis. Quant à moi, je fouille consciencieusement dans tous les coins de la maison. Malheureusement, il y a peu de choses à me mettre sous la dent. Il est possible que ce que l'on cherche soit déjà liquidé ou, tout simplement, que faute de numéros de série… Par chance, je tombe sur un manteau de cuir beige énorme, taille 56. Dans une poche du manteau, un paquet de cigarettes, et dans le paquet, vingt et un petits sachets de cocaïne qui attendaient patiemment d'être découverts !

– À qui est ce beau manteau ?

Je connais déjà la réponse… Un monstre aux cheveux longs et blonds, à la moustache tombante, me regarde avec un sourire sans joie. Il sait très bien pourquoi je pose la question. Il se lève avec une lenteur calculée.

– This is my coat.

Je m'en doutais. Les six autres personnes autour de la table auraient tous pu y entrer, mais ensemble. Le monstre me tend déjà les poignets. Je ne vais pas lui faire ça, j'aurais l'air idiot, les menottes sont trop petites et il le sait bien. C'est un peu sa façon d'impressionner les gens.

– Tu n'en as pas besoin, mon grand, avec tes mauvais genoux tu n'iras pas loin.

J'emporte quelques babioles et je quitte la petite soirée, en prenant soin de laisser ma carte de visite au locataire. Il passera au bureau le lendemain. Le géant prend le chemin du poste avec nous. En chemin, je lui fais comprendre qu'il n'aura pas à faire de la prison s'il n'en a pas envie.

– Tu sais des choses que je veux savoir. Et, moi, j'ai des choses qui peuvent t'envoyer au bagne…

Il n'a pas à réfléchir longtemps.

– Que veux-tu savoir ?

– Ton copain est dans mes cellules. Je veux retrouver quelques menus objets. Des petits riens : ordinateurs, bijoux, systèmes de son…

– Des outils ?

Je pense qu'il commence à comprendre que, dans ce monde tordu, il faut savoir parfois sacrifier les autres.

– Si je vous parle, je n'ai pas d'accusations…

– Promis.

– Tu me remets ma drogue ?

– Faut quand même pas pousser ta chance… On est pas à l'Armée du Salut.

Pour la première fois, il rit de bon cœur. Il est soulagé et l'atmosphère se détend. Nous arrivons au bureau et il me raconte tout ce qu'il sait devant un café chaud. La marchandise s'écoule chez plusieurs receleurs, mais aussi dans les bars et les tavernes du coin. Il a lui-même acheté quelques appareils, des outils, une torche avec bonbonnes qu'il a revendues.

– Que peux-tu récupérer ?

– Presque tout… Ce qui en reste.

– Il en reste ?

– Je vais en trouver…

– C'est bon… Et encore !

Nous approchons du moment le plus sensible : son propre revendeur de coke. C'est un peu corsé, au point où nous en sommes rendus, il sait très bien que cette dernière demande fait partie du marché.

– Chez Hartley.

– Sheriff ?

– Ouais…

– Notre ami de la rue Grand.

– Yes.

Je ne suis pas le seul à connaître cet ancien de Shawbridge. Marty a de très bons souvenirs de bagarres avec ce garçon, qui est maintenant avec Ragga, un de mes bons vendeurs de cocaïne du coin. Il est le chef d'un petit groupe de jeunes d'environ seize à vingt-cinq ans et est en concurrence directe avec au moins deux autres groupes jamaïcains dans ce secteur.

– Je lui ai donné un paquet de vidéos pornos, un lecteur de cassettes et des bijoux en or pour la coke.

Retour à la case départ, nouveau mandat, nouvelle démarche. Le juge a l'air de plus en plus fatigué, mais il me reçoit poliment et m'offre même du café. Pendant ce temps, Nick et un des policiers vont à l'appartement de notre ami pour y cueillir les objets qui sont encore en sa possession. À mon retour, le lieutenant de relève donne congé à ses hommes et je dois quémander du personnel au nouvel arrivant.

– T'en as pour longtemps ?

– Quelques heures...

– Autant dire toute la nuit.

– Je ne sais pas, Gerry.

Il sait bien qu'il vient de perdre une équipe pour l'essentiel du quart de travail. Mais que peut-il faire d'autre ? Je suis toujours présent lorsqu'il a besoin de mes conseils et de mon aide.

– OK. Tu me donnes Allan ?

Il me le donne, et sa partenaire Kim en plus... Je sais que je peux compter sur eux. Allan est un ami de plus de dix ans et j'ai dansé nu pour Kim lors de son enterrement de vie de jeune fille. J'avais stupidement perdu une gageure et les filles, désespérant de ma lenteur à me dévêtir, avaient mis des glaçons dans mon slip. Une expérience qui crée des liens. Quand l'équipe est au complet, j'explique brièvement la situation devant un énième café.

– Nous allons ramasser quelques objets avec mon ami le lutteur et, tout de suite après, nous filerons rue Grand chez mon ami Sheriff. Il possède quelques souvenirs qui me sont chers.

Allan est prêt et comme à son habitude il se met lui aussi à regarder les plaintes.

La voiture chargée, je laisse mon nouvel informateur devant sa maison.

– Maintenant, mon ami... Va te coucher, mon grand, et n'oublie pas de nous ramener quelques babioles.

Il acquiesce, la mine à la fois déconfite et soulagée. Il doit se dire qu'on ne choisit pas toujours ses amis dans la vie. Il est maintenant plus de trois heures du matin, nous sommes en place et, pour plus de sécurité, je demande à une autre voiture de nous assister. Tel que je connais Hartley, nous ne serons pas trop de sept. Notre arrivée n'est pas remarquée, deux policiers sont à l'arrière, et les autres avancent avec moi. Nick est devant la porte, avec lui, nul besoin de bélier. Par prudence, je fais signe à Marty de rester un peu derrière. Je compte sur mes doigts : un, deux, trois… La porte craque de toutes parts, et nous nous engouffrons. Un premier adversaire nous barre le chemin, un couteau à la main : un bon coup de pied à la mâchoire l'étend par terre. Les autres se dispersent dans la maison et sont vite maîtrisés par Allan et Kim. En entendant le ramdam, les deux policiers postés à l'arrière ont fracassé la vitre de la porte et viennent nous prêter main-forte. Le tout n'a duré que trois minutes. Cinq bonshommes sont étendus par terre et menottés. Hartley a tenté d'attraper un coutelas caché sous son oreiller. Je me retrouve assis sur lui et lui colle la figure contre le plancher. Tout rayonnant, Marty salue son ex-étudiant modèle de la fameuse institution Shawbridge, qui ne semble pas apprécier notre belle intervention. L'homme est assis contre le mur et ne semble pas avoir saisi toute la situation.

– Allan, tu prends les noms de tous ces joyeux lurons. Je veux connaître tout le monde.

J'en suis déjà à la fouille, les cassettes sont empilées pêle-mêle près du lecteur. Sur la table, il y a un petit sac de marijuana, une pipe et un sachet de cocaïne.

Allan revient avec les résultats d'enquête. Hartley n'est pas recherché, mais son partenaire, Deputy, a un mandat d'arrestation contre lui. Nous les embarquons tous les deux et laissons tous les autres continuer leur nuit, même l'homme au couteau… Son menton endolori lui rappellera qu'il est malavisé de se mettre sur mon chemin. De retour au bureau, nous nous rendons compte qu'il est près de cinq heures du matin.

– Dis-moi, Nick, si on allait dormir jusqu'à midi… Je n'ai plus la force de continuer.

Nous avons plus de quinze heures derrière la cravate et le reste de l'enquête exigerait bien huit à dix heures de plus, sans même compter l'éternelle paperasse.

– That's a good idea… my Pepper friend ! Encore une fois tu as oublié que l'on pouvait manger ou dormir…

Je reviendrai au bureau au début de l'après-midi, sans avoir écouté les nouvelles. Dans le stationnement arrière, un petit périmètre de sécurité a été établi et de la sciure de bois couvre une mare de sang. Des policiers vont et viennent pour regarder le lieu du drame. J'entre immédiatement dans le poste et la mine basse de mes collègues me fait comprendre que quelque chose de grave est arrivé. Le lieutenant de relève met fin au suspense.

– Allan a tué un bonhomme dans la cour du poste.

– Quoi ?

– C'est arrivé ce matin après ton départ… Il a répondu à un appel stupide et quand le gars a voulu s'enfuir, Allan a tiré dessus accidentellement.

– Comment ?

À ce moment, Allan traverse la pièce. Il est blême, il a le pas lourd et mal assuré, sa main qui tient un café tremblote sans arrêt. Ses yeux fatigués trahissent toute la détresse du monde.

– Claude… t'étais où ? J'ai demandé qu'on t'appelle…

– Ça va ?

– Non. Les enquêteurs du directeur me questionnent depuis ce matin. J'ai fait une déclaration sur ce qui est arrivé. C'est la merde…

– T'as vu un médecin ?

– Non.

Je regarde le lieutenant de relève qui me fait comprendre qu'il n'a aucun contrôle sur la situation. Les enquêteurs du directeur ont pris l'affaire en main et, comme dans beaucoup d'autres occasions, font bien mal paraître le service. Il aurait fallu leur dire qu'on doit lire ses droits fondamentaux à un individu que l'on interroge, si l'on veut se servir de tout cela en cour…

Les gens de la fraternité ont mis un temps fou à intervenir. Ils n'ont pas pensé à faire voir Allan par le médecin. Dans une autre pièce, Kim se fait interroger. Charbonneau, l'enquêteur relève du groupe, a fait tout ce qui lui était possible de faire. Il attend la suite, comme tout le monde. Allan est ramené devant les enquêteurs, cette fois en présence d'un représentant de la fraternité. Je suis à mon bureau, trop abasourdi pour travailler. J'attends Nick. Mon lieutenant a la sagesse de ne pas intervenir, mais je sais qu'il m'observe silencieusement depuis son bureau. Nick arrive enfin. Je vois bien qu'il est désemparé comme moi. Il connaît Allan et sait très bien que, même s'il avait voulu tirer correctement, il n'aurait pas pu atteindre une vache dans un couloir, comme la majorité des policiers de la CUM du reste. Les salles de tir viennent à peine d'être rouvertes, après avoir été fermées pendant près de trois ans, et ce ne sont pas les trois exercices obligatoires de cinquante cartouches qui changent quoi que ce soit.

– I hate to say this… Mais nous avons des détenus dans les cellules, et il faut les finir.

Même si je sais que Nick a raison, en ce moment je foutrais tout ce bordel dehors. Rien au monde n'est plus triste que de voir un ami dans la merde sans pouvoir l'aider. Ne sachant par où commencer, je me rends aux cellules. Mon prisonnier me regarde.

– Salut… Je voudrais m'excuser pour hier soir, j'ai crié après toi et j'ai commis une erreur, c'est idiot. Je n'ai pas à te juger…

L'autre me regarde avec étonnement. Ce n'est pas tous les jours qu'un flic lui fait des excuses. Le manque de drogue et le froid de la cellule le font trembler.

– Moi aussi, je m'excuse… Tout le monde peut faire des erreurs.

Lentement, je lui explique la situation. Je ne sais pas pourquoi, mais je lui parle d'Allan et de toute l'affaire. Je lui parle aussi des objets que j'ai trouvés, de tout ce que je connais de ses crimes… Je fais preuve d'un détachement complet, comme si ni lui ni moi n'étions impliqués.

– Ton chum… is in shit!

– Ouais…

– Moi aussi, je suis dans la merde…

Sur ce, il me fait un franc sourire. Nul doute, il est dans la merde. La soixantaine de vols qu'il a commis et son dossier ne plaident pas en sa faveur.

– As-tu parlé à ton avocat ?

– Oui. Il me conseille de la fermer.

– Il a raison… Mais si tu me donnes deux minutes, je vais te faire une offre que tu ne pourras pas refuser.

Je ressors lentement de la cellule dont les murs presque neufs sont déjà salis de graffitis.

– Tu veux bien m'apporter un café et des cigarettes quand tu reviendras.

Je hoche la tête en signe d'acquiescement. Bien que je ne fume pas, j'ai toujours un paquet dans mon bureau, je sais qu'elles trouveront preneur avant de sécher. Quand ce n'est pas Nick qui en a besoin, c'est mon lieutenant qui m'en emprunte une ou deux, bien qu'il prétende toujours vouloir arrêter de fumer. Quant à mes « invités », ils n'ont pas toujours de cigarettes sur eux lors de l'arrestation, et j'ai toujours trouvé normal qu'ils soient traités convenablement dans ces moments difficiles.

Finalement, vers dix-huit heures, je peux enfin m'asseoir quelques minutes avec Allan. On a bien pensé l'amener à l'hôpital, mais à son retour seul son ami le sergent détective Charboneau était là pour l'empêcher de repartir seul en auto avec son choc psychologique. Personne n'a pensé qu'il aurait besoin d'aide.

– Tu seras OK ?

Allan me fait signe que oui, mais comment être correct après un tel événement ?

De mon côté je me dépêche de libérer mes détenus pour me concentrer sur John et ses introductions. Nous passons la nuit à sillonner Montréal-Ouest, Lachine et ville Saint-Pierre, et je ferme plus de quatre-vingts plaintes pour vol. Pour ce qui est de la marchandise, je n'ai pas de grandes surprises, tout a été vendu à des receleurs que je connais déjà et je ne récupère que quelques babioles. Nous aurons un dernier déjeuner ensemble avant qu'il parte pour le quartier de détention. Il en profitera pour me raconter comment il s'est évadé d'un poste de police quelques mois auparavant.

– Je m'y suis cassé l'os de la jambe, mais j'ai quand même couru comme un lièvre. Les deux enquêteurs n'en sont pas revenus.

Sur ce, rempli d'orgueil, il me montre les points de suture et les cicatrices qui cartographient sa jambe droite et son bassin.

– Heureux idiot !

J'accuse donc mon détenu de huit introductions par effraction. Pour le reste, tout sera classé sans mise en accusation. Connaissant bien le système judiciaire, je sais que la sentence aurait été la même… Et je n'aurais pas eu toute sa coopération. De son côté, Allan est pressé comme un citron, la direction ne sait quelle attitude adopter. Les manifestations se multiplient autour du poste et l'on pend un mannequin représentant mon ami. Mes patrons, chiant dans leur froc, s'aventurent à embaucher la première femme noire de la police, dont le frère fait partie d'un des plus gros groupes criminels organisés, alors qu'ils l'avaient refusée quelques semaines auparavant. Elle se moquera d'eux en direct à la télévision et, après de nombreuses incartades, se fera mettre à la porte quelques années plus tard. De notre côté, nous tentons de suivre tout ce qui se passe avec beaucoup d'attention et je mets personnellement une de mes meilleures sources dans le groupe des manifestants.

Quelques jours plus tard, j'arrive au poste en pleine manifestation. Tout le monde est sur les dents. Ma source est sûrement là, mais je n'ai pas le temps de regarder, j'ai trop de travail à faire pour récupérer des rapports. Lorsque je m'assieds au bureau, le petit Michel me fait signe de le rejoindre dans son bocal. Il a sa figure des mauvais jours et je sens venir le coup fourré à plein nez. En prenant tout son temps afin de faire durer le suspense, il me montre le paquet de cigarettes de mon ami le lutteur et étale un à un les quarts de coke sur son bureau.

– Je cherchais des cigarettes, et comme tu en as toujours, j'ai fouillé dans ton étagère...

– Je vois... Depuis quand fouilles-tu dans mes affaires ?

Michel évite de répondre à la question et me lance cette idiotie :

– Tu payes tes sources en coke ?

– Ça va pas, non ? Tu ne peux pas être sérieux ?

– Alors, je veux que tu m'expliques...

– C'est le paquet du lutteur et je n'ai pas eu le temps de le faire détruire.

Michel me regarde sans pouvoir me répondre. Non... il est plus pervers que cela, il sait très bien ce qu'il va me dire. Il a déjà prémédité son petit discours. L'occasion de démontrer qui est le patron est trop belle !

– Tu n'as pas porté d'accusations ?

– Non.

– Pourquoi ? C'est quand même beaucoup de coke... Tu aurais dû m'en parler.

– Tu sais ce que c'est... Services rendus ! J'ai fait une promesse et je vais la tenir, tu devrais savoir...

– Bon, j'ai bien voulu te couvrir, mais pour ton bien... Tu comprends, j'ai voulu garder cela secret, mais il a bien fallu que j'en parle au directeur. Il a évoqué la possibilité de te suspendre, mais j'ai dis non.

– Et pourquoi donc ?

– Hum… Mais c'est grave… J'étais sûr que tu payais tes sources en coke. Même là, tu n'as pas porté d'accusations. Il faut que tu fasses un rapport pour te couvrir.

– Tu as beaucoup d'imagination, Michel… C'est bien connu dans la police, un secret est mieux gardé quand on est plusieurs ! La prochaine fois, si tu veux vraiment me faire plaisir, pourquoi ne pas laisser mes affaires tranquilles ?

Cette fois, c'est moi qui élève la voix, juste assez pour que Michel comprenne que j'ai atteint ma limite. Il vient seulement d'arriver et j'en ai déjà ras-le-bol de sa suffisance.

– Bon, je vais aller en discuter avec le directeur, je vais faire tout ce qui est possible pour te sortir de ça.

– Fais donc ça, oui…

Quel con ! Ce petit lieutenant de mes deux commence par allumer un feu et à souffler dessus pour qu'il prenne bien, puis il fait tout son possible pour l'éteindre… et de la façon la plus maladroite qui soit.

Après que Michel ait expliqué la situation à mon directeur, ce dernier demande à me voir pour connaître ma version des faits. Je le sais soucieux depuis l'affaire du coup de feu et je ne veux pas en rajouter. Je passe donc sous silence le conflit qui m'oppose à mon patron. Comme s'il n'était pas déjà au courant !

– Vous allez faire le nécessaire pour faire détruire la coke…

– Bien sûr, monsieur…

– Au fait, c'était du bon travail votre opération ! Vous avez fermé plusieurs plaintes…

– Une trentaine… Merci !

Venant de Clovis, le pince-sans-rire, c'est plus qu'un compliment. Lui et moi avons déjà eu plusieurs discussions musclées, d'homme à homme, mais toujours de façon respectueuse. Un compliment, venant de sa part, n'a rien de la flatterie. Malheureusement, il sera remplacé quelques semaines plus tard pour avoir dit tout haut ce que la police pensait tout bas, sans avoir le cran de l'étaler sur la place publique, au sein de la publicité faite autour de la mort du jeune suspect. L'hypocrisie, ce n'était pas le genre de Clovis. Le malheur a voulu qu'il meurt avant que j'aie le temps de lui dire tout le respect que j'avais pour lui. L'affaire en reste là. Je retourne à mon bureau, où mon lieutenant m'attend en espérant me voir arriver en pleine déconfiture. Il en est quitte pour une déception.

Allan allait quant à lui affronter les quatre années les plus terribles de sa vie, traversant dans l'adversité, souvent dans une indifférence totale, les moments les pires et les plus douloureux qu'il ait jamais pu imaginer. À un moment, j'aurai même à diriger un mouvement de contestation contre mon propre syndicat tant il se dégagera de ses responsabilités à l'égard d'Allan. Plus jamais mon ami ne redeviendra policier... Vingt ans d'une carrière irréprochable, qui s'achevait de façon aussi abrupte ! De mon côté, il ne s'agissait là que des prémices d'une guerre ouverte entre le petit Michel et son patron, le gros Robert, d'une part, et le petit Claude et ses couilles en acier de l'autre.

* * *

Je fixe mon vilain miroir quelques instants. Il me renvoie l'image d'un homme fatigué et hirsute. La barbe qui envahit mes rides me donne un air de rescapé des camps de la mort. Je fouille avec soin mon petit sac brun, don du gouvernement du Québec, et j'y trouve un rasoir en plastique, une bonbonne de crème à raser éventée, une débarbouillette bleue et une barre de savon d'un blanc douteux. J'entreprends quelques ablutions... Mon rasoir coupe aussi bien qu'une vieille tondeuse, la crème coule sans mousser et le savon laisse une désagréable odeur de sueur. Ma toilette terminée, je m'installe sur mon lit d'infortune et j'écris à mes proches tout ce que ma pudeur m'a interdit de leur dire.

– Aubin ! Tu vas aller voir un agent de classement.

Le gardien hurle à travers la porte. La discrétion n'est pas son point fort. Un agent de classement, qu'est-ce que ça peut bien être ? J'imagine que quelqu'un veut me voir pour me rassurer. Quel idiot je fais ! Le gardien ouvre la porte et un autre me fait signe de sortir. Nouvelle fouille à nu...

– Suis-moi...

Je traverse encore une fois les couloirs mal éclairés en suivant mon guide qui trottine.

– C'est là.

Un jeune homme m'attend avec un grand sourire. Son accueil me ferait presque croire que je viens postuler pour un emploi.

– Vous êtes monsieur Aubin ?

– Je pense...

Son sourire se fige un peu. Que je sois monsieur Aubin ou le Diable en personne, je ne suis au fond qu'un nom sur une liste.

– J'ai un rapport à faire… Ce rapport va vous suivre au centre de réception. Pour le rapport final, nous nous baserons sur ce que vous me dites ici.

– Dites… Mon avocat m'avait mentionné une détention de quatre mois, soit le sixième de ma peine.

– Il n'y connaît rien ! Ici, les sentences font au minimum six mois. Depuis deux ans, c'est la loi.

– Bon. Je ferai donc six mois !

– Oui… Vous irez ensuite en transition.

– En transition ?

– Bien sûr.

Je me sens tout à coup un peu largué. Je vais de surprise en surprise. J'avais imaginé être dehors pour ma fête, entouré des miens, de ma tribu. Je vais devoir faire mon deuil de ces quatre mois, et penser à la transition ! Comment annoncer cela à Louise ?

– Maintenant, parlez-moi de votre affaire. Dites-moi ce que vous voulez, mais n'oubliez pas que ce sera écrit, et que si vous me mentez…

Le jeune homme est de moins en moins sympathique. Ce n'est évidemment pas de sa faute, mais il m'annonce deux mois de plus, une transition, après un déjeuner pourri qui plus est ! Trente minutes plus tard, je reviens à mes quartiers toujours sous bonne escorte. Nouvelle fouille à nu… Je devrais peut-être faire payer chacune de mes exhibitions ! Me voilà de retour, entouré de mes fidèles mouches. Mon voisin s'époumone et frappe contre le mur.

– Où as-tu été ?

Je lui explique brièvement, tout en prenant conscience que je vais me taper soixante jours de détention additionnels. Je sens tout à coup un désespoir profond m'envahir et m'écraser les épaules. Je ne sais plus si je dois implorer Dieu ou le maudire. Il doit avoir beaucoup d'autres chats à fouetter. Je perds conscience du temps. Est-il cinq heures ? trois heures ? Peu importe, je n'ai nulle part où aller !

– Hey… Connais-tu un bon avocat ? Le mien est pourri !

Après tout ce que Jason m'a raconté, je me demande bien comment son avocat pourrait le sortir de son trou.

– Ma blonde était supposée venir me voir… Mais elle aime mieux jouer aux machines vidéos.

Le reste de l'après-midi se passe à esquiver les questions de Jason et à préparer une lettre pour ma famille. Louise vient ce soir et je ne sais pas encore comment je vais lui annoncer la mauvaise nouvelle… Je m'allonge et je lutte contre la fébrilité qui s'empare de moi. Vers dix-neuf heures, le gardien frappe à ma porte.

– Ta famille est là…

Nouvelle fouille à nu… Nouvelle traversée du labyrinthe… Ce n'est pas aujourd'hui que je trouverai la sortie, mais au moins je franchis une petite porte donnant sur un local vitré. Louise et les deux enfants attendent patiemment mon arrivée. J'essaie de les ménager et de ne pas leur annoncer la mauvaise nouvelle de but en blanc. Quelques banalités, le temps qu'arrive le moment propice.

– Tu sais… je ne sortirai qu'en octobre…

Louise me regarde sans bien comprendre. Mon fils est abasourdi. Marie, ma grande, garde un sourire de circonstance et tente tant bien que mal d'insuffler un peu d'optimisme aux deux autres membres de la tribu.

– Ça va… Ce ne sont pas deux mois de plus qui vont nous abattre ! L'avocat n'était pas au courant de la nouvelle loi…

Louise me regarde avec tristesse, mais je sens monter en elle un profond sentiment de colère.

– Comment ont-ils pu te faire cela ? Et lui… Il ne le savait pas ?

Mon fils ne dit mot, il souffre en silence, cette expérience doit le faire vieillir trop rapidement. Ses yeux brillent d'une détermination que je n'ai jamais remarquée auparavant. Ce drame fait de lui l'homme de la tribu. D'un geste doux et protecteur, il passe son bras autour des épaules de sa mère et l'étreint tendrement.

La visite se termine trop rapidement et, les yeux humides, j'adresse aux miens de petits signes de la main. Ils retournent vers le vrai monde. Mon gardien attend.

– C'est pas drôle, hein ?

– Non, c'est pas drôle…

Pour une ixième fois, je suis à la remorque de mon cerbère. Il ne semble pas pressé et, pour une fois, me parle un peu.

– Tu vas partir bientôt… On ne garde pas les gars plus que trois jours.

– Et je vais où ?

– Détention de Sainte-Anne-des-Plaines, je pense.

Je retourne en cellule et j'ai bien sûr droit à une fouille…
Cette fois, mon gardien n'y regarde pas de trop près.

Chapitre 6

Au petit matin, je me réveille encore un peu perdu. Pendant
plusieurs semaines, j'éprouverai cette sensation de vide. Tous les
petits bruits de la maison me manquent cruellement, je n'entends
pas la respiration tranquille et régulière de Louise, ni les jeux de
mon fidèle Marius, le jeune lhassa apso noir qui est notre petit rayon
de soleil depuis plus de deux ans. Pour remplacer mon fidèle compagnon, j'ai un gardien corpulent, à la chemise trop sollicitée, qui
vient me porter bruyamment mon déjeuner à travers un portillon à
rabat, le seul et bref contact avec un être humain que j'ai dans ma
journée.

Je jette un coup d'œil à ma cellule à peine propre. Les minuscules mouches noires sont revenues tournoyer autour de mon
repas, mais comment leur en tenir rigueur ? Elles aussi doivent se
nourrir. Tout en poussant un chariot, le gardien repasse devant
moi sans même me regarder. Ici c'est le trou, l'isolement réservé
aux cas les plus difficiles ou, dans mon cas, destiné à assurer la protection de celui qui en bénéficie. Le bonhomme n'a ni le temps ni
le désir de mieux te connaître, ce n'est pas dans sa description de
tâche. Mon copieux déjeuner terminé, je m'étends sur mon lit de
plastique bleu, en songeant que j'ai tout l'air d'un sans-abri endormi à l'arrière d'un autobus. Mes pensées vont sans cesse de Louise
aux enfants, des enfants à Louise. J'imagine qu'ils sont dévastés et,
malgré leur pâle sourire qui se veut rassurant, au fond mon être je
sens tout leur désarroi. Je ne peux que constater mon impuissance
à les consoler. Je regarde distraitement dehors : un soleil mitigé se
faufile comme il peut à travers les nuages et tente vainement de
réchauffer l'air. De ma fenêtre, je contemple les petites cours
intérieures, faites de plusieurs cloisons métalliques grillagées, coif-
fées de fils barbelés, ressemblant vaguement aux franges d'un vieux
manteau élimé. Quelques oiseaux viennent s'y percher avant de
s'envoler, inconscients de leur liberté. Pour une fois, l'animal en
cage n'appartient pas à leur espèce. Le gris brun du printemps
recouvre tout, même le gazon a gardé son manteau jauni par un

hiver de neige. Çà et là, quelques plaques de glace salie meurent en silence, laissant s'étendre des flaques d'eau trouble où viennent se refléter les timides rayons du matin. La veille, j'ai pu profiter d'une heure complète de promenade extérieure : l'enclos bitumé charriait des papiers usés sortis de je ne sais où. Il y faisait un froid de canard, mais au moins je me sentais en contact avec l'extérieur.

– Tu pars à matin !

Dieu que ce gardien m'a surpris, il semble m'annoncer la nouvelle du siècle et disparaît aussitôt après. Il a peut-être peur que je lui pose trop de questions ou que nous établissions un contact. Ici, à part quelques détenus, personne ne désire entrer en contact avec toi. Mon voisin, lui, n'arrête pas de parler, je connais maintenant presque tout de sa courte existence. Depuis deux jours, j'entends sa voix sortir du sas de ventilation. Cet enfant me prend pour son père, il est inquiet et je tente de l'apaiser de mon mieux avec quelques paroles. J'ai l'impression d'avoir fait cela toute ma vie. Ce matin, il doit encore dormir car c'est le silence complet de son côté.

Un peu plus tard, deux gardes arrivent à ma porte. Ils n'ont pas l'air très commodes, mais restent polis. Le plus gros des deux, un homme au crâne presque rasé, jette un coup d'œil à la cellule et m'intime l'ordre de le suivre. Mis à part un savon et un rasoir, je n'ai presque rien à ramasser. Je quitte ma cellule avec un haussement d'épaule, un petit sac de papier brun amputé d'un de ses côtés à la main.

– C'est toi qui étais un…

– Policier… Oui !

– C'est pas drôle, hein !

– Non.

Il semble gêné, comme s'il se sentait coupable d'avoir à montrer un peu d'humanité. Je lui glisse un petit sourire, tout en lui remettant la minuscule mine de crayon avec laquelle j'ai écrit une lettre à ma femme, un cri d'amour et une demande de pardon pour toute cette douleur qu'elle doit subir. Du coup, le gardien redevient le maton qu'il a toujours été.

– T'as trouvé ça où ?

– Dans la cellule, avec cette vis.

Je lui tends le morceau de métal d'environ trois centimètres, qu'il s'empresse de faire disparaître avant de me passer les menottes. J'ai bien sûr droit à une nouvelle fouille à nu avant de traverser les

106

passages mal éclairés de l'isolement. Le transfert à l'accueil se fait en silence. Ma veste sur les épaules et les poignets entravés, je marche lourdement escorté par mes cerbères silencieux. J'arrive enfin à la gare... Encore une fois, je me retrouve en isolement, un autre réduit malpropre où les graffitis se répandent comme des tentacules qui semblent vouloir vous étreindre jusqu'à ce que mort s'en suive. L'attente, encore l'attente. Ici, tout se fait à la vitesse de l'escargot, au pas de charge. Finalement, un homme barbu ouvre la porte de métal et m'escorte en silence jusqu'à une salle d'essayage – pardon, une salle de déshabillage – où trois autres gardiens attendent une nouvelle fournée.

– Tu enlèves tes vêtements.

Encore une fois, je me retrouve le cul à l'air. Tous les détenus se retrouvent à poil de façon systématique : il ne faut surtout pas souffrir de pudibonderie ici. Petite fouille rapide, vêtements inspectés pour la ixième fois, quelques papiers à signer : me voilà prêt pour le voyage. Je retourne rapidement à mon isoloir en attendant mon tour. J'aperçois d'autres détenus entrer dans la salle de déshabillage, ils seront du voyage. Ma porte s'ouvre et un gardien à grosses lunettes noires, assez jeune pour être mon fils, me fait signe de le suivre. Je lui emboîte le pas jusqu'à la porte, où deux autres gardes me font agenouiller sur un banc. L'un d'eux, un petit maigrelet au visage peu avenant, me passe les chaînes aux pieds sans ménagement, puis me montre la porte. Ainsi entravé, je suis escorté jusqu'au camion. On me fait asseoir dans un espace grillagé d'environ un mètre carré. Tout dans ce camion est métallique, y compris les bancs. Plusieurs détenus semblent habitués à ce régime, certains trouvent même le moyen de plaisanter avec les gardiens, qui ont pris l'habitude de ne pas répliquer à leurs obscénités. Il fait froid et humide, je grelotte malgré mon veston. Nous ne partons pas immédiatement, nous attendons en silence que les geôliers nous emmènent. Je suis le seul à être isolé dans une petite cage et j'attire des regards curieux. À ma mine déconfite, tout le monde comprend que je n'ai pas envie de discuter.

Le voyage est chaotique. Nous suivons des petites routes de campagne aussi sinueuses que belles, certaines épousent les courbes de rivières en crue. Des champs boueux, quelques fermettes, quelques bêtes à la recherche de pâturage, l'odeur du fumier frais que l'on devine de l'intérieur. Quelques villages minuscules traversés à vive allure. De rares panneaux qui me donnent une vague idée des lieux que nous traversons. Le voyage s'étire, interminable.

* * *

– Si je n'avais pas autant de respect pour toi, je te suspendrais !

Je suis à trois jours de ma retraite et c'est en ces termes que le commandant de mon unité s'adresse à moi. Mea culpa, j'ai commis un grand péché ! En pleine préretraite, je suis allé travailler trois nuits d'affilée pour rendre service à un ami, propriétaire d'une agence d'enquête, et mettre un point final à ma dernière enquête. Un cas de fraude téléphonique. De très jolies comédiennes de séries télévisées francophones se sont fait harceler la nuit par des hackers. Comme les policiers ne savaient pas quoi faire, ils ont tout simplement fermé les plaintes sans faire d'enquête. Dans cette affaire, j'avais arrêté certains trouble-fêtes, dont un jeune homme de seize ans qui devenait le suspect principal. Mon péché est moins d'avoir arrêté les suspects que d'avoir accepté d'en parler à la télévision. Il faut dire que le journaliste tentait de me piéger, ou plus exactement tentait de piéger le département… Pourquoi n'ai-je pas eu vent des plaintes déposées par les comédiennes ? J'avais répondu que je ne pouvais tout savoir et qu'elles n'avaient qu'à venir nous rencontrer, et que c'était exactement ce qu'elles faisaient aujourd'hui. Et j'avais ajouté qu'avec mon départ dans quelques jours, l'équipe s'occupant des fraudes téléphoniques serait coupée de moitié… ce qui avait fait bondir mes supérieurs qui avaient démenti mes allégations dans un joli communiqué télévisé.

– Alors suspends-moi et je reste !

– Non… Mais tu as agi contre mes ordres. J'ai interdit à tout le monde de parler aux journalistes.

– J'en ai eu la demande des relations publiques… J'ai cru que tu en étais avisé.

Mon commandant n'en croit pas un mot. Comme la confiance règne ici, il appelle devant moi le policier chargé des relations publiques et le sermonne, en lui rappelant la directive de service. Jean, mon lieutenant, qui a plus la réputation d'être un homme servile qu'un enquêteur hors du commun, ne veut pas être en reste et en rajoute :

– T'as été dire à la télé que c'était un crime de martien.

108

– Tu remarqueras que je n'ai fait que répéter tes paroles.

– Moé, j'ai pas dit ça aux journalistes.

– Non… tu l'as dit à des enquêteurs privés qui ne t'ont pas trouvé brillant.

Mario le regarde avec étonnement, mais pour ne pas perdre la face il me retire officiellement l'enquête du harcèlement téléphonique.

– Cette enquête m'appartient, Mario.

– Non, elle n'est pas dans ton secteur.

– Aurais-tu oublié la directive très claire de ton département : quand nous avons arrêté un individu, toutes les plaintes reliées à celui-ci doivent être faites par l'enquêteur au dossier… Donc, Alain ou moi !

Jean en bafouille, il ne s'attendait pas à celle-là et, comme toujours dans ce cas, il s'entête stupidement et se ferme à toute discussion.

– On a dit : non. C'est moi qui vais les rencontrer et un autre enquêteur va prendre le dossier.

– Pourquoi ?

Mario doit sentir qu'il ne s'en sortira pas et qu'il faut mettre un terme à la discussion.

– Bon… Il te reste deux jours, alors, tiens-toi tranquille… Prépare ta retraite et ne fais pas de vagues.

– J'aime bien quand tu parles, Mario, j'entends des sons, parle-moi comme à ton psy…

Mon commandant se contient très mal et devient écarlate. Lui qui aime l'ordre et la rectitude, il est plutôt mal servi. Ce qui l'embête le plus, ce n'est pas d'avoir contrevenu aux ordres, mais d'avoir dit la vérité : que nous n'étions que deux pour faire ce travail et que personne ne comprenait ou ne voulait se donner la peine de comprendre ce qu'était le hacking. Bien sûr, avant moi d'autres ont fait des arrestations, mais ils n'ont plus le temps ou ont reçu des ordres.

– Tu ne prends aucune enquête, c'est un ordre.

– Comme tu veux…

– Relaxe-toi… Ce sont tes dernières journées de travail, prépare tes affaires et va faire tes adieux.

Mon départ à la retraite s'annonce tout aussi marginal que le début de ma carrière. Il va sans dire que mon commandant ne daigne pas me serrer la main ou me gratifier de son sourire graisseux. Toutefois, dans la soirée je reçois un coup de fil de sa part : il commence d'abord par me souhaiter une bonne retraite, puis change de registre.

– Tu sais, Claude, tu n'es plus dans la police et si jamais tu te mêlais de nos enquêtes, tu pourrais être accusé d'entrave…

Je me le tiens pour dit. Le conseil et la menace sont on ne peut plus clairs.

– T'en fais pas, Mario… Je suis un citoyen, maintenant j'ai des droits !

Ce coup de fil me fait réfléchir à la relativité des choses. Il n'y a pas vingt-quatre heures que je suis redevenu simple citoyen d'un seul coup de stylo, et déjà un flic se permet de me faire chier !

* * *

Le village de Sainte-Anne-des-Plaines se profile à l'horizon. Nous suivons un long chemin presque rectiligne jusqu'au centre de réception des détenus. Ce qui surprend à l'arrivée, c'est l'ampleur du complexe. La prison se divise en plusieurs modules indépendants, le maximum, le médium et le minimum, ce dernier se composant de plusieurs condos sans barrières. Autour, ce n'est que champs et fermes, le plat pays à perte de vue. L'horizon est d'un brun mauve teinté de gris, quelques fermettes blanches s'y détachent, rien ne pousse dans les champs. La terre semble gorgée des restes de neige fondante. Les derniers mètres se font en silence, comme si tous les détenus, même les plus durs, prenaient tout à coup conscience que nous allons être entourés de ce réseau de grillage dur et froid, entrecoupé de miradors qui surveillent toutes les sections de l'institution et toutes les cours intérieures selon un plan bien établi.

Le camion s'arrête et une porte de garage s'ouvre mécaniquement. Le gardien ouvre les portes des enclos une à une, et le flot de détenus commence à se déverser. J'attends bien assis que mon tour arrive. Quelques bonshommes laissent aller des jurons de dépit. Lorsque je descends du camion, les chaînes qui m'entravent les pieds manquent de me faire tomber face contre terre. Le gardien me jette un coup d'œil indifférent, il en a vu d'autres. D'un geste qu'il va probablement répéter des milliers de fois, le chauffeur m'indique la voie à suivre. Je monte le petit escalier qui conduit à la salle commune. Les fers m'écorchent les chevilles à chaque pas. À l'intérieur, des hommes en uniforme attendent notre arrivée et, en professionnels qu'ils sont, s'occupent déjà des enveloppes et de la paperasse à remplir. Un homme qui semble être un superviseur vient à ma rencontre.

– C'est toi, le statut spécial ?

– Ouais, je crois…

– Personne ne nous a avisés, comme toujours. Je ne savais pas que tu arrivais.

Je le regarde d'un air à peine surpris et je lui adresse un sourire teinté d'ironie.

– Je peux retourner chez moi en attendant et repasser plus tard si vous le désirez.

La moustache de l'homme se retrousse d'un seul coup, je l'ai atteint dans son orgueil de maton.

– Écoute, t'es pas ici pour avoir monté les marches de l'oratoire à genoux à ce que je sache !

– Je ne les ai pas descendues non plus, ces marches… Et un jour tu pourras en juger.

– Écoute… Je ne sais pas ce qui est arrivé et ce n'est pas de mes affaires, mon job c'est de te trouver une place. Je vais appeler madame Lévesque et voir avec elle.

L'homme me sourit quand même poliment, tout en se grattant machinalement la tête. Il semble un peu embêté, le problème semble fort délicat. Où peut-il me caser ? Pour le moment, il me dirige vers un petit réduit qu'on appelle « le petit bull pen ». L'endroit est vitré et facile à surveiller. Les autres détenus entrent dans une pièce un peu plus grande, elle aussi vitrée. Je suis le centre de l'attention pendant quelques minutes, puis mes voisins sont appelés les uns après les autres, pour être toisés, photographiés, déshabillés, revêtus et envoyés ailleurs.

Pour une fois, il n'y a pas de graffitis dans ma cellule. Tout est relativement propre, voire un peu trop aseptisé. Je pourrais avoir l'illusion d'attendre à l'hôpital si ce n'étaient des portes blindées, des chaînes et des bâtons des gardiens. Maintenant que tous les autres sont passés, c'est à mon tour de me déshabiller et d'enfiler un jean usé et délavé, un t-shirt blanc, des bas noirs et des espadrilles blanches toutes neuves. Ce sera mon costume de bagnard tout au long de mon séjour. Mes frusques et mes effets personnels sont répertoriés et mis dans un sac, à part les bas et le slip qui vont à la poubelle et sont remplacés par des slips de coton surannées. J'ai aussi droit à ma photo dédicacée et à un numéro temporaire de prisonnier. Sur cette photo, je n'ai l'air ni gai ni sympathique, mais ce n'est pas le but de l'exercice. Je pense à ma carte de flic, qui m'a fidèlement accompagné pendant trente-deux ans, et qui portait aussi un numéro de matricule.

Je retourne lentement dans mon réduit. Un gardien d'un certain âge me tend d'une main nonchalante un sac de papier brun contenant un sandwich au fromage un peu sec, un berlingot de lait tiédasse et deux épouvantables petits biscuits Feuille d'érable. Les cuisines des prisons ne font pas spécialement preuve de créativité et nous sommes une fois de plus en retard pour le délicieux dîner. Une dame dans la fin de la trentaine, un peu boulotte, mal fagotée mais tout sourire, vient à ma rencontre. Elle est ce que l'on appelle ici une gérante d'unité. Candidement, elle m'explique en quelques mots, et avec gentillesse, comment le système fonctionne, quels sont mes choix ou possibilités de détention.

– Ou vous allez avec quelques autres détenus au bloc A – ce n'est pas mal, vous n'êtes que quelques-uns, l'ambiance est plus familiale – le temps de vous adapter.

– Ou bien ?

– L'autre option est l'isolement ou ce que l'on appelle le trou, c'est un endroit sûr mais pas très agréable.

Comme j'ai déjà goûté aux plaisirs du trou, la solitude, la saleté, les mouches et les fouilles, je n'ai pas à me forcer les méninges pour comprendre que j'ai à choisir entre la vie en société carcérale et la vie monacale qu'est l'isolement.

– Ce sera le bloc A.

– Bonne décision, vous allez voir que tout va bien aller. Vous n'êtes pas le premier policier qui nous visite. Vous savez, j'ai l'intention de vous insérer dans la population dans quelques jours. Il faudra bien vous y habituer si vous voulez aller un jour dans un minimum. Et si vous avez quelque problème que ce soit, n'hésitez pas à en parler avec les gardiens, ils connaissent votre cas.

– Bien sûr, madame !

La gérante se tait quelques instants, ma réponse la laisse perplexe, elle ne connaît pas encore mon sens poussé de l'ironie. Du coup, elle s'éloigne tout sourire, dans son petit tailleur brun foncé un peu usé, en ayant l'air de se dire : « Encore un cas de réglé ! Voilà une bonne chose de faite. »

Je me retrouve avec quatre autres détenus qui vont au même bloc que moi. Les pauvres types me ressemblent, ni plus méchants ni meilleurs. Nous avançons en file indienne, notre poche en jean sur le dos, escortés par des gardiens qui semblent indifférents à notre misère. Avec un peu d'imagination nous aurions l'air de marins en partance pour un long périple. Les couloirs sont longs, larges et éclairés. Tout est d'un affreux vert pâle, les murs, le plancher en tuile, et même certains visages. Tout est propre, pâle et feutré. Des portes du même vert pâle, couvertes d'un grillage ouvragé, délimitent les secteurs. Nous en passons quelques-uns dans un silence complet avant d'arriver à notre bloc. BLOC A. Difficile de le manquer. Les lettres peintes en noir se dressent devant nous, péremptoires, impossibles à oublier. Nous attendons quelques minutes le bon vouloir de la grande gardienne blonde, qui semble prendre plaisir à nous faire attendre. Les portes automatiques s'ouvrent finalement dans un bruit qui deviendra pour nous caractéristique, et nous avançons d'un pas incertain vers nos quartiers. La grande Elsa la louve, comme nous prendrons rapidement l'habitude de la surnommer, m'apostrophe au passage.

– Aubin… C'est toi ? T'as le choix des cellules, la une, la neuf ou la quinze.

– Ça change quelque chose ?

La jeune femme me jette un regard furibond et s'avance pour mieux se faire entendre.

– Non, ça change rien.

– Je verrai !

– C'est ça, tu verras.

Ce n'est pas l'amour fou entre nous… Je lui fais un petit sourire, puis je monte l'escalier qui mène aux chambres. Je m'installe dans la cellule un : une petite pièce froide à lits superposés, de deux mètres carrés, avec toilette et lavabo, et tout au fond un petit bureau fourre-tout, mais au moins j'y suis seul. Je fais mon lit, dont le matelas usé, de cinq centimètres d'épaisseur a déjà connu de nombreux dos je range mes nouvelles possessions dans les tiroirs récalcitrants du bureau métallique… quand tout à coup la porte se referme derrière moi dans un fracas de tonnerre. C'est mon premier contact avec le bloc A. Il ne me reste plus qu'à me familiariser avec les graffitis qui ornent ma cellule. Ils deviendront vite les cadres et les bibelots de mon petit intérieur. Je m'étends tout habillé sur le lit, mes pensées vont vers l'unique téléphone du bloc, mon seul lien avec Louise… Elle me manque jusque dans mes os. Des larmes que j'avais jusque-là réussi à contenir coulent en cascade et rien ne peut les retenir.

* * *

Juin 1999. Depuis quelques mois déjà, je travaille avec Marty et nous nous débrouillons passablement bien. Notre agence de détectives effectue les opérations habituelles dans la profession. Quelques filatures pour le compte d'un avocat, quelques installations de micros pour des patrons de compagnies. D'un autre côté, j'ai dans l'idée de rassembler la vieille équipe – l'immigration, la banque et Alain au SPCUM – pour en finir avec les Bulgares. Mais les choses traînent un peu de ce côté… Il n'est pas facile d'organiser une opération quand on a plus le contrôle sur tout. Je reste malgré tout persuadé que l'équipe peut toujours fonctionner, même si elle n'est plus parfaitement dans le coup. Mes contacts russes sont encore bons. Alain me fournit les dossiers de ces gens, et moi je lui retourne une liste détaillée des criminels et de leurs contacts.

Je crois que la chance se range de mon côté lorsqu'un représentant de compagnie de sécurité vient me demander un service. C'est un partenaire d'affaire de Pierre, mon technicien en écoute électronique, et il fait aussi affaire avec des motards criminalisés. Il attend de moi que je lui donne de l'information sur des groupes rivaux. Je n'ai pas encore pris de décision. L'entreprise comporte certains dangers, mais comme je me sens capable de soutirer de l'information de ce tas de graisse… Un bel après-midi de juin, nous nous rencontrons dans un petit restaurant de l'avenue Mont-Royal. Badaboum, tel est le surnom que je lui avais donné, a transporté tant bien que mal ses cent cinquante kilos de graisse molle jusque-là. Je le trouve le ventre coincé dans une des banquettes, devant avec son éternel hot-dog–frites et Coke diète.

– Tu vas pas maigrir avec ça…

– J'en mange moins avec des frites dessus !

Impossible de m'habituer à cet homme qui travaille avec des gens d'affaires et qui n'a jamais de chemise propre à se mettre. De perpétuelles taches de graisse ornent sa bedaine, comme autant de médailles décernées pour toute la bouffe huileuse et dégueulasse qu'il ingurgite de façon industrielle. La discussion s'engage lentement. Badaboum me dit que ses amis rencontrent des difficultés et qu'ils ont besoin de savoir où sont leurs ennemis et qui ils sont. Je ne suis évidemment pas prêt à lui fournir d'informations, mais lui peut me devenir utile...

– Le groupe va te payer... Nous autres, c'est pas pour les tuer, mais on veut juste prévenir les coups.

– Ben voyons... Écoute, je n'ai aucun respect pour eux... Ils peuvent tous mourir... Tes amis comme les autres.

– Nous autres... On a un code d'honneur, on tue pas de femmes ni d'enfants...

Dans ma tête germe déjà l'idée de ramasser le plus d'informations possible. Alain trouvera sûrement une façon de les traiter.

– OK, mais j'ai besoin que tu m'informes des planques d'armes, des vendeurs de stupéfiants et, comme je ne connais pas très bien les motards, je veux savoir qui est qui !

– C'est correct.

– Sûr ?

Je sais bien qu'il ne veut pas me donner d'informations, mais je sais aussi qu'il le fera. Il sort de sa poche de veste une avance de mille huit cents dollars. Je ramasse l'argent et, avec un grand sourire, je lui tire ma révérence.

Dans la même semaine, la chance veut qu'une dizaine de personnes appartenant au groupe rival se fassent arrêter pour vente de stupéfiants. Le tout est bien sûr médiatisé. Après en avoir parlé avec Alain, nous convenons de ne donner aucune information chaude ou dangereuse... ce qui nous permettra de ramasser le plus d'informations possible. Alain demande à ses amis de l'analyse de lui trouver quelques questions ayant un certain intérêt pour les besoins du département. De mon côté, je monte une liste avec photos des dix premiers sujets. Ma première livraison a lieu dans le même petit restaurant de l'avenue Mont-Royal. Badaboum est satisfait du travail. Comme je n'ai pas de question, nous nous séparons rapidement. Mais il m'appelle dès le lendemain et je sens au son de sa voix qu'il est contrarié.

– Il faut se rencontrer le plus rapidement possible.

– Même place… même heure.

– Ouais…

Quand j'arrive sur les lieux, Badaboum en est à son deuxième hot-dog–frites. Il me fait signe de m'asseoir et j'attends patiemment qu'il soit en mesure de parler.

– J'ai pas mangé encore aujourd'hui…

– Alors, finis ton dîner…

Sans m'écouter davantage, il prend un air bougon et me raconte sa rencontre avec ses patrons.

– Tu m'as donné de la marde ! Tes photos, pis tes noms, ils sont dans le journal. Le gars me les a montrés, crisse. Ceux-là, on les connaît, ils sont en prison. Ce que je veux, c'est les noms, les photos, les adresses de ceux que l'on pense être dangereux pour nous. Pas de filles, Pas de mères ou de pères, pas de petits crosseurs…

Je l'écoute très attentivement et je comprends qu'il a dû passer un méchant quart d'heure. Il est prêt maintenant à m'en donner un peu… pour en recevoir !

– J'ai besoin de savoir pour ce Russe… Il semble frayer des deux côtés. Reviens-moi avec l'information. Je te fais une autre liste plus satisfaisante.

– T'as pas l'idée de la peur que j'ai eue, ces gars-là rient pas…

– Ce sont tes amis.

J'avise Alain de la progression de l'enquête. Je récupère quelques noms dans de vieux journaux de faits divers et je lui en demande quelques autres… De son côté, il procède à certaines vérification pour notre Russe… Je veux que nous soyons toujours en avant de la nouvelle. Quand je retourne voir mon gros baril de graisse, il n'a que de l'information négative à me donner. Ou il ment ou ses amis ne lui ont pas dit la vérité. Je suis un peu déçu, mais pas au bout de mes questions. Je lui remets quand même une autre liste d'une dizaine de noms, dont deux membres de leur propre organisation… Test ! Comme de juste, nouvel appel… Badaboum doit absolument me rencontrer. Cette fois, il semble furieux. Au resto, il tente de me faire comprendre ce qu'il attend de moi, comme s'il parlait à un enfant.

– Écoute… tu m'as donné le nom de deux de nos hommes… Plus un mort !

– Chez nous, ils sont classés de l'autre bord. Tu ne sais pas que la majorité des gars qui travaillent sur les motards sont des imbéciles et qu'ils ne connaissent pas la moitié des membres.

Cette réponse semble le rassurer un peu, bien sûr les flics sont généralement stupides ! Mais je sens quand même poindre un certain découragement en lui. Nous convenons d'une autre rencontre et d'une autre liste pour la semaine suivante. Avant de partir, je lui glisse que j'aimerais bien avoir de l'information sur la tentative de meurtre sur d'amie d'un membre :

– Chez nous, on pense que c'est lui qui a commandé l'affaire.

– Je regarde ça…

– Ce serait pour nous des points bonus.

La semaine passe et je n'ai que quatre noms à donner à mon interlocuteur… Tant pis, j'engraisse la feuille d'anciens clients qui n'ont rien à voir avec eux. Comme je sais qu'ils épluchent la liste méthodiquement, ils auront vite fait de les découvrir. Mon gros vient ramasser l'enveloppe dans un stationnement de l'ouest de la ville.

– Tes gars sont dans le champ… C'est pas notre gars qui a voulu la tuer.

– Nos sources sont fiables…

– Pas cette fois. J'ai peut-être quelque chose pour toi, un vendeur de coke dans l'Est. Je vais t'en parler à la prochaine rencontre.

C'est drôle, je ne sais pas pourquoi ses amis ne semblent plus en colère. Ils doivent bien voir que je ne leur donne que de la merde…

Pendant quelques mois encore, à raison d'une rencontre toutes les trois semaines, nous échangeons des informations. Le vendeur de stupéfiants est refilé à des enquêteurs des stupéfiants de Centre-Sud, de l'information émerge sur Khorthbati, ses armes à feu, ses amitiés avec les deux côtés. Et d'autres babioles… Tant et si bien qu'après être venu faire le père Noël à l'hôpital pour enfants, Badaboum disparaît de mon entourage. Ainsi s'éteint ma filière motard.

* * *

J'ai dormi quelques minutes. Le réveil est brutal. Je suis en prison, dans une cellule pas très propre. Pour une des premières

117

fois de ma vie, je fais l'apprentissage de la solitude, non seulement la solitude physique, mais aussi la solitude psychologique. À partir d'aujourd'hui, je dois apprendre à garder mes arrières, à me taire et à ne faire confiance à personne. Mes amis sont devenus mes ennemis… Et mes ennemis restent mes ennemis. Rien ne peut me sauver, rien ni personne.

Chapitre 7

J'entrais dans mes nouveaux appartements sans avoir la moindre idée du temps que j'y resterais. Autant commencer par faire le tour du propriétaire. Le dernier locataire n'était pas très fort sur le savon : l'aspect du plancher et de la cuvette en témoignait. Je m'allongeai sur le petit lit de fer à deux étages et attendis. Mes pensées quittèrent l'abc du parfait petit prisonnier pour reprendre leur cours normal et me replonger dans cette anxiété qui m'était trop familière depuis le début de l'affaire. Je tentai vainement de fuir dans le sommeil. Le froid persistant et insidieux m'empêchait à la fois de réfléchir et de dormir. Pas d'autre choix que d'enfiler un affreux haut de combinaison de coton blanc, le même que portait mon père dans les dernières années de sa vie. Ce n'était pas suffisant pour m'empêcher de claquer des dents et je dus m'emmitoufler dans une mince couverture de coton ressemblant à du filet, d'un bleu foncé qui jurait avec le vert pâle de la cellule. Juste en face de mon lit, je remarquai alors une bouche d'aération de bonne dimension complètement obstruée par un paquetage artisanal fait de papier de toilette grisâtre et de chiffons. Dans ma grande naïveté, je croyais avoir trouvé la clé de l'énigme : la chaleur ne pouvait passer puisque la bouche était obstruée. Je me levai d'un bond et entrepris fébrilement de dégager le grillage. Une bouffée d'air glacial me sauta au visage. Je rebouchai le tout et m'emmitouflai dans mes loques… La nuit s'annonçait désagréable à souhait.

Soudain, un bruit affreux : le déclic sec de la serrure électrique. L'ouverture des portes de métal me tire de mes réflexions. Un bruit qui m'accompagnera pendant les semaines suivantes. Je sors et je suis les autres détenus, déjà en file indienne, pour aller attraper un plateau de plastique vert foncé où le serveur désigné jette au hasard la pitance quotidienne. Bon, de la viande, du foie peut-être, des pommes de terre potables, des légumes en boîte et un dessert égal au reste du repas : incolore à tendance brunâtre, inodore, insipide avec une vague saveur de sauce au bœuf sucrée... parce que le serveur a laissé tomber sa louche sur mon dessert.

Lentement, les langues se délient et les hommes qui attendent autour du comptoir commencent à socialiser. Les gars qui étaient de mon transfert ont un air de panique au fond des yeux. Peu semblent à l'aise et la conversation se fait banale. Le vieux téléviseur diffuse les nouvelles en direct du sommet des Amériques et la revue de la semaine. Dieu merci, le sommet a pris toute la place. Les commentaires désagréables fusent de toutes parts quand on voit les policiers tenter de protéger les abords du centre des congrès. Je n'ose pas imaginer leur réaction si ma photo apparaissait à l'écran.

Le cuisinier, enfin... Le serveur chef, un petit homme chauve aux allures féminines, fait des remarques fort désobligeantes tout en me regardant. Saurait-il quelque chose ?

– Salut... Moi, c'est Claude.

– Tiens, moi aussi, c'est Claude...

Le bonhomme qui est devant moi pourrait être mon fils. Avec sa grosse tête frisée et son air naïf, il a l'air d'un jeune homme de bonne famille qui s'est embarqué dans le mauvais wagon par mégarde. Il me demande tout de go :

– T'as combien de temps à faire ?

– Deux ans...

– Moi aussi... J'ai fait une fraude. Bon, on aura quelques mois à tirer, c'est pas trop mal.

– Tu veux rire...

– C'est pas si pire... Je partirai un autre commerce à ma sortie.

Entre-temps, Alain a déjà monopolisé la place. Il est grand et tout en nerfs, il a de la gueule et dit connaître cette prison de fond en comble. Il ne cesse d'expliquer à tout le monde comment va se passer notre séjour, à quoi nous devons nous attendre, qui sera transféré ou pas... Dieu merci, les gardiens nous renvoient en cellule pour manger. J'aurai ainsi un peu de paix jusqu'à ce que les portes s'ouvrent pour la sortie du soir. Je déguste le foie à la sauce brune qui a malencontreusement atterri sur mon dessert : ça ne change rien, il était de la même couleur. Comme j'ai oublié ma tasse, je n'ai droit qu'à l'eau du robinet. On ne peut pas retourner en cellule avant d'avoir pris sa nourriture, les gardiens n'aiment pas les va-et-vient. Malgré le froid persistant, j'ai à présent tout le temps de réfléchir. Mon esprit s'échappe et vogue vers ma maison. Je tente d'imaginer Louise et je songe à toute la peine qu'elle supporte. Je ne peux pas empêcher mes larmes de couler. Je regarde à l'extérieur, tout est noir maintenant. Non... Il y a le projecteur qui inonde ma cellule d'une lumière crue comme si des centaines d'halogènes étaient braquées sur ma fenêtre. De quoi se croire sur un plateau de cinéma ! Je parviens tant bien que mal à somnoler. Le bruit métallique me fait sursauter. C'est l'heure de mettre le nez dehors. Je ne m'habituerai jamais à ce bruit sinistre qui me rappelle brutalement à la réalité. Comment croire que personne n'a songé à inventer autre chose que ces portes moyenâgeuses !

Alain a les yeux rivés sur l'écran, il semble reprendre son discours où il l'a laissé, mais je ne l'écoute que très distraitement. D'autres bonshommes viennent s'asseoir autour de moi et nous échangeons des banalités. Daniel, l'un des nouveaux qui tout comme moi semble frigorifié, part demander aux gardiens d'augmenter le chauffage.

– Oui... Cette nuit tu auras plus chaud.

Il revient tout content, persuadé qu'il aura chaud dans quelques minutes. En fait, nous aurons un peu plus chaud... début juin. Pendant tout mon séjour, il ne sortira jamais d'air chaud des bouches d'aération. Les seuls moments de chaleur, nous les trouverons près du grille-pain industriel que nous prendrons l'habitude de laisser allumé et contre lequel beaucoup d'entre nous irons se blottir.

– Aubin... Le gérant d'unité veut te voir.

Le gardien très discret me fait signe de le rejoindre. J'espère seulement que mes compagnons d'infortune n'ont pas regardé la télé pendant la dernière semaine. Je me lève et je suis docilement le cerbère qui m'amène à un homme grassouillet.

– C'est toi Aubin ?

Il me semble entendre cette question pour la centième fois en cinq jours. Je commence à douter de ma propre identité. Même si je devais souffrir de sénilité précoce, je ne pourrai plus jamais oublier mon nom.

– Oui...

– Le recherchiste de Paul Arcand veut te parler…

– Dites-lui que ce n'est pas le bon moment.

L'homme me regarde droit dans les yeux et hoche la tête. J'ai la nette impression d'avoir fait un bon choix.

– Bonne décision… Ici t'es mieux de ne pas parler aux journalistes.

C'est tout, il tourne les talons, son job est fait ! Je n'ai pas encore l'habitude d'être traité comme du bétail, ça viendra. Nous ne sommes pas maltraités, mais ignorés, réduits à une sorte de non-être. La majorité des gardiens sont strictement corrects, pas plus, pas moins. Je retourne à mes compagnons qui attendent le prochain retour aux cellules. Je devrai m'habituer à ce rythme. Sept heures trente du matin : ouverture des portes, puis petit déjeuner en cellule. Petite sieste. Ouverture des portes à neuf heures et quartier libre dans une salle de trois mètres sur quatre. Ouverture des portes extérieures jusqu'à onze heures et retour en cellule à onze heures trente. Midi : repas en cellule, puis sieste jusqu'à treize heures trente. Ouverture des cellules jusqu'à quinze heures pour un compte. Retour pour quinze minutes et réouverture des portes jusqu'à seize heures trente. De nouveau confinés aux cellules jusqu'à dix-sept heures pour le souper, toujours en cellule. Retour dans la salle de dix-sept heures trente à vingt heures. Nouveau compte en cellule pendant quinze minutes et retour à la salle commune jusqu'à vingt-deux heures trente. Et ça recommence comme ça tous les jours. Entre-temps, il faut se démerder pour une place au téléphone. Nous avons la chance d'avoir un téléphone pour quinze personnes et pour vingt-cinq minutes. En faisant un calcul rapide, certains d'entre nous doivent donc téléphoner tous les deux jours en principe. Une fois par semaine, c'est la bibliothèque et le linge sale à échanger. Enfin un peu de vie dans notre routine ! Plus tard ce seront les cours obligatoires. La plupart du temps se passe en cellule, mais ne sommes-nous pas des prisonniers ? De toute façon je n'ai rien à raconter… Alors je pense…

* * *

Par micro interposé, les gardiens demandent aux nouveaux de se présenter à l'infirmerie. Nous sommes cinq à sillonner les couloirs et à attendre l'infirmière. Une dame à la carrure aussi engageante qu'un sergent major me remet des pilules pour les maux de tête.

— Les prochaines, vous devrez les acheter.

— Bien, madame…

— Retourne t'asseoir. Suivant !

Richard, un de mes partenaires de transport, fait remarquer à la matrone qu'avec vingt dollars toutes les deux semaines, les pilules vont devenir chères. La diablesse monte sur ses grands chevaux pour lui donner un cours d'économie accéléré et lui expliquer comment elle ferait vire une famille pendant deux semaines avec ces vingt dollars. Mon pauvre bonhomme s'assoit lourdement à mes côtés, tout penaud.

— C'est une folle ! Comme si elle pouvait vivre avec dix piastres par semaine !

— Elle fait peut-être des miracles.

Il n'a pas le goût de rire, mais avec un peu d'ironie je lui fais vite oublier toute la stupidité de la situation.

— Monsieur Aubin !

Une autre infirmière, d'une grande gentillesse, me fait passer dans une petite salle.

— Je vous fais un test de dépistage de la tuberculose.

Elle s'exécute et me pose quelques questions sur ma santé en général. Le tout est soigneusement consigné par écrit.

— Attendez avant de retourner à votre bloc, le technicien va vous passer les rayons X de la bouche.

— Je pourrai voir le dentiste ?

— Bien sûr.

Tout heureux, Richard en profite pour demander un nouveau dentier. Le radiologiste sourit et répond évasivement.

— C'est comme si j'étais venu en clinique privée !

— Oui, Richard, comme…

Nous retournons vers notre petit abri, où les gardiens nous attendent et nous accueillent avec la gentillesse qu'ont les cow-boys pour leur bétail. Les gardiens ont ouvert la porte menant à la cour. Malheureusement, en fondant la neige n'a laissé qu'une mare de boue collante et visqueuse. De toute façon un vent glacial nous transperce et nous force à rentrer pour nous réchauffer un peu. Vers vingt-deux heures, les gardiens nous font comprendre que c'est l'heure du coucher. Nous partons tous sans grand enthousiasme vers nos tanières. Je me couche tout habillé et, pour faire bonne mesure, j'ajoute à mes loques le sac fourre-tout en jean. Mes démons reviennent me hanter, seul à nouveau face à moi-même je m'abandonne au désespoir. Je n'ai pas touché la main de Louise depuis neuf jours. Elle me manque cruellement. En trente-deux ans de mariage, je n'ai pas découché plus de deux jours et la chaleur de son corps me manque. Le sommeil vient finalement, peuplé de cauchemars.

Au matin, je suis encore transi de cette nuit glaciale. Je vais immédiatement aux douches avant le déjeuner. Je déteste avoir les cheveux ébouriffés et l'air endormi quand je me lève. J'ai juste le temps de tempérer l'eau et de sortir mon petit savon inodore, incolore, qui ressemble à du plastique.

– Pas de douche avant neuf heures, monsieur.

– Excusez-moi… Je ne savais pas.

– Vous devez sortir.

Le gardien, un homme mince et de mon âge, semble un peu gêné. Il n'y est pour rien et il doit trouver ce règlement idiot, mais comme il ne peut y avoir de passe-droit… Nouvelles règles ! Je me dépêche donc de sortir. À neuf heures, par contre, c'est la congestion. J'essaie de trouver une logique, mais la seule logique de tout cela est qu'il n'y en a pas. J'aurai plus tard droit à l'explication suivante : il n'y a pas assez de gardiens pour nous surveiller, alors l'administration limite les heures de douches pour mieux contrôler nos allées et venues. Il faut dire que la douche est face à la porte de ma cellule, derrière une porte faite de barreaux de métal, dans un bloc aux portes infranchissables et entouré à l'extérieur de deux palissades, elles-mêmes cintrées par de hauts miradors et longeant un chemin patrouillé sans arrêts.

Je vais donc à la cuisine. Un œuf à la coque, des rôties froides et un café homéopathique, quel festin ! Mais aujourd'hui rien ne peut me toucher, ma famille vient me visiter et le reste n'est pas important. J'ai à me raser et à faire un brin de toilette. La dernière fois qu'ils m'ont vu, je portais les mêmes vêtements depuis cinq jours, je ne pouvais me faire la barbe et j'avais les cheveux sales et emmêlés. Alors, aujourd'hui je veux les rassurer. L'avant-midi est interminable et, quand le gardien m'appelle pour la visite, je bondis comme un ressort. Le garde, indifférent à mon énervement, me tend un papier. Ma permission de circuler. Ces petites feuilles feront partie intégrante de notre quotidien. Pas de papier, pas de sortie.

– C'est la visite.

Ça, je le savais. Pas besoin d'être devin pour comprendre que, le dimanche à treize heures, toutes les familles sont aux portes du pénitencier… C'est pour tout le monde une des choses les plus difficiles à traverser. Pour moi comme pour les autres.

– Je vais où ?

Je n'ai pas la moindre idée où peut se trouver ce fameux parloir. On ne nous a pas encore tout expliqué et ce n'est pas maintenant que ça risque d'arriver.

– Tout droit et tu tournes à droite avant d'arriver au fond.

Comme par magie, les portes du bloc s'ouvrent avec leur fracas habituel et je peux enfin sortir, presque librement. Je marche aussi vite que je peux, mais le couloir semble ne jamais finir. Enfin la porte. Je frappe, je frappe encore. Un gardien me montre une autre porte un peu plus loin. Un autre détenu entre et je m'empresse de le suivre. Petite attente. Derrière la vitre teintée, le gardien ne semble pas pressé.

– Aubin…

– Oui, monsieur.

– T'as des lettres, on va te les donner.

Je me dirige déjà vers la porte derrière laquelle se trouve ma famille. J'ai peine à contenir mes larmes et je tente de les cacher par des mimiques qui se veulent drôles. Les yeux de Louise trouvent les miens. Mes deux beaux enfants me jettent des regards qui se veulent rassurants, mais je sens bien qu'en eux un monde s'est écroulé. Nous restons quelques instants silencieux. Que dire ? Machinalement, je tends les mains vers la vitre sale qui nous sépare avec l'espoir secret de sentir un peu leur chaleur. Malgré moi, les larmes coulent comme une rivière, un torrent. J'ai l'impression d'avoir en moi un immense réservoir lacrymal et aujourd'hui il déborde. J'esquisse finalement une grimace qui se veut un sourire. J'ai beau essuyer mes larmes, d'autres viennent les remplacer. Je n'ai même pas de mouchoir. C'est ma fille qui rompt la glace. Comme son père, elle se sert de l'ironie comme bouclier.

– C'est le seul moyen que tu as trouvé pour prendre des vacances… Il fallait en parler avant, papa !

Je comprends l'ampleur de son désarroi. Je dodeline de la tête doucement et lui rends son regard franc.

– Ouais… J'ai décidé de voyager un peu, le navire ne va pas très

124

vite, mais il semble sécuritaire et l'équipage prend bien soin de nous.

Nous renchérissons l'un après l'autre sur la taille et la destination du navire. La glace est rompue. Mes larmes s'assèchent pendant quelques instants précieux. Nous nous regardons en cherchant le moindre geste de tendresse qui pourrait nous échapper. Il semble que des vannes se sont soudain ouvertes et un flot de demandes, de questions et de mots doux filent entre nous à la vitesse de la lumière, comme si, conscients du peu de temps qui nous est alloué, nous avions des jours à résumer en quelques instants.

– Tu manges au moins ?

– Oui, ma belle.

– Tu as l'air pâle.

– Non, ça va… C'est le manque de sommeil, mais je te jure, ça va.

Mon fils tente de cacher sa peine par des questions un peu banales, mais je sais bien qu'il aurait envie de casser la vitre. J'explique en rigolant l'abc du parfait petit prisonnier, et mes explications et mes mimiques leur arrachent des sourires fugaces. Mais au-delà de ces sourires, les yeux trahissent l'inquiétude. Finalement les lumières s'éteignent. C'est le signal de la fin de la visite. Je retourne vers ma chambre comme un grand garçon, le sourire aux lèvres et les larmes aux yeux.

En pénétrant dans ma cellule, je sens la dure réalité me transpercer. Comme si elle enfonçait directement son dard dans mon cœur. J'ai vieilli de trente ans en dix jours. Mes gestes sûrs et ma démarche fière ont fait place à une anxiété tenace que je dissimule à grand-peine. Devant tous, je crâne comme toujours, j'offre mes conseils, je plaisante un peu, mais ma forteresse n'est qu'une façade lézardée. La porte s'ouvre encore une fois et je retourne au bloc. Tous les autres détenus sont en cellule, ils attendent le souper. Dieu merci, ils ne verront pas ma peine.

Louise et les enfants m'ont écrit des lettres que je relis à plusieurs reprises. Difficile de suivre les mots quand on a les yeux baignés de larmes. Ma belle compagne a glissé quelques photos pleines de sourires que je place à côté de mon lit. Elles sont là comme des bouées de sauvetage, comme si elles sentaient ma profonde détresse. Oui, je vis une profonde détresse, mais je m'accroche plus mal que bien. J'ai fait la promesse de tenir… Je tiendrai !

Les journées passent ainsi le plus lentement du monde, s'éternisant et s'étirant sans que je puisse rien y faire, à part attendre que le téléphone se libère. Petit à petit, le groupe s'apprivoise et les confidences, qui étaient rares au départ, se font plus fréquentes et ouvertes. Alain dit monter pour six ans et avoir fait déjà en tout une douzaine d'années. Il nous raconte ses prouesses amoureuses à saveur de coke, sans se départir d'une certaine nervosité. Un autre est là pour vol avec violence, lui aussi, quoique moins loquace, nous raconte sa vie palpitante. Claude me parle de ses poissons et de l'animalerie qu'il pense ouvrir à Québec à sa sortie, il me parle de toutes les subventions qu'il décrochera et, livres à l'appui, m'explique le monde animal. De mon côté, je reste discret sur les motifs de mon arrestation. Quand on m'en parle, j'évite de répondre et je souris, personne n'insiste. Je passerai une semaine au bloc A, le temps de m'habituer à ma condition de bagnard et jouissant d'un modus vivendi assez acceptable dans les circonstances.

La nuit, nous sommes toujours incommodés par les phares extérieurs et les lampes de poches de nos gardes-chiourme. Deux ou trois matins, nous sortons malgré le froid pour profiter quelques minutes des rares rayons de soleil qui assèchent timidement la terre encore gorgée d'eau de neige salie. Alain et deux autres détenus en profitent pour commencer l'entraînement… C'est plus qu'un rituel dans une prison, soigner l'image !

Un matin, c'est la rencontre avec notre officier de classement, qui nous refile à un grassouillet officier des sports et de la discipline. Nous voici en groupe de dix, écoutant religieusement les petits discours et visionnant religieusement les vidéos d'usage. Son petit laïus terminé, l'officier demande si nous avons des questions ou des suggestions de nouveaux sports. C'est plus fort que moi, je lève la main.

– Oui…

– Pourquoi pas le saut à la perche ?

Le bonhomme qui attendait une question sérieuse me regarde sans sourire ni me répondre. S'il manque d'humour, toute la troupe qui m'entoure, elle, est prise d'un joyeux fou rire. Je retourne à l'agent de classement qui, après quelques questions, note dans mon dossier qu'il n'y a pas grand-chose à faire dans mon cas. Il me souhaite bonne chance et passe à un autre. Bien sûr, d'autres auront à passer une batterie de tests psy et autres. Je retourne donc à mon bloc pour le reste de la semaine.

En quelques jours, six autres détenus viennent s'ajouter au groupe. Notre espace restreint le devient plus encore, ce qui n'arrange en rien la question de l'accès au téléphone. Sans compter la diminution des rations quotidiennes de café ou de fruits. Les deuxièmes tasses de café disparaissent, elles sont remplacées par du thé au repas du soir. Malgré tout, nous ne sommes pas au bagne et un modus vivendi s'installe entre nous.

Il y aura malgré tout quelques frictions entre le groupe et deux détenus teigneux et sournois, toujours pour la question du téléphone. Nos deux compères attendaient que l'autre ait fini pour reprendre la ligne à tour de rôle en affirmant : « J'étais le suivant. » quand ils ne chapardaient pas une partie des rations. Alain les aurait bien frappés, mais comme il ne voulait pas augmenter sa peine de sept ans…

Somme toute, quand je regarde tout cela froidement, notre micro société fonctionne tant bien que mal compte tenu des circonstances. Notre petit équipage ne semble pas bien méchant : Un fort en gueule, un chauve homosexuel, un tranquille, un absent, un joueur de carte… et quelques autres pas très malins. Avec au fond des yeux, la même peur… Celle d'un petit enfant.

Chapitre 8

Nous sommes mercredi matin, jour de changement de linge pour le bloc A. Demain : la bibliothèque, j'attends ce jour depuis le début de mon arrivée. Comme d'habitude, nous allons ramasser notre pitance avant de retourner en cellule et d'attendre la nouvelle sortie. Les portes s'ouvrent et un gardien fait l'appel de quelques noms, dont le mien.

– Tous ceux que j'ai appelés… Rassemblez vos affaires… Vous partez pour le bloc D.

Voilà du nouveau. De quinze personnes dans le bloc A, nous allons passer à soixante dans le bloc D. En gymnastique, on appelle ça un coefficient de difficulté 9,5. Je suis époustouflé que personne n'ait pu me reconnaître. Ce n'est pourtant pas faute de publicité, mais dans un sens c'est assez rassurant.

– C'est la journée de changement de linge…

– Tu verras ça avec le D.

– Je peux savoir pourquoi nous déménageons ?

– On ferme le wing pour y mettre les grosses sentences. Tout le monde va partir d'ici.

Les grosses sentences n'arriveront que quelques semaines plus tard, en fait deux mois plus tard… À mon transfert, ce changement si urgent n'aura toujours pas été fait, mais on en aura beaucoup parlé. Personne n'a de temps pour faire des adieux. Les draps, les serviettes, les vêtements, tout se retrouve pêle-mêle dans le sac fourre-tout. Je fais une dernière vérification, je ne voudrais surtout pas oublier les lettres que j'ai reçues. Tout est en ordre et le prochain locataire aura une chambre propre. Il nous faut à peine plus de dix minutes pour nous rassembler avec nos bagages. Dernières vérifications d'usage, pour s'assurer que nous n'avons pas échangé nos places. On ne sait jamais, quelqu'un pourrait s'évader du bloc A au bloc C, voire au bloc E. Il faut quand même qu'il y ait de l'ordre dans ce bordel. Et c'est à nouveau le grand départ.

Me revoilà à arpenter les longs couloirs verdâtres du centre de détention, en compagnie de cinq compagnons d'infortune. Au passage, je remarque une petite porte sur laquelle est écrit « chapelle ». Coincée entre les cuisines et la lingerie, le petit Jésus doit se sentir bien à l'étroit. Halte devant le poste central. Du haut de son estrade, un gardien d'un âge certain jette sur nous un coup d'œil distrait. Nos accompagnateurs lui glissent quelques mots et nous nous remettons en route vers le bloc D. Nos gardiens semblent sereins, il y a tellement de portes blindées à franchir qu'une évasion est impensable. À mesure que nous nous rapprochons du but, certains de mes compagnons, dont le grand Alain, semblent un peu nerveux. Je ne dirais pas que c'est pour moi une promenade de santé et que j'arrive les mains dans les poches en sifflotant, mais à voir certains visages je comprends que quelques-uns d'entre eux ne se sentent pas les bienvenus.

– Monsieur Aubin… Suivez-moi.

Le gardien qui me précède m'invite à entrer dans la cage vitrée des gardiens. Une cage pour les gardiens à l'intérieur du bloc cellulaire. C'est à se demander qui garde qui. Madame Lefebvre, ma gentille et grassouillette gérante d'unité, m'accueille avec beaucoup de doigté.

– Comment allez-vous ?

– Dans les circonstances…

– Comment pensez-vous vous adapter ici ?

Quelle question ! Je fais littéralement dans mon froc, mais j'essaie de ne rien laisser paraître.

– Il faudra voir.

– Écoutez, monsieur Aubin, un jour ou l'autre il vous faudra bien affronter la population, alors il vaut mieux tenter l'expérience tout de suite avec un groupe réduit.

Tu parles d'un groupe réduit ! Nous sommes plus de soixante-cinq dans mon « aile de protection », et dans les autres ailes ils sont quatre-vingts.

– Bon… sinon c'est l'isolement…

– Malheureusement, je n'ai pas d'autre option, mais je vais vous donner un compagnon non fumeur. Tout va bien aller, et si jamais vous aviez quelques problèmes, vous avisez les gardiens.

– Comme d'habitude.

Je fais désormais partie intégrante du bloc D, section O, cellule 15. Je monte les marches et je me dirige vers la dernière cellule. Naturellement, elle est double, et de la même superficie que mon ancienne chambre. J'ai droit au lit du haut et à une vieille paillasse qui a vu passer tellement de détenus qu'elle semble écrasée sous le poids de leur passé. Je suis seul dans la chambre pour le moment, et je peux l'arpenter à mon gré. Les murs près du lit sont agrémentés de dessins érotiques explicites. Sur la porte, un féroce guerrier africain aux longues tresses monte la garde, glaive à la main, à côté d'Astérix qui envoie valser un Romain pour le plus grand plaisir d'Obélix. Pour le reste, la chambre semble assez propre. Mon compagnon de cellule a l'air d'être une personne ordonnée. Je déballe lentement mes affaires et, faute de place dans les tiroirs, j'attends son retour pour me mettre à les ranger. Tout à coup, un grand bonhomme aux longs cheveux noirs et aux nombreux tatouages pénètre dans la cellule et me regarde en souriant.

– Salut… Moi, c'est Stéphane.

– Moi, c'est Claude…

En voyant mes affaires sur mon lit, il comprend immédiatement que je manque d'espace.

– Je vais ranger mon linge autrement, tu auras le tiroir du bas… C'est correct ?

– Bien sûr… C'est toi qui as fait les dessins ?

– Non, ils étaient là à mon arrivé et je n'y ai pas touché. C'est Jeffrey, le petit Noir un peu bizarre, qui les a faits. Tu es arrivé avec le grand Alain ?

– Ouais… Le grand aux cheveux noirs…

– Le sale…

Tout en déplaçant ses effets, Stéphane m'adresse un petit sourire plein de sous-entendus, puis me fait cette confidence :

– Il devait venir dans ma cellule, mais il a trop peur. Tu comprends… on a des choses à régler, lui et moi. C'est un jaune… Un crisse de peureux. Les scrous m'ont fait demander dans le bureau. Il a été pleurer sur leurs épaules en leur racontant que j'allais le battre. Moi, j'ai juste envie de m'expliquer avec lui.

Pour Stéphane, s'expliquer peut aussi signifier s'entretuer, se poignarder, en un mot en finir avec la situation. Mon hôte me fait grâce des motifs de leur petit différend.

Je retourne à la salle centrale pour m'y habituer, mais surtout pour sentir l'ambiance qui y règne. Alain et la petite mouche hypocrite sont toujours dans un coin de la salle. Tous deux suent à grosses gouttes et semblent pressés de repartir. Deux gardiens sont en permanence près d'eux. Je fais un petit signe à Alain, qui est trop énervé pour me voir. La porte s'ouvre, et ils repartent avec un soulagement évident vers le bloc A. Je me rends vers la cage des gardiens. J'ai comme toujours quelques questions à poser. Un gros homme à l'air éternellement fatigué regarde distraitement la faune.

– Pardon…

J'attends quelques secondes. C'est difficile pour lui de ne pas m'apercevoir. Je frappe légèrement sur la vitre grillagée qui nous sépare.

– Excusez-moi…

L'homme me regarde un peu surpris, comme si un babouin du parc Safari était monté sur son véhicule pour lui faire des grimaces.

– Quoi ?

– Bonjour… C'est le jour de la bibliothèque au bloc A.

Il regarde sur une feuille comme s'il y cherchait une réponse, regarde autour de lui et répond finalement à ma question.

– Ici, c'est le mardi, mais tu peux changer ton linge aujourd'hui, on va s'arranger pour que tu y ailles un peu plus tard.

– Merci, mais mon linge est propre…

Steff vient à ma rescousse.

– J'ai des revues… Je vais te les prêter.

Bon, c'est mieux que rien. Je vais pouvoir faire autre chose que regarder la télévision. Dans le bloc D, il y a trois salles fumoirs pour regarder la télé. La première est aussi le comptoir cuisine, elle est bruyante et enfumée, les places y sont déjà assignées aux divers groupes qui ont pris possession des lieux. La deuxième salle pourrait faire office de réfrigérateur tant elle est froide – comme s'ils voulaient nous conserver dans de bonnes conditions – et tout le monde y écoute dans un silence relatif la chaîne cinéma. La troisième a été spécialement aménagée pour les anglophones et nous n'y allons que rarement, moins en raison d'une franche mésentente qu'à cause des émissions qu'on y regarde.

Il n'y a que deux téléphones pour plus de soixante détenus, mais j'ai la chance d'en trouver un libre. J'appelle Louise qui sent aussitôt mon inquiétude, malgré les efforts que je fais pour la cacher.

– Veux-tu que j'appelle l'avocat ?

– Tu peux toujours essayer, il n'y pourra rien… De toute façon, ici j'ai droit à l'aile D ou à l'isolement. C'est sûr que je ne la trouve pas drôle, mais je vais faire avec.

– J'ai si peur pour toi !

– Je t'aime, grand amour. Alors, nous allons nous calmer et nous verrons bien… Au pire, j'irai faire un tour au trou.

Malgré ma superbe, Louise me connaît trop bien pour ne pas sentir mon angoisse et mon désarroi. Je dois raccrocher rapidement car c'est à nouveau le compte. Je lui épargne ainsi toutes les larmes qui me montent aux yeux.

Nous retournons en cellule. La majeure partie des gars semblent habitués ; les autres, dont je fais partie, suivent le groupe. J'en profite pour faire plus ample connaissance avec mon nouveau compagnon. C'est un bonhomme d'apparence calme, mais ses yeux trahissent une grande angoisse, celle du retour vers le monde extérieur. Stéphane prend le temps de m'expliquer la vie au bloc D. En somme il me détaille l'abc du parfait petit détenu à Sainte-Anne.

– Ne te confie pas trop aux autres. Crée-toi une bulle et ne cherche pas les conflits, sauf si c'est nécessaire. Ici, les gars sont méchants, s'ils s'aperçoivent qu'ils peuvent ambitionner… t'es fait !

– Tu peux y compter…

– Tu sais… ça fait douze ans que je suis en dedans, je sors dans deux mois et j'ai hâte… J'ai deux beaux enfants, c'est toute ma famille.

Il fouille dans son bureau et en sort une liasse de photos. Il en choisit deux et me les tend. Les deux beaux enfants dont Steff est si fier.

– Quand je vais sortir, ils vont rester avec moi… Je dois faire attention, je ne veux plus remonter… sinon je les perds.

Steff semble transformé lorsqu'il parle de ses enfants. Il pourrait en parler pendant des heures sans se fatiguer. Le gaillard est joli garçon, d'une rare intelligence, vif d'esprit, mais sans culture. Curieux, sensible, intuitif : l'intelligence à l'état brut. Il a les yeux perçants, mais il est aussi brutal et contrôlé, et ses gestes félins cachent mal ses pulsions déviantes et ses messages ambivalents. Nous discuterons régulièrement sur des sujets aussi variés que l'histoire, le monde, l'amour. Entre nous, des liens se créent comme entre tous ceux qui partagent une partie de vie. Nous ne sommes pas deux bagnards, comme je le lui explique, mais deux matelots embarqués sur un navire immobile. Cette métaphore le fait bien rire.

Tout se passe au ralenti dans une prison, les minutes comptent plus de deux cents secondes. La plupart ont la sagesse de se réfugier dans le sommeil. Pour ma part, je fais des réussites jusqu'à épuisement.

* * *

Vers la fin de 1986, Marty, mon spécialiste des jeunes et mon nouvel ami, était encore une fois à la recherche de Maria S. La jeune femme s'évadait du centre de détention Shawbridge au moins une fois par semaine. Il faut dire qu'elle était amoureuse d'un grand Noir d'un charme tout à fait incomparable. La petite n'avait rien d'une star, mais lui ne voyait qu'elle et elle que lui. Le malheur a voulu qu'ils soient tous les deux incarcérés et que les travailleurs sociaux ne veuillent sous aucun prétexte les laisser vivre leur histoire d'amour. En fait c'était du pur Roméo et Juliette version années 80, et comme j'aime bien les perdants…

Ce soir-là, Marty voulait comme d'habitude garnir son tableau de chasse tout en ayant l'impression de protéger la société et les enfants. Je n'étais pas loin de penser comme lui à cette époque.

– Claude, je sais où est Maria… Je sais que tu es fatigué de m'entendre, mais il faut que je la ramène. La fille est chez Medley et d'après l'ordre de la cour, il n'a pas le droit de la rencontrer.

– Marty, tu ne vas pas encore une fois empêcher l'amour de s'exprimer… On en est à la sixième fois.

– C'est pour son bien…

– Tu le crois vraiment ou tu ironises ?

– Je ne peux la laisser avec lui, elle a seize ans et lui trente.

– Et…

– Il peut la manipuler, elle est jeune et lui est expérimenté.

Je ne pus m'empêcher de sourire, cela faisait fort longtemps que cette petite n'avait plus rien à apprendre de l'art d'aimer. Quant à être manipulée, le système et sa propre famille le faisaient assez bien merci.

– Bon, cesse de pleurer, nous allons la ramasser, ta pucelle.

J'avais entendu parlé de James. Nick le connaissait bien. Ce géant était en guerre contre mon ami Harvey C. et sa famille. Maria était la fille adoptive de Marven, frère de Harvey. Ce gros bonhomme l'avait déflorée à neuf ans et lui avait fait jouer à la prostituée pendant quelque temps. Comme les deux frères étaient des revendeurs connus, je pouvais donc utiliser la rage vengeresse de James contre eux dans ma lutte contre la coke dans la rue Walkley. Il ne me restait qu'à convaincre ce gentil géant de s'allier avec moi.

La soirée fut assez fructueuse. Maria pour commencer, et ensuite mon vieil ami Pat Duranceau, qui à quinze ans organisait un réseau de prostitution juvénile sévissant dans la rue Saint-Jacques et au centre-ville. Si ce fut facile pour Maria, il en fut autrement pour Patrick. Ce jeune homme aimait se battre et mes policiers durent se mettre à quatre pour le maîtriser. La jeune femme à ses côtés attendit patiemment qu'il fut transporté avant de repartir travailler. De retour au bureau, je me colletai avec la paperasse devant un café. Tout sourire, Marty attendait ses hommes pour le transport de la jeune femme, il avait en prime ramassé son autre protégé. Mon bonhomme jubilait… Une soirée parfaite. Quelques minutes plus tard, Nick me transféra un appel de James.

– Aubin à l'appareil.

– Hi… Je suis James.

– Ouais… Comment vas-tu ?

– Vous ne lui avez pas fait de mal ?

– Tu ne me connais pas encore… La petite est bien ici, elle boit du chocolat chaud et jacasse comme une pie.

– J'aimerais te parler.

– Moi aussi.

Nous venions de faire notre premier vrai contact. Mon gentil géant se pressa pour cogner à la porte. Sa venue scellait à la fois une association et une amitié nouvelle.

* * *

De l'intérieur de ma cellule, je contemple distraitement le paysage. L'après-midi gris et froid me permet de m'isoler. Je lis quelques lignes du *Guerrier solitaire*, mais sans grande conviction. Je me replonge dans mes souvenirs. Marty, mon presque frère, n'a pas téléphoné, il se déguise en courant d'air. Je n'aurais jamais cru qu'il serait aussi couard. Quinze années d'amitié… Ses souvenirs me ramènent à James, James la source !

Une nuit de fin de semaine, un enquêteur de Westmount appelle chez moi. Je ne suis pas tout à fait réveillé, mais je comprends qu'il détient l'une de mes sources.

– Excuse-moi, Claude, mais ce bonhomme insiste pour te parler… Il était avec deux autres gars qui ont tenté de pénétrer dans une école.

– Bon, ça va, passe-le-moi.

– Claude, dis-leur que je ne vole pas… J'étais avec V. et Junior. Ils ont fait le coup. J'ai tenté de t'appeler, mais à ton poste personne n'a voulu te rejoindre.

– T'as fait quoi là ?

– J'ai été avec eux… ingénieux non ? Comme ça, je sais ce qu'ils vont faire…

– Tu te mets dans la merde, James…

– Oui, mais tu es là !

Quelle belle réponse ! James me repasse l'enquêteur, et je le convaincs tant bien que mal de laisser partir mon grand monstre. Nous convenons donc d'un rendez-vous pour lundi matin.

– S'il te plaît… reste un peu chez toi pour le reste du week-end.

Comme convenu, mon géant est au rendez-vous du lundi matin. Vêtu de son éternel uniforme de camouflage des paras. Il m'attend avec ce large sourire des gens simples.

– Je fais partie du groupe maintenant… Nick, Marty et toi !

– Ouais…

Le problème n'est pas de savoir s'il va travailler avec nous, c'est plutôt de limiter les dégâts. James nous explique avec moult détails comment il a fait son travail d'espion et surtout pourquoi il a attendu les policiers sur les lieux. Nick et moi écoutons patiemment le récit qui ne tarit pas.

– James, il faut te rendre compte que ces gars-là vont comprendre que tu nous parles…

– But, Claude, you're my friend… J'ai voulu que tu les attrapes.

Décidément, j'ai beaucoup de travail à faire. Je passe les deux heures suivantes à tenter de lui faire comprendre qu'il ne doit pas commettre de crimes avec eux… Un juge ne comprendrait pas ! Mes patrons ne me protégeraient pas si je laissais faire… Malgré tout, s'il devait continuer de cette façon, je préférerais être tenu informé… Histoire de le couvrir.

– OK, Claude… Je serai plus prudent.

Je ne sais même pas s'il a bien compris ! Mais James est si heureux, ce grand gamin, ce gosse des rues est accepté par nous… Des policiers… Son rêve d'enfance.

James deviendra plus prudent, ce qui en fera un de mes meilleurs éléments. Il sera utilisé à toutes les sauces, des vols d'autos dans le secteur aux vendeurs de stupéfiants. Le pauvre sera même utilisé lors des manifestations contre la brutalité policière lors du décès du jeune Anthony. Malheureusement pour lui, le beau Paul, devenu directeur de Liaison sécurité, l'écartera pour des motifs graves… James ne l'appelait pas « monsieur le directeur » ! Mon géant noir continuera pourtant à travailler avec moi, déménageant des meubles que je trouvais pour certains moins fortunés de Notre-Dame-de-Grâce. C'est aussi grâce à sa participation que la rue Walkley fut nettoyée des revendeurs de drogue… Malheureusement, à mon départ, il ne se trouva personne pour contrôler les élans de notre enfant terrible et certains le traitèrent en nègre… Le reste est dans les journaux !

* * *

J'avais juré de ne plus prendre de groupe d'intervention, mais il faut croire que je suis une vraie pute… Mon ami John K., le nouveau directeur du poste quinze, me convainc quand même de reprendre du service. Il doit me protéger contre Robert et le petit Michel. Malheureusement pour moi, le mois suivant il est appelé ailleurs et c'est Canard qui le remplace… La poisse ne me lâche plus ! Malgré tout, avec l'équipe, nous convenons que rien ne doit nous empêcher de travailler dans la bonne humeur. C'est d'autant moins facile que je dois subir l'inévitable réunion avec Michel qui, selon son humeur, ressemble à un thérapeute ou à un véritable sac de sable.

Je sais qu'Alain, qui était à la fois ma source et mon ami, doit me confirmer un bon coup. La veille, il m'a donné des informations sur une cache contenant plusieurs milliers de pilules de contrebande. Il en était excité comme un enfant qui s'apprête à faire un mauvais coup. Le hic est qu'il faut aller les chercher et procéder aux arrestations seulement par la suite. Je n'ai pas envie de partager ce bon coup avec mon lieutenant : soit il le mettra sur son compte, ce qui lui arrive à l'occasion, soit il ne l'autorisera tout simplement pas.

Michel monologue béatement, comme s'il avait besoin qu'un public l'applaudisse.

– Tu sais, Claude, quand j'étais ici comme sergent détective, j'ai tenu le poste sur mes épaules.

– J'étais pourtant ici, Michel… On n'a pas vu le même film.

Cette fois, ses yeux se ferment jusqu'à n'être plus que de minuscules fentes. J'ai atteint quelque chose en lui. Encore une fois, nous ne sommes pas du tout d'accord. Ces éternelles querelles me lassent et je préfère retourner rapidement à mes affaires.

– Si tu n'as rien d'autre…

– Bonne soirée, et n'oublie pas le rapport.

Son fameux rapport hebdomadaire ! Au moins ai-je gagné sur ce point. Mais à quel prix ? Il voulait un rapport quotidien, et pour l'en faire démordre j'ai dû aller nager tous les jours dans son bocal… Nick me regarde avec un air compatissant : il sait que cette mascarade est une épreuve pour moi. Mais si elle permet à cinq bonshommes de travailler en civil et de s'éclater pendant quatre mois… À moi de faire valoir les mérites de ces petits groupes opérationnels auprès du directeur.

– As usual ?

– Comme tu dis !

– Oh… Your little Pepper called…

– Et ?

– C'est pour ce soir. Il arrive dans dix minutes.

Tous mes gars sont en alerte. C'est toujours la même fébrilité avant une opération. Mario me regarde, tout sourire, en mangeant un sandwich au fromage. Ce garçon terriblement maigre ingurgite des tonnes de nourriture sans même prendre un gramme.

– Tu bouffes encore !

– Moi, les opérations, ça me creuse !

– Non : toi, tout te creuse !

Un policier en uniforme m'avertit qu'un jeune homme veut me rencontrer. Alain est assis sur nos fameuses chaises en plastique qui ont vu défiler tant de fessiers que le gris anthracite d'origine cède parfois la place à un beige d'usure. Alain est d'un calme inhabituel. Depuis que je le connais, je dois le calmer et lui faire voir la réalité en face avant chaque opération. Comme d'habitude, il me suit et rencontre mes hommes. Pour eux, il fait partie du groupe. Avec le temps, nous avons développé le respect et la confiance nécessaires pour bien travailler ensemble. En quelques minutes, tout est établi : le lieu de la planque, le plan de la maison, etc., Une équipe se prépare déjà à y jeter un œil. De mon côté, j'avertis mon ami Gaston de se tenir prêt. Qu'il n'aille pas commencer une autre opération, j'ai besoin de lui pour la soirée. Nous nous mettons en route. Alain laisse enfin libre cours à sa nervosité.

– Il était temps que tu redeviennes toi-même, je m'inquiétais.

– C'est à cause de ma blonde… Je t'expliquerai.

Le trajet se fait presque en silence. Alain reste nerveux, d'une nervosité qui ne tient pas de l'euphorie comme d'habitude, mais plutôt de la crainte. Nick a lui aussi perçu son changement d'attitude et me jette un regard interrogateur.

– Tiens, tu vires ici, c'est la maison en brique…

– Je fais une passe, Claude ?

– Oui.

Nick roule lentement, sans s'arrêter, et glisse devant la maison qui semble déserte pour le moment.

– Claude à Jean.

– Oui, boss ?

– T'as vu la maison, celle en briques brunes ?

– Ouais. Nick l'a signalée avec les freins.

– Tu prends position à l'arrière…

– Bon, mon petit Alain, comment allons-nous avoir un échantillon ?

– Sais pas ! Ils n'ont pas l'air d'être là.

Nous nous regardons un moment : on appelle ça un « catch 22 ». Tu y vas et c'est illégal, tu n'y vas pas et tu laisses la drogue sur les lieux, quitte à la perdre.

– Jean à Claude.

– Ouais…

– Le « shack » n'est pas éclairé à l'arrière.

– Il ne l'est pas à l'avant non plus. On attend quelques minutes.

Merde, le *pager* ! Gaston veut des nouvelles. Il va falloir prendre une décision rapidement.

– Écoutez-moi : Gaston veut des échantillons. Il n'attendra pas toute la soirée…

– Veux-tu qu'on aille voir à l'intérieur ?

– C'est illégal, petit… Je vais à l'intérieur.

– T'en parle pas et moi non plus !

Ni lui ni moi n'en sommes à notre première effraction. N'en déplaise aux avocats et à la Charte, dans certains cas le bien de la communauté passe avant celui de l'individu.

– Tu es prêt à venir avec moi ?

– Oui, mon Claude.

– C'est risqué…

– Fais-moi pleurer.

Je dois maintenant planifier une opération hautement illégale. Ça, ça me regarde, mais pour le reste de l'équipe…

– Je vais avec Alain. Souhaite-moi bonne chance, Nick.

– Claude à Jean : envoie-moi Mario près de la maison avec son walkie-talkie. Je veux qu'il donne l'alerte si…

– OK, si…

Dieu que nous nous comprenons bien. Le groupe est solide et ces enfants sont prêts à me suivre en enfer. Jean et Mario ont vite compris ce que j'avais l'intention de faire.

– Nick, tu surveilles l'avant ?

– Yes, man !

Vif comme un chat, Alain est déjà près des lieux. Il faut être un peu fou pour s'embarquer dans une telle opération. La rue est passante, les maisons sont en rangées et notre cible est un appartement au sous-sol, avec un proprio qui loge directement au-dessus. Que Dieu nous garde !

Je frappe à la porte, en me demandant si je ne vais pas tomber nez à nez avec un revendeur… Pas de réponse. La porte n'est pas barrée. Alain entre et se dirige avec précaution vers un réduit dans la cuisine. Il saisit rapidement un imposant sac de pilules blanches.

– Tiens, t'en veux-tu des preuves, ostie !

Je hausse les épaules et souris sans répondre. Ce n'est pas moi qui veux un échantillon. Nous repartons à la vitesse de l'éclair, en espérant que le propriétaire ne s'est aperçu de rien.

– Rien à signaler, les enfants ?

– Tout est clair en arrière. You can come. En avant, Pepper !

Cette fois encore, il nous faut jouer serré. Si quelqu'un appelle la police, nous devrons trouver une explication satisfaisante. Nous parcourons les derniers mètres au pas de course. Alain, tout heureux, tient encore le gros sac dans ses bras.

– Il y a au moins mille pilules dans ce sac !

– Plus… Nick, trouve-moi un téléphone, vite.

Une fois arrivé chez mes parents, qui habitent tout près, je peux enfin apprendre la bonne nouvelle à Gaston.

– Je commençais à m'impatienter… Viens me porter ton stock.

– Voyons, Gaston… Je n'ai pas envie de quitter l'endroit ! On aurait l'air fou si le reste disparaissait, hein ?

– Bon, j'arrive.

– Nous allons tous sagement t'attendre près des lieux.

Je prends congé de ma famille et je retourne attendre avec l'équipe. Depuis peu, Lyne et son partenaire sont venus s'ajouter à notre groupe. Je leur avais confié une autre mission, mais comme ils ont fait chou blanc, ils étaient disponibles. Gaston met à peine une trentaine de minutes à arriver. Il ne peut masquer sa surprise en voyant une telle quantité d'échantillons.

– T'as eu ça comment ?

– Tu veux vraiment le savoir ?

– Surtout pas.

Nous ne sommes pas au bout de notre attente. Gaston doit obtenir un mandat du juge avant que nous puissions revenir perquisitionner en toute légalité. Ce n'est qu'une bonne heure plus tard que nous pouvons enfin pénétrer dans les lieux. Personne n'est passé depuis notre visite éclair, comme si l'endroit servait seulement de planque ou avait été abandonné. Naturellement, la boîte de carton s'y trouve toujours et Gaston est stupéfait d'y trouver autant de sacs.

– Il y en a pour plus d'un quart de million de dollars !

La fouille continue… Il n'y a plus grand-chose d'autre à ramasser, à part deux beaux étuis à revolver en cuir bourgogne, des papiers d'identité et quelques factures. La perquisition terminée, Alain me dit qu'il y a une autre planque à Montréal-Nord, sur la rue Pie IX. Notre source a fait du bon travail. Et comme Gaston est prêt à y aller... Malheureusement, quand nous arrivons sur place, tout a été nettoyé et nous ne trouvons que des cartouches et des douilles. La soirée se termine somme toute assez bien : Alain obtiendra son argent, et moi, j'ai trouvé ce que j'étais venu chercher.

Le lendemain soir, mon lieutenant m'attend avec impatience. Nick me fait comprendre d'un signe que le petit Michel est furax !

– Il marche de long en large depuis plus de quinze minutes.

– Il va attendre encore un peu...

Je prends la peine d'aller voir les policiers du quart de travail, car c'est aussi de cette manière que je collecte mes informations. Je sais que Michel est en colère car je ne l'ai bien évidemment pas mis au courant de l'opération la veille. Il m'accueille dans son bocal, la figure longue et fermée. Je ne suis pas encore assis qu'il commence déjà à mordre. Le rapport et le temps supplémentaire sont bien en vue sur son bureau.

– Tu as fait une opération hier ?

– Comme tu vois...

– Le savais-tu quand on s'est vus ?

– Bien sûr que non, je t'en aurais parlé...

Michel ne répond pas. Il lui manque certains éléments que je ne suis pas prêt à lui donner.

– Comment as-tu eu les échantillons ?

– Tu veux le savoir ?

– Oui.

– Je suis entré et j'ai ramassé un sac.

– Tu es entré sans mandat !

– Comme tu dis !

Michel ouvre le bec et le referme à plusieurs reprises sans émettre un seul son. Le seigneur du bocal a parlé !

– Sans mandat ! Te rends-tu compte que si la police était arrivée, ils t'auraient arrêté.

– Michel, te rends-tu compte que la police, c'est nous !

– C'est illégal.

– Mais efficace !

Il fouille dans sa paperasse, comme pour chercher quelque chose d'important.

– Tu as fait du temps supplémentaire.

– Oui...

– C'était nécessaire ?

– Oui.

– Le directeur veut te rencontrer au sujet du temps supplémentaire.

– C'est tout ?

– Non. Je ne veux plus entendre que tu fais des choses illégales.

– Tu n'en entendras plus parler...

Nick me regarde sortir du bureau et me rendre à celui du directeur. Il me sourit faiblement. De son côté, Mario fait le pitre pour me distraire un peu.

– Tu veux me voir, Canard ?

– Entrez, monsieur Aubin...

Tout comme mon lieutenant, mon directeur n'ose pas encore me regarder en face et fouille dans sa paperasse pour se donner une contenance.

– Vous avez fait quatre heures supplémentaires.

– Oui.

– J'ai noté l'adresse et cette plainte n'est pas dans le secteur !

– Je m'excuse. J'ai cru un moment que tu voulais me féliciter... C'est bête, hein ?

À ce moment précis, je sors ma plaque et sous le regard ébahi de mon supérieur, je lis à haute voix : « Police de la CUM ».

– ...sauf erreur, j'ai toujours cru que j'étais policier partout dans l'île !

– Ce n'est pas ce que je veux dire. Vous auriez simplement pu faire un rapport aux stupéfiants.

– Et dans un mois ou deux, ils auraient pondu un rapport révélant que les stupéfiants n'y sont plus. Tu comprendras, mon Canard, que j'ai une responsabilité envers la société... Ces putains de pilules se seraient retrouvées sur le marché, entre les mains d'enfants, et je n'aurais rien fait pour empêcher cela. Dis-moi que j'ai mal fait mon travail... Mieux, écris-le moi !

– Non.

– Autre chose ?

141

Il me regarde tristement. Je sais qu'il ignore comment m'aborder. Je ne suis pas le bonhomme le plus facile à gérer.

– Bon. Si ça ne te dérange pas trop, j'ai du travail à faire…

À partir de cet instant, je savais que mes jours à la tête d'un groupe d'intervention étaient comptés.

* * *

Steff a dormi jusqu'au souper et je vois bien qu'il en a ras le bol, même s'il ne lui reste plus que soixante jours, ou peut-être parce qu'il ne lui reste que soixante jours. Dans la cellule voisine trône un autre détenu à la gueule plus vaste que le stationnement de la Place des Arts. Notre bonhomme ne cesse de discourir du matin au soir. Ce garçon a de la voix et demande beaucoup d'attention. Il est nerveux, il va se marier en prison avec sa copine, prisonnière elle aussi. Ils ont fait leurs vols ensemble, ont été arrêtés ensemble et veulent unir leurs familles respectives. Les obstacles auxquels il est confronté le mettent hors de lui. C'est une masse de muscle basanée qui peut exploser au moindre choc. Bien qu'il ait l'œil à l'affût de tout et soit fier des cicatrices qui ornent son torse – les traces de quelques tentatives de meurtre au pénitencier de Port-Cartier – ce n'est qu'un petit garçon qui joue au dur et qui cache ses peurs derrière un masque de fonceur. Mais il n'a pas son pareil pour emmerder les fonctionnaires fédéraux du pénitencier. Cinq demandes officielles par semaine, les bonnes semaines… Le voilà qui frappe contre le mur de ma cellule.

– Steff… Steff…

J'observe le grand félin s'étirer et regarder lourdement vers le mur.

– Quoi ?

– Ils ne me donnent pas la réponse, les sacraments !

Le tout est dit d'une voix étouffée par les blocs de ciment. Stéphane jette un coup d'œil vers moi et hausse les épaules.

– Ouais…

Pour une raison indéterminée, la conversation s'arrête là et Steff se recouche.

Les portes s'ouvrent avec leurs grincements habituels. C'est l'heure du souper. Je vois quelques bonshommes sortir en courant. C'est la journée téléphone de l'étage O, et nous devons prendre des

142

réservations. Je ne le sais pas encore, mais je l'apprendrai avec le temps. Pour le moment, je fais la queue, je ramasse un cabaret dans lequel Edmond, un géant néandertalien au front proéminent, lance au hasard et en vrac viande, purée de pommes de terre, légumes et sauce. L'homme n'est pas commode, mais c'est lui qui contrôle la louche. Nous passons ensuite devant le bedonnant Alain, qui s'occupe de la soupe, puis du dessert. Pas de café, mais un breuvage insipide et presque incolore, qu'on hésiterait à qualifier de thé ailleurs. Toute l'opération se passe généralement en silence, comme si même à l'extérieur de notre cellule nous demeurions reclus dans notre propre bulle. Les nouveaux, dont je fais partie, suivent le troupeau. Très peu font preuve d'humour. C'est peut-être la situation. De retour en cellule, Stéphane me laisse gentiment le bureau près de la fenêtre pour que je puisse m'y installer pour manger. Lui s'installe de peine et de misère sur le bord de son lit. Le repas se transforme très vite en cours d'histoire et de géopolitique.

L'ouverture des portes nous rappelle à nos activités. Mon activité à moi, c'est de parler à Louise. Je n'attendrai pas longtemps : entre dix-huit et dix-neuf heures tout le monde se rue vers l'extérieur pour humer l'air frais du dehors, ce qui change de l'air froid de l'intérieur. J'entends la voix de ma compagne avec beaucoup de plaisir : c'est mon lien le plus solide avec le monde extérieur. Tour à tour, nous nous réconfortons, mais rien n'est facile et les mauvaises nouvelles se multiplient. Dès sa sortie de prison, Michel, le loup de l'agence, a vidé le bureau et vendu certains objets en oubliant de partager les profits. Il est même allé voir Alain pour vider le compte en banque, mais sans obtenir satisfaction. Questionné plus tard par Louise et Alain au sujet de ces meubles, il dira sans sourciller devant son avocate que je les avais volés… J'ai du mal à comprendre comment j'ai pu lui faire confiance. Pour le reste, Louise me donne avec beaucoup de ménagement les dernières nouvelles parues dans les quotidiens du matin. Un journaliste de *La Presse* affirme que c'est un euphémisme de parler de sources diverses dans mon cas. Ça me surprend d'autant moins qu'on m'a toujours considéré comme un magouilleux. Dieu merci, mon ami Michel Lebel s'occupe d'enguirlander le scribe en attendant que je donne ma version des faits. Deux de mes amis, Michel Lebel et Laval Larouche, un ancien enquêteur à la CUM que j'aimais bien surnommer « Cheval Farouche », n'ont pas eu peur de se mettre au ban de la société pour me soutenir. Ils ne seront pas les seuls. Intérieurement, je les remercie de tout cœur de leur fidélité. Malgré mes tentatives un peu gauches de me montrer rassurant, j'ai bien peur de transmettre un état de panique général à ma famille. Les événements récents ont eu lieu à la vitesse de l'éclair et, comme tout homme dans ma situation, je sens le besoin d'avoir des points de repère. Pour le moment, je n'en ai aucun, et ma famille non plus. J'ai la chance de pouvoir téléphoner une deuxième fois, ce qui est aussi improbable ici que de gagner à la loterie. Louise et moi attendons jusqu'à la dernière seconde pour nous quitter dans une orgie de baisers, comme si cette dernière seconde pouvait tout changer... Je laisse Louise encore plus bouleversée que je ne le suis moi-même.

La dernière partie de la soirée se passe devant la télévision. C'est l'époque des séries de hockey, et nous voyons une partie du jeu avant d'être encore une fois comptés et de retourner en cellule. Le silence est total, nous entrons sous l'œil attentif des gardiens comme le feraient de jeunes garnements en pénitence. Quelques minutes plus tard, la vérification du verrouillage des portes et le bruit caractéristique de métal qui se referme sur nous. Avant de me coucher, je contemple mon nouveau trésor. Avec les vingt dollars prêtés par la caisse de la prison, j'ai pu acheter une brosse à cheveux, du shampooing, du papier, deux stylos, des rasoirs, des enveloppes pré-affranchies et un jeu de cartes. Pour ce qui est la brosse à dents, je devrai utiliser la brosse à usage unique fournie par la maison. Il n'y aura pas d'autre distribution avant deux semaines, il me faut être économe. Les lettres seront envoyées trois par enveloppe et les rasoirs serviront souvent. Je me couche sur mon lit et je laisse errer mes pensées.

Cette nuit-là, le gardien de service se met en tête d'allumer les lumières à l'intérieur des cellules. Ce petit manège dure une vingtaine de minutes... C'est pour mieux nous compter. Comme si nous pouvions fuir quelque part ! Toutes les heures, il passe et allume la lumière. Il doit sûrement se dire qu'il n'y a pas de raison que nous dormions si lui ne dort pas. La journée suivante est comme toutes les autres. Je m'habitue au va-et-vient de ma nouvelle demeure. Le déjeuner n'est pas meilleur que la veille, les hommes pas plus sociables. L'œil morne et la bouche à demi-ouverte, Edmond ressemble de plus en plus à l'homme des cavernes.

Je suis en territoire de connaissance. Il y a au moins un détenu qui me connaît, un membre d'une famille très connue dans l'est de la ville, mais ses yeux m'évitent. Nous avons la chance de regarder le journal, celui de la veille, mais qu'importe. Je fais le tour du propriétaire pour la deuxième fois. Notre aile est formée de deux dortoirs de trente cellules, sur deux étages de chaque côté. La seule chose qui change, c'est le nombre toujours croissant de détenus. Si nous ne voulons pas être enfumés comme des harengs, il nous reste la cour. Mais elle est exposée aux grands vents, et comme la température n'est guère clémente, c'est en petit manteau Corcan de toile vert foncé que nous faisons quelques tours près de clôtures barbelées. D'autres, comme Edmond, ont commencé à soulever des altères aux barres tordues et rouillées. Dans le matin froid nous entendons les « han ! » et les « hon ! » qui ponctuent leurs efforts. J'essaie d'imaginer combien de milliers de mains au fil des ans, ont sué, forcé et souffert en s'adonnant à ce passe-temps, car ici se forger un corps n'est qu'un passe-temps. Combien des gars autour de moi iront dans un maximum, un minimum ou un médium ? Je l'ignore, je sais juste que beaucoup d'entre eux espèrent un médium, mais que la majorité ira dans un maximum, pour leur propre sécurité, du reste.

En fin de soirée, je parviens à appeler Louise. Nous conversons nerveusement, elle est toujours inquiète et je ne suis pas encore tout à fait rassuré. Quelques-uns des gars qui sont ici ont plus de dix ans derrière les barreaux et vont se faire classer maximum ; ils n'ont donc rien à perdre. Les lumières s'éteignent et c'est l'heure du retour. Nous repartons en silence vers nos cellules froides et humides, accompagnés par deux gardiens qui vérifient la fermeture des portes. Stéphane est déjà au lit, mais à ma place.

– J'ai pensé qu'à cause de ton âge tu aimerais avoir le lit du bas. Je t'ai vu grimper hier et j'ai eu pitié.

J'envoie promener ce petit vaurien et nous en rions bien tous les deux. C'est bon de pouvoir rire… Nous ne sommes pas encore en enfer.

– Claude, parle-moi de Napoléon…

– Nous en étions où ?

– L'Égypte.

J'entame un monologue rempli d'anecdotes sur l'Empereur et ses frasques amoureuses, son génie militaire et ses ennemis. Je

145

m'arrête après plus d'une heure… Stéphane ne cesse de me questionner, il désire tout connaître de l'histoire. De son côté, il me parle de Port-Cartier et de personnes que je connais là-bas. Finalement, je me glisse sous les couvertures et j'attends patiemment le sommeil.

* * *

Quand on est prison et surtout en détention au centre de triage, on a tout son temps pour réfléchir. Il est deux heures du matin et, comme toujours, je n'ai pas sommeil. Il fait encore si froid que je dois m'enrouler dans ma couverture, mes serviettes et ma veste. Stéphane dort du sommeil du juste et j'erre dans mes pensées. Je revois Notre-Dame-de-Grâce et la rue Walkley. J'ai un flash, Tony… Mon bandit préféré.

J'avais rencontré Tony d'une façon très bizarre. Je connaissais sa petite sœur, Paula, une jeune et assez jolie petite pute qui amassait les enfants comme d'autres les trophées. Elle devait être contre l'avortement car je ne la voyais pas souvent le ventre plat. Dans cette famille, seule la mère ne possédait pas de casier judiciaire, tout le reste de la smala avait fréquenté à un moment ou à un autre une de nos si jolies prisons.

Un matin, je trouve une plainte de vol qualifié sur mon bureau. Mon lieutenant détective me l'a refilée parce qu'elle implique un Noir et que je suis devenu par la force des choses le spécialiste de la négritude dans le secteur. La plainte a de quoi faire rire. Un revendeur de stupéfiants se plaint d'avoir été volé à la pointe du revolver par un de ses clients. Le dealer n'en démord pas et veut absolument porter plainte et aller en cour. Quand je montre la plainte à mon gros monstre de partenaire, il réagit comme moi dans un premier temps : surprise, rire, puis… la question de l'heure : qui était notre voleur ?

— Il est connu… Regarde la description: un œil qui louche, moustache, métis, trente ans.

— Well… it has to be Tony…

— Tu le connais plus que moi, si tu me parlais de sa sœur Paula… Alors je saurais !

— Il ne reste plus qu'à le ramasser, my man !

— Ce soir ?

— C'est comme si c'était fait.

Ce sera un coup facile. De temps en temps, ça fait du bien de ne pas avoir à se creuser les méninges. Comme ces petits êtres sont des vampires, il nous faut attendre la noirceur pour les voir apparaître. Nous n'avons pas longtemps à attendre. Stationnés sur Walkley, nous regardons Tony qui vient vers nous sans le savoir. Quand il est assez près, Nick sort de l'auto et lui fait signe d'avancer jusqu'à nous.

– Salut Tony… Je te présente le sergent détective Aubin.

– Yeah… Je le connais de réputation. Ma sœur l'aime beaucoup, elle dit qu'il est cool !

– Hi… Merci, Tony. Dis-moi… J'ai un problème, je cherche un bonhomme avec un œil croche et une grosse moustache… Il aurait volé l'argent de son dealer.

L'autre me regarde avec un léger sourire et hoche la tête avant de répondre.

– Cette merde n'est pas honnête… sa dope est pourrie. C'est un vulgaire voleur.

– Ouais… mais défoncer sa porte et le braquer pour le voler, ce n'est pas mieux.

– Premièrement, j'ai pas défoncé de porte et je n'ai fait que reprendre mon argent.

– Comment ?

– Ce pourri m'a vendu du stock sans valeur… Vingt-cinq dollars. Tout ce que j'ai fait, c'est reprendre mes sous et pas plus.

– Pas plus ?

– Non… Juré !

Pauvre Tony, si quelqu'un n'est pas un mauvais bougre, c'est bien lui. C'est un petit voleur par nécessité. Du parfum, des cigarettes et des babioles. Le revendeur a déclaré que des centaines de dollars ont disparu… Mais je n'ai aucun doute, Tony ne me ment pas.

– Tu veux bien me donner ton arme, Tony…

– Bien sûr, elle est à la maison.

– Allons-y !

En chemin, Tony m'explique que l'arme n'est en fait qu'un jouet emprunté à son neveu. En face du domicile de maman, Tony me demande une grande faveur.

– J'aimerais y aller seul, Claude… Ma mère est malade et je ne veux pas qu'elle me voit entouré de policiers… Tu comprends ?

Nick jette un œil dans ma direction, il n'est pas très chaud pour ce genre de sport et je le sens un peu mal à l'aise. Tony me regarde droit dans les yeux.

– Allez… Ne me fais pas passer pour un couillon. Je vais t'attendre ici !

Le visage de Tony s'éclaire un peu, pour une fois, peut-être la première, un flic semble lui faire confiance. Après un léger signe de tête, Tony entre chez lui.

– T'as pas peur qu'il se sauve ?

– Pour aller où ?

Effectivement, Tony pourrait se sauver, se cacher pendant quelques heures, quelques jours, quelques semaines. Mais un matin, quelqu'un le vendrait pour une faveur, et il aurait vécu en craignant à tout moment que sa porte soit enfoncée. Finalement, Tony revient un quart d'heure plus tard, l'arme dans les mains. Il était temps, dehors c'est l'hiver et le froid commence à m'engourdir.

– Merci, Claude, il fallait que je fasse comprendre à ma mère que je ne viendrai pas coucher ce soir.

Bien sûr, c'est une arme en plastique totalement inoffensive. Tony semble tellement piteux. De la fenêtre de la maison, je vois les rideaux bouger et dans un rayon de lumière… une ombre, Maman B. qui regarde partir son fils. Le reste c'est de l'histoire. Je laisse Tony retourner à la maison dans la soirée, je lui concocte une promesse de comparaître, malgré la gravité de l'accusation.

Tony est jugé quelques mois plus tard. Après une longue discussion avec la Couronne, son avocat et moi lui obtenons une sentence plus que raisonnable, à la limite de l'indécence. Je venais de créer un lien avec Tony, un lien que peu de choses pourraient casser. Se sentant redevable envers moi, Tony travailla avec ardeur pour préserver les jeunes de la drogue. Malheureusement, il retomba dans ses excès avec la régularité de l'horloge, tout en ayant le don de rebondir à chaque fois.

* * *

Au beau milieu de la nuit, alors que je viens à peine de sombrer dans le sommeil, je suis réveillé par un tumulte qui vient de la pièce voisine. Bad Boy semble avoir pété les plombs. Le son d'une conversation fort peu amicale nous parvient distinctement, c'est carrément l'engueulade. Je ne sais pas si je dois intervenir, ni comment. Stéphane dort aussi paisiblement que si rien ne s'était passé. Puis c'est le calme jusqu'à six heures du matin. Cette fois, je comprends très bien les menaces : Bad Boy veut tout simplement tuer son compagnon de chambre, il le houspille bruyamment dans des termes sans équivoque. À l'ouverture des portes, Stéphane va se rendre compte des dégâts. En revenant, un café à la main, il me demande si on peut faire un échange.

– Je vais aller dormir avec Bad si ça ne te fait rien… L'autre va se faire tuer si on ne les sépare pas.

– Ça va, Steff, j'aime mieux ça que de voir un gars se faire tuer !

– T'es sûr que c'est correct ?

Et c'est en silence que le grand Steff prépare ses affaires et déménage. C'est dommage car je m'étais habitué aux longues conversations et à sa façon de m'expliquer le fonctionnement de la prison, la fabrication de la broue, espèce d'alcool fait à partir de ketchup, de pain et de sucre… Mon nouveau locataire fait son entrée. Les traits crispés de son visage trahissent toute l'âpreté de la dernière nuit. Pour le moment, il regarde tout le monde d'un air renfrogné, prêt à en découdre. Je le laisse s'installer en silence.

– C'est toi qui prends le bas ?

– Ouais…

La porte de la cellule est fermée et je ne peux qu'écouter son monologue.

– J' ai pas peur… Je lui ai dit d'aller chier ! S'il veut se battre, on va lui régler son affaire.

Il parle ainsi au moins une dizaine de minutes. Je ne sais pas qui il tente de convaincre, mais à le voir aussi blême qu'un linceul je me pose des questions. Je tente de le calmer, moins pour lui que pour moi. Je n'ai pas envie d'entendre ses jérémiades, j'ai assez de soucis moi-même. Voyant qu'il parle et n'argumente que pour lui seul, il se tait d'un seul coup. Merci, mon Dieu ! Je comprends que je viens d'hériter d'un nouveau partenaire pour les prochaines semaines et que je n'ai pas fini de l'entendre chicaner.

Les jours s'égrènent lentement, au rythme des sorties et des entrées en cellule. Le matin après le déjeuner, les lettres tant attendues…. Le mardi, jour de bibliothèque, la majorité des gars se suivent à la file pour chercher quelques bandes dessinées, quelques-uns reviennent avec des livres, mais ils ne sont pas légion. Les rayons sont remplis et nous pouvons retrouver des best-sellers des années 80 et même 90. Par contre, beaucoup sortent directement des années 60. Il me fait plaisir de les relire. Jeudi, jour des vêtements. Encore une fois, c'est en ligne que nous allons troquer nos vêtements sales contre des vêtements propres. Ce sont les détenus de l'aile E qui en ont le contrôle. Tout y passe, les draps, les serviettes, le chandail… Nous allons encore une fois faire la queue pour le courrier. Les lettres sont affichées sur la vitre qui sépare les gardiens des détenus, et c'est avec mille pirouettes qu'on nous les remet par une petite ouverture aménagée à cette fin. J'ai une missive de Louise et je me rue dans ma chambre pour pouvoir la lire en toute quiétude.

– T'as reçu une lettre…

– Ouais.

– Ben, moi je n'en ai pas eu.

– Tu en auras une demain…

– Toujours les autres qui ont des lettres… Ma femme m'a dit qu'elle avait écrit, mais icitte ils nous donnent pas les lettres.

Daniel sort de la pièce en bougonnant. Il bougonne pour le café, les rôties, le beurre d'arachides, la viande trop cuite, les lettres… Toutes les raisons sont bonnes. Plusieurs gars ne reçoivent rien, ils n'ont pas de famille soit elle les a tout simplement abandonnés. Certains ont mon âge et n'attendent plus rien de la vie… Leurs yeux sont ternes, sans flamme, comme si leur seul espoir était de mourir.

J'apprends qu'aujourd'hui nous avons droit à un cours obligatoire sur le suicide. Par groupes de dix, nous allons passer quelques heures à suivre les conseils d'un gardien, nommé « animateur » pour l'occasion. Nous aurons trois autres cours comme celui-ci : la violence conjugale, la toxicomanie et la pensée positive… Quelle idiotie ! Nous devons tous y aller, problèmes ou pas, sinon c'est une mauvaise note au dossier garantie ! Naturellement, nous nous y rendons en rangs et de porte en porte un gardien vérifie la cargaison… Nous sommes finalement parqués dans une petite pièce où un jeune homme sympathique nous attend. Petit laïus sur les comportements suicidaires et sur les risques que cela comporte. En prison le taux de suicide est élevé… Allez savoir pourquoi ! Quelques-uns parmis mon groupe parlent de leurs expériences. Nous écoutons religieusement, car nous serons notés ! Les hommes qui ont l'estomac dans les talons rouspètent sans discontinuer et le gentil gardien nous relâche pour le dîner. Nous arrivons juste à temps pour nous mettre dans la file et déguster notre bolognaise cuite à point.

* * *

Un soir, après l'extinction des feux, Daniel est d'humeur à s'épancher et commence un long monologue sur ses déboires amoureux. Il est difficile de ne pas voir la misère humaine dans une prison, elle crève les yeux.

– Ma femme était une folle...

Le pauvre m'explique tout ce qui lui est arrivé avec elle, les vacheries, les mots durs... Puis, évoquant son père, il me parle de la haine que ce dernier avait pour lui, du seul cheval qu'il aimait et que son père a vendu par méchanceté. À ce moment, il a ce regard dur de petit garçon apeuré. Je ne sais pas pourquoi, je lui parle de mon père, des liens que nous avions tissés, qui se sont cassés, et que je regrette. Vers les quatre heures du matin, deux hommes enfermés dans une cellule un peu sale pleurent en silence... Pour des raisons fort différentes.

* * *

Deux heures du matin. Avec le froid, la lumière crue qui inonde la pièce en permanence et le bruit que fait le gardien, j'attends le sommeil avec résignation. Pour tromper mon attente, je parle avec Dieu... Il m'arrive parfois de converser avec celui que j'appelle le Créateur. Ces moments magiques m'ont souvent aidé tout au long de ma vie. Cette nuit, je lui rappelle, comme s'il pouvait l'avoir oublié, mes actes passés et notamment cette histoire entre nous, un soir de juillet 1989.

À l'époque Marty était encore agent de la paix au centre Shawbridge. Il était venu me demander de l'aide au sujet d'une jeune fille de son institut, qui avait été violemment et sauvagement battue, puis laissée dans un état pitoyable sur le sol d'un appartement de la rue Grand. Le suspect, Raymond Innis, était un revendeur de drogue, tout comme son frère, et il était lié aux rastafarians de Jay Man, digne successeur de Ragga. Ce soir-là, en lisant la plainte, j'étais bien loin de m'imaginer la tournure que prendrait l'enquête. Marty arriva tout excité, comme toujours. Il ne voulait personne d'autre que moi pour s'occuper de l'affaire. Personne n'en aurait voulu de toute façon.

– Regarde ces photos.

La petite s'était faite tabasser de belle façon. Sa figure n'avait plus rien d'humain : les yeux noirs et boursouflés avaient peine à contenir l'enflure du nez qui, lui, devait absorber celle des lèvres. Le tout était dans des tons violacés. D'après ce que je voyais, les épaules et le corps de la jeune femme semblaient être dans le même état.

– Et qui a fait ça ?

– Son petit ami.

– Chic type !

Sur ce, mon gros monstre arrive au travail, un hamburger à la main. C'est qu'il est prévenant, mon Nick... Voyant Marty, il regarde immédiatement dans son bureau. Nick est paranoïaque !

– Tiens, viens voir ça.

Mon gros ami a vite fait de transporter ses quelque cent cinquante kilos et d'admirer le travail. Avec un sifflement admiratif, il repasse la série de photos rapidement en me regardant attentivement.

– Nous avons une enquête...

Nick repart immédiatement pour faire des recherches sur le nom du suspect. Nous savons déjà qui il est et qui il fréquente. Ce que nous voulons savoir, ce sont surtout ses allées et venues dans les dernières soirées. De son côté, Marty se met à me raconter toute l'histoire.

– La fille est avec Raymond depuis une dizaine de mois. Elle sait qui va acheter et avec quoi ils paient leur drogue. Depuis cette affaire, ce grand singe appelle le Centre Saint-Jacques et fait des menaces de mort à l'intervenante.

– Veut-elle porter plainte ?

– Bien sûr... Et c'est une jolie Noire !

Le temps de trouver la plainte sur le bureau du contrôleur et me voici en charge de celle-ci. Mes pauvres patrons s'arrachent les cheveux régulièrement parce que j'oublie parfois de leur en parler. Michel ne peut connaître exactement mes actions, ce qui le fait suer royalement. Nick revient avec l'imprimé, il cherche quelque peu et me confirme finalement ce que nous pensons tous.

– Pas vu dans les derniers jours.

– Le contraire m'aurait étonné !

Je pars donc avec Marty rencontrer la travailleuse sociale sur la rue Saint-Jacques. Il avait raison. C'est une jolie femme possédant un caractère qu'on pourrait qualifier de déterminé. Elle me raconte, les yeux encore enflammés, ses discussions avec le suspect. Il n'est pas tendre avec elle et menace même de venir la tuer.

– Il peut venir, ce grand nègre… Je vais lui arracher les couilles.

Comme je disais, elle possède un caractère un peu spécial. J'en connais qui auraient décidé de rester à la maison et d'en faire un joli cas de « burn out ». Les autres moniteurs n'ont pas ce courage un peu suicidaire, et l'un d'entre eux hésite à raconter la conversation qu'il a eue avec le suspect. Au fond, il ne veut surtout pas aller à la Cour. Il ne me reste donc qu'à retrouver mon bonhomme.

Je repars avec Marty et décide de faire quelques restaurants rasta de la rue Sherbrooke, histoire de bien faire comprendre que je suis en chasse. Je compte sur ma très mauvaise réputation pour brasser les cages. Ici les rastas m'appellent « Casper, le petit fantôme ». J'ai écopé de ce surnom parce que je suis blanc, mais surtout parce ce que je m'arrange pour être partout bien en vue. Je me promène en moto tout près du parc Girouard et je prends quelques cafés dans les différents restaurants jamaïcains du coin. Bien sûr, je suis très mal accueilli, mais c'est le résultat qui compte. En me rendant directement chez ses amis, je suis persuadé que Raymond aura l'information rapidement. Le soir suivant, j'ai déjà quelques échos. Mon suspect a rappelé et menacé à nouveau non seulement la jolie monitrice et ses acolytes, mais aussi mon ami Marty qui m'attendait nerveusement au bureau.

– That mother f… Il m'a menacé, moi ! J'ai pu t'arranger un rendez-vous avec la victime. Comme elle connaît ta réputation, elle a bien envie de te rencontrer.

Quelques heures plus tard, je rencontre la jeune femme. Son visage commence à désenfler quelque peu et le bleu de son visage passe au vert. Pendant deux longues heures, elle me raconte de long en large les affaires illicites de son ex. Je prends quelques notes je dessine déjà un plan pour asticoter ma proie, de quoi lui faire faire des erreurs et se dévoiler. La jeune femme me présente un individu assis au salon comme étant son nouvel ami, un autre Jamaïcain au sourire insondable. Il est étrangement neutre face à tout ce qui arrive. Comme la soirée est déjà fort avancée, je remets ma première opération au lendemain.

Le lendemain à quinze heures, je prépare un mandat pour aller perquisitionner chez le frère du suspect. Je sais exactement où sont toutes les caches de coke et les objets volés dans la maison. Cette opération permettra de frapper un revendeur de stupéfiants, tout en envoyant un second message à mon ami Raymond. Aidés de deux policiers en uniforme, avec l'équipe au grand complet, c'est-à-dire Nick, Marty et moi, nous allons frapper à la porte de Peter, au 2015, rue Grand. Nous sommes sur nos gardes car la jeune femme nous a avisés qu'il est régulièrement armé. J'entre le premier et je suis le couloir, pendant que Nick et Marty vont se placer de l'autre côté de la porte. La musique couvre le bruit de nos pas et je dois frapper comme un sourd contre la porte pour être entendu. Finalement, un immense gorille à la mine patibulaire m'ouvre.

– Ouais...

– Salut... J'ai un mandat de perquisition et je vais entrer.

– F... you... Tu n'entreras pas ici !

– Moi, je dis que oui.

Dans un élan de colère, le gaillard étend le bras dans l'intention évidente de me bousculer. Mal lui en prend. D'un bond, je me jette sur lui et d'un coup à la gorge je l'envoie par terre. Les deux policiers lui passent les menottes et l'entraînent vers l'auto. La barrière principale franchie, le reste est du gâteau. Malheureusement, les caches dans le plancher et derrière le frigo sont absolument vides. Ils s'attendaient évidemment à notre visite. Je fouille partout, suivi de la jeune épouse de Peter, fort jolie et remarquablement intelligente, qui garde un sourire narquois.

– Vous l'avez bien assommé...

– Il s'en remettra.

– Vous ne trouverez rien ici, ceux qui vous renseignent sont des menteurs.

– Évidemment...

Tout en bavardant avec la belle, j'ai le réflexe de m'approcher d'un aquarium pour y regarder les poissons. Comme je n'ai rien trouvé ailleurs, je me doute bien que je ne vais rien trouver là non plus. À ma grande surprise, Peter n'a pas enlevé les bijoux au fond du bassin. Ils traînent là, à peine recouverts par ces éternelles petites pierres bleues qui colorent avec une régularité décevante tous les aquariums. Le sourire de la jeune femme se fige. Je la regarde droit dans les yeux. Elle me renvoie un petit sourire entendu.

– J'ai trouvé ?

La jeune femme ne dit mot et va s'asseoir devant le téléviseur qui diffuse un soap anglophone. Je plonge donc la main dans l'eau, dérangeant les poissons au passage, pour en ressortir quelques chaînes en or. Autre ratissage, autres chaînes, des bagues et des bijoux. De son côté, Nick revient avec quelques sachets contenant des restes de coke, une balance et de la comptabilité. Je regarde la jeune femme qui fait mine de ne pas comprendre.

– Tout cela pour une bonne paire de claques… Il faudrait que ce grand idiot vienne me rencontrer.

La jeune femme me regarde intensément et hausse les épaules pour me signifier que ça dépasse ses compétences.

– Tu sais où est Raymond ?

– Non.

Je repars avec les bijoux et les sacs. Peter doit à présent comprendre que les frasques de son frère vont lui attirer des ennuis. C'est tout ce que je désire. Je relâche donc Peter dans la soirée. Sa mère, une femme typique des îles, gentille, religieuse, franche, vêtue avec une certaine coquetterie, ainsi que sa belle jeune femme sont là à l'attendre. J'entreprends avec elles une conversation assez surprenante. La vieille dame consent à parler de ses fils comme des bandits de la pire espèce, mais comme elle dit : « Une mère est une mère… » La jeune femme, qui se laisse flirter plutôt librement et sans pudeur, en plus de parler sexe, ne cache plus le fait que son homme vend de la came, ni qu'il donne dans le recel.

Dès le lendemain, grâce à Dieu, nous avons de l'information. Notre suspect se terre dans le building au coin de Girouard et de Sherbrooke. Je connais bien l'endroit : une des femmes de Ragga y habitait, tout comme la moitié des criminels de Notre-Dame-de-Grâce. J'explique à mes six hommes ce que j'attends d'eux. Je dois faire vite car je monopolise ainsi la presque totalité des effectifs de la soirée.

– N'oubliez pas qu'ils ont des guetteurs et des téléphones. Il nous est impossible de les surprendre, mais si nous allons à pleine vapeur nous aurons la possibilité de retenir Raymond à l'intérieur. Allons, messieurs, c'est l'heure… Bonne chance !

Toutes les voitures partent en trombe. Le jeune sergent qui les commande n'a pas froid aux yeux et je sais qu'il fera tout pour m'aider. Quand nous arrivons sur les lieux, les guetteurs s'activent déjà dans tous les sens. L'un d'entre eux se dirige vers le téléphone juste au coin de la rue, un autre entre immédiatement dans le hall pour disparaître dans les escaliers. Nous sommes à ses trousses. Marty me suit fidèlement et je grimpe quatre à quatre les marches métalliques de l'escalier de secours. Le reste de mes hommes prend l'ascenseur et se rend directement à l'appartement 607. C'est drôle car j'arrive avant eux, précédé du guetteur qui s'engouffre dans la pièce. Je frappe à la porte, une fois, deux fois… La troisième fois, c'est mon pied qui frappe le penne. La porte s'entrouvre lentement.

– Police… Dis à Raymond que je viens le chercher.

– Raymond ?

– T'es sourd ou idiot ?

– Idiot ?

L'homme cherche manifestement à gagner du temps. J'entends un bruit de course vers l'arrière.

– Il se sauve, l'animal… On entre !

Je pousse le guetteur, qui se ramasse cul par-dessus tête sur le plancher, et je fonce vers la cuisine. La porte patio donnant sur le balcon est ouverte, nous sommes au sixième étage, il ne va tout de même pas sauter ! Pourtant le balcon est vide. C'est alors que je me penche… pour voir ce grand singe se balancer de balcon en balcon pour atterrir en un roulé-boulé magnifique sur le pavé du stationnement et s'enfuir à toutes jambes. Marty, qui est à mes côtés, semble aussi étonné que moi.

– Putain de merde.

– T'as personne en bas ?

– Je n'ai pas vraiment envie de répondre…

Tout mon personnel est au sixième étage pendant que ce grand con se fait la belle en jouant à Tarzan, l'homme singe ! Le guetteur, toujours par terre, ricane dans son coin. Je me dirige vers lui avec un message.

– Dis à Raymond qu'il aura quelques difficultés à dormir. J'ai des hommes partout et vous ne pourrez pas le protéger longtemps… C'est mauvais pour le commerce. Tu vas nous voir souvent et longtemps.

Je reviens au bureau dépité. Nick tente bien de me consoler, mais je ne l'écoute pas. J'aurais dû laisser des hommes autour de la bâtisse, mais d'un autre côté… six étages ! Pour Nick, c'est la dernière soirée, il part en vacances pour quelques semaines. Moi, il me reste encore cinq jours.

– Vas-tu penser à nous quand tu auras les deux pieds dans la piscine ?

– Oui, tous les soirs…

La soirée se termine ainsi. J'ai beau savoir que mon suspect ne dormira pas bien, ça ne me console pas.

Pendant deux jours, je m'occupe de mes autres dossiers, tout en faisant mes petites tournées paroissiales. Les policiers des différents secteurs en font autant. Ce n'est que le jeudi soir suivant que toute cette aventure reprend son cours. Marty est venu me retrouver et nous avons décidé de nous payer un gueuleton au Wings and Things de la rue Sherbrooke. J'y allais régulièrement conter fleurette à la belle Suzie, une jeune serveuse mexicaine ; c'était bien sûr pour la galerie, mais nous y prenions un certain plaisir. Je l'avais sortie d'un pétrin un soir, et depuis ce temps nous étions restés bons amis. Alors que nous sommes en route, une des voitures du secteur reçoit un appel à l'aide. Une jeune femme dit être menacée par son ex, et selon le répartiteur, il y a du brasse-camarade.

– Je ne sais pas pourquoi… Mais c'est Raymond.

Nous partons sur les chapeaux de roues et nous arrivons sur les lieux juste au bon moment. Un Noir, la main devant la figure, sort du building en criant et en brandissant un long poignard qui fend l'air dans un mouvement de défense. Les policiers lui crient à tue-tête de lâcher l'arme, mais il ne semble pas faire attention à eux. Tout à coup, j'aperçois ma victime au bord de l'hystérie, elle crie, elle aussi, de façon incohérente. Le bonhomme devant moi est son nouvel ami.

– Reculez, les gars… Allez, reculez !

Les quatre policiers reculent, leur arme toujours braquée sur le grand Noir.

– Hey… I'm Claude… Tu sais qui je suis ? The cop !

L'autre semble se calmer un peu, mais il a toujours le couteau à la main et se cache le visage.

– Gaz… J'ai des gaz dans les yeux…

– OK, man… Je te fais transporter à l'hôpital… Laisse ton arme par terre.

Le bonhomme montre l'intérieur de l'édifice :

– Raymond est là…

Deux policiers entraînent notre blessé vers l'hôpital, pendant que j'entre, suivi de Marty. Dès lors, mes yeux, mon nez et mes poumons se révoltent. Raymond a utilisé du M.A.C.E., une substance irritante utilisée par la police américaine et illégale au Canada. La fouille se fait rapidement. Il est évident que notre homme n'est pas resté pour s'asphyxier lui-même. Je retrouve la jeune fille encore sous le choc.

– Il ne nous laissera jamais en paix.

Les larmes coulent continuellement sur ses joues et c'est avec difficulté qu'elle me raconte les dernières frasques de son ex.

– Il est entré par la porte arrière et a sorti un couteau. Mon chum a sauté dessus et Raymond a sorti une canette pour nous asperger. Moi, j'ai couru vers l'extérieur et c'est là que tu es arrivé.

Je travaille le reste de la soirée dans un certain inconfort. Mes poumons n'ont pas l'air d'apprécier le gaz. Je retourne au bureau sans avoir rencontré ma belle mexicaine, mais plus riche d'une belle colère. Bien sûr, je demande à mes hommes de mettre encore plus de pression sur l'entourage de Raymond, ce qu'ils font avec une joie non feinte.

Le lendemain soir, ma dernière journée de travail, j'entre au bureau avec le fol espoir de faire une arrestation de dernière minute. Marty vient me rejoindre. Il a encore reçu des menaces de la part de Raymond. Encore une fois, mes amis téléphonent pour m'aiguiller dans mes recherches. Une voix de jeune femme noire me confirme le retour de Raymond dans l'immeuble de la rue Girouard. Branle-bas de combat dans le poste de police ! Je n'ai pas l'intention de le laisser s'échapper encore une fois.

– Cette fois, les gars… Nous aurons deux hommes au bas du building !

Cette boutade fait rire tout le monde. Personne n'ignore l'incident, et mieux vaut en rire. Encore une fois la troupe arrive en trombe. Comme j'ai gardé les clés de la porte principale, nous gravissons rapidement les étages. Les recherches se concentrent sur les étages quatre, cinq et six. Naturellement, je vais frapper au 607, où je suis reçu par le même idiot de service. Raymond n'y est pas. Je commence à être découragé : le temps file et, si rien ne bouge, mon bonhomme va avoir une trentaine de jours pour faire ses mauvais coups. De guerre lasse, je m'assois sur le plancher, dos au mur, tout près des ascenseurs. Marty me rejoint, ne sachant que dire pour me consoler. Les policiers vont et viennent, tentant semble-t-il de me redonner courage. C'est alors que je regarde vers le ciel et que j'entame un monologue assez spécial avec Dieu.

– Dis, t'es toujours là ? Tu voudrais pas nous aider un peu ? Je ne te demande pas beaucoup, et pas pour moi… Mais cette petite va vivre un enfer, et moi je ne pourrai être là pour la protéger… C'est vraiment ce que tu veux ? Écoute… Si tu ne m'aides pas, au moins ne reste pas dans mes pattes.

Marty m'écoute et ne comprend pas très bien ce qui se passe. Il me regarde comme si je sortais de l'asile. Ce qui ne m'empêche pas de continuer à maugréer.

– Quelle merde… Je vais passer des vacances merdiques à me demander quand cet abruti va la tuer, pendant que toi, sur ton nuage…

À ce moment précis, la sonnerie de l'ascenseur émet son petit tintement caractéristique et un homme noir de grande taille en sort, un verre de vin à la main. J'en reste interdit. Devant moi, tout de go, se dresse Raymond Innis, l'homme qui me fait cavaler depuis des semaines, tout bêtement comme ça, il vient d'apparaître, l'air un peu idiot avec son verre de rouge, comme s'il tombait d'un nuage.

– Marty, vois-tu ce que je vois ?

Même lui ne peut en croire ses yeux. Il demeure paralysé, seuls ses yeux semblent rouler à pleine vitesse dans ses orbites.

– Oui…

Je me lève lentement, encore sous le choc, en espérant qu'il ne s'agit pas d'un mirage.

– Salut, Raymond.

Le grand bonhomme, qui fait quand même un mètre quatre-vingt-douze, me regarde, tout aussi sidéré que moi.

– Je ne suis pas Raymond.

– Ah… je dois me tromper.

Je lui montre la photo de police sur laquelle il apparaît, avec en plus un petit numéro de série.

– C'est toi ?

– Bien sûr…

– Alors.

Tout penaud, il hausse les épaules. Comme le cornichon de

l'appartement 607 ouvre la porte, je lui donne le verre de vin, tout en disant à Raymond :

– Tu n'en auras plus besoin.

– Je ne suis pas chanceux…

– Tu crois en Dieu ?

– Ouais…

– Cette fois, vois-tu, il a décidé que ta cavale s'arrêtait ici.

Il n'y comprend rien, mais Marty, qui a assisté à toute la scène, commence lui aussi à me prendre pour un sorcier.

– Hey, Raymond, tu as fait des menaces à mon ami Marty ?

Je lui montre le bonhomme à mes côtés.

– C'est lui.

Comme un enfant que l'on gronde, notre monstre regarde Marty et lui demande pardon.

– Excuse me, sir…

Je peux partir en vacances sereinement. Le temps d'annoncer la nouvelle à ma victime et de finir la sempiternelle paperasse, me voilà parti pour les trente prochains jours.

Avant de partir, je regarde très haut vers le ciel.

– Je te remercie beaucoup.

Marty jette un coup d'œil de mon côté et me regarde comme si j'étais un extraterrestre.

– You are bizarre !

Pour le reste, mon directeur me fera remplacer à la Cour… Question d'argent… Mais ça, je m'en tape !

* * *

J'ai de plus en plus de difficultés à supporter mon colocataire. Son mauvais caractère n'est pas pour m'aider à passer au travers. Pire, le matin il n'attend pas pour pisser à la toilette, d'où une odeur souvent déplaisante. Il se lave le vendredi, même s'il n'est pas sale, et ne change jamais sa literie. Il fume à la chaîne et se met en colère quand il perd aux cartes. Ce n'est pas un mauvais bonhomme, sa vie n'a été que rejet et violence… Que pourrait-il donner ? Alors, je me dis que sa présence fait partie de mon emprisonnement, et comme dans cette vie tout est temporaire… Par chance, la majorité des autres détenus sont assez sympathiques. J'ai commencé à écrire quelques lettres ou doléances pour certains d'entre eux. Quelques-uns m'appellent « l'avocat » et me demandent des conseils. Pour le reste, le temps semble arrêté. Tout est prévisible, même la bouffe ! Une liste accrochée au mur indique le menu de la semaine et nous sommes si désœuvrés que son arrivée est un événement. Parfois nous nous installons dans la cour sur l'herbe encore humide et nous regardons les cultivateurs labourer les champs, pendant que nos gardes-chiourmes nous épient du haut de leurs miradors.

Un matin, je suis assis dans la cour avec un petit groupe. Le détenu qui est à mes cotés laisse échapper cette remarque :

– Ces osties de screws…

L'ambiance est un peu lourde, les gardiens du matin se sont comportés de façon odieuse… Mauvaise journée ! Alors je décide de détendre l'atmosphère.

– Bon… Pensez que ces gars sont là pour vous protéger. Vous êtes dans un kibboutz et vous êtes entourés de Palestiniens. Ces hommes sont là pour les empêcher de vous tuer.

– T'es fou en crisse, toé…

Mais tout le monde se met à rire… Nous avons bien besoin de ces petits moments de fantaisie pour ne pas perdre les pédales. Marc, un type très bien malgré ses centaines de tatouages, fume avec un plaisir évident tout en laissant les jeunes rayons de soleil lui buriner la peau. Il termine sa vingt-quatrième année de détention. Délaissant momentanément sa bulle, il me glisse doucement :

– Ils ne peuvent pas comprendre…

– On peut essayer…

Un mince sourire se forme sur ses lèvres minces. C'est un bel homme, un de ceux qui te regardent et en qui tu vois la loyauté, mais qui te poignardent de face s'ils se sentent offensés. Marc retourne à sa méditation aussi soudainement qu'il en est sorti. Cet homme économise ses paroles et ses gestes… Mais je me rends compte de la puissance qu'il possède. Je retourne à ma lecture, pendant que les gars parlent encore de ma blague.

Quelques semaines s'écoulent ainsi, et un beau matin je me trouve devant l'aumônier. Je l'avais oublié celui-là. Je ne pensais plus à la demande que j'avais faite pour le rencontrer, il y a des semaines.

– Vous êtes monsieur Aubin ?

Ça ne va pas recommencer, personne n'est sûr que j'existe ici ou quoi ?

– Oui, monsieur l'abbé, que puis-je faire pour vous ?

Le pauvre est interloqué, il est sûrement à des années lumières de s'imaginer que quelqu'un ici veut faire quelque chose pour lui.

– Je viens pour vous apporter un soutien…

– T'aurais pas une place d'assistant à me proposer ?

– Non… Ce n'est pas prévu, mais peut-être que je pourrais vous trouver un travail de nettoyage…

Le petit homme grassouillet est visiblement mal l'aise, j'ai dû le débalancer…

– Merci pour le nettoyage… Mais ce n'est pas ce à quoi je pensais.

Le pauvre retourne à sa chapelle en se tortillant le cul comme si un million de fourmis lui arrachaient l'arrière-train. Ce sera ma première et dernière rencontre avec ce digne représentant de Dieu auprès de notre société carcérale.

À bord de notre navire en perdition, la vie s'écoule presque normalement. J'ai la chance de voir ma famille une fois par semaine, parfois deux. C'est toujours devant une sinistre vitre que nous devons nous époumoner pour bien nous faire comprendre. Les visites sont des tortures inventées par des sadiques. Qui n'a pas besoin de prendre les siens dans ses bras, de sentir leur corps, de partager ce grand malheur avec eux, de les rassurer ne serait-ce que par le toucher ? Au lieu de cela, il y a les larmes que l'on regarde couler sans pouvoir intervenir, les mains sur la vitre froide qui tentent désespérément de capter un peu de cette chaleur qui vous fait tant défaut.

Un matin, j'ai l'occasion d'obtenir une cellule pour moi seul. Deux bonshommes sont transférés et c'est à mon tour de recevoir une chambre simple. Daniel est déçu, il prétend que la cellule lui revient. Mais il n'est pas chanceux, c'est certainement la suite du complot qui régit sa vie. Avant de tout déménager, je fais un petit ménage. Je ne dirais pas que mon prédécesseur était un cochon… Mais un porc peut-être ! La pièce est sale, les toilettes d'un jaune orangé et les murs noircis. Il a même laissé quelques mouchoirs usagés. Cela doit faire des mois que personne n'a lavé ce plancher parsemé de taches noires et collantes. Je tue donc le temps en le récurant. Mais tout à coup je me sens seul… Drôle de sensation. C'est idiot, mais avec son mauvais caractère et sa senteur, Daniel occupait mes journées, ne serait-ce que pour jouer au crible. La solitude de ma cellule, je l'ai désirée, mais maintenant elle me fait un peu peur. J'ai une autre surprise dans la même journée : une job ! Je deviens le « mopologiste » officiel des secteurs O et P, à cinq dollars quatre-vingt par jour. Mais deux jours sans rétribution, le samedi et le dimanche… Tous les matins, je me lève donc à huit heures pour balayer, laver, frotter les deux étages de mon aile et ramasser les deux gros sacs à ordures. Les entrées se font à un rythme infernal, la rumeur veut que plusieurs cellules redeviennent doubles. Nous sommes déjà soixante-douze et nos gardiens prévoient que nous serons quatre-vingts à la fin de la semaine… Par chance, je suis dans une aile protégée ! Quelques-uns de mes nouveaux amis commencent à se sentir à l'étroit et la tension monte. Nos officiers de cas attendent pour nous rencontrer et au lieu des six semaines que l'on nous avait annoncées pour la prise de décision, ils parlent maintenant de dix semaines… Tout le monde est sur les nerfs. Des gens arrivant d'un peu partout s'installent comme s'ils étaient les maîtres. Nos gardiens ne se sentent plus à l'aise et le laissent paraître. Les collations du soir deviennent des courses aux restes et le téléphone ne connaît plus de répit. C'est maintenant par groupe de quatre ou cinq que les nouveaux s'agglutinent autour des appareils, et c'est la guerre des ondes qui commence. Les menuisiers du centre viennent tous les matins monter un nouveau lit double et les chambres simples deviennent un luxe.

* * *

Dehors, l'herbe commence à s'assécher, je file m'appuyer contre la clôture. Il me revient en mémoire une belle journée de mai à Notre-Dame-de-Grâce, il y a de cela des années. Peut-être est-ce la longue discussion que nous avions eue, Daniel et moi, qui m'y fait penser. Daniel m'avait parlé de sa femme, de violence conjugale, des relations hommes-femmes et de l'impossibilité de communiquer.

J'étais au bureau comme enquêteur de relève et, comme tout semblait tranquille, j'en profitais pour régler mes vieilles causes. Je me déplaçais régulièrement entre la photocopieuse et le bureau, quand mon regard fut attiré par une ombre. En fait, elle aurait pu n'être qu'une ombre… C'était une jeune femme toute menue, frêle et vulnérable. Au premier coup d'œil, on voyait qu'elle avait passé un sale quart d'heure et même qu'elle avait été violemment battue. Et à voir son comportement effacé, ce n'était sûrement pas la première fois.

Comme la jeune femme ne s'est pas présentée au comptoir, le policier de faction n'a pas vu ses blessures, ni pris le temps de s'occuper de son cas.

– Quelqu'un lui a demandé ce qu'elle voulait ?

– Non… Pas encore.

Je laisse de côté ma paperasse et passe de l'autre côté du comptoir pour m'approcher d'elle. La jeune femme a la tête baissée, comme si elle avait honte de son visage marqué par les coups : elle a les yeux pochés, enflés, noirs et violacés, son nez qui porte ostensiblement une cicatrice toute fraîche a été cassé il n'y a pas longtemps. Comme elle ne dit mot, je viens m'asseoir près d'elle et j'attends un peu.

– Bonjour… Vous avez besoin de quelque chose ?

– Je veux parler à un enquêteur.

La voix de la femme ressemble à son allure, une petite voix faible, mince, presque éteinte, sans coffre, une voix que l'on a forcée à se soumettre.

– Ça tombe bien, vous en avez justement un devant vous !

Elle jette sur moi un regard sans joie, puis se renfrogne un peu. Malgré ma retenue, ma vigueur semble l'effrayer un peu.

– Mon avocat m'a dit de venir vous rencontrer… Je veux dire… un policier…

Sa tête se penche un peu plus, comme si le combat intérieur qui se livre en elle la laissait sans forces.

– Mon mari a un revolver.

– C'est bien pour lui. À part ça… tout va bien ?

Elle lève les yeux et me regarde, estomaquée. Mon attitude doit lui paraître tout à fait désinvolte. Elle a la main sur son sac et semble prête à partir.

– Vous n'avez pas autre chose à me raconter ? Quelque chose comme: j'ai eu un accident, le poing de mon mari s'est logé par hasard directement entre mes yeux !

Je la sens se recroqueviller sur elle-même. Elle n'est pas prête à me parler, du moins pas avec cette approche… Je change donc de registre.

– Ce que je veux vous dire, c'est que si je rentre chez vous et que je ne trouve pas l'arme, vous allez devoir rester avec votre mari… Et je suis persuadé que ce n'est pas ce que vous désirez.

Cette dernière remarque la fait sursauter. Elle me regarde avec étonnement. Je suis persuadé qu'elle ne s'attendait pas à une telle remarque.

– C'est mon avocat qui voulait que je vous parle…

– Et vous, avez-vous envie de me parler ?

Elle ne sait plus… Elle doit expliquer à un homme le comportement violent d'un autre homme. Peut-il comprendre ? Va-t-il juger ? Elle me regarde attentivement, comme si elle voulait lire dans mon âme. Nous nous regardons en silence pendant quelques minutes. Je me dois de respecter son rythme, elle apprend lentement à apprivoiser la peur qu'elle a de moi en tant qu'homme.

– Oui… Je vais vous parler.

Pendant plus de vingt minutes, elle m'explique le calvaire qu'elle a subi ces dernières années. Mère de deux petites filles, elle est mariée à un Nord-Africain qui la menace constamment d'enlever les fillettes et qui la bat avec la régularité d'un métronome.

– C'est lui qui vous a cassé le nez ?

Encore là, elle se replie sur elle-même. Sa bouche voudrait crier toute l'horreur de la situation, mais son corps résiste encore, par réflexe d'autoprotection.

– Oui … Il a mis le revolver chargé dans ma bouche et l'a amorcé… J'étais persuadée que j'allais mourir.

Ses yeux noirs se gonflent de larmes qui coulent silencieusement. D'un seul coup j'entrevois l'immensité de son désarroi.

– Vous voulez mon aide ?

– Bien sûr.

– Bien. Je vais de ce pas arrêter votre mari et à partir de maintenant je suis celui qui vous protègera… Ça vous va ?

Je ne suis pas sûr qu'elle se sente rassurée. Mon allure peu conformiste peut décontenancer bien des gens, mais son choix est fort simple… elle fait confiance à ce barbu aux cheveux longs, vêtu d'un chandail et de vieux jeans ou elle retourne tout simplement chez elle. Les yeux toujours fixés sur le plancher, elle me fait signe que oui… Je laisse aller un petit soupir de soulagement.

– Jean-Pierre, j'ai besoin d'une voiture immédiatement pour m'assister.

Quelques minutes plus tard, je suis devant chez elle avec deux policiers, prêt à travailler. Spike, ainsi nommé par la belle Julie, ma

165

copine polonaise aux allures de ballerine qui promène son dober-
man dans mon poste de police, à cause de ses cheveux toujours
dans les airs, et Michel, son partenaire un peu grassouillet, me
connaissent bien et adorent travailler avec moi parce que l'on ne
s'ennuie pas en ma compagnie. Je frappe donc à la porte. Un
homme plutôt mince, assez grand, au teint mât, entrouvre fébrilement et nous examine. Selon la description, c'est le mari.

– Qu'est ce que tu veux, toi ?

– Toi…

L'autre me regarde sans surprise. D'un coup, il décide de me
repousser rudement tout en refermant sa porte. C'est son dernier
geste d'homme libre. Quelques secondes et une bonne clé de bras
plus tard, il me sert de tapis. Le temps de laisser sortir quelques
invités, nous repartons en vitesse avec le colis. L'homme, il faut le
dire, est encore un peu choqué à son arrivée au poste. Les deux
policiers qui m'accompagnent le sont un peu moins, ils ont l'habitude de mes pratiques peu orthodoxes.

– Spike, veux-tu regarder au comptoir ? Je ne veux pas qu'il
voit la dame. Comme ça, il ne pourra pas lui faire de gros yeux.

– OK, boss !

J'aime beaucoup ce jeunot, il a du cran et me l'a déjà démontré. Je suis persuadé qu'il fera une bonne police.

Finalement, notre Maghrébin est poussé rapidement vers une
cellule et je peux commencer la deuxième partie de l'affaire : la
perquisition. À mon bureau, la jeune dame encore toute tremblante
est au téléphone avec son père. Malgré sa peur, elle me sourit.

– Il est ici ?

– Bien sûr !

La pauvre… Elle pleure et rit en même temps. Son père tente
de la calmer au bout du fil, mais je ne pense pas qu'elle puisse l'entendre en ce moment. J'essaie de mon côté de la reprendre en main.

– Le bail est à votre nom ?

– Oui. Nous sommes mariés.

– Alors, vous n'avez pas d'objection à me faire visiter votre
appartement ?

Un peu surprise par ma demande, la jeune femme hausse les
épaules comme pour me faire comprendre qu'elle n'a rien à me
refuser.

– Mais non.

C'est avec une petite femme un peu plus rassurée que je quitte le poste pour une nouvelle visite. Bien que son mari ne soit plus là, son spectre continue à lui faire peur. Je l'observe regarder régulièrement la porte, comme si le monstre dont elle a si peur pouvait apparaître par un tour de passe-passe. Nous visitons les lieux que le mari n'a pas eu le temps de nettoyer avant de nous suivre si gentiment. Les verres des invités de beuverie trônent toujours autour des fauteuils. Je récupère deux grands coutelas dans la chambre à coucher, un gant de cuir entouré d'une chaîne d'auto, retenue par du ruban gommé. Dans la cuisine, un bâton de base-ball agrémenté d'une centaine de clous à la tête coupée, ce qui le fait ressembler à une arme moyenâgeuse, et finalement un pique affûté dans tous les sens.

– L'arme est dans la cave…

Nous visitons tous les recoins et c'est dans un faux mur que je retrouve le revolver encore chargé. C'est une réplique des vieilles armes du Far West au long canon ciselé et à la crosse nacrée. La jeune femme frissonne d'effroi à la vue de l'arme.

– N'ayez crainte, il ne vous fera plus de mal.

Nous retournons au bureau. Le père de la jeune femme est là à attendre. À ma vue, il a un drôle de sourire. J'ai l'impression qu'il ne se faisait pas cette image de l'enquêteur. Il s'approche de moi et me tend la main.

– Vous savez… J'ai plus de soixante-dix ans, mais j'aurais bien voulu lui botter le cul moi-même.

– C'est déjà fait !

Nous nous regardons d'un air entendu. Je crois qu'il a compris que mon intervention a été musclée.

– Merci.

J'explique maintenant à F. qu'elle aura à témoigner à la cour, mais que je serai toujours à ses côtés. Pour le moment, avec ce que nous avons, il sera certainement détenu en attendant le procès.

– Il va me tuer…

Cette réflexion a le don de me mettre en colère. Pas contre elle, mais contre la peur en général… Celle qui vous paralyse, celle qui vous empêche de vous battre.

– De toute façon… vous êtes déjà morte !

– Pardon ?

– Il y a longtemps qu'il a tué votre âme… La mort du corps,

ce n'est rien, mais celle de l'âme vous fait perdre toute dignité et vous renvoie au rang d'esclave. Battez-vous. Même si vous mourez... il n'aura pas gagné. Comment croyez-vous que les Juifs du ghetto de Varsovie ont obtenu le respect des Allemands ? En se révoltant... Ils savaient qu'ils n'avaient aucune chance, mais ils l'ont fait quand même. Avant cela, ils n'étaient que du bétail. Après, le monde a dû les respecter.

Pour la première fois, la dame s'approche de moi et me serre. J'ai droit à un sourire. Quel merveilleux cadeau ! Aucune médaille, aucun honneur ne vaut le sourire de quelqu'un qui vous remercie sincèrement.

– Pensez-vous qu'il va sortir ?

– Je ne le crois pas... Mais je vous donne des nouvelles tout de suite après l'enquête caution.

Le père entoure sa fille d'un bras protecteur et tous deux repartent vers un nouveau domicile. De mon côté, je me prépare pour le surlendemain, l'enquête caution ne devrait pas poser trop de problèmes. C'est du moins ce que je pense.

Le matin de l'enquête, je passe par le bureau ramasser les armes pour les montrer à la Cour. Louise qui était à l'université est venue me rejoindre, car nous avons prévu de luncher ensemble. Comme à la cour il nous faut attendre notre tour, je perds une bonne partie de l'avant-midi à écouter le juge G. rendre ses décisions. La jeune procureure, la belle Marie-Andrée B.-C., que je connais bien, officie avec son brio habituel. Cette petite lionne blonde n'a pas son pareil dès qu'il s'agit d'une enquête caution. Cette batailleuse ne lâche le morceau qu'à contrecœur. De son côté, le juge rend comme à son habitude des décisions selon l'humeur et les jurisprudences. Louise ne connaît pas le cirque de la justice et s'offusque avec régularité des décisions rendues. Comment lui expliquer un système judiciaire qui ne se comprend pas lui-même ?

C'est à mon tour. Je témoigne des faits et, de façon théâtrale, je présente une à une les armes trouvées, les deux coutelas, le pique, le gant avec sa chaîne et, pour finir, l'arme à feu et les cartouches. Aux murmures que j'entends derrière moi, je sens que les gens sont impressionnés dans la salle. Quelques brèves questions de l'avocat de la défense et tout est joué. Plutôt satisfait, je vais m'asseoir près de la belle Marie et, dossier en main, je m'apprête à inscrire la décision du juge... Détenu ! Mais ce dernier commence par déplorer que la victime ne se soit pas présentée ce matin, puis il juge que l'individu ne représente pas un réel danger pour elle, ni pour la société. Il faut dire que les seules fois où la victime se présente à l'enquête, c'est à la demande de la défense, et pour dire qu'il s'agit d'une grosse méprise. J'ai même entendu une femme dire au juge qu'elle s'était elle-même frappée avec un plat en fonte pour faire accuser son mari ! C'est tout dire.

– Madame est dans un abri pour femmes… Monsieur ne pourra donc pas l'approcher !

C'en est trop… Avant que Marie ait eu le temps de me retenir, me voilà debout à regarder cet abruti doublé d'un misogyne !

– Vous manquez une belle partie, monsieur !

– Pardon ?

– Vous voulez que je répète ?

La cour suspend soudain son souffle. Le juge me regarde comme si j'étais un extraterrestre. Je ne baisse pas les yeux, je veux qu'il comprenne que je lui rends bien son regard. Marie-Andrée tente bien de me faire asseoir en tirant la manche de ma veste, mais rien n'y fait… Je suis tellement en colère qu'il m'est égal de finir dans une cellule. Je sais que le juge brûle du désir de me faire incarcérer, mais d'un autre côté, je sais qu'il réalise l'énormité de sa bourde, d'autant que quelques semaines auparavant un homme a tué sa conjointe après avoir été libéré par un juge !

– Bon… Écoutez, je vais lui donner des conditions très sévères : de ne pas communiquer avec sa conjointe, de ne pas être à moins de mille pieds d'elle, de ne pas avoir d'armes en sa possession.

Comme si cette dernière condition ne s'appliquait pas à toute la population en général ! Bien sûr, ici les gens se promènent tous avec leurs armes à la main !

– Si jamais il y avait un changement, lors de l'enquête préliminaire un juge pourra réviser la situation.

L'affaire est entendue. Je ressors du tribunal toujours sous l'emprise de la colère. Louise vient de me voir à l'œuvre pour la première fois. Elle passe doucement son bras autour de ma taille pour me calmer. Le lunch est plus silencieux que prévu, mais elle comprend…

Il me faut maintenant avertir ma plaignante. C'est son père qui se charge de lui annoncer la mauvaise nouvelle. Pendant les quelques mois du procès, je me fais un devoir d'être à ses côtés et même de vérifier les allées et venues du mari. Celui-ci plaide finalement coupable et c'est une femme au regard franc et sans peur que je vois sortir une dernière fois du Palais de justice.

Quelques semaines plus tard, je reçois une copie de la très belle lettre que le père a envoyée à mon directeur de l'époque. Il dit que le département de police devrait être fier de compter parmi ses membres quelqu'un de ma trempe. Le directeur m'envoie à son tour une petite lettre de félicitation… Pauvre lui ! Quant au juge G., pendant un certain temps, il bousillera systématiquement les causes où je serai impliqué. L'orgueil fait souvent dérailler ceux qui le cultivent.

* * *

À passer ses jours et ses nuits enfermé, on finit un peu par perdre la notion de soi, d'autant qu'aux yeux des autres on n'est plus qu'un matricule sur deux pattes, un anonyme. Des événements en apparence dérisoires peuvent alors prendre une dimension inattendue. Ainsi, un matin, assis dans la cour, le dos bien appuyé contre la clôture, je savoure une merveilleuse lettre que Louise a réussi à pondre malgré toute la peine et toutes les embûches qu'elle doit affronter. Un des gardiens qui ne m'adresse jamais la parole ouvre la barrière tout à côté de moi et siffle entre ses dents :
– Bonjour, monsieur Aubin.

L'homme ne regarde pas dans ma direction, mais il sourit. Je sais que ce sourire est pour moi… Il repart toujours sans me regarder. S'attarder à mes côtés pourrait signifier pour moi une sentence d'au minimum quelques claques. Mais dans toute cette insanité, il m'a appelé « monsieur » et j'accueille cette marque de respect comme un bouquet de fleurs. À l'intérieur de ces murs pâles et impersonnels, le mot « monsieur » n'existe plus pour les détenus. Nous sommes des détenus, des délinquants, des prisonniers ou des sans titres, mais surtout pas des messieurs !

À la mi-mai, j'ai la chance de rencontrer mon agent de cas : une jolie jeune femme, grassette mais fort plaisante à regarder. J'ai droit à une batterie de questions sur les événements. Le tout est méticuleusement consigné. C'est elle qui décide du prochain centre de détention, (maximum, médium ou minimum). Cette jeune femme a beaucoup de pouvoir pour l'enfant qu'elle est à mes yeux. La discussion à bâtons rompus nous entraîne du livre que je projette d'écrire à mes études, à mon avenir, à mon passé et à mon statut de criminel…

– Nous avons fait une demande pour l'obtention de votre dossier, mais il semble qu'il soit impossible d'y accéder.

– Pourquoi ?

– Je ne sais pas.

Je lui parle alors de ma nouvelle carrière. Depuis le début de ma détention, je n'arrête pas d'écrire et j'ai bien l'intention de publier.

– Mon livre s'intitulera *La Main gauche du diable*.

– Quel beau titre ! Je vous promets de l'acheter.

Nous passons plus d'une heure ensemble et j'ai l'impression d'avoir fait bon effet. Je n'ai rien à cacher et tout ce que je raconte, je l'ai déjà raconté.

– Bon, je vous vois la semaine prochaine et nous déciderons ou vous irez… Sûrement au minimum de Laval.

– Merci, mademoiselle.

Je me jette sur le téléphone qui est libre à ce moment et j'annonce la bonne nouvelle à Louise… Enfin nous pourrons nous voir et nous toucher, nous embrasser. Embrasser… Depuis combien de jours n'ai-je pas embrassé celle que j'aime ? Nous pleurons en silence. Ce bonheur attendra encore quelques jours.

La semaine passe, nouveau séminaire… La pensée positive ! Quelle connerie… Le seul bonhomme positif dans ce groupe est le gardien : il est payé en temps supplémentaire pour donner le cours. Le reste de la troupe s'ennuie à mourir, mais fait semblant pour les notes. Tout à coup, le bonhomme nous parle de transparence et d'honnêteté face au système. J'ai les plombs qui sautent !

– Vous nous parlez de transparence… Savez-vous qu'à mon arrivée, vous nous avez parlé de quatre à six semaines de détention avant d'être transférés ? Maintenant, vous nous parlez de huit à douze semaines, avec le même sourire satisfait… Et vous voulez que nous soyons transparents ? Vous voulez connaître nos états d'âme ? Si vous connaissiez nos états d'âme !

C'est sur cette note discordante que se termine notre séminaire. Je ne serai pas bien noté… Mais je commence à en avoir plein le pompon ! Pire encore, le prochain séminaire porte sur les drogues et commence par ces mots :

– Vous m'excuserez, je n'ai aucune connaissance en stupéfiants, je ne sais même pas à quoi le crack peut ressembler…

171

Une chance, j'ai de nouveaux amis, des gars formidables… L'un d'eux est condamné par tous les groupes de motards… C'est un mort en sursis qui profite du temps qui lui reste. Ce bonhomme est pourtant d'une gentillesse incroyable et a un sens de l'humour peu commun. Un autre, le jeune Patrick, cabochard comme pas un, est toujours prêt à affronter les gardiens pour mettre de l'ambiance. Drôle de coïncidence, ce petit bouffon connaît une jeune femme de Québec que j'ai moi-même arrêtée… Il ne le sait pas, ou du moins fait semblant. Nous en parlons comme de vieux amis. Finalement, nous passons de bons moments ensemble… Mais il faut faire attention ! Ici, si tu es seul, tu es asocial. Si vous êtes deux, c'est que vous êtes homosexuels et si vous êtes plus, vous faites partie d'un gang criminalisé. Nos gardiens notent tout. Il faut donc s'impliquer sans le faire, être gentil sans trop l'être, se mêler de ses affaires tout en communiquant. J'allais oublier le principal : être transparent ! Facile, non ?

Comme je suis devenu l'expert en criminologie, tous les détenus un peu paumés viennent me demander conseil. C'est drôle que, sans me parler de mon ancien job, ils aient tous besoin de savoir quelque chose dans le domaine. Un soir, alors que j'attends mon tour pour le téléphone, Pancho me présente Roger, un gros bonhomme qui a l'air un peu bébête. Il me regarde avec autant d'expression qu'un cactus. L'intérieur de son crâne doit s'approcher du vide sidéral. Pancho tente de m'expliquer la situation, et l'autre écoute comme si nous parlions d'un parfait inconnu.

– Le pauvre… La police l'a arrêté pour vol qualifié, il en a pris pour cinq ans.

– C'est impossible !

Impossible, mais pourtant vrai ! Roger se réveille soudain de son profond coma et se met à parler comme s'il se parlait à lui-même.

– La femme au guichet… elle avait un sac de papier. Je l'ai pris, mais elle ne voulait pas le lâcher… L'agent de sécurité est arrivé et j'ai été en prison.

– Dis-moi, Roger… tu as poussé la dame ?

Il me regarde longuement, tout étonné de la question, et tente de penser à une réponse. Il faut dire que, depuis des années, ce végétatif doit prendre quotidiennement cinq à six médicaments de toutes sortes, pour anxiété, sommeil, boisson, cœur…

– Non. Juste tenir le sac… Mon avocat voulait de l'argent… Mais je n'en ai pas… Et j'ai un gros dossier de boisson !

172

– Ce n'est pas une raison...

– Le juge me connaît... Tout le monde se connaît par chez nous.

Je ne sais que faire, ce pauvre bonhomme a mon âge, mais on lui donnerait plus de quatre-vingts ans. J'écrirai finalement une longue lettre à un avocat de mes amis pour lui exposer toute l'étendue de cette misère humaine, avec le fol espoir qu'il puisse s'en occuper... J'ai toujours détesté l'injustice, et je l'ai encore plus en horreur maintenant.

* * *

Depuis quelques semaines, une paix relative règne dans le bureau. Je travaille sur une relève avec Pierre B. comme lieutenant. Il est aussi bête que dangereux. Sa faiblesse pour les femmes est connue, tout comme sa culpabilité profonde et sa colère refoulée : un mélange détonnant ! À son arrivée, lui qui avait travaillé sous mes ordres était venu me prévenir que le gros Robert, mon capitaine favori, l'avait chargé de me mettre une fois pour toute... au pas ! Ce qui l'avait mis d'autant plus mal à son aise que j'étais son idole de jeunesse.

– Tu te souviens du jour où tu as mis la figure du gars dans sa pizza alors que nous faisions des arrestations sur la « Main » !

– Pas vraiment...

– J'ai toujours ça en mémoire... T'étais mon boss et le gars voulait se mêler de nos affaires. Je t'avais trouvé formidable... C'est triste car maintenant c'est à moi que revient le rôle de te contrôler. Le capitaine veut que tu rentres dans le rang... T'es un peu marginal.

– Alors...joue ton rôle...

Malgré tout le respect et tout l'amour qu'il me portait, cet imbécile de service jouera à fond le jeu du capitaine, allant jusqu'à attendre ma sortie, à la fin de mon quart de travail, pour réclamer le rapport quotidien d'activité... ou à demander des rencontres surprises, histoire de savoir où j'étais. Malgré tout, comme j'étais bien avec le groupe, je n'avais pas du tout l'intention de partir. Je venais comme à mon habitude de terminer une guerre avec mon nouveau directeur et j'avais bien besoin d'un peu de tranquillité.

Un matin, j'arrivai au bureau et j'aperçus mon ami Bill seul dans son coin. Lui et moi avions régulièrement des prises de bec sans grandes conséquences : nos vues étaient quelque peu éloignées, mais Bill avait été à son époque une bonne police et un bon enquêteur. C'est lui qui avait initié le petit Michel aux enquêtes et qui avait travaillé sur le seul dossier d'importance que ce petit lieutenant de pacotille avait eu à ce bureau. Maintenant, après trente années de services, il était devenu contrôleur et méritait de prendre un peu de repos. Mais le sort en avait décidé autrement. Bien qu'il essayait de les cacher, je remarquai rapidement que des larmes coulaient sur ses joues.

– Ça ne va pas, Bill ?

– Non… Cet ostie de sale… Il m'a fait une évaluation marginale…

– Quoi ?

– Il vient de me faire une évaluation marginale… J'ai passé ma vie à travailler fort dans ce crisse de bureau.

Comme je n'étais pas loin, j'entrai directement dans le bocal de Michel. Celui-ci eut un petit air surpris.

– Je peux te parler ?

– Bien sûr…

– Tu as fais une évaluation marginale à Bill ?

Michel se tortille un peu, il est franchement mal à son aise et joue avec son stylo pour se donner le temps de me concocter une réponse.

– Tu as vu son rendement ? Il est là à lire son journal une partie de la journée.

– Eh… Il est contrôleur, son travail est fait ?

– Oui… Mais le reste de la journée il ne fait rien…

– Je recommence : son travail est fait ?

– Oui, mais ce n'est pas tout… Il pourrait faire des enquêtes ou se cacher pour lire son journal. Je ne lis pas le journal, moi !

Je ne peux en croire mes oreilles : le petit Michel vient encore une fois de créer de nouvelles règles… Quelques semaines auparavant, il nous avait demandé d'apporter nos plaintes à la Cour, histoire de bien meubler nos moments libres ! Le hic était qu'il me fallait chercher, réconforter et préparer nos témoins et chercher, rencontrer et convaincre les avocats de nos différentes causes. Alors, les plaintes en plus !

Nous avions déjà discuté de son attitude et je lui avais dit que, lorsqu'une équipe au complet va mal, souvent le patron change l'entraîneur. La réplique ne s'était pas faite attendre… Ici, c'est l'équipe qui partirait !

– Tu vois, Michel, ce que tu viens de faire, c'est de lui dire : « Merci, mon Bill, pour les trente dernières années que tu as données au département… » Avec autant d'ancienneté, si tu me faisais cela, je baisserais mon pantalon et je me torcherais avec ton évaluation… et tu la recevrais tout aussi rapidement en pleine figure.

Sur ce, comme je n'avais plus rien à dire, je retournai à mon travail. En passant, je fis un clin d'œil à Bill qui continuait à ne pas en mener très large.

Le matin suivant, Bill semblait de meilleure humeur. Quelque chose avait changé… Son évaluation ! Dans sa grande sagesse, Michel avait révisé ses positions et démarginalisé son contrôleur. Je me dis ce matin-là que tout n'était pas perdu et que nous pouvions encore espérer une amélioration mentale chez notre leader ! Je ne me doutais pas que ce serait à mon tour de passer à la casserole quelques semaines plus tard. Les semaines qui suivirent ne furent pas plus mauvaises que les autres, mais c'était juste le calme avant la tempête.

Tout arriva sans crier gare. Un matin, le petit Michel me fit passer à son bureau pour me tendre un formulaire d'évaluation… Surprise ! J'étais devenu marginal à mon tour. Je relus le document pour être bien sûr d'avoir compris… Eh, oui ! J'étais bel et bien du groupe sélect de la marginalité. Il faut dire qu'au poste quinze très peu de gens ne le furent pas ! Mon ex-lieutenant Gerry avait déjà reçu une pré-évaluation contenant vingt-quatre points sous la norme, sur un total de vingt-six… Il faut comprendre que notre évaluation va de 1 à 5, 3 étant la norme, et que nous sommes évalués sur vingt-six points différents : tenue vestimentaire, travail, etc. C'était pourtant un homme avec plus de dix ans d'expérience comme lieutenant. Comme par hasard, cela coïncidait avec l'arrivée de notre capitaine au teint cireux. Deux relèves entières d'une vingtaine d'hommes avaient été chamboulées, quelques officiers et enquêteurs étaient aussi passés au tordeur, et un autre lieutenant s'était même fait montrer la porte de sortie pour être remplacé par un lèche-cul ! Étrangement, tous ces officiers comptaient parmi les plus productifs et les plus aptes à se tenir debout.

Pour en revenir à mon évaluation, je savais que Michel était dans ses petits souliers. Depuis quelques jours nous cohabitions dans une paix toute relative. Après avoir lu l'évaluation, je lui dis :

175

– C'est ton opinion !

– C'est celle de mon capitaine aussi !

– Et de ton directeur…

– Oui.

– En somme, votre idée est de me faire partir.

– Oui.

– C'est stupide… Si tu me fais une évaluation marginale, je suis bloqué ici pendant six mois…

Michel semble un peu déstabilisé par ma réplique. Je ne suis pas sûr qu'il ait pensé à cette facette de son option.

– Bon, tu sais que je ne signerai pas ce torchon… Je vais le contester, et à partir d'aujourd'hui essaie de ne pas me faire chier !

Je claque la porte du bureau avec force, m'en voulant un peu de montrer ma colère, mais les limites ont été dépassées… À tout prendre, mieux vaut claquer une porte que frapper quelqu'un.

Dans la soirée, Louise qui me connaît bien sent que quelque chose ne va pas. En fine psychologue, elle attend patiemment que je m'ouvre à elle. Finalement, quand je lui ai raconté l'incident, elle me regarde avec un petit sourire en coin.

– Es-tu marginal ?

– Non.

– Tu t'habilles comme les autres ? Tu fais les choses comme tout le monde ? Tu penses comme eux ?

– Mais non…

– Alors, mon grand amour… Accepte ta marginalité…

Louise vient de toucher le cœur du problème, je ne suis pas comme le reste du troupeau.

Le lendemain matin, la première chose que je fais est de me rendre directement dans le bocal de mon lieutenant et, sans qu'il ait le temps de comprendre, je lui envoie :

– Mon cher Michel… Tu sais, hier ma femme m'a fait comprendre et accepter ma marginalité… maintenant c'est à votre tour, mes beaux messieurs, de l'accepter et de vivre avec !

Je le laisse ainsi quelque peu pantois… et pour le reste de la journée mon lieutenant se tient coi.

Dans la même semaine, mon directeur me fait venir à son bureau pour m'annoncer qu'à l'avenir il gérera mon temps supplémentaire, car d'après lui, sans le voler, bien sûr, je suis bien au-dessus de tous dans mes demandes. Il ose même me comparer à un enquêteur plus que moyen qui, pour le même travail, en principe, demande deux fois moins d'heures en supplément.

– Tu ne vas pas me comparer à lui…

– Non… Oui… Euh… Regardez, monsieur Aubin, dans cette cause l'enquêteur a mis quatre heures pour faire le travail, alors que vous en demandez six pour une cause similaire.

– Bien, oui ! Une accusation et un détenu… As-tu bien regardé le dossier ? J'ai un détenu, une perquisition, six déclarations, six accusations… et deux complices qu'il me reste à ramasser. Tu crois que tout ce que je ramasse en objets volés s'étiquette tout seul ?

Il est évident que mon directeur n'a pas envie d'entendre mes doléances. Son idée est bien arrêtée.

– Je coûte trop cher ? Il faut que je m'arrête ?

– Je ne vous en demande pas tant.

– Ouais, je sais… fais juste ce qu'on te demande…

Je le laisse en plan, il peut monologuer tout seul, je n'ai plus envie d'entendre toutes ces stupidités.

À partir de ce moment, je réalisais qu'à un contre trois je n'étais plus de taille. Après trois années de batailles incessantes, je pris la décision de partir. J'en avais souvent discuté avec Nick, mais tous les deux caressions l'espoir que Michel serait nommé ailleurs, que le capitaine mourrait d'une attaque et que notre directeur irait irradier son incompétence à de plus hauts niveaux. Malgré tout le chagrin que nous avions, Nick et moi, ce jour-là je fis une demande de mutation.

C'est drôle comme tout arrive en même temps. Je me faisais raboter de tous bords et tous côtés, en même temps que le travail me sortait par les oreilles. Un nouvel épisode de la guerre des nerfs commença par une petite information que me donna une jeune fille fort agréable répondant au nom de Louise. La belle s'était faite arnaquer par ses voisins et amis drogués au point d'être elle-même victime de leurs vols. La petite ne voulait pas en rester là, et grâce à elle je réalisai deux beaux coups de filet qui menèrent bien plus loin que je n'aurais cru.

Lors de mon premier jour d'enquête, j'arrêtai trois individus pour une série d'introductions par effraction, avec naturellement le lot de temps supplémentaire, que mon directeur contrôla… Les jours suivants furent tout aussi fous avec la presse. Il faut dire que j'avais convoqué ces beaux messieurs pour qu'ils fassent un article qui m'aiderait à retracer des plaignants. Mieux, cette méthode me fit découvrir d'autres suspects… et d'autres plaintes ! J'allais rencontrer ma jolie source, qui avait écrit sur son mur « Carpe Diem », ce qui lui allait, ma foi, fort bien ! Pour la remercier et surtout pour garder contact, je l'invitai dans un petit resto du coin… J'avais encore besoin de ses services, et ses beaux yeux n'étaient pas pour me déplaire.

Le lendemain matin, je présentai à mon lieutenant, ce cher petit Michel, un rapport de source et un compte de dépenses de sept dollars et cinquante… Sans me regarder, celui-ci me lança abruptement :

– Tu ne m'as pas demandé la permission. Je ne paie pas !

– Tu veux répéter ?

– Tu as compris !

Ce fut une des rares fois où je ne pus retenir mes pulsions de rage. Je lui arrachai brusquement les rapports des mains, en fis deux petites boules distinctes et les lui lançai au visage.

– Toi, ton capitaine, ton directeur… Je vous ai de travers dans le cul, tu ne veux pas payer ? Va chier ! Ici, tu as des gens qui jouent le système à merveille. Ils vous font payer un max pour des histoires sans valeur. Tu les connais. Moi, je fais ma job…

– Arrête.

– Non. J'ai quarante-trois ans, je n'ai pas besoin de nourrice dans ton genre, ni besoin de me faire torcher le cul ou de me le faire baiser.

Je sortis du bureau en furie, claquant la porte à la volée. À voir la mine déconfite des autres enquêteurs présents, je n'avais certainement pas dû être très discret.

– Claude, reviens…

– Va chier !

Je continuai à marcher vers mon bureau suivi de Michel, les autres enquêteurs semblant avoir disparu sous leurs chaises. En arrivant à mon pupitre, je décrochai un violent coup de poing dans ma vieille filière de métal, qui fit un bruit de tonnerre en se refermant.

– Arrête ça tout de suite…

Je me retournai en colère, les deux poings fermés et prêt pour l'irréparable.

– Écoute-moi bien : avance encore d'un pas ta petite gueule de faux-cul et je te casse la mâchoire. Comprends-tu que j'en ai assez de vos petites manigances ? Alors, dégage !

Michel eut l'heureux réflexe de retourner dans son bocal. Tout le monde était sur les dents, sûr que je serais suspendu. Je restai prostré à mon bureau pendant plus d'une heure, quand le téléphone sonna. Michel me demandait de retourner à son bureau. Je décolérais à peine… S'il ne changeait pas son approche, ça tournerait mal. Notre conversation fut un peu plus civile, mais je n'acceptai ni son argent ni ses excuses. Nous finîmes par convenir d'un modus vivendi : pour le reste de mon séjour, je ne lui parlerai pas et lui non plus, sauf pour des motifs professionnels urgents.

Quelques jours plus tard, j'arrêtai un nouveau groupe de vendeurs de crack, des amis de Ragga, et ce, toujours avec le concours de la petite Louise. Nous les avions cueillis au petit matin. Avec l'aide du SWAT, mes amis Mario et Gaston occupèrent l'appartement qui était devenu un petit bunker pour la circonstance. Il fallait voir les suspects tenter de sortir par les fenêtres… Une jeune femme presque nue me sauta littéralement dans les bras, rendue hystérique par la peur plus que par sa dose. Quand tout se fut calmé, le groupe procéda à la fouille. Celle-ci dura quelques heures, mais ce n'est qu'après une deuxième fouille que je retrouvai un sac contenant une trentaine de sachets… dont un avec une empreinte. En principe, il aurait fallut un deuxième mandat, car nous avions déjà quitté les lieux, mais je n'étais pas satisfait. J'apportai donc le sac au bureau où Gaston vint le chercher. À la Cour, personne ne fit mention de l'événement et notre revendeur perdit ses trois mille dollars de profit… et fit quand même deux ans de prison.

Je ramassai un troisième groupe de petits voleurs avant que Louise ne déménage. Elle se sentait d'autant moins à l'aise dans son rôle d'espionne qu'il n'était pas très payant et ne lui laissait pas beaucoup d'espoir de se rapprocher davantage de moi. Michel me concocta une de ces lettres de félicitations pour la capture d'un deuxième groupe de voleurs ! Un jour le bâton, l'autre la carotte. Pour le reste, c'était une chance que mes amis le grand Marcel et Jean-Marie le grognon, deux autres enquêteurs de relève, viennent me réconforter de temps à autre… Jean-Marie, que j'appelais mon père, comparait Michel à un enfant gâté et disait souvent : « Des boss comme lui, on en a deux par chameau… » Il faut dire que lui aussi s'était fait essayer. Mais, malgré ses ulcères d'estomac, il pouvait te découper en rondelles juste avec ses yeux. Marcel de son côté était plus tranquille. Son ascendance indienne et son mètre quatre-vingt-dix décourageaient toute tentative de discussion.

* * *

J'avais demandé une révision de dossier, en sachant bien que c'était un coup d'épée dans l'eau, mais je n'allais certainement pas baisser les bras sans avoir combattu ! Ce matin-là, deux directeurs viennent me rencontrer pour juger de la chose. C'est bête… Un lieutenant et un capitaine ont décidé de ma marginalité et deux de leurs patrons vont statuer sur leur décision. Je suis tout de même bien préparé, j'ai toute une documentation devant moi et je suis prêt à soutenir un siège.

Nous nous rendons dans la salle de conférence, le capitaine et mon lieutenant détective dans un coin, mes directeurs face à moi, et quelques chaises libres entre nous. Je connais l'un des deux directeurs, c'est un homme bon et d'une grande gentillesse ; l'autre, dont la moustache se retrousse à chaque mot, ressemble plus à un bull-terrier prêt à mordre au premier assaut. De son côté, mon capitaine arbore un sourire victorieux, pendant que le petit Michel semble bien mal à son aise. Le bull-terrier prend la parole.

– Vous pouvez commencer.

J'expose rapidement la situation. Elle est claire… C'est pour moi un cas de vengeance de la part d'un patron qui veut ma tête depuis longtemps.

– J'ai reçu un 2 pour ma tenue vestimentaire.

Je sors quelques photos des trois dernières années. Elles passent d'une main à l'autre et, pendant qu'elles se promènent, j'explique mon point de vue.

– Pendant les trois dernières années, j'ai reçu la moyenne, donc 3 sur 5, pour ces tenues… Ceci, messieurs, par ces mêmes officiers. Mon lieutenant ici présent m'a dernièrement complimenté sur l'amélioration de ma tenue… N'est-ce pas Michel ?

Je regarde mon lieutenant qui ne s'attendait pas à être interpellé et qui semble sortir des nues.

– Euh… Oui.

– Donc, qui dit amélioration dit meilleure évaluation. Je devrais donc logiquement recevoir un 4 !

Le directeur, qui me connaît déjà, ne peut s'empêcher de

sourire. Nous avions eu ensemble quelques discussions sur ma tenue... et à l'époque il avait convenu de ne pas m'en tenir rigueur. L'autre, par contre, n'a pas de sourire sous sa moustache courte bien taillée, au contraire ses sourcils se froncent et marquent son front de deux rides énormes.

– Deuxième point, messieurs : je n'ai pas de méthode. Mon lieutenant détective a demandé aux enquêteurs de suivre ma façon de faire pour les précis – pardon... ma non-méthode – ce qu'ils font maintenant !

Michel est de plus en plus mal à son aise et commence à se tortiller sur son siège. Mon gros capitaine, lui, reste impassible... Il a l'habitude de ces forums. Il n'en est pas à son premier massacre.

– Bon... j'ai ici quelques statistiques : J'ai fermé 428 plaintes cette année, arrêté 108 individus, 95 % des causes ont été sentencées par la cour, les autres étant des violences conjugales, avec tout ce que cela comporte. La moyenne étant de 300 plaintes par enquêteur, je ne m'en tire pas trop mal !

Le capitaine prend alors la parole. Il sent peut-être sa belle cause qui dérape et veut remettre la charrette sur ses roues.

– Monsieur Aubin commet souvent des erreurs.

– Ah, oui mon capitaine ! Comme ?

– Il omet de faire son rapport quotidien.

Je suis scié... Cet immonde personnage ne peut se rabattre que sur ces enfantillages.

– Mais ce n'est pas une erreur, c'est strictement un manque de coopération et il n'y a pas de case prévue à cet effet dans votre évaluation !

– Vous n'êtes pas drôle, monsieur.

Le bull-terrier ne semble pas apprécier mon humour. À son regard, je sais que je n'ai rien à attendre de lui... Réconforté, le capitaine enchaîne aussitôt :

– Il n'est jamais dans son secteur...

Je n'ai pas prévu le coup, mais j'ai quand même la réponse... Il me faut juste gagner un peu de temps.

– Messieurs, j'aimerais ici prendre quelques minutes pour un café, pendant ce temps je trouverai la réponse exacte à cette attaque de mon capitaine.

Les deux directeurs ont sûrement envie eux aussi d'un café, car personne ne s'oppose à ma suggestion. Ces quinze minutes me sont profitables et je reviens continuer mon combat avec un visage rayonnant. Mes juges et accusateurs arrivent ensemble du petit bureau du directeur...

– Messieurs, malgré mon peu de méthode, j'ai réussi à retourner huit mois en arrière pour constater que j'ai répondu à 95 % des appels à l'intérieur de mon secteur et que, pour le reste, il s'agissait de plaintes découlant du travail effectué dans mon secteur.

Le capitaine remet ça, il ne veut surtout pas perdre son trophée : ma tête. Il faut dire qu'il en a déjà plusieurs, c'est un vrai collectionneur !

– Ses rapports de sources ne sont jamais faits correctement.

Tiens, quelque chose de nouveau... Je suis le seul à avoir des sources, et voilà que mes rapports ne sont pas conformes. Cette fois, c'est l'assaut final.

– Bon... Alors... je suis ici depuis près de six ans, j'ai eu quatre lieutenants détectives, quatre lieutenants de relève, deux capitaines et cinq directeurs. J'ai eu pendant des années à m'adapter à toutes les façons de faire ces rapports. Mais, Dieu merci, depuis que j'ai rencontré mon lieutenant, je sais faire de vrais rapports de sources. Il m'a si bien expliqué que tous ceux qui avaient signé mes rapports de sources avant lui n'étaient que des incompétents...

Je regarde mon ancien directeur droit dans les yeux, puis je jette un léger coup d'œil à Michel. Le pauvre semble comprendre ce qui s'en vient.

– Vous, monsieur le directeur... Si ma mémoire est bonne, vous en avez signé de mes rapports de sources !

Un lourd silence envahit la pièce, personne ne veut reprendre la parole. Moi, je rigole ! La rencontre se termine sur cette note, les deux directeurs retournent dans le bureau du capitaine. Je leur en ai au moins donné pour leur argent.

À partir de cette période, comme par hasard, toutes mes sources furent scrutées à la loupe. Je m'explique : frauder le système de sources n'est pas très compliqué, et comme nous ne le cachons pas, c'était déjà arrivé. Nos dirigeants avaient donc émis une directive concernant les sommes versées : primo, exiger un reçu lors du paiement, secundo, ne pas être seul, tertio, le département appliquant un droit de gérance pouvait envoyer un directeur rencontrer la source pour vérifier. Cette procédure se fait selon un tirage au sort au bureau des renseignements et c'est le directeur du poste qui a la charge de rencontrer la source. J'eus la chance que mes six sources de l'année soient tirées au hasard... Mon directeur m'avisa une journée à l'avance et, le temps de trouver ma source, nous allions la rencontrer ensemble. Le tout fut assez drôle... Ce n'est pas toujours commode de retracer tes sources. Habituellement, c'est plutôt elles qui te rejoignent... et la majorité déménagent encore plus rapidement qu'elles ne téléphonent.

Un bel après-midi, je rencontre donc une de mes sources avec le directeur. L'endroit est bien, juste à côté d'une église. Naturellement il pose les questions d'usage et, comme il a un travail à faire, il s'empresse d'entrer dans le vif du sujet.

– Avez-vous reçu les deux cent cinquante dollars de monsieur Aubin ?

Ma source le regarde avec ses plus beaux yeux charbon et lui répond par la négative. Canard, sobriquet que mon directeur a reçu il y a longtemps et que j'utilise couramment, ne sait plus ce qu'il doit faire.

– Monsieur Aubin ne vous a pas donné l'argent ?

– Non.

C'est ici que j'interviens. La source, que je considère comme ma fille, semble prendre un malin plaisir à l'embarras de mon patron.

– Mon amour, dis-lui comment nous fonctionnons...

Ma façon de m'exprimer a toujours un peu surpris Canard... Le pauvre ne sait plus que penser.

– My dad... je veux dire Claude, me donne cinquante dollars par semaine, sinon je dépense tout... Même que je lui dois plus de cent dollars.

– Vous lui devez ?

– Oui.

Le pauvre... Ce n'était pas prévu ! J'ai l'impression que ses neurones surchauffent. Il me regarde la bouche entrouverte pour finalement articuler :

– Avez-vous fait un rapport pour cela ?

– Eh... C'est mon argent, tu n'as quand même pas envie de me demander un rapport pour justifier à qui je donne mon argent !

– Si la GRC arrête votre source et qu'ils lui posent des questions sur votre association et sur les montants que vous avez donnés, vous pouvez vous retrouvez dans le pétrin...

– Tu te fous de ma gueule ?

– Pas du tout.

Mais non, c'est qu'il est sérieux, le guignol ! Je n'arrive pas à y croire. Nous laissons la petite, qui me gratifie d'un gentil baiser, et retournons au bureau. Tant que je travaillerai au poste quinze, mon patron me regardera avec un air étrange.

– Monsieur Aubin, si vous voulez bien venir signer la confirmation de votre évaluation.

Ce cher gros Bob a la mine réjouie. Il vient d'ajouter un nouveau trophée à sa collection privée.

– Entrez. Ce ne sera pas long et ça ne fait pas mal…

– Tous les bouchers disent ça !

Étrangement, il ne rit plus… Il ne me reste plus qu'à signer. La lettre des deux directeurs précise que je suis supérieur à la moyenne des enquêteurs, mais que je n'en demeure pas moins marginal. Le principe de Parkinson s'appliquant à merveille, plus la boîte est grosse, plus les imbéciles naissent et fleurissent !

C'était ici son dernier geste officiel au poste quinze. Pendant quelques mois, ce sinistre personnage allait être en charge d'un projet spécial pour le compte du directeur régional, Jacques, le petit grassouillet. Quant à moi, on me retournait sur ma relève sans que je l'aie demandé.

Avant de partir, je fis encore quelques opérations percutantes et onéreuses pour mon département… et mon pauvre directeur devait signer tout le temps « sup » ! Comme j'ai toujours du mal à fermer ma gueule, un soir où lui et moi étions seuls, je m'ouvris à lui tout de go.

– Dis… Je suis content que tu surveilles mon temps supplémentaire. Regarde ces trois derniers mois : soixante, quatre-vingts et soixante-dix heures… Même en travaillant très fort, je n'ai jamais inscrit plus de cinquante heures par mois… Tu me fais me rendre compte de toutes les heures que je donnais sans regarder… Merci, Canard !

Mon directeur ne répond pas. Que dirait-il ? Lentement, il baisse les yeux et joue nerveusement avec son stylo. Quelque temps plus tard, il dira ouvertement à un lieutenant de mes amis que même en étant fouetté je ne m'arrêtais pas !

C'est pendant cette période que j'eus la chance d'arrêter le bonhomme qui avait démoli ma porte d'auto, de ramasser une dizaine de jeunes pour introductions par effraction – quelques jeunes avec cinquante armes à feu – et d'arrêter mon petit ami Linnel... et ses amis pour vols qualifiés. Je fis aussi une autre opération qui mobilisa la toute nouvelle section appartenant à mon gros capitaine. Nous avions une épidémie de vols par effraction sur les rues Décarie et Queen Mary. J'eus l'idée de mettre quelques hommes sur les toits des commerces et des buildings de ce secteur pendant quelques nuits. En moins de trois jours, nous avions coffré nos suspects. Arrêtés sur le fait... avec l'information du policier directement au-dessus d'eux !

Mon directeur était forcé de me féliciter... ce qu'il fit du bout des lèvres. Je suppose qu'il est plus difficile d'avouer un manque de jugement lorsque l'on monte dans l'échelle de commandement. Malgré tout, j'eus droit à un léger sourire – ou était-ce un rictus de douleur ? C'est aussi à cette époque que je fis compter par mon lieutenant l'argent qu'une jolie Noire cachait dans son vagin.

Cette période se termina par une opération au mois de février. Un propriétaire de club grec, connu pour ses magouilles et son avarice, était venu rencontrer mon directeur pour se plaindre de ses employés qui, selon lui, vendaient de l'alcool illégal et de la drogue. Ce mécréant avait réussi à me mettre hors du coup. Les gérants étant de mes amis, je n'eus vent de l'opération que quelques minutes avant qu'elle débute. Mon pauvre lieutenant de relève, le gros Pierre, était dans ses petits souliers...

– Tu le savais Pierre ?

– Euh... Oui... mais je ne pouvais pas te le dire.

Dire que ce lieutenant a travaillé sous mes ordres ! Quelle pitié ! Pierre n'est pas un mauvais bonhomme, mais il souffre du syndrome des futurs directeurs : la stupidité chronique.

– OK c'est cool...

– Tu fais l'opération avec nous !

– Bien sûr.

J'apprends que les stupéfiants et la moralité sont sur les lieux depuis plus de deux heures et qu'ils n'ont rien remarqué de suspect. L'un d'entre eux, trop persistant, a même été expulsé. Nous nous rendons sur les lieux. Le bar semble bien tranquille. Les policiers pénètrent en vitesse, allument les lumières et mettent fin à la danse lascive à laquelle se livrait l'une des plus jolies danseuses du bar. La pauvre est toute surprise et retourne s'habiller dans un petit coin.

À ma vue, la petite fait un geste amical. Mon lieutenant la voit faire et lève les mains au ciel. Veut-il implorer le Très-Haut ?

– C'est une descente de police. Nous allons faire des vérifications.

Ah ! C'est donc ce que nous allons faire… Je demeure bien sagement près de la porte. Les filles sont toutes proches et nous bavardons un peu. Le gérant vient à ma rencontre :

– Salut, Claude !

– Salut, mon Gilles !

– Sais-tu ce qui ce passe ? Ostie, une descente !

Le pauvre est tout débiné : lui et ses portiers se débattent comme des diables pour garder la place exempte de drogue.

– Tu diras merci à ton boss.

– Quoi ?

– C'est lui qui a demandé cette vérification…

L'autre me regarde assommé par ce que je viens de lui dire. À ses côtés le portier est lui aussi en état de choc.

– Pourquoi fait-il ça, le malade ?

– Vous vendez de la drogue et de la boisson sous le comptoir…

– Tu ne crois pas ça ?

Gilles sait bien que je ne crois pas un mot de cette histoire, moi qui suis ici régulièrement et qui aide à sortir les vendeurs de cocaïne. Mais pour la police, c'est la raison fournie !

– C'est mon directeur qui le croit !

– Tu ne lui as pas dit ?

– On ne se parle pas beaucoup, lui et moi… Rends-moi service, avise ton personnel que ceci vient de votre patron.

– OK. Le caliss…

Mon lieutenant vient à ma rencontre, il semble un peu perturbé. Je crois que quelque chose lui déplaît.

– C'est toi qui dis aux employés que tout ça c'est la faute de leur patron ?

– Oui.

– Ils ne sont pas censés le savoir.

– Vraiment ?

Je sais que mon gros Pierre se fait du mauvais sang. Il aimerait me voir en Alaska en ce moment.

– OK je vais arranger ça !

– Non…

Je demande à quelques employés qui ont déjà fait l'objet d'une enquête de me rejoindre. Une fois rassemblés, je leur fais un petit discours.

– Écoutez… Je ne vous ai pas dit que cette descente était de la faute de votre patron… Car moi je n'ai pas le droit de vous le dire. Alors dites-le à tous !

Puis je sors… Je n'ai plus rien à faire dans cette mascarade… Du moins, c'est ce que je pensais à ce moment !

Je retourne à mon bureau et y travaille sans grand entrain. Mon directeur est encore là avec le propriétaire de la boîte. Je passe tout près d'eux sans les saluer. L'odeur de la stupide méchanceté m'incommode. Voir ce visqueux personnage envelopper presque de son bras cet idiot de service qui nous sert de chef ne me rassure pas du tout. Le groupe revient finalement de sa brillante opération policière, les résultats sont éclatants… Une jeune femme ayant pris une cigarette dans le paquet d'un client a été accusée de fraternisation. Quel résultat ! Je retourne vers la maison en trimbalant avec moi un cortège de frustrations.

À mon retour le lendemain, je trouve sur mon bureau une plainte de ce pauvre propriétaire de bar pour un vol de dix mille dollars dans son coffre-fort. Je file voir Michel et je la lui montre.

– Tu sais ce qui va arriver avec cette merde !

La plainte finit au panier ! Je ne saurai le pourquoi de toute l'affaire que quelques jours plus tard. Le gérant et un portier avaient lancé une compagnie de transport et ne mettaient plus autant de cœur à l'ouvrage pour assurer la bonne marche du bar, et le pauvre propriétaire, voulant les remplacer, tentait par tous les moyens de les discréditer. Gilles quitta sa place et ouvrit un bar ailleurs, alors que le portier se consacra au transport. Le patron, quant à lui, demeure aujourd'hui encore tout aussi trou du cul !

Comme je devais m'y attendre, un beau matin mon formulaire de mutation arriva sur mon bureau. Après six belles années au poste quinze, j'étais transféré au centre-ville. Ce n'était pas la joie, mais c'était quand même un soulagement. Je devais me préparer à dire adieu à mes amis les policiers ainsi que tous ceux qui m'avaient si bien servi. Ce n'est pas la mort, mais ça a une drôle de saveur quand même. Je passai voir Elene et sa mère – je dus leur promettre de revenir manger leurs fameux « pig feet » – et bien d'autres personnes, et bien d'autres promesses. Je partais et rien ne serait plus pareil. Nick, sans rien dire, tournait en rond pour s'étourdir dans le travail et traînait lourdement ses grosses savates autour de mon bureau. Ni lui ni moi n'étions faits pour des adieux trop chargés d'é-motion. En fait, c'est intérieurement que nous pleurions. Malgré les blagues habituelles, il suffisait de regarder nos yeux humides pour comprendre notre chagrin immense. Notre dernière sortie de mousquetaires se fit au club le Sanctuaire : Marty, Nick et moi, le fameux trio de la mort. Le bain turc, la piscine, le petit restaurant. Tout se fit presque silencieusement pour ne pas dire religieusement. Pour Nick, tout se terminera quelques années plus tard, par un monumental burn out. Marty deviendra cadre pour mieux se fera éjecter à son tour par les compressions de postes. Aujourd'hui encore, lors de nos conversations téléphoniques, il n'est pas rare que Nick et moi parlions de tout cela, mais toujours avec beaucoup de pudeur. Depuis l'épisode de l'argent trouvé, Michel a décidé de ne plus me parler. Quel plaisir ! Mon autre lieutenant, fidèle à lui-même, continue à faire du dommage dans les rangs de sa relève.

– Claude… le directeur veut te rencontrer.

Pierre, notre nouveau sergent et bonne police, me fait signe que le patron est dans son bureau. Pourquoi pas ? C'est une bonne journée pour une engueulade !

– Entrez, monsieur Aubin… Asseyez-vous…

Je reste debout. Je ne sais pas pourquoi mais je n'ai pas envie de fraterniser. De son côté, mon directeur est tout sourire, c'est-à-dire qu'à son habitude rien ne se passe sur son visage.

– J'ai votre ordre de mutation…

– Oui.

– Vous savez… vous êtes un bon policier et j'ai beaucoup de peine à vous voir partir. Vous savez… il ne nous manque que quelques petits ajustements et vous pourriez rester.

– Tu es sérieux ?

Bien oui, il est sérieux, le bonhomme. J'ai envie de me pincer. Je dors, je rêve… Non, je cauchemarde !

– Oui, très sérieux.

– Écoute, Canard… Veux-tu regarder mon dos ? Il est encore marqué de zébrures, les plaies sont encore vives, elles ne sont même pas cicatrisées. Il faudrait que je sois fou ou masochiste pour rester ici. Tu es encore plus tordu que je le croyais… Ton capitaine va revenir, Michel ne partira pas. J'ai déjà donné.

Il hausse lentement les épaules, il connaît très bien ma valeur, mais ne peut pas perdre la face… C'était le plus loin qu'il pouvait se permettre d'aller. Trois jours plus tard, je partais pour le poste 25.

* * *

Me voilà donc plongé dans mes lectures ! Je redécouvre une passion que j'avais délaissée en me vouant corps et âme au travail. Ici, ce n'est pas le temps qui manque. Je dévore tel un boulimique tout ce qui me tombe sous la main. Nous avons droit à seulement cinq livres par semaine, et je m'arrange avec d'autres détenus pour me procurer les cinq ou six autres dont j'ai grand besoin. Daniel est dans la cour de la prison pendant que je reste isolé pour continuer à lire. Mais des images de mon passé viennent sournoisement me distraire.

J'étais arrivé très tôt au bureau ce matin-là. Mon ami Tony, dit le cow-boy, avait pour moi une information de première sur des introductions par effraction dans le secteur. Après des suppliques, je réussis à obtenir quelques policiers qui se rendent sur les lieux des vols, pendant que d'autres se postent près d'un motel où les présumés voleurs seraient cachés. Lorsque j'arrive accompagné de Jean-Pierre, dit Nick, l'officier présent sur les lieux m'explique que le motel est cerné, mais que nous n'avons pas la moindre idée de la chambre qui nous intéresse. Cow-boy m'ayant indiqué que sa petite sœur est sur les lieux, je verrais bien assez vite dans lequel de ces nids à blattes se terrent nos suspects. Ma patience est rapidement récompensée. Une jeune femme noire filiforme sort d'une des chambres et se dirige vers la sortie du motel. Comme la cour est fermée, les suspects ne peuvent pas nous voir. La jeune femme passe tout à côté de moi et je la suis.

– Bonjour, ma belle…

– Hey, Aubin.

La douce jeune femme vient tendrement déposer un baiser sur ma joue. Nous nous connaissons depuis si longtemps ! Je ne peux m'empêcher de remarquer que la pauvre fille maigrit à vue d'œil, le crack n'aide en rien son régime de vie.

– Comment vont les enfants ?

– Bien… C'est ma mère qui les garde… Ton monde est dans la chambre 35, ils sont sur le party, mais il y en a une autre qui est au 33, juste à côté.

– Pas d'arme ?

– Non.

– Le stock est avec eux ? L'argent ?

– Tout est là.

– Merci, tu es superbe !

Ce joli brin de fille a des yeux éternellement tristes. Elle est trop fatiguée, trop utilisée pour trouver d'autre issue que l'oubli auprès de ses clients.

– Je t'appelle… Tu restes chez toi !

– Je vais me coucher, my love…

– Be careful…

Je serre Paula contre moi. J'ai beaucoup de respect pour cette petite. Notre histoire d'amitié remonte à longtemps, au temps d'Audria et de Foxie. La belle Audria changera de vie et aura cinq ou six enfants, mais Foxie restera un truand. Paula m'avait aidé à faire comprendre à la petite que, malgré la blancheur de ma peau, je n'étais pas son ennemi.

Nous savons maintenant où sont nos suspects. J'établis rapidement un plan d'attaque avec Nick, le sergent du groupe. Nous avons les clés des deux chambres. Quelques semaines auparavant, le propriétaire avait refusé de nous donner les clés, ce qui nous avait obligés à enfoncer la porte et il s'en souvient encore. Cette fois, ce sera plus facile d'entrer. Je donne l'ordre d'investir les lieux, et en quelques minutes tout est fini. Les deux filles, une Blanche et une Noire encore dans les vapeurs de l'alcool, crient avec un peu retard. Quant au bonhomme, il est trop défoncé pour résister. La majorité des affaires sont étalées devant nous, et les policiers vident la chambre après avoir menotté et transporté les suspects. De mon côté, je visite la chambre 33, mais elle a seulement servi au repos de la jeune Noire ou plutôt à son travail nocturne. Au poste, tout ce que nous avons saisi est installé près de mon bureau et les policiers commencent la fastidieuse procédure d'étiquetage. Nick fouille avec soin les plaintes de vol du secteur. Des policiers nous avisent qu'une plainte est en cours dans un garage du secteur et ils sont persuadés que la majorité des outils viennent de ce vol. Michel arrive en trombe pour s'informer de ce qui arrive. C'est normal : c'est le lieutenant. Maintenant il va prendre l'enquête à son compte. Il est indispensable !

Comme nous n'avons pas trouvé d'argent, je retourne sur les lieux avec Nick et nous passons les deux chambres au peigne fin. On n'a jusqu'à présent retrouvé que des espèces et il manque encore au bas mot trois cents dollars. Même si nous revenons bredouilles, la corbeille à papier nous livre des factures du garage où on a été victime des vols.

– Quelqu'un a l'argent...

– Qui ?

– Une des filles...

Au retour, je jette un dernier coup d'œil dans les papiers et les effets des suspects. C'est le moment que choisit mon lieutenant pour arriver.

– Où est l'argent ?

– Sais pas...

Il me regarde avec cet air à la fois niais et interrogateur dont lui seul a le secret.

– Il faut le trouver... Le plaignant dit qu'il manque près de cinq cents dollars...

– Combien avons-nous en change ?

– Je ne sais pas !

– Bon... Je vais aller compter.

– Tu sais bien qu'il n'y en a pas assez...

Son ton arrogant me déplaît, mais je ne réponds pas. Je sais pertinemment qu'aucun de mes hommes n'a touché à l'argent. Je décroche le téléphone pour tirer la belle Paula de son sommeil. Après tout, elle a bien vu l'argent, cette petite. C'est sa mère qui répond. Je parle un peu avec elle : elle est malade et doit quand même prendre soin de sa tribu. Finalement, j'ai Paula au bout du fil.

– Tu dormais, mon amour ?

– Oui.

– Je ne te dérangerai pas longtemps... Mais je ne trouve pas l'argent...

– T'es idiot ou quoi ?

– Sûrement...

– Un vagin, à quoi d'autre ça peut servir selon toi ?

– Vu sous cet angle...

– C'est la négresse qui l'a. Elle pourrait y cacher un train !

– C'est pas très gentil, ça, ma vieille... Merci, va te recoucher, je te vois plus tard.

J'ai maintenant l'information que je voulais. Cela fait cinq heures que la petite est détenue et le magot doit être plutôt juteux à présent. Comme je repars, Michel me demande si le dossier

191

avance. Oui. Sans autre explication je vais récupérer les clés et je me dirige au comptoir des détenus. Je sais qui a l'argent. Il me reste seulement à le récupérer.

— Tu as besoin d'aide ?

— Non, je vais bien me débrouiller…

À son sourire narquois, je sais que Nick a deviné où se trouvait l'argent. Je dois maintenant jouer en finesse. J'attends quelques minutes avant de pénétrer dans l'antre de la jeune femme. Elle semble à moitié endormie, mais que pourrait-elle faire d'autre là où elle est ? J'introduis la clé dans la serrure et je pénètre doucement à l'intérieur. L'odeur typique des cellules m'assaille aussitôt, un mélange de sueur, d'urine, l'odeur indéfinissable de la peur, qui vous colle à la peau malgré les solvants. La jeune femme se lève lentement en s'étirant comme une chatte, puis me regarde sans sourire de cet air qu'ont les gens mal réveillés. Je m'assois près d'elle. Mes yeux se portent vers sa poitrine rebondie, son soutien-gorge défait ne soutient plus grand-chose et ses seins semblent prêts à sortir au grand jour.

— Tu veux t'asseoir une minute ? J'ai à te causer.

— Tu as une cigarette ?

— On peut arranger ça.

Elle me regarde avec insistance. Qui n'aurait pas le goût de fumer dans des moments pareils ? Je vais dans mon bureau récupérer une poignée de cigarettes desséchées qui traînent au fond d'un tiroir. La jeune femme s'adosse au mur et commence à tirer des bouffées de tabac. Le rimmel lui noircit le visage, ses yeux bouffis trahissent le manque de sommeil. Sa jupe est si courte que je vois sa petite culotte blanche en dentelle. Une jolie fille, bien sûr, mais je ne suis pas très objectif : je n'ai jamais pu dire d'une femme qu'elle était laide, alors quand elles sont jolies… Mais c'est surtout sa vulnérabilité qui me touche.

— J'ai un problème… En fait, nous avons tous les deux un problème. Tu vois, il me manque quatre cents dollars… L'argent n'est ni dans les enveloppes, ni au motel, ni dans tes poches…

— Je ne sais pas de quoi tu parles…

— Oh oui, ma belle, tu sais très bien ! Laisse-moi quand même finir… On a le choix : ou tu me remets l'argent ou nous allons à l'hôpital et, avec un mandat de perquisition, je te fais fouiller par un médecin et je t'accuse de recel et d'entrave. Si tu me remets

l'argent immédiatement, il n'y aura pas d'accusations contre toi…
Tu n'as pas commis le vol, je le sais… Tu as juste voulu en profiter
un peu et partouzer… On en est là !

– Tu me jures que je ne serai pas accusée ?

– Tu as ma parole, ma belle.

Elle me regarde attentivement et soupèse la proposition. Elle ne
me connaît pas, je suis flic, blanc. Pourquoi me ferait-elle confiance ?

– Je sais à quoi tu penses…

– Ouais ?

– Tu n'as pas trop le choix : tu me fais confiance ou nous allons
à l'hôpital.

Elle se tortille le derrière sur le lit de bois, peut-être l'envie de
pisser ? La proposition semble trop belle… Donner l'argent et disparaître.

– Promis ?

Je la regarde longuement droit dans les yeux, puis j'esquisse un
léger sourire.

– Promis…

Aussitôt, elle écarte les cuisses et plonge sa main à l'intérieur de
son vagin pour en ressortir comme un trophée une liasse de billets
roulés. L'argent est poisseux bien sûr, après cinq heures de ce traite-
ment… Je n'ai malheureusement pas apporté de gants. Mais un
plan fort particulier vient de germer dans mon esprit. Je ramasse les
billets et je remercie gentiment la belle.

– Tu seras libre dans dix minutes…

Je vais dans mon bureau et je place l'argent bien en évidence.
Nick a immédiatement compris la situation, il me regarde et me
fait non de la tête. Pas cette fois, Nick… Naturellement, comme
je l'avais prévu, le petit Michel ne tarde pas à pointer son nez.

– Tu as trouvé l'argent ?

– Oui…

– Combien ?

– Je ne sais pas.

– Vous n'avez pas encore compté ?

– Non…

– Ça n'a pas été fait ?

– Pas encore… Mais si tu veux le faire…

Michel ramasse les billets et compte l'argent devant moi…
C'est un véritable plaisir de le voir se lécher le pouce tous les trois

billets. Nick a les yeux exorbités, il ne m'aurait jamais cru capable d'aller aussi loin. Tout à coup, Michel s'arrête et me regarde.

– Où as-tu trouvé l'argent ?

– Dans son vagin…

– T'es malade ? Tu m'as laissé compté l'argent !

– Ben… Tu t'es mêlé de ce qui ne te regarde pas, comme toujours… Je n'ai pas eu le temps de t'arrêter.

Mon lieutenant est blême de colère. Pour un peu il me frapperait. Je souris béatement et continue mon travail. Le petit Michel revient à la charge avant la fin de la journée : il ne veut pas me laisser libérer la jeune femme de l'accusation. Comme toujours, je le ferai sans son accord. Il était grand temps que ma mutation arrive.

* * *

Un jeudi matin, alors que je finis de nettoyer la place, le gardien me fait passer le premier pour l'échange des vêtements… Comme d'habitude, je salue les deux bonshommes qui me servent – l'un d'entre eux était avec moi au bloc A – quand tout à coup je me fais apostropher.

– Hé, Aubin… Tu me reconnais ?

Je le regarde dans les yeux, mais je ne me rappelle pas de lui…

– Non…

– Tu m'as arrêté en 98.

– C'est possible.

Tous les autres détenus, y compris ceux qui me suivent, me dévisagent avec intérêt. L'un de mes fournisseurs, un énorme Noir au crâne rasé et à l'allure sympathique, me lance vivement :

– T'es un flic ?

– C'était dans une autre vie…

– Ouais ?

– Écoute… Ancienne police… Nouveau détenu… Ça te va ?

Tout peut se corser maintenant. Déjà, en me retournant, je vois quelques mines incrédules. Je fais comme si de rien n'était et je retourne dans ma cellule. Je laisse quand même toute ma literie sur le lit : j'aurai peut-être à changer de chambre rapidement. Ce n'est pas que l'isolement soit si terrible, mais je n'ai pas envie d'y retourner. Les heures passent et rien ne semble avoir changé, à part le fait qu'un détenu sud-américain qui me parlait régulièrement prend maintenant certaines distances. Deux autres détenus viennent me parler à mots couverts, sans oser m'affronter ouvertement. Je laisse une note à mon officier de cas, sans mentionner de nom. Premièrement, je ne m'en souviens pas, ensuite, j'espère que le tout se résorbera dans les jours prochains. Ce qui arrive, d'ailleurs.

* * *

Maintenant que je me souvenais du bonhomme, d'un seul coup toute l'affaire venait s'imprimer devant mes yeux. Je ne pouvais alors comprendre pourquoi il pourrait m'en vouloir. Dans cette affaire, Jean-Yves ne s'en était pas trop mal tiré.

C'était à peine quelques mois avant ma retraite et mon ami Mike J. de Bell Mobilité m'avait demandé un dernier service. Depuis quelques années, nous avions formé une belle équipe et, lui comme moi, nous étions très près de la retraite. Mais ce jour-là, encore une fois, nous, les vieilles bêtes, avions décidé de donner un autre petit coup de pelle dans cette belle terre grasse de la criminalité.

Alain m'accompagnait comme toujours, il était de ces hommes qui te suivraient jusqu'en enfer par amitié. Par la force des choses, avec le temps Mike avait fait de nous des experts en téléphonie, et nous avions fait de lui un gars aussi fou et téméraire que nous. Mike avait vite compris qu'avec moi le mot « impossible » n'était pas français. Nous ne comptions plus les murs et les toits escaladés ni les arrestations, drôles, bizarres ou périlleuses. Je l'avais épaté un jour où, étendu sur le toit d'un building de trois étages, je frappai dans une porte patio avec un morceau de bois Le bonhomme qui ne répondait pas à sa porte était sorti pour regarder ce qui se passait et je l'avais mis en état d'arrestation. Il en était demeuré abasourdi.

Ce jour-là, Mike suivait un bonhomme qui semblait être un revendeur de stupéfiants et qui s'était procuré un téléphone cloné pour faire ses transactions. Nous n'avions pas la moindre idée de quoi il avait l'air ni de la voiture qu'il conduisait. Les ondes téléphoniques étaient notre seul lien avec lui. Mike téléphona vers quinze heures pour nous préciser la localisation approximative de la cible.

– Alain, laisse ton café... Mike a repéré son sujet.

– Crisse... J'ai même pas eu le temps d'y goûter.

Un autre café à la poubelle, le pauvre jetait beaucoup plus de café qu'il n'en buvait. En s'associant à moi, Alain avait – et ce depuis longtemps – renoncer aux joies de ce monde. Mon partenaire subissait, sans jamais se plaindre, les heures supplémentaires, les cascades et les sautes d'humeur. En moins de vingt minutes, nous étions tout près de la 9ᵉ Avenue à Lachine. Mike nous y attendait avec sa bonhomie habituelle et son éternel café.

– Hé, Mike, toujours en vacances !

– Salut, les polices… Notre gars est tout proche… Il était ici tout à l'heure, mais maintenant il ne parle pas. C'est sûr que c'est un dealer. Il n'arrête pas de prendre des commandes et ne se gêne pas pour en parler ouvertement. Il est occupé, le gars… Et, entre ça, il appelle sa blonde régulièrement !

– OK. Le dernier signal date de quand ?

– Dix minutes.

Il nous en restait encore dix autres à attendre s'il ne parlait pas. Ce n'est pas un grand secret que de dire que les téléphones cellulaires envoient des signaux captables.

– Comment va ta femme, mon Claude ?

– Elle pète le feu.

– Elle n'était pas trop en colère pour la semaine passée ?

– Tu sais… Quand elle me parle de police, c'est pour me dire : « Ta crisse de police ! » Alors…

Il faut dire que la semaine précédente, nous avions passé deux nuits blanches à piéger deux Russes qui vendaient du temps d'antenne à partir de cellulaires clonés, et que le tout s'était éternisé… Allez savoir pourquoi, rien ne va jamais dans le sens que vous voulez ! Quelques semaines auparavant, nous avions intercepté un autre revendeur de stupéfiants de la même façon et, cette fois, ce n'était qu'au petit matin, après plus de dix-huit heures de travail, que j'avais pointé mon nez à la maison. Le plus drôle de l'histoire, c'est qu'en pleine arrestation, j'avais le sac de marijuana en main et qu'un client voulait m'en acheter. Cet idiot ne voyait même pas le bonhomme que je plaquais contre le capot de la voiture ni mon arme que je tenais maintenant dans l'autre main. Il ne voyait que l'énorme sac de plastique bourré d'herbe.

– Tu ne vois pas que tu gênes ?

– Tu veux m'en vendre ?

– Tu veux voir ma plaque ?

– Ta plaque ?

Cette fois, l'idiot du village venait d'allumer. Regardant son ami dans une si inconfortable posture, il s'était exclamé :

– Je pense que je ne peux pas en acheter, hein ?

Je ne peux pas dire qu'il fut très rapide à comprendre… Mais cette fois il disparut à la vitesse de la lumière.

– Ça bouge…

– Quoi ?

– Notre homme parle… Attends un peu… Il parle à sa blonde. Je crois qu'il est au garage en face.

Je m'avance, mais comme il y a quand même trois portes à ce garage et qu'elles semblent toutes utilisées, j'essaye de ne pas trop me compromettre. Mike vient me rejoindre.

– Il vient de raccrocher. Mais maintenant, mon Claude, je suis sûr qu'il est dans ce garage.

– Bon, nous n'avons qu'à y aller.

Nous élaborons rapidement un plan : Mike fera sonner l'appareil, et nous serons là pour écouter et voir où il sonne. Simple et efficace ! J'entre par une petite porte latérale, Alain est quelques pieds derrière moi pour avoir une meilleure vision des choses. Le téléphone sonne tout près de moi. Un homme aux cheveux grisonnants est assis devant une automobile et semble regarder son téléphone sonner sans vraiment réagir. Je me retourne et je vois Mike me faire un petit signe pointant le bonhomme.

Par contre, il y a aussi devant moi un énorme chien qui semble s'intéresser à mes faits et gestes. C'est un joli pitt-bull américain à l'œil gauche tout noir sur un pelage presque immaculé. Je m'approche du bonhomme qui ne semble pas m'avoir aperçu. Lentement je glisse mon arme près de ses côtes et, avec un large sourire, je lui demande :

– Ton chien… il est méchant ?

– Non…

– C'est parce que je ne voudrais pas avoir à le tuer… Tu comprends ?

– Oui.

– Oh… Bon… Tu dois bien deviner que je suis policier… et que tu es en état d'arrestation ?

L'autre me regarde un peu hébété, j'ai bien l'impression qu'il ne comprend pas encore tout ce qui se passe. Je me penche vers lui.

197

– Ce serait bien que tu me donnes le téléphone… et le joli petit sac noir que tu as autour de la taille.

– Quoi ?

Le pauvre… Cette fois il me regarde comme un enfant pris en train de voler des bonbons. Lentement, il me remet le sac contenant les quelques grammes de cocaïne et les petits sac de marijuana. Le chien vient à mes côtés et cherche à se faire flatter. C'est une bonne bête. Il me lèche la main comme pour me dire « N'aie pas peur, je ne te ferai pas de mal ». De son côté, Alain n'est pas très chaud à l'idée de l'approcher. On peut être brave et avoir peur d'un chien ! Les menottes passées, notre bonhomme se retrouve assis avec son chien à l'arrière de ma voiture.

– Alain… Tu jettes un coup d'œil.

De mon côté, comme la porte de la voiture est ouverte, je n'ai qu'à m'approcher pour y remarquer un tube de métal noir, en fait c'est une lampe de poche format police. Quelques autres petits trucs, comme une hache de métal et un couteau, se trouvent sous le siège avant. Sur le siège trône le carnet de comptabilité. Mauvaise journée ! Je décide donc de visiter le coffre arrière, bien que je n'aie aucun mandat. J'y ramasse un mini laboratoire et un sac de marijuana. Rien pour écrire à sa mère ni à présenter à la cour. Maintenant il nous reste à attendre le transport. Alain a demandé un véhicule, mais maintenant, avec la nouvelle police de quartier, il y a plus de vingt minutes que nous attendons !

– Tu as rappelé ?

– Ils n'ont pas de disponibilité.

– Comme d'habitude…

Mike tente tant bien que mal de cacher la rigolade qu'il se paie à nos dépens. Il connaît bien mon impatience et lui aussi, en tant qu'observateur privilégié, voit bien la détérioration de nos services. Las de cette attente inutile, je me décide donc, tout en tempêtant contre notre nouvelle police et son inefficacité habituelle, à transporter le maître et son chien. Et c'est avec l'animal me léchant la joue que je retourne au centre-ville. Mike se bidonne à l'arrière. Le bougre passe même à mes côtés pour mieux apprécier ma gentillesse avec la gent canine. Stoïquement, tout au long du voyage, j'aurai à me laisser embrasser amoureusement par le superbe animal. Après un léger toilettage, j'irai m'occuper du maître et de son chien. Malheureusement, dans cette nouvelle police au cloisonnement de plus en plus présent, il ne me sera pas possible d'éviter à ce pauvre clébard de se retrouver dans une cage à peine plus grosse que lui. Et ce, bien que l'animal ait été doux comme un agneau, au lieu de vouloir manger ceux qui par malheur approchaient de la cage. Le sergent de détention, ayant tous les pouvoirs dans son petit royaume, ne voulut jamais admettre qu'il avait tort. Une question de salubrité ! C'est à croire que tous nos détenus sont propres comme des sous neufs quand ils nous visitent... Mais un sergent de six années de service ne peut pas toujours comprendre. Je ferai téléphoner à Jean-Yves afin de trouver quelqu'un pour s'occuper de l'animal.

De notre côté, au cours de la soirée, nous irons fouiller la chambre d'un motel minable et délabré de la rive sud dans lequel semble vivre notre bonhomme. Finalement, devant ce dénuement, nous opterons pour l'idée qu'il ne possédait pas d'autres trésors... Nous finirons comme à notre habitude notre journée de travail en temps supplémentaire.

Oui, maintenant je me souviens de toi, Jean-Yves... Je me souviens des tractations de ton avocat, du marchandage et du petit signe d'amitié que tu m'as fait lors du prononcé de la sentence. Oui, je me souviens...

* * *

C'est aujourd'hui le dimanche de la fête des Mères. Comme un con, j'ai demandé à Louise d'envoyer des fleurs à la femme d'un détenu. En échange, il va me payer en produits de la cantine. Et dire que je n'ai pas pensé à envoyer des fleurs à Louise ! Ma vision des choses est un peu biaisée. Ce dimanche plus que tout autre me semble pénible. Pas de cadeaux, pas de fleurs, juste des barreaux, des portes métalliques, un grillage et une vitre froide et impersonnelle.

J'attends avec impatience et appréhension le moment magique où le gardien m'appellera. Ce moment, je l'attends et je le redoute à la fois. Plus le temps passe, plus je deviens vulnérable. Ma famille me manque jusque dans mes tripes. J'imagine ce qui serait arrivé si, comme je le voulais, j'étais parti à Haïti pour six mois...

– Aubin... Visites.

Je piaffe d'impatience en attendant que s'ouvre la porte de ma cellule. En route pour la visite. Arrêt devant le poste central où un gardien bedonnant tend la main d'un geste nonchalant. Je lui remets

199

le laisser-passer qu'il doit signer, il me regarde distraitement et, toujours aussi lentement, me remet le papier sans même me regarder. J'ai l'impression que nous sommes du bétail. J'arrive enfin devant la petite porte électrique. Un nouveau gardien vérifie mon nom. De l'autre côté, je vois ma famille qui attend avec une patience d'ange... J'ai peine à ouvrir le portail tant l'angoisse m'étreint. Louise me regarde avec un petit sourire en coin. Je lui demande si elle peut prendre la femme de Peña avec elle. Peña arrive directement d'une prison américaine, les pauvres, ils ne se sont pas vus depuis plus de deux ans. Ma pauvre Louise déteste mon côté mère Thérésa, mais c'est plus fort que moi : le malheur des autres me touche, et en matière de malheurs, ici je n'ai que l'embarras du choix.

Je n'ai qu'une seule envie, pleurer. Mes deux grands enfants n'ont jamais vu leur père s'épancher autant. Ils sont mal à l'aise et font tout leur possible pour changer l'atmosphère, mais rien n'y fait. Jonathan me regarde droit dans les yeux, comme pour m'insuffler de nouvelles forces et m'aider à tenir. Marie, quant à elle, continue à cabotiner ; elle me ressemble et pratique à merveille l'art de l'ironie. La jeune épouse de Peña vient me remercier : c'est une jolie jeune femme au regard à la fois triste et volontaire. Ce ne sont pas ses premiers malheurs, j'en suis persuadé. Pourtant, elle semble plus attristée de me voir dans cet état que de ses propres problèmes.

– Gracias señor... Vous êtes un buen hombre... Ne pleurez pas, señor, vous partir bientôt !

Elle me sourit timidement pour me réconforter. Je sais qu'elle a ses propres problèmes et j'apprécie beaucoup son geste. Mais je ne peux pas retenir mes larmes.

– J'ai plaisir à vous rendre ce service...

La jeune femme retourne à son mari qui, depuis qu'il sait que j'ai été flic, demeure un peu distant tout en me demandant encore certains services. La visite se termine, nous avons tous les yeux humides. Je décide de plaisanter un peu, mais le cœur n'y est pas. C'est encore une fois la mort dans l'âme que je retourne en cellule. Mon gardien obèse n'a pas un regard pour moi, mais je m'en balance complètement.

Mon voisin de chambrée me lance une boutade qui se veut drôle et encourageante.

– Chanceux, va... Nous autres, personne n'est venu. Il faut qu'ils t'aiment en tabar...

– Ouais… Ils m'aiment en tabar…

Je me retourne quelques instants pour essuyer mes larmes qui recommencent à couler. Daniel a la gentillesse de me laisser à ma peine.

* * *

Lorsque la jolie travailleuse sociale me convoque, quelques jours plus tard, ses sourires ont fait place à une politesse un peu guindée.

– J'ai parlé avec l'enquêteur au dossier, il n'a pas les mêmes informations que vous.

Le tout est dit d'un air qui se veut hautain et sceptique. Bien sûr que l'enquêteur n'a pas la même vision des choses !

– Vous a-t-il envoyé les rapports ?

– Non… mais il me confirme que d'autres accusations sont à venir.

Ça, c'est le choc… Je prends quelques minutes pour encaisser le coup. Je sens bien que la petite jeune fille a troqué la sympathie pour la suspicion, elle me dit que j'ai trahi par dépit, que je suis un inadapté… Pour le moins, C. a fait tout un travail de démolition !

– Bon… Je vais toujours au minimum ?

– Oui… Pour le moment. Vous partirez la semaine prochaine.

J'ai au moins cette bonne nouvelle. Il me reste à me préparer pour la prochaine étape.

Jeudi soir. Deux jours plus tard. Deux de mes codétenus viennent me voir, tout excités.

– Tu pars demain !

– Quoi ?

– Regarde la liste…

J'ai beaucoup de difficultés à comprendre… Maintenant que c'est là, devant moi, j'ai les chocottes ! Je passe la soirée à faire mes adieux. Je donne à mon ami José le tabac que j'avais acheté comme monnaie d'échange pour le téléphone. José est un pauvre bougre de Porto Rico. Il est détenu pour trafic et comme il est américain, il sera extradé. José a bien besoin qu'on lui remonte le moral. Je vais voir Roger, il n'a pas encore reçu de réponse de mon ami avocat. Je sais qu'il espère un miracle en secret. Mon départ est un dur coup pour lui.

– Tu as son numéro, Roger… Appelle-le !

– Ouais…

Mon gros bonhomme me fait un signe de tête résigné, c'est sûrement beaucoup lui demander.

Je rejoins finalement Louise au téléphone, elle est aussi anxieuse que moi, la nouvelle la réconforte autant qu'elle lui fait peur. Ne plus avoir à traverser les portes électriques blindées, ne plus avoir à regarder son homme derrière une vitre sale, ne plus avoir à souffrir au retour, de l'impuissance et du désespoir.

Demain une nouvelle étape…

* * *

Depuis quelque temps, Marty et moi étions de moins en moins sur la même longueur d'onde. Notre association battait de l'aile et j'avais envie de voir autre chose. J'eus de petits contrats de surveillance et Gerry W., un réalisateur de CBC de mes connaissances, m'approcha pour une enquête sur les groupes islamistes montréalais. Ressam venait d'être arrêté et Gerry savait que d'autres individus qui étaient de mèche avec lui se terraient toujours à Montréal. Notre mission consistait à les débusquer et, si possible, à les interviewer.

Pendant plusieurs semaines, je fis le guide et menai toute l'enquête avec Gerry. Nous allions de la rue Saint-Laurent au projet Malicorne, en passant par les rues Masson et Marseille où le tout finit dans une belle engueulade, jusqu'à un coiffeur de près de deux mètres sur la rue Ontario, à la résidence de la rue du Fort et même à deux adresses sur Papineau. Je réussis à monter un organigramme intéressant, que je remis à Alain. Il y avait toutes les affiliations connues jusqu'à Vancouver, sensiblement les mêmes que celles diffusées quelques mois plus tard à la télévision. Alain me fournissait les réponses sur les implications ou les statuts des individus, et moi je lui remettais la localisation et les nouveaux contacts. L'idée était bonne : en me servant de mon expérience dans l'approche des gens et dans l'enquête, je me rendais à la fois utile au journaliste et à mon partenaire. L'affaire fut bonne, certains individus me confièrent ne pas vouloir parler à la police, mais qu'avec moi c'était différent. La plupart du temps, nous étions en avance sur la GRC, ce qui n'était pas sans nous faire rire. Notre petite équipe pouvait mieux se mouvoir et, le cas échéant, prendre plus rapidement certaines décisions.

Le projet s'arrêta quelques jours après le reportage sur madame Garofalo, et c'est notre équipe qui eut la chance de ramener de la frontière la plus belle prise vidéo. Et Gerry ramena le meilleur reportage.

Par la suite, Marty fit comme moi… un peu cavalier seul. Au mois de juin, nous avions convenus d'assurer la sécurité dans quelques congrès ensemble et je passai un été pénible en sa compagnie. Le pauvre n'était pas fait pour supporter la pression constante de son patron direct, pas plus que par le contrôle des foules. Alors, il passait ses crises d'insécurité sur le personnel et même sur les congressistes. De mon côté, je n'avais plus la motivation nécessaire pour tenter de changer son attitude et ses perceptions. La fin des congrès apporta une nouvelle dimension à notre relation. Marty eut un accident de moto qui l'alita pour quelques semaines. Pour ma part, une connaissance me fit rencontrer un directeur de service d'enquête qui m'offrit un contrat de deux semaines. Ceci allait changer une partie de ma vie, mais je ne le savais pas encore.

J'acceptai de travailler pour lui pendant quelques jours. Un millionnaire libyen avait de gros problèmes avec son neveu qui avait dilapidé plus d'un million de dollars de la fortune de ses parents. Le jeune jouait les grands princes dans tous les clubs et les hôtels du centre-ville. Ce furent les dix jours les plus bizarres de cette dernière année. Je devais aller récupérer les montres Rolex, les bijoux et les lunettes Cartier qu'il semait çà et là au gré de ses humeurs. Le jeune homme avait acheté à ses amis pour plus de deux cent cinquante mille dollars de cigares et leur payait de jeunes escortes la nuit durant. Il lançait indifféremment sur les murs des bouteilles de champagne ou des billets de banque. Plus grave, il s'était lié d'amitié avec un Sud-Américain qui lui avait donné une montre de cent mille dollars… Le bonhomme en question possédait une Bentley, se sapait comme un dieu et blanchissait de l'argent. Je refilai toute l'information à mon ami Pietro du centre d'enquête Sud, adresse, téléphones… Je lui fis même rencontrer mon jeune ami, le petit prince. Je devais agir ainsi puisque Alain avait été muté au centre d'enquête Nord. Au lendemain de ma retraite, tout avait basculé pour lui. Ses patrons avaient enfin le champ libre pour l'écraser et ils ne s'en privèrent pas. Toute la rancune qu'ils avaient accumulée contre nous, ils la lui servirent jusqu'à la lie.

Au cours de cette affaire, je rencontrai ceux qui allaient devenir mes futurs partenaires de bureau. Michel, l'associé junior de cette agence d'enquête, un jeune homme plein d'ardeur dont le père avait été policier au SPCUM et qui se vantait d'avoir fait son service militaire dans la marine chez les plongeurs, pour la terminer dans le renseignement à la division russe. Michel avait presque autant de gueule que moi et il était de bonne compagnie. Il y avait aussi Alain, le fils de Pierre, que j'appelais encore à l'époque mon ami, mon expert en micros et autres gadgets. Alain travaillait depuis quelques années pour la firme et avouait candidement qu'il était maintenant temps de partir.

Après ce petit travail, le bureau d'enquête me demanda d'assister un autre enquêteur de la boîte pour une soirée de rencontre qui se termina en filature. Les gens en question étaient très proches des motards et devaient près d'un million de dollars à une grande banque québécoise. Michel, qui avait initié l'enquête, me demanda de l'accompagner à Québec pour y rencontrer les avocats. De cette rencontre sortit une entente secrète. Nous récupérions l'argent et en recevions 10 %. Michel promit que tout serait mis en œuvre. Mais à partir de ce moment, il me fit aussi comprendre, un petit sourire en coin, qu'il voulait partir à son compte et que nous pourrions nous associer. Le travail officiel de la firme était terminé. L'entente se faisait maintenant directement entre Michel et les avocats. De mon côté, je possédais bien quelques contacts avec les motards, non ? Le reste de la journée se passa à rencontrer des collaborateurs et des avocats à Québec.

Au souper, la question de la récupération fut abordée. J'avais toujours mon informateur chez les motards. Michel me fit comprendre qu'en faisant miroiter quelques billets à mon indic, il pourrait me faire rencontrer un ou deux représentants du club. J'avais déjà un léger avantage : une cassette de filature de deux frères suspects de la fraude rencontrant quatre représentants du club, pour bien montrer que je ne mentais pas. Cette cassette avait été prise par la filature de la firme et vue par Alain à qui je l'avais laissée. En retour, j'eus les noms et les dossiers des gens sur la pellicule. Nous avions découvert que nos amis de l'escouade Carcajou ne connaissaient pas encore les deux frères fraudeurs, et Alain possédait un atout dans son jeu.

Depuis quelques jours, nous avions ouvert notre propre bureau de consultation. Un ami de Pierre nous laissait utiliser son permis qu'il ne souhaitait pas renouveler. Nous avions repris l'ancien petit local de Pierre sur la rue Fabre. Lui était parti s'installer sur la rue Papineau, en compagnie de gens peu recommandables qui payaient un loyer dans sa boutique. Badaboum ne travaillait plus avec lui. Une histoire de fraude interne, que ses amis motards n'avaient pas particulièrement appréciée !

J'avais besoin des contacts de Badaboum... Alors, même si nous n'étions pas en très bons termes, il demeurait quand même le seul lien entre les motards et moi. Quand je rencontrai Badaboum, il ne fut pas très enthousiaste, mais je lui fit miroiter un certain gain et il promit du bout des lèvres de faire de son mieux.

– Tu sais, ça ne va pas bien... Pis les gars ont bien des choses à penser... la police... les bombes !

– Alors, tu leur dis... que nous allons suivre ses vendeurs d'autos et faire saisir tout l'argent qu'ils possèdent quand ils iront à la banque pour la bande !

Badaboum haussa les épaules comme s'il s'en foutait. Entre deux bouchées de hot dog, après avoir agrémenté ses vêtements de quelques taches de plus, il réussit à sortir une phrase complète.

– Tu sais... J'ai le cancer du côlon...

– Désolé.

Notre conversation ne fut pas très élaborée. Je connaissais sa situation précaire : selon Pierre, il avait oublié de remettre un montant d'argent à ses anciens amis et ils lui en tenaient rancune. Je m'étais dit que s'il arrivait comme un sauveur, j'aurais ce que je voulais, et lui et la police aussi. Il fut convenu d'une rencontre la semaine suivante. Je me disais qu'une semaine pour convaincre ses anciens amis motards serait suffisante. Mais il se passa trois semaines et rien ne transpira.

Entre-temps, aucun de mes partenaires n'avait assez d'argent pour soutenir un bureau naissant. Ça, je ne l'avais pas prévu ! Je proposai donc à notre premier gros client, celui de Michel, de laisser ma part pour que mes partenaires puissent se renflouer un peu en attendant la vraie reprise. Finalement, au bout de quatre semaines, le téléphone se fit entendre et mon gros bonhomme demanda une rencontre. Je pus enfin espérer ! Je me rendis au même petit restaurant, où Badaboum m'attendait en ingurgitant sa merde habituelle.

Il leva à peine ses yeux de la bouffe, comme quelqu'un qui a peur de se la faire voler.

– J'ai pas eu de réponse encore...

– Bon...

– Mais je sais qu'ils étudient la question.

Ce n'est que bien plus tard que j'appris qu'il mentait. Entre deux bouchées de hot dog, Badaboum m'expliqua qu'il combattait toujours son cancer et que la vie devenait un peu plus difficile pour lui.

– Dis... toute cette merde que tu ingurgites...

– J'en mange moins... Écoute, j'ai quelque chose qui peut t'intéresser. J'ai un ami qui s'appelle Ali, c'est un Paki... Ses boss ont tous les peep-shows en ville. Il me demande souvent des gars pour surveiller les places... Trop de prostitution et de vols. Moi, je n'ai plus le temps ni le goût. Bien sûr, il va te demander des enquêtes quelquefois...

Tout en me parlant, il me passa un petit morceau de papier graisseux où était écrit le numéro de *pager* du bonhomme.

– Il est correct... c'est pas des motards... c'est pas du crime organisé... Pas de marde !

– Merci !

– Tu viens quand même encore cette année pour les cadeaux aux enfants du Children Hospital ? Tu sais qu'on a toujours besoin de Pères Noël...

– Ben oui. Je te rappelle pour confirmer.

Sur ce, Badaboum leva maladroitement son gros cul et disparut. Le gros homme ne devait jamais plus m'informer, ce contrat était son cadeau de Noël. Il ne me restait plus qu'à contacter mon futur client.

Chapitre 9

Je passe une partie de la soirée à serrer des mains. Patrick essaie bien de cacher sa tristesse, mais sans grand succès. Dans la cellule où nos chemins se croisent à nouveau, Peña, mon ami portoricain, me regarde avec un air de chien battu. Pour lui, ce sera au bout du compte la déportation aux États-Unis et les prisons de l'oncle Sam. Pour l'instant, ici, il est en vacances, il sera du même voyage que moi et ira dans la même prison, la B-16 – je ne sais toujours pas pourquoi on l'appelle ainsi. Tout ce que je sais, c'est que désormais je serai un détenu parmi trois cents détenus. Plus de protection. Peña m'évite et cela me chagrine : il a toujours su me trouver quand il avait besoin de mes services, mais aujourd'hui les choses sont différentes.

Je vais partir demain matin. Je range toutes mes affaires dans le sac que l'on m'a donné à l'entrée. La nuit est courte. Les portes s'ouvrent pour le déjeuner. Patrick, qui ne se lève jamais pour les toasts, est devant ma porte, tout sourire.

– Je n'arrivais pas à dormir…
– Moi non plus…
– Si tu vois Paul, dis-lui salut.

Paul était du voyage la semaine dernière. Il me précède de peu au B-16, autrement dit au pénitencier Laval.

Nous allons nous chercher un café. D'autres détenus sont là aussi, debouts. Mais pas Edmond. On l'a transféré dans un médium, c'est-à-dire une prison de sécurité moyenne. Un autre détenu tout aussi bourru que lui le remplace pour distribuer la bouffe. À croire qu'avoir l'air d'une brute est un atout dans le métier. Au moins ça dissuade les détenus de déposer des plaintes. Stéphane me fait un petit signe d'adieu. Le pauvre, il est de plus en plus anxieux. Sa peine se termine dans quelques jours et je suis persuadé qu'il ne se sent pas prêt. Un de ses copains est revenu après seulement deux semaines de liberté. Tout le monde retourne à sa routine.

Je regarde une dernière fois la pièce et je pense au nombre impressionnant d'êtres humains que j'ai vu défiler en si peu de temps. Pour beaucoup des êtres blessés, écrasés, déçus, révoltés. J'ai vu des colères, des affrontements, des bagarres. Je pense à Lucien qui se débrouillait pour être ivre un soir sur deux et qui, après s'être gentiment castagné avec les gardiens, avait dû être enfermé au trou quelques jours avant sa sortie. Je pense à Guy, envoyé lui aussi au trou parce qu'il avait un pique en sa possession. Et aussi à l'Indien, qui fumait tellement de pot dans sa cellule que c'en était étouffant. Tout cela est maintenant derrière moi.

– Ceux qui sont transférés, avec moi.

Destination : le minimum. Seuls Peña et moi sommes du voyage, les autres vont directement en face, minimum et murailles en prime ! Il paraît que c'est très beau ! Peña est assis un peu à l'écart et ne desserre pas les dents. Le gardien nous amène à une salle de déshabillage, passage obligé avant le départ. Nous laissons tout notre attirail ici, il nous sera livré dans deux semaines. Pourquoi ne pas le transporter dans le même bus que nous ? Trop facile, peut-être ?

Dernière fouille. À nouveau menotté et enchaîné, poignets et chevilles entravés. Traité comme un animal. Où est ma dignité d'homme ? Cette fois, le jeune gardien n'y va pas de main morte. Il ne semble pas aimer son travail. Son compagnon, un homme d'âge mur et bedonnant, sifflote une mélodie qui se veut mexicaine. On dirait le sergent Garcia, tout droit sorti de *Zorro*, la série télévisée qui a bercé mon enfance.

Dans l'autobus vers le pénitencier, le bétail que nous sommes devenus a droit aux petites cages cadenassées. Peña ne me parle que par monosyllabes. Il se sent mal à l'aise depuis qu'il sait qui je suis. Je m'installe dans un coin et j'attends. Je dois tendre le cou pour voir le peu de paysage que les vitres laissent deviner. Le bus n'est pas très rapide aujourd'hui.

* * *

Je ne sais pas pourquoi, mais j'ai une petite pensée pour Chantale. Je me demande si elle a trouvé la paix en Thaïlande. J'avais rencontré cette petite lors d'une enquête pour vol qualifié. Elle avait besoin de mon aide et moi, de ses connaissances. Depuis quelques mois, elle faisait la pute de luxe pour payer sa dose quotidienne d'héroïne. Notre première rencontre avait été spéciale. Tard dans l'après-midi, je frappe à sa porte. Encore à moitié endormie, elle vient m'ouvrir, vêtue d'un déshabillé transparent révélant deux magnifiques petits seins tout ronds assez malpolis merci ! Nous parlons plusieurs minutes et, bien qu'elle soit encore un peu dans les vapes, la belle s'aperçoit de l'effet qu'elle produit sur moi.

– Tu me trouves jolie ?

– Je te mentirais si je disais non…

Elle sourit. C'est pour moi un signe qu'elle accepte ma présence. Après tout, je suis un flic, et elle, une junkie, ce qui n'est pas toujours l'amalgame parfait. Je revins la revoir à quelques reprises. Quelquefois je croisais un client qui partait en vitesse, peut-être pour retrouver sa femme. Chantale finit par me donner de bonnes informations et de mon côté je veillais à ce que les policiers du secteur lui fassent la vie plus facile. Un soir de juin, la petite avait un peu trop consommé et je restais avec elle pour l'aider à chasser les mauvaises ombres et les fantômes qui planaient sur son esprit. Je crois que c'est à partir de ce moment qu'elle eut totalement confiance en moi. Le lendemain, j'eus droit à une surprise de taille.

Je passe la chercher en moto pour aller prendre un café et elle m'amène directement à son revendeur. Tout en restant assise sur ma moto, elle me présente le garçon et achète sa dose. Le garçon est entouré de sa petite sœur et d'un de ses petits frères ; la petite s'accroche désespérément à ses pantalons. Chantale m'explique :

– Sa mère est malade et il est le seul à pouvoir s'occuper de la famille... Alors il les traîne avec lui.

Nous entrons dans un restaurant non loin de là. Chantale disparaît dans les toilettes le temps d'aspirer sa dose. À son retour, je lui demande si elle se rend compte qu'elle me livre son revendeur sur un plateau d'argent. Elle esquisse un léger sourire

– Oui... Tu connais mon père ? Penses-tu que monsieur le ministre serait en colère de voir sa fille aussi bas ?

– Je ne sais pas, la petite.

– Tu crois que je suis une salope ?

– Tu es belle... ton corps... et ton âme aussi...

Chantale me regarde et laisse couler quelques larmes. Ses yeux sont si foncés qu'ils semblent noirs.

– Que vas-tu faire de mon revendeur ?

– Je ne sais pas.

J'ai la désagréable impression qu'elle me mène en bateau. Elle me donne son revendeur tout en me plaçant devant un dilemme : comment pourrais-je me résoudre à arrêter un type dont la mère est malade et qui a un frère et une sœur à sa charge.

Peu de temps après, Chantale disparut pour de bon. Partie en Thaïlande avec un dentiste. Lui revint au Canada pour y purger une peine de prison. Elle préféra rester en Asie. Elle y est encore.

* * *

Le chauffeur de l'autobus semble contrarié : il va se payer toute une journée de transport en province. Nous sommes six derrière, dont deux vont au maximum. On sent que la prison est au bout de la route, c'est presque palpable dans l'air. L'attente devient pénible.

209

Certains montrent des signes d'impatience. Enfin, le départ. La route se fait à l'envers. Tout ce que j'ai vu au premier voyage, je le revois mais en moins gris. Je regarde le paysage défiler avec une certaine avidité. Dehors, des gens marchent ou entrent chez eux. Des voitures nous dépassent. Quelques personnes regardent passer l'autobus. Ils ont l'habitude de voir ces véhicules sillonner les routes des villages. À mesure que nous approchons de Laval, je sens l'anxiété monter en moi. Hier encore, j'étais protégé par des barrières, cette fois je serai avec plus de trois cents détenus. Un nouvel apprentissage en perspective. Nous arrivons enfin devant un bâtiment qui ressemble à l'entrée d'une base militaire : un grand stationnement avec au centre une rocaille bien entretenue et un mât au sommet duquel flotte le drapeau canadien.

– OK, Peña et Aubin...

Impassibles, le gardien-chauffeur et son assistant nous ouvrent les portes et nous indiquent l'entrée de notre nouvelle demeure. Le soleil m'éblouit, mais j'ai les mains entravées et je ne peux pas me protéger les yeux. Je monte les marches d'un pas mal assuré. Un gardien derrière une vitre me fait signe de m'agenouiller sur le banc près du mur. Ils vont enfin enlever mes entraves.

– Tu vas jusqu'au bureau central.

– Bien...

Je pousse la porte électrique et pénètre dans un couloir vert pâle. Tous les services correctionnels s'approvisionnent à la même quincaillerie, on dirait. Peña me suit, il semble tout aussi impressionné que moi. Quelques détenus jettent un coup d'œil de notre côté. Bizarre, les ailes de la bâtisse sont petites et toutes les portes sont ouvertes. Partout, des bureaux : le bureau des psy, celui des agents de classement, la chapelle... Mais tout semble vide, feutré, comme dans un hôpital. C'est surréaliste. Enfin, j'arrive devant ce qu'ils appellent le carrousel. Deux gardiens finissent leur café en jacassant sans nous accorder la moindre attention. Finalement, l'un d'eux me fait signe d'aller dans le bureau à côté.

– Vous êtes ?

– Claude Aubin.

Le bonhomme consulte son ordinateur et ramasse les quelques feuilles de papier qui accompagnent mon enveloppe.

– C'est vous le policier !

– Ouais...

– Bon… Avez-vous des antagonistes ici ?

Quelle question… Je suis ici depuis deux minutes, la seule personne que je connaisse est Peña. Je réponds que je ne sais pas. Le bonhomme semble embêté. Il fait quelques téléphones tout en pitonnant comme un forcené sur son ordinateur.

– Vous ne deviez arriver que lundi.

– Excusez-moi…

Il me regarde un peu surpris par la pointe d'ironie qu'il a sentie dans ma réponse. Il retourne à son ordinateur et m'apprend que je suis classé condo. Je dois l'attendre dehors. Il m'amène à la lingerie. Nouvelle signatures, nouvelles règles… Tout ce qui n'est pas obligatoire est illégal.

Maintenant que j'ai tout le nécessaire – jeans, chandails, bas, couvertures, etc. –, en route vers les condos. L'immeuble ressemble à un centre pour retraités, à cette différence près qu'ici les préposés ne sont pas à votre service. Le gardien du bloc me regarde distraitement, habitude qu'il gardera la plupart du temps sauf lorsque des détenus voudront voir la bête curieuse que je suis à leurs yeux : le policier qui nie sa culpabilité et qui semble si affable. Mon condo est un appartement de quatre chambres à coucher avec cuisine et salon. Un détenu peu engageant regarde la télévision dans le salon : tatoué de la tête aux pieds, queue de cheval jusqu'au milieu du dos, longue moustache. Il ne jette pas même un regard dans ma direction.

– Comment ça, il vient icitte ! On n'a pas voté…

– C'est comme ça…

Le gardien ne semble pas impressionné outre mesure et me montre mon nouveau domaine : une petite chambre avec deux lits simples, un petit bureau, une commode, des placards. Le tout est bien agencé et plutôt propre.

– Tu mets tes affaires là et tu vas manger. Tu viendras nous voir après le dîner.

Je range mes affaires dans les placards après les avoir vidés de tout ce que mon colocataire y a entreposé. Malgré l'énervement, la faim me tenaille et je décide d'aller à la cantine. En repassant devant mon coloc, je décide de l'aborder.

– Écoute… Je n'ai pas plus le choix que vous autres… Je n'ai pas décidé de venir dans ce condo… alors je vais me faire discret, mais je suis ici !

Il me regarde sans répondre et retourne rapidement à ses émissions de télévision. L'interphone hurle mon nom. Si quelqu'un n'était pas encore au courant de mon arrivée, maintenant c'est officiel.

J'enfile rapidement les couloirs verdâtres pour arriver devant le carrousel. Ce sera le pivot de ma vie au cours des prochains mois. Tout part de ce point central, qu'on veuille aller chez le docteur, le dentiste, l'avocat, le psy… Bien que ce soit presque l'heure du dîner, la cantine n'est pas ouverte. Je fais la queue comme tout le monde, et du monde, il y en a. Tout le monde est étonnamment silencieux, à part une ou deux personnes, comme si nous avions tous été lobotomisés. Assis par terre, quelques détenus jouent avec des brins imaginaires sur le plancher. Un gardien passe et avise un détenu de mieux s'habiller s'il veut entrer à la cantine. Ce gardien, j'aurai l'occasion de le voir à l'œuvre, le vrai con de service : bulgare, ce qui n'a rien à voir, mais stupide et toujours prêt à faire régner l'arbitraire. Les portes s'ouvrent. Le troupeau avance lentement et, un par un, nous tendons notre assiette aux préposés. Première surprise : contrairement à Sainte-Anne, les repas ne sont pas servis en vrac et il y a un certain choix. Je m'installe près de la fenêtre et je commence à manger.

– Hey… ça c'est notre place !

– Excusez-moi.

Je me relève et m'assois à une autre table. Peña mange tout près de moi, le nez dans son assiette. J'engouffre le peu de nourriture que contient mon plat et je m'apprête à partir. Tout à coup, un jeune homme s'assoit devant moi, un grand sourire aux lèvres. Il jette un coup d'œil derrière mon dos et adresse un petit signe de tête à quelqu'un. Imperceptiblement, je regarde dans cette direction et j'aperçois le type qui m'avait reconnu à Sainte-Anne arrivant vers moi, l'air mauvais. En une fraction de seconde, je repère autour de moi trois individus qui sont apparemment de mèche avec lui et qui attendent sa réaction. Je me lève lentement et je me dirige tout droit vers l'inconnu. Nous nous croisons sans qu'il esquisse le moindre geste. L'effet de surprise a marché. Je sors de la cantine, bouleversé. J'ai choisi la fuite, pour cette fois du moins. Faute d'amis sûrs, c'est la meilleure solution, mais ça ne peut être que temporaire. Il faudra tôt ou tard l'affronter. Pas aujourd'hui. Un inconnu à la fois, s'il vous plaît. Après deux mois de paix relative, je sais que désormais je n'ai aucune idée de ce qui peut arriver.

212

Retour au condo. Il n'y a personne. J'en profite pour m'installer tranquillement. Autant m'habituer dès maintenant à cette chambre qui sera mon havre au cours des prochains mois. J'entends le haut-parleur gueuler : « Aubin, au carrefour ! » Je retourne au carrousel. Cette fois, la cantine est ouverte. À la lingerie, le gardien me donne un nouveau numéro de détenu.

Alors que je prends l'air à l'extérieur du condo, Peña s'approche.

– J'ai vu les journaux…

– Ah…

– Je sais qui tu es.

– Bon… Maintenant je n'ai plus à t'expliquer.

Il me regarde sans parler et disparaît. Pendant tout le reste de sa peine, il ne me reparlera que lorsqu'il ne pourra pas faire autrement.

* * *

Je venais de quitter Louise en lui promettant d'arriver tôt, après tout le 14 février est toujours une fête spéciale. Nous avions prévu une fin de soirée en amoureux, agrémentée de pâtisseries françaises et de vin mousseux. Ma décision était prise : je laisserais partir l'équipe afin que tout le monde puisse être chez soi pour fêter. Mais le sort a voulu qu'il en aille autrement. En effet, à mon arrivée une opération d'envergure se déroulait face à nos bureaux : un vol qualifié avec prise d'otages… Cela ne nous regardait pas vraiment, la section centrale des vols qualifiés ayant pris le tout en mains et la presque totalité de ses enquêteurs était sur l'affaire.

Trois jours plus tôt, un enquêteur des homicides, G., un gros lard se croyant fils de Dieu, m'avait téléphoné pour demander ma coopération. Son équipe cherchait à coincer Andrew Collie, l'un de mes enfants chéris, pour un meurtre dans ville LaSalle. Comme je connaissais bien Andrew, G. s'était résigné à me téléphoner. J'avais commencé à asticoter mes sources et j'avais aussi avisé Nick, qui m'avait annoncé que lui aussi le cherchait pour vol qualifié, car je savais qu'il serait ravi de me donner un coup de main.

– Tu sais qu'il est malade ?

– He's fucking crazy…

Le plaignant, un fraudeur que je connaissais bien car nous l'avions arrêté à quelques reprises, avait failli mourir sur les lieux. Ce bonhomme n'était pas méchant, juste un peu voleur sur les bords.

– Salut, mon boss…

– Salut, Jean-Michel !

Jean-Michel, c'était le ténébreux du groupe. Fait d'un bloc, il s'entraînait encore une fois pour « monsieur quelque chose »… Il faut dire que notre première rencontre l'avait déconcerté. Nous nous entraînions au même gym, et le pauvre était venu m'aborder tout fier de me dire qu'il venait travailler pour moi.

– Tu prends un coup ?

– Non !

– Tu sors ?

– Bien, non…

– Alors, pourquoi veux-tu travailler avec moi ?

Jean-Michel ne connaissait pas encore ma réputation et en fut estomaqué. Il s'en fallut de peu pour qu'il déclare forfait. Mais maintenant qu'il me connaissait, plus rien ne pouvait le surprendre. La semaine précédente, je m'étais présenté au club Nevell et le portier m'avait tout simplement refusé l'entrée car j'étais en espadrilles. Je les avais enlevées et les lui avais tout simplement remises avant de continuer mon chemin. Michel s'était tordu de rire… Le portier rouge de colère voulant carrément me sortir, il s'était interposé en lui montrant sa plaque.

– C'est notre patron !

– C'est pas vrai.

Nevell en personne était venu s'excuser pour l'attitude de son portier. Depuis ce temps, Jean-Michel ne doutait plus de rien !

– Claude, téléphone pour toi.

– Hum…

La belle Marie-Claude me fait signe de prendre l'appareil et Céline gentiment me cède sa place.

– Claude…

– Mon beau Gilles… Comment vas-tu ?

– Bien… Écoute, nous avons un gars dans nos cellules. Il dit s'appeler Maxie Downes.

– Impossible… Max est détenu.

– Ce gars-là fait partie de ceux qui ont fait le vol qualifié de ce matin. Tu dois sûrement le connaître.

– Hum…

– Tu peux venir voir ?

– Pour toi, mon Gilles, pas de problèmes. Dis-moi, le grand

Louis est là ?

– Non. Il est sur la route avec tout le monde pour cette affaire…

– Dommage… J'avais une blague pour lui. Attends-moi, j'arrive.

Gilles B. est un enquêteur que j'aime beaucoup. Pas prétentieux pour deux sous. Il a déjà été mon sergent, alors que nous étions en uniforme au centre-ville, et jamais il n'a eu à utiliser son grade avec qui que ce soit.

Je laisse donc mes équipes au bureau avec instruction de ne pas aller très loin. Je ne sais pas pourquoi, mais j'ai le sentiment qu'il va se passer quelque chose. Ma conduite aidant, j'arrive au bureau des vols qualifiés en moins de quinze minutes et c'est Gilles qui vient à ma rencontre.

– Hey, beau bonhomme…

– Comment vas-tu, mon gros. Je veux dire mon beau !

– Ça va… J'ai arrêté la bière.

À mon petit sourire, Gilles voit bien que j'ai beaucoup de difficultés à le croire. Je l'ai connu beaucoup plus mince et plus jeune. Finalement, son partenaire, qui lui aussi fait dans la catégorie poids lourd, nous rejoint et nous discutons de l'affaire. Ils ne sont pas en charge du vol et doivent attendre l'assentiment du lieutenant avant de me laisser rencontrer le jeune homme. Entre-temps, le directeur de la section passe près de moi.

– Salut, Pierre, comment ça va ?

Tout le monde semble surpris, lui-même jette un regard noir en ma direction. Il faut dire que monsieur S. est très porté sur le grade !

– Ça va…

Et le voici qui disparaît aussi rapidement qu'il est venu. Quelques minutes plus tard, Gilles me prend à part.

– Ici, il faut l'appeler monsieur le directeur.

– Il n'a qu'à aller se faire foutre !

– Il est carrément imbu de lui-même.

– On sera deux…

– Tu veux voir le bonhomme ?

– Bien sûr, je suis ici pour ça.

Nous nous dirigeons vers les cellules. Un jeune Noir y est enfermé et se cache la figure. Gilles ouvre la porte et le jeune me regarde.

– Fuck Aubin !

– Hi, T.D.

215

– Aubin... I'm in trouble.

– Faut-il que je réponde ?

– In big shit, man !

– Ouais... À quoi as-tu pensé ?

– Sais pas !

– Dis-moi qui était avec toi !

– Junior et Ninja.

– Junior... Il n'avait pas un job dans la chaussure ? Et Wesley ?

– Oui...

– Quels imbéciles vous faites ! Tu te rends compte ? Vol avec otages, c'est un minimum de sept ans.

Le pauvre rentre les épaules, il se rend compte un peu tard qu'il est dans une merde qui le dépasse.

– Tu sais où se trouve Andy ?

– Pas vraiment... Pourquoi ?

– Quelqu'un le recherche pour meurtre.

– Ouais...

– Ça, c'est un bonus !

– Un deal ?

– Possible. Je te reviens, OK ?

Gilles n'en revient pas, en moins de deux minutes j'ai l'information qu'ils essayaient de lui soutirer depuis des heures.

– Comment tu fais ?

– Tu vois, ces gosses, ils sont comme mes enfants.

Gilles informe G., le gros détective en charge de l'affaire. Je n'ai jamais aimé ce gros tas de graisse qui s'est toujours pris pour ce qu'il n'est pas : un enquêteur. C'est son partenaire, l'homme qui ne sourit jamais, qui m'avait appelé pour Andrew. Après quelques minutes de conciliabule, Gilles revient vers moi.

– Claude... Le SWAT a fini la fouille du building.

Je prends immédiatement le téléphone et demande à mes hommes de cerner le bâtiment. Céline fait déjà des photocopies des faces de nos bonshommes et les distribue à l'équipe. Je ne sais pas pourquoi, mais je sens qu'il faut qu'ils soient là.

Pendant ce temps je bavarde un peu avec l'épouse de la victime. La pauvre a été ligotée, bousculée et menacée. Comme ce n'est pas mon enquête, je respecte les règles internes et je m'en tiens à quelques banalités. Assez cependant pour me faire une idée du métier qu'elle exerce. Mes voleurs ont attaqué une agence d'escortes.

216

– Gilles, tu me permets de téléphoner ?

– Bien sûr.

J'appelle Nick pour lui raconter ce qui ce passe. Je sais que, de son côté, il fera bouger ses sources, et plus nous serons pour intervenir... Alors que je repose le combiné, le lieutenant L. de la section des homicides passe tout près de moi.

– Bonjour.

– Salut.

Nos relations sont un peu plus froides depuis que j'ai refusé de travailler dans sa section. Refuser les homicides c'est comme refuser la voix de Dieu. Malgré tout, nos relations ne sont pas tendues pour autant... simplement froides.

Une de mes équipes m'appelle sur walkie-talkie.

– Sergent détective Aubin ?

– Oui... à l'écoute.

– C'est Richard... On a ton gars.

Un silence attentif se fait dans la pièce. J'essaie de confirmer l'information.

– Rick, tu veux répéter ?

– Nous avons Junior.

– Bonnes bêtes !

– F...

– Tu entres mal !

Tout le monde a bien compris... Je sais, mes hommes n'ont pas beaucoup de respect pour mon grade, mais ils passeraient au travers du feu pour moi car ils me respectent en tant qu'homme, et ils me l'ont déjà démontré. Nous en avons deux maintenant ! Il ne reste que mon ami Ninja... Et celui-là, depuis que je l'ai perdu sur la rue Girouard, il se terre dans un petit trou de souris.

Junior arrive la tête basse. Il ne sait pas encore que je suis là. Le pauvre, je le poursuis, tel Javert dans *Les Misérables*, et j'ai eu la chance de l'épingler pour la majorité de ses frasques depuis qu'il a seize ans.

– Salut Junior.

Il blêmit de peur. Lentement, il hoche la tête. Il n'y a pas deux semaines que l'on s'est vu à son magasin de chaussures. Mais cette fois ce n'est plus un vulgaire vol de voiture ou un taxage... Il ira s'asseoir dans une cellule attenante à son partenaire.

Mon *pager* se met à vibrer. C'est Nick ! Je sais qu'il a de bonnes nouvelles pour moi. Je me lance sur le téléphone.

– Hey, my man… Tu veux ton Ninja ?

– Bien sûr.

– Alors, viens me rejoindre vers dix-neuf heures dans Côte-des-Neiges.

Nous convenons d'un point de rencontre et Nick, toujours rigolo, me fait promettre un souper si j'attrape Ninja. De toute façon, nous nous réunissons avec Marty la semaine suivante.

Je rappelle au poste et demande à mes hommes de se tenir prêts à intervenir. Pour l'instant, ils peuvent aller souper, mais tel que je les connais ils en profiteront pour faire quelques vérifications. En attendant, je bavarde un peu avec Junior, ce que l'enquêteur au dossier n'apprécie pas outre mesure. Ce voleur n'est qu'un gosse effrayé.

– Dis-moi, Junior… Où étais-tu ?

– Dans l'appartement d'une vieille dame. Je l'ai payée pour souper avec elle. Je lui ai promis que rien ne lui arriverait. J'ai eu peur quand les gars du SWAT sont passés, mais après j'ai bien mangé et je lui ai laissé cent dollars.

Pour la première fois de la soirée, il se sent en confiance et me sert un superbe sourire. Bien sûr, c'est Aubin, le flic bizarre, qui est en face de lui. Je le laisse se débrouiller avec un café trop sucré et pars à la rencontre de mon ami le gros monstre.

Quand j'arrive sur les lieux, Nick est en compagnie de Steve, un gars de l'antigang. Un jeune blondinet qui travaille plutôt bien et semble connaître le milieu jamaïcain. Nick et moi lui avons donné les premiers tuyaux et c'est peut-être la raison de notre si bonne entente. Nous l'avions accepté !

– Hey, Nick, as-tu maigri ?

– Hey, Pepper, tu veux te ramasser tout nu sur le toit de la voiture ?

– Toi et qui d'autre ?

– Really !

Je sais très bien qu'il n'a besoin de personne pour faire le travail. Il me l'a déjà démontré à quelques reprises, mais j'ai toujours espoir de renverser cette montagne de chair… un jour !

Nous partons immédiatement rencontrer Steve. J'aurai mon information dans l'heure, c'est promis. J'ai envie de l'embrasser tellement elle me remplit de bonheur.

– Nick, dès que tu as l'information…

– Sûr !

Et c'est le cœur joyeux que je retourne au bureau des homicides. Merde ! Il est vingt et une heures et j'ai l'impression que je vais rentrer tard. J'appelle Louise. Elle est déçue, mais comme elle a écouté les nouvelles, elle se doutait déjà que j'y serais mêlé.

– Je vais t'attendre…

M'attendre, Louise ne fait que cela, depuis plus de vingt-cinq ans maintenant, elle m'attend ! J'imagine que c'est le lot de toutes les femmes d'enquêteurs, de médecins et d'avocats.

Gilles est parti sur la route et il ne reste sur les lieux que le lieutenant et deux enquêteurs, dont le chargé d'enquête. Rick et son partenaire m'ont attendu patiemment tout en mangeant un lunch acheté au restaurant du coin.

– C'est bon ?

– Pas du tout. Oh, les enquêteurs parlent aux suspects présentement.

– Tant pis !

Le téléphone sonne à quelques reprises et finalement le lieutenant répond comme à regret.

– Aubin…

Je prends la ligne en vitesse. Mon gros bonhomme ne m'a pas oublié et c'est avec une lenteur calculée qu'il me donne l'information.

– So… n'oublie pas, Pepper… Un souper la semaine prochaine… OK, elle demande une centaine de dollars… I said yes.

– I love you, Nick.

Pour cent dollars, je sais exactement où seront mon homme et ses amis dans la soirée. Ce n'est pas très cher payé ! Une aubaine pour Aubin !

Nick a à peine raccroché que je donne mes instructions aux équipes restantes.

– La cible sera à Verdun vers onze heures, juste au coin de l'avenue De La Salle et de la 1re Avenue.

– Compris, mon Claude.

Panache et son partenaire vont prendre le contrôle de la situation, donc rien à craindre. Quant à moi… Quelques enquêteurs, qui reviennent bredouilles de leur recherches, commencent à remplir le bureau. L'un d'entre eux, plein de bonne volonté, veut certainement faire un compliment en parlant de mes jeunes :

– C'est des bons petits constables, tes petites polices, mais demande-leur de ne pas fouiller sur nos bureaux.

– Ils ne fouillent pas sur vos bureaux...

C'est ce moment que choisit G., mon gros enquêteur grognon, pour venir me relancer. Plaçant son énorme panse en avant, il se plante devant moi et me pointe du doigt.

– Toé pis tes gars, vous vous en allez sur la route. Je vais vous donner des secteurs à patrouiller.

– Ton suspect sera ramassé dans vingt minutes.

– Tes gars vont patrouiller le centre-ville. Le gars est sûrement caché dans des places autour.

– Je pense que tu n'as pas écouté...

– Hey... Ici, celui qui commande c'est moé. Toé, tu es là pour m'assister. Alors tu fais ce que je dis !

– Je pense que tu es sourd !

Le ton monte et le lieutenant sort de son local. Il n'ose pas intervenir, il connaît mon sale caractère, mais aussi mon efficacité. Tout ce qu'il se contente de faire pour l'instant, c'est de regarder.

– Tu vas faire ce que je te dis...

– Ouais ! Regarde bien ça... Rick... Gakouk... Out ! Laissez tout ce que vous faites. On s'en va !

– Tu ne peux pas...

– Ouais ? Regarde bien !

Alors que je ramasse nerveusement mes affaires et que je tente au mieux de contenir ma colère, des voix dans le walkie-talkie me réclament avec insistance.

– Panache à Claude... Ton gars est bouclé ! Je répète... Ton gars est avec nous...

– Confirmez.

– Je répète... Ton gars est détenu. C'est bien Wesley B. Il était avec une fille et un autre gars.

– Merci, les enfants.

Je me retourne lentement vers la masse de graisse et ce n'est pas un doigt d'honneur que je lui fais, mais tout un bras... J'en aurai mal au biceps pendant une semaine. L'autre me regarde, stupéfait. Le lieutenant retourne stoïquement à son bureau. Il aime mieux ne pas avoir vu cela et doit se sentir soulagé de mon refus.

Finalement, mes hommes arrivent avec le colis. Ils ont en

prime mon ami Tyrone Miller, dernier amant en liste de la jolie Sylvia C., celle qui a fait tant parler d'elle lors d'un certain décès. En me voyant, Ninja rentre la tête entre ses épaules. Il est sûr que je vais lui taper dessus. Je le ramasse par l'épaule et lui demande des nouvelles de sa petite amie.

– Tu n'es pas fâché ?

– Pourquoi ?

– Je t'ai fait courir la dernière fois…

C'est vrai, ma folle randonnée de la rue Girouard aurait pu me mettre en colère. Mais je ne suis pas d'un naturel rancunier !

– Maintenant, tu ne courras plus pour quelques années.

Je vais causer avec lui pendant quelques minutes, le temps de le rassurer un peu. Après tout, il fait partie de ma famille élargie. Jouer au gendarme et au voleur, ça crée des liens !

Tout ce beau monde est maintenant entre les mains des enquêteurs. Gilles est aussi de retour et a déjà appris ma mésaventure.

– Le gros n'est pas content.

– Qu'il aille se faire voir !

– Tu t'es fait un autre ennemi. Le directeur t'a traité de petit frais chié.

– Le beau Pierre connaît bien ça, les frais chiés…

À deux heures du matin, il est finalement temps de regagner la maison. Tout le monde sourit, notre soirée tranquille appartient maintenant au passé. J'étais sûr que tout s'arrêterait là, mais…

Chapitre 10

Ma première journée au B-16 se termine entre deux coups de téléphone avec Louise et un peu de télévision dans la salle de séjour. Ici, je peux me coucher à l'heure que je veux, mais je dois être au condo pour le dernier compte, celui de vingt-trois heures. Dans le condo, ce soir-là, un grand bonhomme au sourire franc et aux bras énormes vient à ma rencontre en me tendant la main.

– Salut… Moi, c'est Ronald.

– Salut.

Je lui serre la main, j'ai l'impression d'être dans un étau qui pourrait me broyer. Mais l'autre ne serre pas vraiment et me sourit toujours, comme un ami sur qui on peut compter.

221

– Tu verras… Tu seras bien ici.

– Merci.

– C'est la prison, mais c'est tranquille.

– Ouais.

Le monstre me quitte pour aller à sa chambre. Je retourne à la mienne et je m'installe pour dormir. Incroyable : à part le dernier compte par les gardiens, personne ne vient barrer ma porte, je pourrais même sortir de mon unité pour aller téléphoner. Je n'en demande pas tant. Peut-être à cause de la nervosité, je ne m'endors que très tard cette nuit-là.

Le lendemain matin, je vais déjeuner en espérant éviter le détenu croisé la veille. La chance est avec moi, je peux déjeuner tranquille. Nous sommes samedi et tout dans le complexe semble s'être arrêté. Ce qui semblait feutré hier a complètement disparu. Les gens se lèvent tard, sauf ceux de la cuisine et les éternels adeptes du gym. C'est drôle de ne plus avoir à se battre pour obtenir le téléphone. Bien sûr, nous n'avons droit qu'à trente minutes pour notre soixante-quinze cents, mais s'il n'y a personne, rien ne nous empêche de recommencer. Quelques gars sont aux lessiveuses. Contrairement à Sainte-Anne, le lavage est maintenant ma responsabilité. La fin de semaine semble se transformer en journées de lavage et de nettoyage.

Je sais que ma famille sera à la visite demain et j'ai peur de ne pas être à la hauteur. Comment ne pas pleurer ? Pour la première fois depuis deux mois, je pourrai enfin les toucher. Louise voulait venir aujourd'hui, mais un règlement stupide l'empêche de prendre deux jours de visite. En fait, si vous visitez le samedi matin, vous pouvez revenir dans l'après-midi, et ainsi de suite, mais pas deux après-midi de suite. Je passe l'après-midi à nettoyer ma chambre et à rêver. J'écris. J'écris beaucoup, j'ai un livre à pondre ! Louise et moi correspondons depuis le début de mon incarcération, à raison de deux à trois lettres par semaine, comme si j'étais en voyage, quelque part outre-mer. Maintenant, sans vitre ni grillage, nous pourrons mieux nous parler. Je dors encore seul ce soir, puisque la majorité des occupants sont en fin de semaine de sortie et ne rentrent que dimanche dans la soirée. C'est de la réhabilitation.

* * *

222

Dimanche. Dans quelques minutes les visites vont commencer. Je dois attendre que l'on m'appelle, je crois. Mais je triche un peu et je reste près du carrousel. J'ai à la fois hâte et peur. Quelle sera ma réaction ? Comment les autres détenus vont-ils réagir ? Depuis que je sais que ma photo circule partout dans l'établissement, je dois être prudent. Je traîne en permanence un stylo Bic dans ma poche arrière : si quelqu'un me cherche noise, il y perdra au moins un œil. Ce n'est pas de la paranoïa, mais de la prudence.

– Aubin ! Aux visites.

Mon nom grésille enfin dans les haut-parleurs de tout le pénitencier. Ce n'est pas discret, je sais, mais ne sommes-nous pas tous des délinquants en voie de réadaptation ? J'essaie de ne pas courir, mais c'est peine perdue. Il me faut traverser la cour pour arriver au baraquement des visites. Autant de minutes perdues ! Bon, maintenant, cette foutue porte qui ne s'ouvre pas… Je ne trouve pas la sonnette qui est pourtant visible comme le nez au milieu du visage… C'est finalement un détenu qui me fait signe. La porte s'ouvre enfin en faisant un petit bruit qui me rappelle Sainte-Anne.

Je vois ma famille tout au fond de la pièce, parmi les autres visiteurs. Tout sourire, ma fille me fait de petits signes ; Louise me cherche un peu ; mon fils ne me quitte pas des yeux, comme s'il avait peur que je disparaisse avant d'arriver jusqu'à lui. Dieu qu'ils m'ont manqué ! Ce que je redoutais le plus arrive : je craque ! Mes larmes coulent sans que je puisse les arrêter. Ça y est ! Nous nous serrons tous fermement, nous ne sommes que quatre à pleurer après tout.

– Veux-tu aller sur la terrasse ?

Il y a une petite terrasse qui donne sur deux murs de la prison. En fermant les yeux, et avec une bonne dose d'imagination, on pourrait se croire sur la rue Saint-Denis. Mon fils a les yeux partout. Je suis persuadé qu'il me croit en danger. Il est prêt à tout pour me défendre et je le sens tendu. Malgré tout, il me sourit tout en me serrant très fort. Louise m'embrasse gauchement. C'est idiot. Ici, nous sommes un peu mal à l'aise.

Très vite, la terrasse est envahie par une multitudes d'enfants piailleurs et de tous âges qui viennent voir leur papa ! Même la corneille du pénitencier vient quémander des chips ou du gâteau. Elle se perche sur la balustrade ou directement sur notre épaule et nous regarde effrontément. C'est bien la seule qui pourrait partir d'ici sans problème et qui ne le fait pas. Lentement, la tension accumulée baisse et nous pouvons discuter plus calmement. Marie ne cesse de sourire, c'est le plus beau cadeau qu'elle puisse m'offrir. Louise, de son côté, est encore en colère. Elle ne pardonne pas à mes anciens patrons cette vendetta et le mensonge qui l'entoure. Je reçois des nouvelles de mes amis André et Micheline. Depuis l'incident, ils appellent toutes les semaines. Je sais qu'André se soucie beaucoup de ma santé, même s'il est discret. Je connais bien son cœur. Michel Lebel, quant à lui, fait des crises de nerfs et veut lancer un mouvement en ma faveur. Sacré Michel ! Le temps passe vite. En fait, c'est le seul endroit où le temps passe vite… Déjà le gardien vient nous aviser très poliment qu'il faut se quitter. Nous nous levons à regret. Jon me serre toujours. Mon fils a vieilli, je sais qu'il est un homme maintenant. Malgré tout, il me serre… comme mon fils !

– Veux-tu que l'on te regarde par la clôture ?

– Non. C'est encore trop difficile.

Je pars le premier, sans jeter un regard derrière moi. Je traverse la foule de détenus de la cour, sans un coup d'œil vers qui que ce soit. Ce dimanche à Saint-François est le premier d'une série de seize. Je peux biffer celui-ci ! Bientôt je sortirai…

* * *

Le lundi suivant, nous étions encore grisés par notre équipée de la Saint-Valentin. Même s'ils commençaient à s'y habituer, mes gars étaient encore étonnés de mes connaissances du milieu. Je voulais faire avec eux une petite récapitulation, histoire de connaître leur réaction face à tout ce qui était arrivé. Nous nous étions donc installés dans un petit bureau vieillot et pas très propre du troisième étage, le seul endroit vraiment à nous. En fait, nous avions emprunté la ligne téléphonique du bureau du capitaine juste à côté et vidé les classeurs de leur contenu habituel pour y mettre nos projets. Ces classeurs contenaient des statistiques vieilles de dix ans. Sur mon pupitre trônait un message : une dame T. viendrait me rencontrer dans l'après-midi pour me parler. Comme c'est le nom de la victime de la prise d'otage, j'imagine qu'elle à quelque chose à raconter. Bien, nous étions dans l'après-midi. Et j'avais une rencontre avec mes hommes, elle attendrait un peu !

– Boss, veux-tu un café ?

– Oui, Jean.

Marie-Claude vient se planter tout près de moi et à son allure je sens qu'il y a de la taquinerie dans l'air.

– Mon beau Claude… peux-tu nous expliquer, car nous, on n'a pas vu le geste, comment tu fais pour te faire des amis aux homicides ?

Toute l'équipe se tord de rire. Rick et Gakouk n'ont pas manqué d'ébruiter l'affaire. Je regarde dans leur direction et eux… font semblant de travailler fort sur un dossier qui traîne sur la table.

– Vous ne pouviez pas vous taire ?

– Euh… Quoi ? Hey, c'est pas nous autres, boss !

– Bon… Meeting !

Jean revient avec les cafés et m'annonce qu'une jeune femme me demande.

– Les gars… vous allez tomber sur le cul ! Comment tu fais pour toujours les dénicher ?

– C'est un don…

Au ton de voix du monstre, je suis persuadé qu'elle est grosse et laide. Café en main, je descends les vieux escaliers usés qui mènent à l'accueil pour demander à la dame de m'attendre un peu. Comme il n'y a qu'une seule personne, je ne peux me tromper. Jean n'a pas menti. Elle est magnifique ! De grands yeux verts légèrement en amande, cintrés par une chevelure abondante d'un noir jais. Sa peau un peu mate fait ressortir des lèvres gourmandes. Elle est à la fois mince et féline. Malgré son embarras apparent d'être ici, elle garde le maintien altier d'une dame.

– Bonjour.

J'ai un peu de peine à garder contenance. Je sais que tous les yeux sont tournés vers nous. À voir les petits sourires entendus de la troupe, il est évident que tous attendaient ma venue.

– Vous êtes le sergent Aubin.

– Ouais…

– Les enquêteurs m'ont dit de venir vous rencontrer. Vous aviez des questions à me poser.

Je dois penser vite… Je n'ai pas la moindre idée de l'identité de cette charmante personne.

– Bien sûr… Venez à mon bureau.

Et c'est escortés par toute mon équipe mâle que nous escaladons à nouveau les marches menant au bureau. C'est drôle, même les enquêteurs de la Sûreté viennent à ma rencontre.

– Besoin d'aide ?

Sentant mon embarras, la jeune femme sourit timidement. Son parfum, quoique léger, laisse une trace indélébile de son passage.

– Vous désirez un café, mademoiselle ?

– S'il vous plaît.

Jean entame déjà la descente quand il se retourne brusquement pour demander :

– Sucre, lait ?

– Oui.

La jeune femme exerce sur nous une véritable fascination. Marie-Claude fait une petite moue que je désamorce en lui lançant un clin d'œil.

– Pas de meeting, Claude ?

– Non, Marie… Plus tard !

Maintenant bien assise, la jeune femme semble attendre mes questions. Mais quelles questions lui poser ?

– Vous vous appelez…

– E.

– Joli nom… Comme ça, les enquêteurs vous ont demandé de venir me rencontrer ?

– Oui.

– Alors ?

– Bien… Ces gars-là, je ne savais pas qu'ils feraient un hold-up et je ne veux pas être accusée de complicité comme ils ont dit.

Je comprends rapidement qu'elle parle de la Saint-Valentin. Mais qu'y a-t-il à savoir d'autre ? Ils sont détenus, personne ne m'a parlé de complice, et ce n'est pas mon dossier. Bientôt, une idée germe pourtant en moi. Cette fille connaît probablement plusieurs hommes du groupe.

– Je vais vous montrer la photo de certains individus. Vous me direz si vous les connaissez.

La jeune femme est très réticente, et je peux la comprendre. Ces mauvais garçons savent être violents. D'un autre côté, la perspective d'être accusée de complicité et d'en prendre pour trois ans n'est pas très engageante. Pendant qu'elle regarde les photos de ces malfrats sans dire un seul mot, je l'examine avec attention. Cette jeune femme est une déesse, non seulement dans sa beauté, mais dans son maintien. Je décèle dans ses yeux un certain étonnement. Je suis maintenant persuadé qu'elle reconnaît plusieurs de ceux qui prêtent leur visage à cette parade. Le téléphone vient déranger ma contemplation.

– Aubin à l'appareil.

– Hey, Aubin... tu sais qui parle ?

– Oui, Andy...

La jeune femme me regarde attentivement. De mon côté, je montre à mes hommes la photo de notre sujet. Tout le monde retient son souffle.

– Tu me cherches ?

– Mais non.

– Bullshit.

– Alors...

– Tu ne me trouveras pas. Je suis en bus... en route pour Toronto, et là-bas personne va me retrouver.

– Andy... You can run... but you can't hide !

Je vois l'étonnement et l'effroi dans les yeux de la belle. Sans rien laisser paraître, je continue la conversation.

– Fais attention à Toronto...

– Ouais... Je te passe quelqu'un.

– Aubin...

– Jeff...

Cette fois, la jeune femme est paniquée. Je lui tends le combiné, histoire de lui prouver que je ne mens pas. Elle me fait désespérément signe que non.

– Jeff... tu as des mandats. Viens donc au bureau, nous allons tous les régler.

– Ouais, Aubin, je vais passer.

Quel beau mensonge ! La conversation dure encore malgré tout quelques minutes et la pauvre fille n'arrive pas à comprendre ce qui arrive. Quand finalement je raccroche, la jeune femme, encore essoufflée, me montre les photos de mes deux interlocuteurs.

– Oui... Je cherche Andy pour meurtre et pour vol qualifié dans un motel. Il a battu un type presque à mort à coups de barre de fer alors que sa copine faisait la pute.

La jeune femme rougit et je comprends mon impair. Elle même travaille comme escorte.

– Je m'excuse...

– Non, ça va.

Je lui prends la main doucement tout en la regardant droit dans les yeux. Je sais bien que je viens de la blesser et je suis fortement peiné, la belle a les yeux qui roulent dans l'eau.

– E., je m'excuse réellement.

La jeune femme esquisse un sourire qui ferait fondre un moine bouddhiste et serre mes doigts entre les siens. Derrière elle, Jean me fait OK de la main.

– Tu comprends… ce bonhomme est un fou dangereux. Il a tué et tuera encore si personne ne l'arrête.

La jeune femme que je tutoie – nous sommes devenus plus intimes par la force des choses – hésite encore un peu.

– Je sais où ils sont.

Je me penche vers elle et j'appuie ma tête contre la sienne en laissant un léger baiser sur sa joue. Dieu que son parfum sent bon !

– Merci, ma belle.

– Et pour moi ?

– Quoi, pour toi ?

– Que vas-tu faire ?

– Si tu ne m'as pas menti pour ta participation dans le vol… rien. Le pire qu'il puisse t'arriver, c'est de dîner avec moi dans un resto !

– Quand ?

– Le plus tôt possible. Maintenant, parle-moi de cet endroit.

La jeune femme rassemble ses souvenirs et m'explique le chemin pour s'y rendre.

– Je ne sais pas le nom de la rue, mais quand nous y serons… Ils ne vont pas me voir ?

– Non.

Toute mon équipe se prépare dans un état d'excitation hors du commun. Nous allons encore une fois nous coucher très tard. Tout juste avant de partir, nous tenons un petit conciliabule, histoire de bien comprendre les tâches qui nous incombent.

– Bon… Je vais faire une passe avec E.

– Avec ou… à ?

– Céline…

Bien sûr, tout le monde se marre et tous sous-entendent que je me taille la part du lion.

– Claude… je peux la faire, la passe.

– Non, Jean-Michel. T'es un homme marié !

Après quelques minutes de désordre, tout est bien compris et nous voilà en route vers l'ouest de la ville. Tout en roulant, E. et moi conversons. La jeune femme reste encore un peu timide ou fait semblant de l'être.

– Je suis contente d'être avec toi… Je me sens en sécurité.

– Tu ne devrais pas, la soirée n'est pas terminée !

Nous éclatons tous les deux d'un rire franc, sans pudeur ni retenue. Je lui prends la main pour la rassurer. Tout ce qui arrive n'est pas facile pour elle. Il n'est jamais bon d'être pris entre l'arbre et l'écorce. Certains de ces bonshommes ont la main leste et le geste violent, pourtant nombre d'entre eux, y compris Jeff, se sont mis à table à plusieurs reprises. La trahison est aussi dans leurs cordes.

Nous voilà maintenant devant la bâtisse, un petit cottage en brique rouge d'où jaillit une lumière encore vive.

– C'est là !

Cette fois, c'est du sérieux, E. est morte de peur. Malgré tous ses efforts, elle ne parvient pas à cacher le léger tremblement de ses mains ni sa voix chevrotante.

– Merci, Princesse.

Je remarque que ses yeux sont remplis de larmes. La petite commence à comprendre l'ampleur du danger.

– Quand tu vas entrer, fais bien attention, ils ont des armes. Je les ai vues.

– Il n'y a aucun danger, je suis une vieille bête…

La jeune femme me serre la main à son tour et penche lentement sa tête contre mon épaule.

– Je ne veux pas perdre mon nouvel ami !

Je ne réponds pas. Mon esprit est déjà ailleurs, dans cette maison, et scrute l'intérieur.

– Claude à l'équipe… Tout le monde au restaurant chinois.

Nous avions convenu de nous rendre tout près d'un restaurant chinois sur le boulevard des Sources. À partir de là, nous allions établir un plan.

– Tout le groupe avec moi, sauf les filles. Vous allez demeurer ici et tenir compagnie à E. Nous allons demander l'aide du poste de police du secteur, une ou deux voitures suffiront.

Nous sommes de retour pas très loin de l'adresse. Jean-Michel est avec moi et je ne lui tiens pas la main.

– Auto 25-195 aux voitures du poste 12, j'ai besoin de policiers pour nous assister.

– L'auto qui vient d'appeler, vous êtes sur le canal ouest.

– Tu ne me le dis pas !

La répartitrice me fait répéter le message encore une fois. Il se fait un silence total. C'est à croire que le monde entier est rentré chez lui. Michel me fait un petit sourire en coin.

– Te sens-tu seul ?

– C'est l'Ouest, mon Michel !

Je dois changer de tactique. Moi qui ne voulais pas en parler sur les ondes, sachant qu'une multitude de radiophiles sont à l'écoute. Mais cette fois je n'ai pas le choix.

– Bon… J'ai besoin d'assistance pour un homme recherché pour meurtre.

Tout à coup, trois voitures se libèrent en même temps. Le lieutenant W. que je connais bien arrive immédiatement à ma rencontre. Le temps de le dire et j'ai une petite armée à ma disposition.

En moins de deux minutes, l'îlot est encerclé. La maison est la première du coin et aussi de sa rangée. Une petite lumière brille au-dessus de la porte d'entrée et l'intérieur scintille de mille feux. Je me glisse silencieusement contre le mur, les autres me suivent un à un. Les policiers en uniforme restent à couvert derrière de providentiels bancs de neige créés mécaniquement. J'arrive ainsi jusqu'à la porte d'entrée et, d'un geste précis mais délicat, je tourne la poignée. Miracle ! Ces imbéciles ont oublié de la verrouiller. Je fais signe à mes hommes que nous allons entrer et je leur indique la position qu'ils devront prendre. La porte s'ouvre lentement… Tout le monde retient son souffle. Me voici à l'intérieur. Michel et son partenaire se rendent près du mur de la cuisine, Panache et le sien vont droit devant. Rick et Gakouk restent derrière moi. Deux policiers en uniforme ferment le cortège.

Tout à coup tout s'anime à l'étage. Nous entendons des voix frisant la panique.

– Cops ! Cops !

Mon copain Andrew est tout en haut de l'escalier intérieur à regarder le canon de mon arme pointé sur son estomac.

– Hello, Andy !

– F…

– Comme tu dis ! Couche-toi par terre et descends les marches la tête première. Je veux voir tes mains…

– Comment t'as fait, Aubin ?

– Magie… Allez, descends !

Le pauvre doit se payer une séance de reptation, qui s'effectue quand même sur un tapis moelleux. Rick le cueille à son arrivée et lui passe immédiatement les menottes.

– Qui est avec toi ?

– Jeff.

Je m'approche de l'escalier avec précaution, non par peur qu'il me tire dessus mais, comme nous sommes tous armés, il ne faudrait pas que cela dégénère.

– Aubin… Tire pas… Je n'ai pas d'arme.

– Salut, Jeff… Tu m'excuseras… Tu ne semblais pas vouloir venir me rencontrer. Alors, comme que je suis dans le coin… T'as vu comment Andy a fait ? Alors, tu fais pareil.

– Ho ! F…

Et c'est en rampant que le chef des Rebels vient à ma rencontre. La situation est franchement comique. Ce n'est pas que je veuille l'humilier, mais le pauvre Andy s'était vanté qu'il aurait toujours le dessus sur Nick et moi. Alors, le voir ramper pour nous rejoindre…

– Les deux policiers, vous me transportez ces deux gars-là au poste 25. Vous, les gars, regardez bien. J'ai besoin de savoir si quelqu'un d'autre est ici.

– On fouille partout ?

– Oui… Et faites attention, vous allez possiblement trouver des stupéfiants.

Je sais que je n'ai pas de mandat, mais je dois fouiller pour sécuriser la maison. Ce ne serait pas la première fois que Jeff cacherait des évadés. Naturellement, la nature humaine s'emporte un peu, et c'est dans un garde-robe qu'un de mes policiers trouve un fusil à canon tronqué.

– Claude !

Je me pointe rapidement, l'arme est par terre et mes hommes sont autour en train de l'admirer.

– Tu as trouvé ça où ?

– Sous le linge.

– On va expliquer ça comment ?

– Alors tu le remets là.

– Quoi ?

Le pauvre est tout décontenancé. Jamais il n'aurait pensé que son patron puisse lui donner un ordre aussi absurde.

– Écoute… Nous n'avons pas de mandat. Les deux gogos sont en cellule, personne ne viendra ici ou, si quelqu'un vient, il sera bien certain que nous ne reviendrons pas. Alors nous replaçons immédiatement tout ce que nous avons déplacé et je vais chercher un mandat.

Je laisse mes équipes sauf une près du restaurant chinois. Les filles ramènent E. chez elle non sans que je l'aie remercié, et je file demander un mandat. Bien sûr, je dois broder quelque peu…

– Nous cherchons surtout une barre de fer et des vêtements tachés de sang appartenant au suspect de vol qualifié que nous avons arrêté.

Le juge me donne le mandat sans hésiter et en moins de deux heures je suis de retour.

À mon arrivée, tout le personnel m'attend. Tout le monde a bien hâte de fouiller. Les filles sont aussi de retour. Céline s'approche et joue des cils tout en me disant :

– La belle E. viendra te voir demain.

– Tu sais bien que tu es la seule femme de ma vie… à part Marie-Claude !

Je ne sais pas pourquoi, mais toute l'équipe éclate de rire. Panache compte sur ses doigts, comme pour calculer le nombre de mes conquêtes.

– Suffit, les enfants… Nous avons du travail.

Cette fois, tout est mis sens dessus dessous Nous trouvons le fusil… et son propriétaire. Le pauvre arrive en effet, furieux de notre présence.

– C'est mon logis. Tout ce qui est ici est à moi.

– Bien… Nous allons voir ça.

Nous trouvons bien entendu la barre de métal, dont une des extrémités est encore maculée d'un peu de sang, des vêtements, des papiers qui ne sont pas ceux du locataire ni de mes détenus et pour terminer, l'arme à feu.

– C'est pour ma protection… Usage personnel.

– Ben… Tu vois… C'est pas comme pour de la mari, l'usage personnel d'une arme à feu !

Et voilà un client de plus. Les cellules seront pleines. Mes hommes ramassent les effets du bonhomme et nous retournons finalement vers le poste. À mon arrivée, j'appelle le lieutenant L. des homicides sur son *pager*.

232

– Vous avez appelé ?

– C'est Aubin. Tu veux réveiller tes deux de pique ? J'ai Andrew Collie dans mes cellules.

C'est drôle, il ne tique pas. Selon la rumeur, je sais bien qu'il ne m'aime pas beaucoup, et ce silence me le confirme.

– Il va t'appeler.

Quelques minutes plus tard, c'est lui-même qui appelle. Je sens dans sa voix qu'il a toujours mon poing un peu de travers dans la gorge. Façon de parler !

– T'étais pas obligé de l'arrêter.

– Non ?

– Je savais où il était.

– Ah, oui ? Et où était-il ?

– Chez son frère…

– Mauvaise réponse !

Sur ce, il raccroche. Je sens que notre relation sera un peu tendue. Michel, qui a assisté à la conversation, s'assoit à mes côtés.

– Tu ne rentres pas à la maison ?

– T'es fou ? J'ai bien trop envie de lui voir la face.

De toute façon, j'ai des accusations à porter. Mes gars vont finir de trier les objets et de les enquêter. Jean-Michel peut bien rester un peu. Ça ne changera plus rien au temps supplémentaire. Le directeur n'a plus de cheveux à s'arracher.

Vers une heure du matin, mes deux enquêteurs arrivent au bureau. Ni l'un ni l'autre ne me salue. Le gros s'assoit près de moi sans me regarder. Il est vrai que j'ai marqué sur le tableau quelque chose comme « Mes chances de me retrouver aux homicides sont nulles » !

– Lui as-tu lu ses droits ?

Tiens, il parle… Ça tiens du miracle ! Je suppose qu'il lui faut entamer la conversation.

– Non, pourquoi ?

L'autre devient blême. Il me regarde, regarde son partenaire… Jean-Michel. Et ne peut que balbutier :

– T'as pas lu ses droits !

– Ce que tu peux être con ! Je ne suis qu'un petit enquêteur de poste… Mais je sais quand même qu'il faut tenir compte des droits !

Cette fois je n'y coupe pas, il me boude, pire, il me tourne le dos. Quelques minutes plus tard, il s'adresse à son partenaire :

– On fait quoi avec ? Il est juvénile. Je ne peux pas l'envoyer en détention avec les adultes.

L'autre hausse les épaules, comme pour dire « Je ne sais pas ». Je sens que Paul, l'homme sans sourire, en a marre de son partenaire. J'ose prendre la parole.

– Oui... Tu peux l'envoyer en détention avec les adultes. Je l'ai fait déjà.

Sans daigner jeter un regard sur moi, ce tas de suif prend le téléphone et appelle directement la détention pour se faire dire exactement ce que je lui ai dit. Comme j'en ai assez vu, je décide de fermer boutique. Tout mon petit monde ramasse ses affaires.

– À demain, les enfants !

La suite de l'histoire est étonnante. Andrew sera accusé et condamné pour vol, mais pas pour le meurtre, les homicides ayant perdu dans une mauvaise entente un témoin à charge. Mon bonhomme propriétaire de l'arme à feu sera condamné à une amende qu'il n'aura pas le temps de payer : quelques semaines plus tard, il se fera transpercer la gorge d'un coup de couteau, juste en face du club Nevell. Je verrai E. pendant quelque temps. Elle deviendra ce que j'appelle affectueusement une de mes filles.

* * *

Le grand Stéphane est dehors dans la cour. De mon côté, comme il fait encore un peu froid, j'ai préféré rester en cellule. En me parlant de l'affaire du quadruple meurtre à Longueuil dans lequel son ami Jolivet était impliqué, Stéphane venait de me renvoyer sans le savoir quelques années en arrière. Du temps où j'étais aux agents de véfication de l'information (A.V.I.), Luc, John et moi avions assisté la section des homicides tout comme une partie des enquêteurs du bureau. Quelques perquisitions en ville et à Châteauguay. Tout cela toujours pour la même calamité... les stupéfiants ! Ce sont ces mêmes stupéfiants qui avaient conduit mon ami D. à voler, et c'est son amitié combinée à la honte et à un désir de vengeance qui lui fit me donner le nom de ses revendeurs.

J'étais comme toujours en charge de mon groupe d'intervention, et comme toujours mes hommes se surpassaient pour me garder en temps supplémentaire. Mes jeunes ne chômaient pas : quelques opérations pour coincer des fraudeurs chez Eaton, des voleurs d'autos place du Canada, des voleurs à l'étalage industriels doublés d'héroïnomanes au centre-ville, des vendeurs de crack près du vieux Forum… Nous ne manquions pas de travail !

J'étais en train d'établir des plans pour une opération quand D. me téléphona cet après-midi-là. Il me semblait un peu fatigué. Je savais par quelqu'un d'autre qu'il avait recommencé à fumer et ce en grande quantité.

– Salut, Claude.

– Salut, D. Comment ça va ?

– Bien.

– Tu mens assez mal, merci !

Mon jeune poussa un profond soupir. Il aurait bien voulu déballer tout ce qu'il avait sur le cœur, mais je le connaissais assez bien pour savoir que nous devions être face à face pour qu'il passe aux confidences.

– Es-tu intéressé par une plantation de pot ?

– Toujours…

– Alors, tu viens me rencontrer ou je vais te voir ?

– C'est pour toi…

Je savais qu'il n'était pas très à l'aise dans un poste de police. Mais dans son cas, qui l'aurait vraiment été ?

– Je ne suis pas très loin !

– Alors au Faubourg.

– OK.

Je passe donc une partie de la soirée avec D. Il a beaucoup à me raconter. Contrairement à son habitude, il a l'air au bout du rouleau. Ses vêtements sont un peu plus sales et son sourire est moins évident. Il ne touche guère au repas que j'ai payé et rien ne semble lui plaire.

– Écoute… Je vais te donner la plantation. Ce pourri me double régulièrement. Il n'a aucune honnêteté, ce type !

– Il est où, ton type ?

D. prend tout son temps… Il aime bien ménager ses effets. Ses petits yeux verts scintillent pour la première fois.

– Tu ne le croiras pas ! 15, Notre-Dame.

– Près du Palais de justice ?

– Exactement… C'est une planque parfaite, des bureaux d'avocats tout autour. C'est une bâtisse délabrée et tous ceux qui y demeurent vont et viennent.

– Comment entrer chez lui ?

– Sais pas… Envoie un acheteur.

– Non. Ce n'est pas assez rapide, et aux stups, ils ne se dérangeront pas pour si peu. Ce n'est pas de la coke !

– Il y avait des choses volées… Comme sur Girouard ou au resto de la rue Saint-Laurent !

– Ouais… C'est faisable. J'ai besoin de plaintes et de marchandise, j'ai aussi besoin de son numéro d'appartement.

D. me fait un immense sourire pour la première fois de la journée. Je devine bien qu'il a depuis quelques minutes une idée derrière la tête.

– Des affaires volées… Comment penses-tu que tout le monde paye son stock ?

– OK. Peux-tu me donner une ou deux adresses ?

– Claude… tu me connais !

D. se lève lentement en s'étirant un peu. Le repas est terminé.

– Viens, je vais te montrer.

Le reste de la soirée se passe à patrouiller mon secteur. D. me montre certains endroits qui ont été frappés.

– Ici, un téléphone sans fil et en face, au troisième, un système de son Sharp.

Nous dénombrons ainsi une dizaine d'appartements. J'ai bien conscience que D. y est pour quelque chose. Je vais ramasser un laboratoire, fermer une trentaine de plaintes… et payer la source pour ses intros. Encore une fois, il me faut faire un choix. D. me promet de retourner en désintox et de mon côté je me montre tolérant. Je retourne au bureau pour commencer mes recherches. Lyne vient à mon aide, et à deux il nous faut seulement quelques minutes pour en retracer assez pour un mandat. J'avise les enfants qu'ils vont avoir du travail pour le lendemain. Le mandat terminé, je rentre chez moi.

Comme j'ai des causes à la cour très tôt le lendemain j'en profite pour faire valider le mandat entre deux témoignages. Comme toujours, j'attends patiemment d'être annoncé. Le juge est intrigué de savoir qu'il y a un receleur aussi près de la cour.

– C'est bien près des bureaux d'avocats ?

– Il y en a tout autour.

Je n'avais bien sûr mentionné que les objets volés, un mandat pour stupéfiants nécessitant une approche différente. À mon arrivée au bureau, toute l'équipe est sur le qui-vive. Des sacs, des boîtes et des étiquettes sont prêtes. Tout mon monde n'attend plus que l'ordre de partir. J'explique à nouveau les tâches, rien de bien compliqué. Pour le reste, nous improviserons sur place. Durant toutes ces années, l'expérience m'a appris que rien ne fonctionne jamais comme prévu. J'ai donc toujours laissé une grande place à la créativité et à la débrouillardise. J'ai tellement vu d'opérations planifiées, étudiées, pensées se terminer dans la plus grande confusion que je préfère m'en tenir à ce qu'il y a de plus simple et de moins structuré. Nous ne sommes qu'à quelques minutes de la cible, mais il y a de la circulation et pour le stationnement c'est à la grâce de Dieu. Je fais une passe devant l'endroit comme prévu. Lyne me tient la main et en amoureux nous repérons la porte.

— C'est une série de lofts ?

— C'est ce que m'a dit D., c'est presque abandonné.

Effectivement, tout semble délabré, la porte donnant à l'extérieur est presque enfoncée et ne possède pas de serrure.

— On y va ?

Lyne me fait un grand sourire et me pousse littéralement à l'intérieur. Ce qu'elle est curieuse, cette grande ! L'intérieur du bâtiment est sombre, peint en gris et noir, et un escalier mène à l'étage qui nous intéresse. Cette ancienne bâtisse commerciale est devenue par la force des choses un amas de lofts sauvages où survit une armée de paumés. La porte de notre loft est verrouillée. D. m'assure qu'il y a un système d'alarme et que notre revendeur est méfiant. Je lui ferai donc une surprise ! Retour aux autos, conciliabule, petit plan, derniers préparatifs. Ce sont les premiers instants qui comptent. La surprise… toujours la surprise ! Cette fois, la surprise, c'est nous qui la recevons en pleine figure. Dès que nous passons le coin, nous arrivons face à trois camions de pompiers… L'un d'eux s'affaire à coller des avis d'éviction dans toute la bâtisse. Quelle merde ! Nous voilà en pleine opération d'éviction ! C'est précisément cette journée qu'ils ont choisie. Bien sûr, ce n'est la faute de personne, mais il y a de ces jours… Mes garçons m'interrogent du regard. Je dois rapidement prendre une décision. Je m'approche de celui qui paraît être le chef.

— Salut…

— Monsieur, vous devez évacuer la bâtisse.

Je lui montre ma plaque et l'amène à l'écart. Le reste de mon groupe attend avec impatience.

– Vous ne pourriez pas revenir demain ? J'ai une perquisition importante à effectuer.

– Une perquisition ?

– Oui...

– Ben... Nous autres, on va continuer à aviser les locataires, mais la vraie éviction va se faire dans une semaine !

– Merci.

Ouf ! Tout mon monde est autour de moi. Il me reste à décider à quel moment nous allons pénétrer. Pas question d'enfoncer la vieille porte métallique, elle résisterait à un bélier mécanique ! C'est le moment que choisit Dame chance pour me faire un autre de ses petits clins d'œil. Un jeune homme au teint mat se glisse entre nous et parle à l'intercom. La porte s'ouvre ! Sur mon ordre, la meute fonce à toute allure et le pauvre se fait rondement bousculer par mes hommes tandis que je monte le petit escalier au pas de course.

– POLICE !

Le mot est crié avec cœur. Les trois personnes qui sont à l'intérieur n'ont d'autre choix que de figer sur place. Je reconnais notre revendeur, la description de D. est parfaite. Voilà maintenant tout ce beau monde couché par terre embrassant le plancher. Tout autour trône un amas de téléviseurs, d'appareils vidéos, de systèmes de son et un téléphone sans fil. Planté directement devant nous, sur le comptoir de cuisine, un sac de plastique déborde de marijuana séchée.

– Tout ce beau monde, au poste !

Deux autoradios viennent chercher nos détenus pendant que nous compilons nos premiers trophées. Malgré tout, il n'y a pas de plantation tel qu'annoncé !

Les pièces sont passées au peigne fin, même une trappe au sol. Sans succès. De guerre lasse, j'appelle D. Le jeune homme se bidonne et se moque ouvertement de ma courte vue.

– Où es-tu, Claude ?

– Au téléphone, idiot !

– Alors tu es au comptoir de la cuisine ?

– Bien sûr...

– Regarde le mur du fond. Il y a une étagère. Regarde bien

maintenant… Tu devrais voir un petit filet de lumière, tout au bas du mur.

Je m'approche lentement. Effectivement, une faible lueur semble sortir d'une légère fente. Je fais signe à un des hommes qui pousse sur la paroi. Miracle ! Une petite porte d'une quarantaine de centimètres s'ouvre doucement,. Une lumière crue en sort…

– Merci. Tu es une petite peste, mais je t'aime bien !

– À ton service.

Nous pénétrons par le portillon avec précaution, comme si nous entrions dans une église. La pièce de bonne dimension est illuminée par une série de lampes chauffantes. Des centaines de plants, petits et moyens, sont disposés par groupes sur un grand établi. Tout à côté, quelques sacs de terre sont éventrés et un tuyau d'arrosage laisse couler un filet d'eau en permanence. La deuxième pièce nous donne l'impression d'une forêt tropicale : il y fait chaud, les plants sont grands, fournis et bien verts. Plus de trois cents plants adultes et toute une organisation pour les faire pousser ! Même moi qui ai l'habitude, je suis impressionné !

– Appelle les stups !

C'est finalement Michel qui fait l'appel. Tous mes hommes sont excités comme des puces. Ce n'est pas tous les jours qu'ils font une prise pareille. La soirée est consacrée au ramassage, au déménagement et à l'étiquetage. Plus problématique, il faut trouver un endroit au poste pour garder nos trophées !

Quand les hommes des stups arrivent, ils font venir tous les jeunes enquêteurs pour leur apprendre leur métier.

– Hey, mon Claude, savais-tu que c'était ici ?

– Je n'en étais pas sûr.

– Voyons donc !

Les gars des stups feront comme nous du grand déménagement. Tout comme nous, ils auront à inventorier, transporter, rencontrer les suspects. Les deux enquêteurs auront comme moi une soirée plus longue que prévu.

D. est bien heureux, il est payé et vengé. Mieux, il n'y a pas d'accusations contre lui. Il me faut bien ménager mes sources ! Après tout, ils font partie intégrante de mon gagne-pain ! Pour le reste, comme il s'agit de marijuana, nos jeunes aux pouces verts – des étudiant étrangers de l'université M. – n'auront qu'une sentence légère… malgré un avocat imbécile.

La tension monte d'un cran vers vingt-trois heures quand mon nouveau partenaire de chambre pointe son nez. L'homme est imposant, plus de cent vingt kilos. La bedaine lui sort de partout, ce qui n'aide pas ses maux de dos et de genoux. Il ramasse ses affaires tout en soufflant et en bougonnant. De prime abord, il a l'air aussi gentil qu'un ours pris d'une rage de dents.

– C'est pas de ta faute, je le sais… Mais nous autres, on devait voter pour t'accepter. Ces osties-là, ils viennent nous imposer des gars. C'est notre condo…

Je l'écoute sans répliquer. Que puis-je y faire ? Il est cramoisi. Lentement, il se calme et, fatigué d'avoir tant manifesté sa colère, il s'écrase finalement sur son lit.

– Tu ronfles-tu ?

– Pas toujours…

– Moé, oui !

– On fera avec !

– Tu sais, j'ai un chum qui devait venir à ta place.

– Je suis désolé.

La conversation s'arrête là et mon coloc dirige son énorme panse vers la douche. Il travaille tôt le lendemain. La prison l'envoie classer des trucs à l'autre bout de la ville pour des organismes communautaires. De mon côté, comme je n'ai pas encore rencontré le comité du travail, je suis techniquement au chômage. Il faut comprendre qu'en prison, si tu es au chômage tu ne reçois que deux dollars et cinquante par jour, que l'on met en banque toutes les deux semaines pour la cantine. Si tu travailles, tu reçois entre quatre dollars cinquante et six dollars par jour. Ça sert à payer les cigarettes, le papier et tous le superflu. Dans certains ateliers, pourtant, quelques privilégiés se font un dollar de l'heure de plus – pas par jour, de l'heure ! Ne me demandez pas pourquoi. Après plusieurs mois de travail, je n'ai toujours pas compris. Mon coloc revient de la douche pour m'expliquer sa théorie sur la propreté : il nous faut tous travailler dans le condo, tu peux laver les planchers ou faire les toilettes. Puis nous finissons par dormir.

Au matin, je me retrouve seul. Tout le monde est parti travailler. J'aimerais bien allumer le téléviseur, mais le bizarroïde Motard, surnom du gentil mec à la queue de cheval qui m'avait si mal

accueilli, s'est emparé de la télécommande et la garde précieuse-
ment dans sa chambre. Je ne peux me rabattre sur le téléviseur de la
salle commune, qui n'ouvre que plus tard. Comme j'ai manqué le
déjeuner, je me contente de fruits secs. Je suis sensé faire la visite des
lieux en compagnie d'un gardien... Je le ferai seul finalement.

– Aubin, au carrefour !

Encore une fois ! Je suis vraiment très demandé ! Cette fois,
c'est pour me remettre le rapport de mon ex-agent de classement.
Je l'ai déjà en trois exemplaires, ça n'en fait qu'un de plus. Tout ici
se fait en triple exemplaire, je ne sais pas qui fournit le papier, mais
il doit être de mèche avec le système. Alors que je me décide à partir, le gardien frappe sur la vitre et me fait un signe de la main...

– Va voir le gardien-chef.

Je pénètre dans le petit bureau, où trois personnes sont en
pleine discussion. J'attends patiemment mon tour. Ici, on n'interrompt pas les gardiens, on patiente. Je suppose que je dois devenir
dérangeant, car le gardien-chef finit par jeter un regard sur moi.

– Oui.

– Je suis monsieur Aubin.

– Qui ?

– Monsieur Aubin.

Ici, c'est un peu comme à Sainte-Anne, très peu de gardiens
t'appellent monsieur, nous n'avons pas droit à ce titre. Le mot le
plus utilisé est délinquant.

– Ah, oui, Aubin, comment tu te débrouilles ?

– Bien... Juste peut-être un bonhomme que j'ai déjà arrêté, il
m'en avait fait la remarque à Sainte-Anne.

L'autre me regarde sans être trop étonné. Il fouille dans ses
listes et hausse les épaules.

– C'est qui ton gars ?

– Jean-Yves.

Le chef regarde sur son ordinateur. Il peut ainsi voir qui est
l'homme, son allure et son passé.

– Ben... Je ne pense pas qu'il va te faire des problèmes. Ici,
personne ne tue personne. Tu peux t'attendre à des tapes sur la
gueule, ça, c'est possible, mais rien de plus grave.

Je pense qu'on vient de me passer un message : attends-toi à te
faire brasser un peu !

– S'il y a quelque chose... tu nous avises !

– Bien sûr…

Comme au bloc D, je viens de comprendre que mon meilleur ami, ici, c'est moi ! Et ici comme là-bas, il me faut être prudent. Il en sera ainsi pour les six prochains mois. J'en parle un peu à Louise dans la soirée, tout en tentant de minimiser l'affaire. Malgré tout, avec l'accueil de certains…

* * *

Je ne suis pas encore assis à mon bureau que Jacques, l'un de mes deux lieutenants détectives, me remet déjà un dossier.

– Tiens, voilà une enquête pour toi…

– Pourquoi moi ?

– Lis, c'est dans tes cordes.

Une tentative de meurtre a eu lieu la veille dans un club de la rue Bishop. Un jeune Noir a été abattu d'une balle en plein ventre et personne n'est encore allé le voir à l'hôpital.

– Un autre dossier noir, mon Claude. Ne t'en fais pas, je vais prendre tes appels.

Mon ami Laval, qui partage le téléphone avec moi, reçoit tellement d'appels qu'il est régulièrement débordé.

– Merci, je te le revaudrai un jour !

Sans prendre le temps de tout lire ni même de finir mon café, je ramasse mon blouson de cuir et je pars pour l'Hôpital général de Montréal. Dans la chambre peu éclairée, le pauvre jeune homme grabataire est entouré de quelques amis. Tout à coup, tout le monde regarde de mon côté. Je ne suis manifestement pas le bienvenu.

– Salut ! Je suis le sergent détective Aubin. Je viens juste voir comment tu vas !

L'autre ne répond pas et ses trois amis restent aussi figés que lui. Il faut dire que je porte des jeans et un perfecto, et que je n'ai pas vraiment l'allure d'un flic.

– C'est moi qui sera en charge du dossier.

Toujours pas de réponse. Le groupe semble gelé, pétrifié, comme si on leur avait jeté un sort.

– Bon… Tu parles français ?

– Oui.

– Tu comprends ce que je dis ?

– Ouais…

– OK, je sais que tu es encore sous le choc, mais j'aimerais te poser quelques questions.

Nouveau mutisme. Tout le monde se regarde sans savoir quelle attitude adopter. Je fais semblant de ne pas m'en apercevoir.

– Les gars d'hier, tu peux les reconnaître ?

– Sais pas…

– Ils étaient noirs, blancs, jaunes, bleus ou aucune de ces réponses ?

– Noirs…

La journée s'annonce longue. Le jeune homme couleur ébène, bel athlète aux épaules larges, ne semble pas disposé à me parler de l'incident.

– Pourrais-tu les reconnaître ?

– Je ne sais pas.

La patience n'est pas une de mes vertus et le bonhomme commence sérieusement à me les casser.

– Bon, écoute, si tu n'as pas envie de me parler, libre à toi. Mais dis-le moi tout de suite. Je n'ai pas envie de perdre mon temps avec cette affaire pour rien… La prochaine fois, ne fais pas appel à la police.

– J'ai pas appelé !

Bien sûr, tout s'est fait de façon automatique. Les ambulanciers ont fait le travail et l'hôpital le reste.

– Si tu changes d'idée…

Alors que je m'apprête à sortir, l'un de ses amis vient vers moi et me demande :

– Allez-vous les arrêter ?

– C'est ma job !

– Oui… mais…

– Mais quoi ?

– Ce sont des gars de gangs de rues, des malades.

– Ça tombe bien. Moi aussi, je suis un malade. Demandez à mes patrons, ils vous le diront tous !

Ma boutade semble détendre l'atmosphère.

– La police ne fait jamais grand-chose pour nous…

– Possible, mais je ne suis pas la police, je suis un enquêteur de police et j'aime que mes clients soient satisfaits… Ça te va comme ça ?

Le plus petit des jeunes affiche un grand sourire. J'ai marqué des points. Il affirme connaître l'un des assaillants.

– Ils l'appellent Cobra.

– Tiens… mon dernier groupe d'intervention s'appelait comme ça !

– Votre quoi ?

– Je t'expliquerai plus tard.

Le blessé commence lentement à sourire. Le garçon a tout de même eu de la chance de s'en sortir aussi bien.

– Tu veux m'expliquer comment c'est arrivé ?

– Ben… J'étais là pour aider l'école, on faisait une cabane à sucre.

J'ai beaucoup de mal à garder mon sérieux. Une cabane à sucre, ce n'est pas typiquement haïtien. L'autre s'en aperçoit et sourit.

– Je sais, c'est drôle, mais, bon… Deux gars sont arrivés et tout le monde m'a dit c'était des gars de gang… Moi, je voulais partir, mais à un moment j'ai frappé l'épaule d'un des deux types et je lui ai dit : « Excuse, petit » C'est ça… L'autre s'est mis en colère, a sorti une arme du manteau de son ami et m'a tiré dans le ventre.

La balle est passée directement par le nombril. Le tireur était si près de sa victime qu'il pouvait tirer là où il voulait, mais le seul trou qu'il a fait est passé par l'ombilic.

– OK, je reviens ce soir, repose-toi maintenant… Vous autres, les copains, je vous emmène voir des photos.

Quelques minutes plus tard, je me retrouve au bureau avec les trois jeunes pour une séance de montage photographique.

– Vous allez réellement les arrêter ?

– C'est le but de l'exercice !

Les jeunes sont un peu sceptiques. Je ne sais pas s'ils ont eu de mauvaises expériences avec la police, mais la confiance ne règne pas d'emblée. Finalement, deux des jeunes identifient un individu, pas le tireur mais celui qui possédait l'arme. Pour le tireur, il est possible que nous n'ayons pas de photo.

Je passe quelques jours à faire des montages photographiques et à étudier toutes les informations de l'ordinateur central. Mes jeunes restent en contact permanent et font eux aussi leur enquête. Un soir, juste après le souper, je reçois un appel des garçons. Ils sont tout excités.

– Tes flics, ils avaient le suspect devant eux, ils n'ont pas voulu l'arrêter !

– Oh ! On se calme. Racontez-moi…

Quelques minutes plus tôt, mes trois jeunes ont intercepté un véhicule de police pour indiquer le suspect principal aux policiers. Les policiers avaient enquêté sur le jeune homme, mais il n'y avait aucun avis de recherche à son nom. Les deux jeunes policiers n'ont pas voulu m'appeler, mais ils ont quand même pris les coordonnées du suspect. Le jour suivant, je fais une petite montée de lait et l'officier en charge de ces hommes fait passer le message. Dans la même soirée, avec l'aide de la jolie Nadine, une amie de plus de six ans que mes confrères appelaient affectueusement officier D., j'entreprends de localiser Cobra. Nadine n'est pas vraiment une source, mais sa connaissance de la mentalité et de la vision que la communauté noire entretient par rapport à nous est un atout certain. Il faut dire qu'elle est, moitié jamaïcaine, moitié allemande, et qu'elle n'a rien à envier à beaucoup de top models. Elle est aussi d'une grande intelligence et possède un sens inné pour l'enquête. Je l'ai régulièrement promue policière honoraire lors de quelques-unes de mes opérations, tout ça pour le prix d'un dîner ! C'est finalement elle qui, d'une voix suave et persuasive, appelle au domicile du suspect : le pauvre n'a aucune chance et tombe dans une trappe. Il sera cueilli alors qu'il tente de s'enfuir par une fenêtre de sous-sol. Ce sera de la part de Nadine un cadeau d'adieu. À mon grand regret, la belle partira quelques semaines plus tard s'installer à Toronto.

L'autre suspect, Nicelson Vancoll, est arrêté dès le lendemain. Les policiers du secteur ont voulu racheter leur bévue, c'est ce qui explique une telle rapidité. Bien sûr, le juge, fidèle aux habitudes de la cour, libère aussitôt les deux suspects moyennant une caution, et ce malgré un dossier judiciaire bien rempli.

Quelques semaines plus tard, Nicelson aura la mauvaise ou la bonne idée, tout dépend du point de vue, de se faire tuer par les membres de son propre clan lors d'une tentative de hold-up. On le retrouvera seul et refroidi dans une camionnette volée. Cobra, de son côté, après quelques remises, plaidera coupable et n'aura finalement qu'une petite sentence. Ma déception sera encore plus grande que celle des victimes. Quant à mon jeune ami, il surmontera sa blessure et deviendra quelque temps plus tard policier à Haïti au sein du groupe formé par la GRC.

* * *

Il y a quand même des jours où Dieu permet certains hasards. Ce matin-là, je vais rencontrer mon officier de classement quand je me retrouve face à face avec le bonhomme de Sainte-Anne-des-Plaines :

Jean-Yves. J'en ai le cœur qui s'arrête. Mais maintenant qu'il est sur mon chemin, il faut affronter la situation. Ses yeux ayant fui mon regard quelques instants, je me présente à ses côtés.

– Salut... Maintenant je me souviens de toi : l'homme au pittbull. Comment va ton chien ?

– Il est mort... La police de Laval l'a tué dans une perquisition.

– Merde ! J'en suis désolé... Je présume que nous n'avons pas tous la même façon de travailler.

– Non.

Le bonhomme me fait un petit signe de tête, tout en haussant les épaules. Nous restons sans dire un mot, un peu embarrassés. Finalement, un léger sourire lui traverse le visage.

– Comme ça, t'es pas ici pour notre cause.

– Non... Les bœufs m'ont ramassé dans une serre... C'est là qu'ils ont tué le chien.

– Ça fait drôle de se revoir comme ça, hein, Jean-Yves ?

– Ouais...

Je lui donne un petit coup de coude en signe d'amitié, ce qui le surprend quand même un peu. Nous en resterons là pour cette journée. J'ai un rendez-vous avec mon agent de classement. Ça fait partie des choses que je ne dois pas manquer ! Je sais maintenant que ce type ne me frappera jamais. Mieux, tout au long de notre séjour, nous aurons l'un pour l'autre un respect mutuel. Nous nous rencontrerons régulièrement dans les champs et sur les petites routes du pénitencier et jamais nous n'aurons à nous affronter autrement qu'en nous envoyant la main ou, certains mauvais jours, en nous ignorant volontairement.

Quelques minutes d'attente. Me voilà devant mon officier de classement, un jeune homme plutôt mince, au crane d'œuf et à lunettes métalliques. J'attends qu'il finisse de lire le rapport. À partir de maintenant, c'est à lui de valider les écrits de sa consœur. La rencontre n'est ni chaleureuse ni froide, juste correcte.

– Bon... Le 14 octobre vous sortez pour la transition et le 13 décembre, vous serez chez vous !

Nous sommes en juin. Pour moi, le mois d'octobre, c'est dans vingt ans. L'homme m'explique que j'aurai à travailler tant que je serai ici, puis il me demande mes qualifications.

– Flic...

Cette réplique lui arrache un sourire. Ici, ce n'est peut être pas la meilleure qualification, mais c'est la seule que je connaisse.

– Ici, ça ne va pas servir… Et dans cet environnement, il ne faut pas en parler.

– Tu penses ? Tout le mode est au courant !

Michel, mon nouvel agent de classement, me fait comprendre que, pour avoir un bon travail, il faut aller voir les gens concernés. Vendre son produit ! Je vais donc voir à l'école et à la bibliothèque. Arrivé à la bibliothèque, je sens que les trois lecteurs de journaux savent qui je suis, et c'est avec une certaine réticence, voire une réelle hostilité, que je suis accueilli dans le local. Sans grande conviction, je décide d'attendre jeudi pour le placement. Je suis persuadé qu'avec mes compétences en informatique j'aurai un poste de commis quelque part. Je retourne donc à ma chambre égrener le reste de la journée.

Dans les jours qui suivirent, je reçus un choc bien plus grand. Alors que je traverse le couloir qui me mène au condo, un énorme Noir me barre la route et vient m'aborder sans sourire. Il pèse plus de cent trente-cinq kilos et de longues tresses rastas tombent en cascades jusqu'à ses pieds. Il porte le costume habituel des cuisiniers, c'est-à-dire d'un blanc plus que douteux.

– Hey, mister Aubin, do you recognize me ?

Encore ! J'ai beau le regarder, rien n'y fait. Ni son visage ni son corps ne me donnent le moindre indice. La masse de chair attend un peu, comme pour mieux savourer la surprise, pour finalement laisser échapper un prénom.

– Marcus.

– Marcus ?

– Marcus S.

– Non, c'est impossible. La dernière fois que je t'ai vu, tu portais du 32 et tu avais les cheveux en brosse. Tu en fais le double maintenant.

Il étend les bras, comme pour mieux me faire prendre conscience du volume de son corps.

– Ya…

– Que fais-tu ici ?

– Comme toi… De la prison.

Cette remarque déclenche une certaine hilarité. Deux anciens ennemis face à face. Deux anciens ennemis certes, mais respectueux l'un de l'autre. Nous nous serrons la main, un peu comme de vieux amis après une longue séparation. Que pourrions-nous dire de plus ? Nous échangeons encore quelques mots, des nouvelles de son ancien groupe, quelques plaisanteries. Mais Marcus doit retourner à sa cuisine, et moi à mon condo.

– See you later !

– Oui, Marcus.

Nous nous reverrons à plusieurs reprises et jamais Marcus ne se départira de son immense sourire, même quand il sera avec son petit groupe de détenus noirs, qui pourtant me lancent des regards sombres. Il faut dire qu'ils le font avec presque tous les autres détenus blancs, comme à Sainte-Anne.

Ce soir-là, alors que je regarde la télévision dans la salle communautaire, Ronald vient près de moi.

– Tu n'as pas de télé ?

– Non... Je refuse l'idée même de m'incruster, j'ai une radio portative, des livres... tout ce qui peut se ramasser promptement.

– Oui, mais il y en a une dans le salon du condo.

– Avec Motard !

– La télé est à nous tous... et il va bien falloir que tu t'impliques. Je peux te parler ?

– Bien sûr.

– Tu sais que nous savons tous qui tu es ?

– Ouais...

– Les gardiens m'ont demandé de jeter un œil sur toi et tu peux être sûr que je vais m'arranger pour qu'il ne t'arrive rien. Ici je suis un ancien et, même dans mon ancienne prison, les gardiens me donnaient cette tâche. Tu as l'air d'un homme bien, en plus j'ai vu ta fille. Ce qu'elle est belle !

– Quelle chance...

– Ça ne peut pas nuire !

Sur ce, Ronald se lève, avec comme toujours un sourire limpide et serein aux lèvres. Jamais on ne croirait que cet homme d'une douceur presque féminine a été l'instigateur d'un quadruple meurtre il y a plus de vingt ans. De mon côté, je reste à regarder la télé. Deux autres vieux bonshommes comme moi viennent me rejoindre. Nous nous lions vite d'amitié, tous deux sont cultivés. C'est d'ailleurs pour ça qu'ils sont ici... la culture de marijuana. Mes deux compères ne sont pourtant pas des criminels : le premier a une épouse médecin, l'autre possède une petite auberge qu'il gère avec sa compagne. En fait, Jerzey et Claude sont de vieux amis et complices, ils sont tous les deux de véritables marginaux des années 60 et ne se gênent pas pour le déclarer. Nous nous empressons de parler politique, musique, théâtre… Dans cet environnement plutôt aride, cela me fait un grand bien de retrouver un peu de culture. Deux autres détenus arrivent pour jouer au billard, ce qui met un terme à notre conversation. Mais ils sont sympathiques et très vite nous échangeons. L'un d'entre eux s'approche et me demande :

– C'est toi qui étais… ?

– Oui… J'étais…

– Ah !

– C'est comme ça…

Tout le monde éclate de rire. Comment ne pas trouver la situation comique ? Personne ne pose de questions trop indiscrètes. Ici, tu t'ouvres ou tu ne t'ouvres pas, et c'est très bien ainsi.

– Moi, c'est Paul.

– Moi, c'est Claude.

– Moé, c'est Gilles.

Paul est un grand garçon dans la fin de la trentaine, qui n'a pas encore vieilli. Un grand adolescent gouailleur et quelque peu gavroche. L'autre, Gilles, un bonhomme bien carré dans la quarantaine, termine une sentence de vingt ans dans quelques semaines et ne tient plus en place. Paul, caché dans un coin, s'allume une cigarette. Il nous est interdit de fumer dans le local, mais tout le monde le fait en cachette. Malheureusement, notre maton bulgare a tout vu. Il entre de façon triomphale.

– Je vous ai vu ! Rapport !

Il ressort aussitôt pour aller au petit bureau des gardiens. Évidemment, nous n'avons pas le droit ! Quelques minutes plus tard, il réapparaît en tenant ostensiblement la feuille au-dessus de sa tête, tout en sautillant comme une ballerine.

– Rapport !

– Épais !

Je ne sais pas encore si ce bonhomme est con de nature ou s'il s'efforce de l'être, mais il y réussit à merveille ! Nous le regardons tous avec étonnement. C'est finalement Paul qui aura le dernier mot.

– C'est un parfait imbécile.

Personne ne le contredira.

Dans la même semaine, ce même gardien bulgare vient tâter mon pouls alors que je regarde la télé.

– Tu parles russe ?

– Da… Patchimou ? (Oui… Pourquoi ?)

– Tu sais, j'ai vu ton dossier…

– Alors, tu sais !

– En Bulgarie, j'étais KGB.

– Chez les gardes de la frontière ?

Mon gardien ne veut pas me répondre, mais je sais que la question est tombée juste.

– J'ai fait application à la police de Montréal, ils n'ont pas voulu de moi !

– Quelle perte…

L'autre me regarde avec beaucoup de circonspection. Il est persuadé que je me moque de lui et, sur ce point, il a tout à fait raison.

– Tu étais policier longtemps ?

– Da… J'ai été !

– Bien…

Je retourne à ma télévision, lui faisant ainsi comprendre que la conversation est terminée. Je n'aime pas ce bonhomme. Il y a quelque chose de malsain en lui. Le temps me donnera raison.

* * *

Fin de l'opération Cobra. Après quatre mois de traque, je dois me reposer. Mes patrons ont pensé à moi pour diriger une équipe réduite qui s'occuperait des informations sur les stupéfiants dans le secteur, mais c'est mal me connaître. J'ai deux hommes avec moi, John et Luc. John est une vieille bête qui connaît le secteur par cœur pour y avoir usé ses semelles pendant plus de vingt ans. Il a la ruse de l'Indien, la détermination du dogue et la fougue du chasseur. Ses yeux d'un bleu clair vous transpercent de part en part, et un sourire semble perpétuellement accroché à ses lèvres. Luc est plus terre à terre. Il aime bien quand je l'appelle mon fils adoptif. Ses yeux bruns, cerclés de verres qui lui donnent un air faussement austère, cachent mal une âme sensible. Il est aussi un bourreau de travail : à nous trois, c'est à qui en fera le plus !

250

Je ne suis pas depuis dix minutes dans ce foutu bureau que John arrive tout excité pour me baragouiner une histoire en franglais :

– Sir… j'ai quelque chose for you… Un gars of Toronto, a fraud. Plus d'un million de dollars. Les cops de là-bas called me.

– C'est bien, John, mais que veux-tu qu'on y fasse ?

– Sir… je sais où il est. I think !

Luc n'est pas encore arrivé, son témoignage à la cour a duré plus longtemps que prévu. John est si énervé que pour un peu il se lancerait seul dans cette affaire.

– Tu as un véhicule, John ?

– No, sir… That's your job.

– Tête d'Anglais…

Avec un grand sourire, John me montre les clés en les faisant tournoyer autour de son crâne presque chauve.

– Allez… Puisque tu veux prendre ton voleur, on y va !

John est aussi heureux qu'un enfant. Prendre des voleurs est resté un jeu pour lui et il s'amuse déjà comme un petit fou.

– Tu es sûr de tes infos ?

– Well…

– Bon… Nous verrons !

Nous voilà encore une fois lancés à la poursuite d'un suspect. John me conduit à une demeure située tout en haut de la rue de la Montagne. Au-delà, perché tant bien que mal, un petit boisé. Bien qu'elle soit divisée en plusieurs appartements, la demeure semble cossue. Selon nos sources, le suspect vivrait dans un de ces appartements. Nous stationnons l'auto. Je regarde l'édifice. Notre suspect a du goût, c'est indéniable.

– Tu sais à quel appartement il est ?

– Au 3, sir…

– Alors, sonnons au 2 !

En haut de l'escalier, les sonnettes nous indiquent que l'appartement 3 est à l'étage supérieur et que le 2 est à notre niveau. Le suspect ne nous entendra donc pas si nous sonnons au 2. Un individu dans la fin de la cinquantaine vient à notre rencontre. Pour le rassurer, je lui montre ma plaque de policier.

– Voulez-vous ouvrir la porte, s'il vous plaît ?

L'homme nous fait un signe amical et tourne les talons vers son appartement. Tout à coup, il se met à courir.

– C'est le gars…

John descend l'escalier en trombe, tandis que je reste quelques secondes devant la porte au cas où le fuyard reviendrait sur ses pas. Comme il ne se montre pas, je me précipite derrière la maison, juste à temps pour voir John à genoux derrière une clôture de broche et debout, à ses côtés le suspect, un poing haut dans les airs prêt à s'abattre sur mon partenaire.

– Si j'étais toi, j'y penserais à deux fois avant de faire cette bêtise !

L'homme me regarde bouche bée. L'arme que je pointe dans sa direction et le large sourire que je lui adresse y sont sans doute pour quelque chose.

– Vas-y et tu es mort… Ici, au Québec, tu vois, nous sommes considérés comme des barbares.

L'homme n'ose pas bouger. John se relève et constate avec colère qu'il a déchiré son chandail, une sainte relique d'un club de football.

– Look what you did !

John est vraiment hors de lui. Ne pouvant se contenir, il assène au suspect un coup d'avant-bras qui le fait virevolter malgré sa taille, puis il l'attrape par un bras et lui passe les menottes. Des gens se sont attroupés et regardent la scène, un peu incrédules.

– OK, nous sommes policiers, et cet homme est notre prisonnier. J'aurais peut-être besoin de témoins pour…

J'ai prononcé la phrase miracle. Tout le monde détale !

Notre détenu est un homme de bonne taille, élégant. Bien qu'il ait les menottes aux mains, il continue à nous regarder avec une certaine condescendance. Il a tout du gentleman anglais, et à ses côtés nous nous faisons un peu l'effet d'être de simples larbins.

– John… le donné des droits, s'il te plaît !

– But, sir… Shit !

John s'exécute à contre-cœur. S'il avait le choix, il botterait le cul à notre homme plutôt que de lui lire ses droits.

– Monsieur, me permettez-vous de retourner à mon appartement ? J'aimerais me changer.

John ne décolère pas et ne veut rien entendre. Il continue à se plaindre de l'état de son chandail.

– No way.

– John…

– No, sir… That bastard…

– John… monsieur aimerait se changer.

Il y a un bout de temps que j'ai compris pourquoi notre homme veut passer chez lui. Lors de l'incident, il a accidentellement souillé le fond de son pantalon, autrement dit il a carrément fait dans son froc. L'odeur devient gênante… John est dans une telle colère qu'il vient seulement de s'en rendre compte.

– John… Monsieur à besoin de se changer…

Notre détenu reste aussi digne que la situation le permet et attend stoïquement que nous ayons résolu notre problème de commandement. Ce petit incident de parcours constitue une chance incroyable pour nous : comme j'accompagne notre homme à l'intérieur, je n'ai pas besoin de mandat de perquisition et je peux regarder à loisir tout ce qui se trouve dans la pièce. Notre gentleman nous précède, moi et John. Mon partenaire ne cesse de maugréer.

– Il aurait dû garder son pantalon.

Les pièces sont meublées avec goût, le mobilier est tout sauf en toc, il y a un système de son haut de gamme et des tapis persans semblent avoir été disposés par terre à la va-vite. Par contre, il n'y a pas de vêtements ou presque. La peinture est un peu défraîchie, mais les couleurs sont bien agencées. Notre homme va se laver et se changer, il réapparaît dans des pantalons clairs de coupe impeccable. Je remarque alors sa chevalière en or, une chevalière imposante, sertie de petits diamants et de quelques pierres plus simples. La large boucle de son ceinturon est en or elle aussi, tout comme ses boutons de manchette. Ces faits ne m'échappent pas. Une fraude de plus d'un million dans une bijouterie, il faut que ça serve !

Nous rentrons au bureau, après avoir bien verrouillé la porte. Il ne faudrait surtout pas qu'un voleur vienne fourrer son nez dans ce petit trésor.

– Vous connaissez un avocat ?

– Non, mais…

– Vous en aurez sûrement un bon !

Le trajet se fait rapidement. John a hâte d'annoncer la capture du fauve à ses amis de Toronto.

– Tu le rentres dans le livre d'écrou ?

– Yes, sir…

De mon côté, je ramasse tous les papiers du bonhomme qui

semblent intéressants. Je sens que nous allons nous amuser. Une facture m'apprend que les meubles ont été achetés il y a moins de quatre jours dans une galerie d'art de la rue Sherbrooke, pour un montant de 54 000 dollars. Il y a aussi une facture de 35 000 dollars pour les tapis, achetés chez un autre gros marchand de la même rue, un type qui me déteste passionnément parce que je lui ai fait perdre deux millions de dollars de remboursement d'assurance pour un vol bidon. Je retrouve aussi la facture du système de son : 6 000 dollars. En prime, nous avons sous la main un reçu d'une bijouterie connue de la rue Sainte-Catherine pour un diamant d'une valeur de 20 000 dollars. Il ne me reste plus qu'à appeler tout ce beau monde.

— Salut, mon boss !

— Luc... C'est à cette heure-là que tu arrives ?

Luc reste interdit. Comme il ne connaît pas encore mon sens de l'humour, je m'en donne à cœur joie. Voyant mon large sourire, le benjamin du groupe se retourne et m'envoie joliment promener du geste. Puis il vient s'asseoir près de moi pour un rapide briefing. John, encore tout excité, nous rejoint.

— We have him, sir...

Luc regarde John avec étonnement. Il ne sait rien de ce qui s'est passé.

— John, ton chandail est déchiré !

— Don't...

Il est évident qu'il n'a pas envie d'en parler. Quant à Luc, il aimerait bien être mis au parfum. Je m'empresse de devancer sa curiosité.

— Ne me regarde pas comme ça ! Je ne parlerai pas, même sous la torture. Non... je ne dirai pas que John a pris toute une débarque en sautant une petite clôture... ni qu'il a eu besoin de l'aide d'un vieillard pour se relever.

— Ce n'est pas vrai, sir...

Luc jette un regard à son vieux partenaire tout en savourant la situation. Il ne se passe pas une journée sans que nous trouvions quelque chose à faire pour nous taquiner les uns les autres.

— Vous allez tout me raconter !

— OK, mais en attendant prends cette facture. Appelle le propriétaire du système de son. Je veux savoir comment notre bonhomme a payé. Toi, John, tu t'occupes du détenu. Je veux savoir qui sera l'avocat. Je veux que tu appelles Toronto pour plus de détails sur les bijoux, et le bijoutier, pour la pierre.

– Je vais aller le voir, je le connais bien.

Je me réserve la galerie d'art. J'ai bien hâte de savoir comment ils se sont fait avoir. Je décide d'appeler à la galerie.

– Bonjour. Je suis bien à la Galerie T. ?

– Oui, monsieur…

– J'aimerais parler au patron, s'il vous plaît !

– Je suis la propriétaire.

La dame semble un peu hautaine ou peut-être est-elle très occupée. Je ménage avec soin l'effet de surprise.

– Chère madame, je suis le sergent détective Aubin de la police de la CUM Je crois que vous avez vendu un beau petit mobilier chinois cette semaine, n'est-ce pas ?

– Oui…

La voix de la dame devient chevrotante.

– Ce monsieur vous a payé ?

– Oui… enfin, non… Il m'a donné un chèque. Monsieur l'agent, savez-vous où sont mes meubles ?

– Venez donc me rencontrer, madame…

La pauvre est sûrement sur le point de faire une crise d'apoplexie. Il lui faut moins de quatre minutes pour traverser le centre-ville et arriver au bureau, performance très honorable étant donné la circulation. Le policier de faction m'informe de son arrivée et je vais la chercher. La pauvre dame a droit à deux chocs : le premier est bien sûr la magnifique fraude dont elle a été victime, et le second est de traverser la porte qui sépare les visiteurs des détenus. Deux policiers sont justement au milieu d'une discussion orageuse avec un poivrot tellement ivre que son haleine suffirait à vous assommer.

– Suivez-moi…

La pauvre se colle à moi pour gravir le vieil escalier aux marches usées. Le poste de police n'est ni propre ni fonctionnel, et des cellules moyenâgeuses sans toilette montent des effluves d'acide urique qui n'ont rien pour rassurer le commun des mortels. Je fais asseoir la pauvre plaignante dans un petit bureau vide où John vient nous interrompre quelques instants plus tard.

– Toronto nous envoie la copie du mandat. Les gars sont bien contents là-bas.

La dame est de plus en plus mal à l'aise. Elle est projetée d'un seul coup dans un univers qu'elle n'a vu qu'au cinéma et, en prime, elle est angoissée à l'idée d'avoir été flouée de plus de 54 000 dollars !

– Savez-vous où sont les meubles ?

J'aurais presque envie de lui répondre non et de la laisser se ronger les sangs. Mais qui suis-je pour la juger ?

– Oui...

– Merci, mon Dieu !

On dirait qu'un poids immense vient de lui être enlevé des épaules : 54 000 dollars, ce n'est pas rien !

– Soyez gentille... Expliquez-moi comment vous avez été arnaquée.

La dame m'explique que l'homme s'est présenté à la galerie sous le nom de Vivot, un parfait gentleman, qui disait être un grand cardiologue suisse en train de s'installer à Montréal. L'homme lui a fait un chèque en lui demandant de ne pas le déposer avant quelques jours, le temps que les transferts entre banques soient effectués.

– J'ai fait transporter les meubles à son domicile... une maison qu'il venait d'acheter.

– Vraiment ! Vous êtes en train de me dire qu'il ne vous a pas montré ses papiers d'identité ou ses cartes de crédit, et que vous n'avez pas fait votre petite enquête ?

– Oui...

– Vous savez, je suis persuadé que si j'allais vous acheter un petit rien et que je vous proposais un chèque, vous exigeriez une liasse de papiers d'identité, simplement parce que je suis en jeans. N'ai-je pas raison ?

– Possible...

Cette fois, elle n'arrive tout simplement plus à me regarder dans les yeux. Je la laisse retourner à sa boutique, le temps de trouver un camion pour le déménagement. Je vais avoir besoin de l'accord de mon détenu ou d'un mandat de perquisition.

– Claude, maître W. est ici pour ton client !

W. est un ami de longue date. C'est un bon avocat, quoique un peu cher. Ce petit lutin haut comme trois pommes me réserve son plus grand sourire. Depuis plus de dix ans que je le connais, je ne l'ai jamais vu impatient ou de mauvaise humeur. Derrière ses lunettes métalliques flambe un regard intelligent et moqueur.

– Bonjour, Claude.

– Salut, W., ce monsieur est ton client ?

– Depuis quelques minutes.

Nous nous installons dans mon bureau pour entreprendre les pourparlers habituels. W. sait très bien que son client ne sortira pas de prison, mais en bon marchand il tente de trouver un compromis honorable pour les fraudes de Montréal.

– Ton client doit me donner la permission de visiter son appartement et de rendre les objets frauduleux à leurs propriétaires légitimes.

– Bien sûr... Mais je vais en parler avec lui, si cela ne te dérange pas trop.

J'ai des choses à préparer et je laisse Luc descendre avec l'avocat. Pendant ce temps, John se rend chez le bijoutier en pensant récupérer la précieuse pierre. Au bout de quelques minutes, W. revient, satisfait de sa discussion.

– Pas de problèmes ! Il te signe ça. Si tu récupères des choses qui ne sont pas indiquées, j'aimerais les voir.

– Tu n'as pas à t'inquiéter, tout sera fait dans l'ordre.

L'avocat a d'autres chats à fouetter et s'en va déjà régler une autre affaire. Entre-temps, John est revenu au bureau. Toujours hors de lui, il lance son gilet par terre.

– That son of a bitch !

J'ai l'impression que tout ne s'est pas passé comme il l'aurait souhaité. Luc reste interdit. Il est rare de voir John dans cet état, et deux fois dans la même journée...

– Ce... cette... Il ne veut pas remettre le diamant.

– Tu es surpris ?

– Yes and no... But...

– Ne t'en fais pas. Chaque chose en son temps.

Luc revient avec le consentement de notre fraudeur.

– Claude, je n'ai pas rejoint la boutique d'appareils électroniques.

– On l'apporte ici... Pour le reste, les victimes viendront ramasser leurs effets.

Nous passons un coup de fil à la galerie et au marchand de tapis. Les deux sont prêts à aller chercher leur bien. Nous convenons d'une rencontre dans les prochaines heures. J'avise aussi le bijoutier qu'il aura ma visite le lendemain, et que je serai muni d'un mandat de perquisition ! Le bonhomme est d'un naturel arrogant et, comme je sais aussi jouer à ce jeu-là, je sens que nous allons bien nous entendre !

Vingt heures. Nous sommes tous devant la maison : la propriétaire de la galerie, son mari, le marchand de tapis. Tout ce beau monde s'empresse de récupérer ce qui lui appartient. Dans un élan de reconnaissance, le marchand de tapis vient me serrer la main.

– Si je peux faire quelque chose pour vous...

– Ouais... Dites à votre patronne que c'est le sergent détective Aubin qui vous a remis les tapis.

– Vous êtes Aubin ?

Le pauvre roule des yeux ronds. Il n'avait pas fait le rapprochement entre les causes et les noms. Du coup, il se sent un peu gêné. L'histoire du vol a laissé sa marque. Peu m'importe qu'il soit à l'aise ou non... Je jette un dernier regard sur la pièce : je prends à tout hasard deux magnifiques petits bronzes qui trônent sur le comptoir.

À mon retour au bureau, Luc m'attend avec une mine déconfite. Le propriétaire de la boutique l'a tout simplement envoyé promener : il n'a pas l'intention de passer au bureau, il est trop occupé pour le moment. Je décroche le téléphone d'un geste brusque.

– Bonjour, c'est bien vous qui avez parlé à mon policier tout à l'heure ?

J'en ai franchement plein le cul de ces petits boutiquiers qui nous prennent pour leurs laquais. Le pauvre homme en prend pour son grade et ne parvient pas à placer un mot.

– Si vous ne venez pas d'ici une heure, je remets moi-même le système de son à sa place et vous perdez vos 6 000 dollars... Est-ce clair ?

Luc a les yeux rivés sur moi, un peu surpris, il ne connaît pas encore mon tempérament bouillant. John arbore son petit sourire des beaux jours. Il a enlevé son chandail : son corps est zébré de marques superficielles mais douloureuses. Mais tout va bien, son chandail n'est pas irrécupérable ! Mon boutiquier arrive dix minutes plus tard. Il a beau se confondre en excuses, je ne lui manifeste aucun signe de sympathie et c'est finalement Luc qui s'occupe des détails. Je finis la soirée dans un concert de photocopieuses. Il me faut encore tout préparer pour le lendemain. Le détenu doit être prêt pour le matin.

Le matin suivant la capture de notre fraudeur, j'arrive tôt au bureau pour compléter un mandat de perquisition. John me suit de près : il ne veut pas manquer une minute de la discussion que j'aurai avec le propriétaire de la bijouterie. Comme il est nettement plus facile de monopoliser un juge le matin, je décide d'y aller tout de suite. L'affaire est vite réglée, le juge me connaît bien et jette un œil distrait sur le formulaire avant de me souhaiter bonne chasse. À mon retour, j'appelle immédiatement à la bijouterie. John est installé à mes côtés et savoure déjà ce qui se prépare. Il semble que ses plaies soient cicatrisées, mais j'entendrai parler de son chandail pendant encore des mois. Je décroche le téléphone.

– J'aimerais parler à M.

– C'est moi...

– Bonjour... Je suis le patron du policier à qui vous avez refusé de remettre le diamant hier.

– Ouais !

– Je vais chez vous ce matin. J'y serai dans trente minutes. J'ai avec moi un mandat de perquisition... un ordre de juge... Et je veux la pierre.

Il se passe un certain temps avant qu'il réponde. J'ai presque peur qu'il se soit évanoui.

– Et si je n'avais pas la pierre ?

– Ce n'est pas très grave... Je verrouille les portes du commerce, je démonte tous les appareils photo pièce par pièce, puis les systèmes de son, les guitares, les ordinateurs, je fouille de la cave aux étages. Environ dix jours de recherche, donc la fermeture du commerce pour cette période... Ensuite, la maison, l'auto, la niche du chien, les coffrets de sûreté... Vous voulez que je continue ?

– Non...

– Alors je serai là avec mon policier.

– Très bien.

Mon bonhomme est en colère. John se régale comme un petit garçon dans un magasin de crème glacée.

– Wow... this is talking ! Sir... tu ne l'aurais pas fait ?

– Oui... Je ne fais jamais de promesse que je ne peux tenir.

– J'aimerais voir.

– Tu n'as qu'à me suivre...

Nous partons à toute allure. Mon partenaire est si excité qu'il ne cesse de parler. Nous stationnons la voiture devant le commerce et nous entrons ensemble avec un énorme sourire. Notre propriétaire ne semble pas apprécier notre visite.

– Voici le mandat...

– Voici mon avocat...

Celui-ci sans me dire bonjour ramasse le papier d'une main experte. Les études, il faut que ça serve ! Après avoir tout vérifié, il fait un signe d'acquiescement.

– Vous savez, tout à l'heure, je n'avais pas l'intention de cacher la pierre, je voulais juste savoir ce qui pourrait arriver.

– Je pense que vous le savez maintenant !

– Je vais aller avec vous à la cour. Mon avocat va exiger du juge que j'aie la garde du diamant.

– Vous ne pourrez pas. La police de Toronto en a besoin pour sa preuve.

– Mon avocat me dit le contraire...

Je regarde l'homme grassouillet à ses côtés, on dirait un pouf agrémenté de lunettes.

– Bon... Vous apportez la pierre avec vous... J'en fais le transport et votre avocat plaidera le reste !

M. et la pierre montent donc avec nous. De son côté, l'avocat suit dans son auto. Nous allons directement au septième étage rencontrer le juge P., peu connu pour sa patience. Je lui explique la situation, interrompu à quelques reprises par l'avocat.

– Bon... Qui a le diamant ?

Mon bijoutier lève la main lentement, comme s'il avait peur que la terre s'arrête.

– Alors, monsieur... Vous allez mettre cette pierre sur le bureau.

M. hésite quelque peu mais, devant les yeux insistants de son avocat, il s'exécute sans grand plaisir.

– Monsieur l'enquêteur, je vous donne l'ordre de prendre possession de cette pierre, vous allez la descendre au deuxième soussol, aux effets ! Elle y demeurera jusqu'à ce que la police de Toronto vienne la chercher. Voilà, bonne journée !

M. a la mâchoire qui se décroche. John se tortille pour ne pas éclater de rire. L'avocat reste tout aussi interdit. Je ramasse la pierre et, toujours suivi de M. et de son conseiller, je dépose le précieux bijou dans les mains de la magnifique patronne de la chambre des effets, la belle France aux cheveux d'or et au sourire magique. Avec cette tigresse, je suis persuadé que le diamant sera en sécurité.

— Excusez-moi, monsieur l'enquêteur… qu'est ce que je fais maintenant ?

— Demande à ton avocat.

Son avocat s'est déjà éloigné, et M. n'est plus d'humeur à rire.

— Vous me ramenez au commerce ?

— Bien sûr.

Tout au long du trajet, le pauvre ne gesse de gémir. Il perd pour le moment quelque 20 000 dollars. Mon partenaire tient sa revanche mais n'en laisse rien paraître.

— We will take good care of it.

À voir la mine déconfite de notre bijoutier, ce n'est pas pour lui remonter le moral. Je laisse M. et attend maître W. à mon bureau qui doit venir chercher ses garanties de paiement : les deux statuettes. L'artiste, qui est aussi l'amie de cœur de notre fraudeur, l'accompagne. C'est une dame dans la quarantaine avancée, accompagnée d'un chien… Elle est flamboyante, un peu caricaturale. Comme je n'ai pas la preuve de sa participation aux crimes…

L'histoire pourrait s'arrêter là. Mais, comme dans toute bonne comédie, il faut un point final. Les deux policiers venus de Toronto firent un peu la fête à Montréal. Ces deux hommes qui étaient venus chercher la pierre trouvèrent également le chemin des bars. Et, au matin, c'est l'estomac à l'envers qu'ils se rendirent à la cour où je les attendais. À leur mine tirée, je vis bien que la nuit avait été assez courte. Ils ne mirent que quelques minutes pour les formalités… Et c'est la tête lourde qu'ils repartirent vers la ville reine. De son côté, M. avait recouvré tous ses esprits et fait une demande par le biais de son avocat pour la rétention des biens auprès de la cour de Toronto. Le hic, c'est que la pierre n'y avait pas été déposée. À son arrivée, notre policier torontois avait tout simplement laissé le diamant au fond de son tiroir de bureau, au lieu d'aller le déposer à la cour. Il fait maintenant la circulation dans un coin reculé de la ville reine.

* * *

Les jours passent lentement au rythme du travail et des visites. À mon arrivée au condo, j'appelle Louise avant même de prendre une douche. Entendre sa voix me redonne du courage. De jour en jour, la vie s'installe au rythme du travail. Le soir, je lis beaucoup ou je suis au téléphone. Deux fois par semaine, c'est la visite de ma famille : c'est beaucoup leur demander. Louise s'étiole rapidement au point que je lui demande d'espacer ses visites. Même lors des visites, une certaine tension est palpable. Les détenus qui me connaissent sourient poliment, sauf peut-être mes deux amis et Ronald qui n'ont rien à voir avec le reste de la troupe.

Passé la première visite et les pleurs qui l'accompagnaient, le bonheur de pouvoir de nouveau toucher ma famille me redonne du courage pour continuer. Mes enfants sont merveilleux et je sais qu'ils puisent dans leurs réserves pour tenir eux aussi. Maintenant que l'été est là, nous pouvons nous installer sur le patio arrière où sont frauduleusement introduits pizzas et poulet et nous imaginer sur la terrasse d'un restaurant. Le gardien ferme les yeux pour certains. Malheureusement, comme pour tout, l'arbitraire s'installe. Ainsi Jon ne pourra pas entrer avec son eau gazeuse, alors qu'une famille italienne connue amène de la pizza pour tous !

Lors d'une visite, je croise une jeune femme, que je n'avais pas vue depuis près de quinze ans, venant réconforter son copain, Rich. Je sais qu'elle m'a reconnu, mais ni l'un ni l'autre nous n'oserons le dire. La belle n'a pas changé : toujours aussi mince et aussi faussement blonde, les cheveux coupés courts. Il semble que le temps n'a de prise sur elle. Nous nous regarderons constamment à la dérobée, comme si l'un et l'autre comprenions qu'il n'est pas nécessaire de renouer, et ce pour toute la durée de mon internement. De son côté, Rich semble me faire une mine grise . Il ne m'adressera jamais la parole, ni même un semblant de sourire.

Un matin, un autre monstre vient à ma rencontre. Il porte un bouc et sa bedaine est énorme.

– Salut, Aubin…

Pourquoi diable les monstres de plus de cent kilos viennent-ils tous me dire bonjour ?

– Tu ne te souviens pas de moi ?

– Pas du tout…

– Tu étais… assez près de ma blonde à l'époque.

– Ta blonde ?

– Jennifer…

Je le regarde avec plus d'attention. Cette fois, il n'y a plus aucun doute.

– Tony ?

– Ouais… Et ne me dis pas que j'ai engraissé !

– Ben… C'est-à-dire que tu n'as pris qu'une petite cinquantaine de kilos.

– Ouais… C'est à peu près ça !

Nous passons les quelques minutes suivantes à nous remémorer de bons souvenirs. Tony est un excellent voleur de voitures et c'est d'ailleurs pour ça qu'il est ici.

– Je ne veux pas te faire de peine, mais avec cette bedaine il va falloir que tu te recycles… Tu ne peux plus courir, maintenant !

– Pas vraiment, non. Il faut juste que je sois assez bon pour ne pas me faire prendre.

Nous aurons le loisir de reprendre cette conversation, Tony est un bon garçon sans malice, un géant tranquille qui ne sourit qu'avec peine, mais pas un type qui te poignarderait dans le dos.

Et, au fil des jours, je rencontre ainsi des gens que je connais ou qui me connaissent. Certains sont des amis de mes anciens détenus, d'autres d'anciennes connaissances. Dieu merci, personne ne semble assez en colère contre moi pour m'en parler. Presque tous les jours, je suis abordé par d'une personne qui me parle de quelqu'un ou d'un incident particulier. D'autres m'arrêtent pour un conseil. Plusieurs viennent me raconter leur arrestation et souvent leur frustration face à un enquêteur qui, à leurs yeux, a manqué à sa parole.

* * *

– Aubin, au bureau…

Tiens, la journée dentiste… J'avais fait une demande quelques semaines plus tôt et il faut croire qu'aujourd'hui est une bonne journée. Nous sommes cinq détenus, dont Jean-Yves, qui souffre d'une vilaine carie qui l'empêche de dormir, à attendre dans le corridor. Un gardien nous conduit de l'autre côté de la route, soit au médium, pour y rencontrer le dentiste. Le temps de traverser la rue et nous sommes à l'autre minimum contrôlé. De l'extérieur, il ressemble à un château-fort, avec ses hauts murs épais, ses tours, ses passerelles. Mais de l'intérieur il fait plutôt penser à un cloître. Tout y est calme, de petites allées bordées de fleurs et d'arbres traversent en tous sens la fortification ; les bâtisses blanches ou en briques se marient bien à la nature. Quelle différence avec notre camp tout en béton ! Même les locataires des lieux semblent habités d'une paix intérieure… Ici l'extérieur n'est pas visible. Les détenus n'ont pas droit comme nous à la vision de l'autoroute surchargée et aux voitures qui passent à fond de train.

Nous voilà chez le dentiste… À lui seul il vaut le déplacement. Un gros bonhomme dans la quarantaine, habillé comme un détenu, jeans et chandail blanc, parlant comme un détenu, agissant comme un détenu… Rien ne le distingue de nous.

– Vous êtes là pour moi ?

Personne n'ose répondre… L'un de nous finit par se lever et suivre suit l'homme que j'ai déjà assimilé à un plombier ou à un maçon. Puis vient mon tour.

– Salut…

– Je viens pour…

– Assois-toi.

Sans dire un mot, il regarde la dent que je lui montre, gratte un peu et se prépare lentement.

– J'aimerais un léger plombage…

– Ici on arrache…

– Non…

– Alors je nettoie.

Ma dent sera sauvée de justesse et aura droit au nettoyage. Des cinq, je suis le seul qui ne sera pas saigné.

Au retour, *le Journal de Montréal* trône sur la table du salon, ce qui me met la puce à l'oreille. Je le feuillette et je tombe, pages 2 et 3, sur ma photo et sur celle d'Alain. Un journaliste a été plus chanceux que moi : il a eu accès à mon dossier de cour et, sans connaître l'histoire, il répète tel un perroquet bien dompté les assertions des enquêteurs. Je suppose que mon histoire fait encore vendre. Motard apparaît avec un léger sourire aux lèvres. Son partenaire de chambrée est déjà dans la cuisine, ainsi que mon gros ours… Je laisse tomber la feuille de chou.

– Je suis déçu…

– Quoi ?

– Je dis… je suis déçu, la dernière fois j'étais en page 1… Je suis déjà moins intéressant.

Tout le monde se regarde et finalement prend le parti d'en rire. Motard se met même à me parler.

– Moé aussi, j'ai fait les journaux…

264

Bazou et Gerry n'en parlent même pas. Leur silence témoigne d'un respect que j'apprécie de plus en plus.

La semaine est fertile en émotions. Un soir, j'ai le plaisir de rencontrer Laval, mon vieil ami, qui vient contre vents en marées me voir et me soutenir. Pour faire cela, il lui faut des couilles bien accrochées : des « amis » de travail lui ont fait comprendre qu'il doit choisir entre eux et moi. Son sang ne faisant qu'un tour, il leur a expliqué sa façon de voir la vie... Maintenant, planté tout droit devant moi, un café à la main, il me regarde avec son sourire débonnaire, et un peu gauchement je souris à mon tour.

– Salut, mon Claude.

– Salut, Laval.

Sans fausse honte, nous nous serrons très fort. Il ne sait pas combien la présence de quelqu'un d'extérieur à ma famille me fait plaisir.

– Bienvenue dans ma modeste demeure.

– Mes femmes t'embrassent et te font dire qu'elles t'aiment.

J'en ai les larmes aux yeux et ce n'est qu'avec beaucoup d'astuce que j'arrive à les essuyer sans qu'il n'y paraisse. Nous passons plus d'une heure ensemble. Malgré des pressions énormes, mon ami est venu me rencontrer dans une prison et je lui en suis reconnaissant. Je sais très bien par quelle gamme d'émotions il a dû passer. Ce bonhomme est fait d'un seul bloc, c'est d'un seul bloc qu'il a répondu à ses amis et c'est toujours d'un seul bloc qu'il se présente devant moi. Assis à une table un peu plus loin, Patrick me fait un petit clin d'œil. Mon partenaire de condo est ici depuis quelques mois et, comme il le dit si bien, son derrière appartient au système jusqu'à sa mort. Après plus de dix-sept ans de tôle, ce gentil garçon connaît la puissance de l'amitié et le réconfort des visites. Laval se penche vers moi tout en jetant un œil inquiet pardessus son épaule.

– Veux-tu m'expliquer ?

– Bien sûr, Laval, tu me connais !

Je passe donc l'heure de la visite à lui expliquer tant bien que mal toute l'histoire.

– Tu sors quand ?

– Au mois d'octobre, en principe... En fait le 14.

– Alors c'est bientôt.

Sa remarque me rappelle qu'il me reste encore un peu plus de deux mois à tirer. Laval a sûrement senti ma peine, car il change immédiatement de sujet.

– As-tu des nouvelles de Marty ?

– Non…

– Du gros Roger ?

– Non plus… Tu dois comprendre que mon cercle d'amis s'est un peu rétréci.

Nous restons silencieux quelques secondes. Lui et moi comprenons ce qu'est l'amitié. Pas besoin d'élaborer notre pensée pour le moment. Le temps viendra.

– Jean-Michel est en contact avec moi presque tous les jours.

Mon pauvre Jean-Michel, ce Don Quichotte au cœur de bœuf, je sais à qul point il doit être encore tout bouleversé. La fin des visites est annoncée. Le temps si long en prison est si court lors de ces moments magiques. Laval repart en me promettant de revenir. J'ai le cœur lourd. Je retourne à ma chambre et attends un peu avant de téléphoner à Louise. Je ne sais pas si c'est la prison, mais j'ai grand-peine à contenir certaines de mes émotions.

Mon ex-partenaire de chambrée, le gros ours, est sur son départ. Malgré son air rébarbatif, ce n'est qu'un doux qui joue un rôle. De mon côté, j'ai déjà laissé mon lit à un de ses amis, le petit Richard, un garçon très bien qui nous gave d'un délicieux sucre à la crème ou de gâteaux qu'il adore confectionner. Le pauvre garçon est détenu depuis quinze ans et n'attend plus grand-chose de la vie, sauf peut-être sa sortie… un jour. En discutant avec lui et Gerry, mon nouveau partenaire de chambrée, je me suis rendu compte que ce sont à leur manière de grands philosophes. Gerry aurait pu être un homme d'affaires prospère, il avaiťla détermination et l'intelligence pour y arriver. Richard ferait un excellent cuisinier ou pâtissier, un restaurateur affable et sans malice. Je n'ai jamais perçu de colère en lui. Et Patrick, notre nouvelle recrue, est un beau sportif qui tente par tous les moyens de développer son érudition. Sur ce radeau de la Méduse, nous faisons une belle brochette d'êtres humains blessés, épargnés par l'amertume et restés fiers malgré nos moments de cafard. Un autre Richard viendra prendre la place de Gerry. Son départ me cause beaucoup de peine, et au matin je préfère faire semblant de dormir pour ne pas le lui montrer.

Les semaines passent lentement, avec leur succession de rendez-vous, de téléphones et de visites. Je n'ai pas encore réussi à m'habituer à regarder ma famille partir. C'est trop difficile. Le jeudi soir et le dimanche, j'ai les yeux rivés à ma fenêtre. Mon fils et moi avons développé un rituel : l'auto s'arrête quelques instants, il me salue, je fais de même et j'accours aux visites en traversant les deux couloirs et le terrain au pas de course. Louise trouve les visites de plus en plus difficiles à gérer. Malgré ses sourires, je sens bien qu'elle n'en peut plus. Ma mère vient un dimanche après-midi malgré la chaleur torride. Elle est venue en autobus et doit marcher près d'un kilomètre. Les autobus s'arrêtent toujours au vieux pen fermé depuis plus de vingt ans et non devant le nouveau complexe. Les autorités compétentes, un bien grand mot pour désigner les imbéciles qui nous gouvernent, n'ont pas encore dû être avisées. C'est accompagnée d'un détenu bon samaritain que ma mère fait son entrée aux visites. Presque tous les visiteurs s'offriront pour la raccompagner à Montréal. J'ai droit aussi à la visite de ma cousine. Comme moi, elle aime bien manier l'ironie et, ensemble, nous commentons toute l'aventure avec beaucoup de petits sourires entendus.

Dans le camp, tout ou presque se passe dans l'harmonie. Peña ne me parle qu'à l'occasion. Il partira bientôt. Les autres viennent discuter avec moi, sans méchanceté ou rancœur. D'anciens policiers que je connaissais me lancent des messages de soutien à travers la voix de certain détenus. Il n'y a que cet imbécile de gardien bulgare… Il est là à épier tout ce qui ce passe, avec dans les yeux une malice plutôt malsaine. Depuis peu, il vient aux visites et, à voir la mine déconfite du gardien régulier, il n'est pas difficile de comprendre que notre homme du KGB. n'est pas le bienvenu. Son nouveau jeu consiste à suivre les détenus après la visite et faire fouiller les sacs… pour y trouver des choses interdites : livres, gâteaux, stylos.

C'est aujourd'hui ma fête, Marie et Pierre, son amoureux, viennent gentiment m'apporter un petit cadeau : un livre. Nous nous embrassons, Marie et moi, avec beaucoup de tendresse et tournons notre peine en dérision pour mieux la cacher. Tout à coup, des coups retentissent à la fenêtre… Tiens, mon Bulgare !

– Interdit… livre… interdit !

– Nitchevo ! Fous-moi la paix !

Cette fois, il ne me fera pas chier. Dans les yeux de ma fille se dessine une inquiétude qu'elle n'arrive pas à cacher. Je dois utiliser toutes mes réserves d'énergie pour ne pas éclater de colère. L'autre idiot, toujours debout à sa fenêtre, me fait signe de venir lui montrer mon cadeau. Cette fois je me lève et lui tends le bouquin.

– Tu vois, c'est ma fête, ma fille me fait un cadeau… Alors…

L'autre regarde le livre et le feuillette comme s'il cherchait une raison pour le confisquer. André, le deuxième gardien de service me regarde un peu gêné, nous nous connaissons bien maintenant, nous avons établi une belle entente et il se montre toujours correct et aimable avec ma famille et mes amis.

– Tu fais quoi maintenant ?

Ma question est beaucoup plus une bravade qu'autre chose. La détention commence à me mettre les nerfs en boule. Cette façon qu'on a d'infantiliser devient débilitante. Le Bulgare attend encore un peu et finit par me tendre le livre.

– Spasiba. (Merci.)

– Dasvidania. (Au revoir.)

– Tu vois… On doit dire pagaltsa, quand on est poli… Mais j'imagine que tu ne connais pas ce mot… Dasgvidania…

Mon sourire dément le feu qui transcende mes yeux. Je me répète de ne pas craquer, mais c'est de plus en plus difficile. Marie voit bien que son père n'a pas perdu son goût pour l'affrontement. Je retourne m'asseoir comme si de rien n'était. Le Bulgare épie mes gestes, mais je n'ai pas peur de lui.

Un dimanche matin, je reçois une visite inattendue. Une amie journaliste, la belle Thérésa, vient me réconforter. Depuis le début de mon internement, elle n'a pas cessé de m'envoyer des lettres d'encouragement. Je sais qu'elle brûle secrètement de faire un reportage, mais son amitié l'emporte sur le journalisme ! J'aime beaucoup cette jeune femme. Malgré la compétition féroce de mon ami Gerry, lui aussi journaliste pour la même chaîne de télé, la petite ne fait aucune pression… seulement de fines allusions auxquelles je souris !

* * *

En bon directeur de prison, Serge retourne à ses illégaux. Je me sens quand même flatté qu'il vienne de temps à autre m'encourager. Malgré la gêne perceptible qui le tenaille, il fait tout ce qui lui est humainement possible pour me faciliter la vie. Et moi, tout en cuisant une centaine de cuisses de poulet dans un four d'une autre époque, je laisse errer mes pensées, qui vont traîner dans les dédales du métro. Je suis en train de faire cuire des repas pour des illégaux que je pourchassais avec un certain succès il y a à peine quelques années. C'était à une autre époque…

En avril 93, j'avais été informé par mes sources qu'un groupe africain contrôlait le métro Peel dans le centre-ville et ses alentours. Ces gens fraudaient allègrement la compagnie Unitel, l'une des grandes compagnies de téléphone au Canada. J'avais moi-même assisté à leurs manigances à plusieurs occasions en compagnie de M., une source sud-américaine. J'avais bien sûr appelé à Toronto pour signaler la chose, mais comme la personne à qui j'avais parlé ne semblait pas s'en faire outre mesure, j'avais oublié le dossier ! Pourtant, un jour de décembre, je vis débarquer deux anglophones un peu guindés et tirés à quatre épingles. Ils venaient rencontrer mes lieutenants. Je finissais quelques dossiers et je dus entrer dans leur bureau. Est-ce le destin ou le hasard ? Peu importe, il fit bien les choses. Je surpris la conversation au moment où un des deux individus se plaignait du peu de cas que nous avions attaché à son problème.

– Vous ne seriez pas par hasard de chez Unitel ?
– Yes !
– Monsieur L. ?
– Yes…
– Vous vous souvenez peut être de mon appel ?
– Sergent Aubin ?
– Tout juste…

Mes deux lieutenants sont sidérés. Sans bien comprendre ce qui se passe, ils regardent tous les deux notre bonhomme qui venait ici se plaindre de nos services.

– Comme ça, vous vous réveillez !
– Nous avons pour près de deux millions de pertes…

Je ne peux m'empêcher d'arborer un sourire narquois devant les deux pauvres Torontois. Jacques me fait signe de m'asseoir et de participer au débat.

– C'est simple… Vous voulez que nous arrêtions la fraude ?
– Oui. Le plus rapidement que possible !

Je ne les regarde déjà plus, mon cerveau calcule à la vitesse de la lumière : le nombre d'hommes pour l'opération, la durée, la portée…

– Vendredi et samedi !

– Cette semaine ?

– Oui, Jacques…

– J'ai besoin de huit policiers en civil et de six en uniforme. Je vais demander l'aide des agents du métro, un enquêteur de Bell et un autre de chez Unitel…

– Tu te rends compte que nous sommes mercredi !

– Oui, Michel…

Michel, mon deuxième lieutenant, hoche la tête, incrédule. Mais comme il me connaît depuis plus de cinq ans, il sait que j'ai banni le mot « impossible » de mon vocabulaire.

– Bon… Tu t'en occupes !

Me voici en charge d'un projet qui doit être monté à la hâte. À la fin de la journée, j'ai rassemblé mes huit hommes, dix de plus dans le métro, mon ami Benoît de chez Bell et j'ai la promesse d'avoir un technicien d'Unitel. L'affaire est simple : pour Bell, il suffit d'écouter simultanément seize lignes téléphoniques que nous avons identifiées au niveau du quai, ainsi que trois autres en surface et pour Unitel, il faut enregistrer ces mêmes appels et accumuler la preuve. Quant à nous, nous devons surveiller et arrêter les vendeurs et les clients. C'est simple !

Le vendredi matin, toutes mes équipes sont prêtes. J'ai l'équipe de Bell et d'Unitel, et les agents du métro sont aussi présents. Je sens une certaine fébrilité à l'intérieur du groupe. Les gars du métro attendent cette intervention depuis longtemps, ils sont bien au fait de la fraude, mais faute de plaignant, ils devaient se contenter du rôle d'observateurs impuissants. Cette fois, ils auront une petite revanche. Mes jeunes, de leur côté, sont heureux de changer de la routine de l'autoradio. Question logistique, ça ne va pas tout seul : nos communications ne sont pas compatibles, il me faut un officier du métro à mes côtés en permanence, le walkie-talkie n'a pas la portée nécessaire pour se rendre jusqu'à Bell Canada et nous devons utiliser le téléphone… C'est à peine si je peux communiquer avec les autos de patrouille à l'extérieur. Le briefing terminé, mes hommes sont munis de cinq billets de métro chacun… nouvelle lubie de notre directeur bien-aimé ! Nous nous rendons tous au métro Peel. Tous mes hommes savent où se poster et l'opération peut commencer.

Nous n'attendons pas très longtemps avant de voir arriver nos clients. De petits groupes de trois ou quatre individus s'agglutinent autour des îlots téléphoniques. Malheureusement les revendeurs semblent en retard. Les clients feront comme nous… Ils attendent avec impatience ! Voilà ! Ils arrivent… Nous pouvons commencer. Mes hommes filent quelques-uns des vendeurs qui commencent leur journée. Déjà une opération est en cours… Merde ! Ils se rendent à un téléphone non répertorié, le seul se trouvant à la sortie de Maisonneuve.

– Luc à Claude… On fait quoi ?

– J'arrive…

C'est la course vers la sortie pour retrouver mes hommes. Le téléphone situé au niveau de la rue est occupé par quatre personnes, le vendeur et trois clients. Malgré sa suspicion à notre égard, l'homme compose une série de chiffres que je reconnais : 888-6666 et le numéro de téléphone, soit un minimum de vingt-six chiffres au total. Luc m'interroge des yeux, je laisse quand même travailler notre homme. Une jeune femme s'empare de l'appareil et parle…

– Maintenant !

Nos quatre amis sont arrêtés. Le vendeur tente bien de détruire le bout de papier sur lequel est inscrit le numéro du jour, mais nous sommes plus rapides que lui. Il s'ensuit une petite bousculade au cours de laquelle la jeune femme tente de s'enfuir. Je peux comprendre ! Elle participe aux Jeux du Canada et a demandé un statut de réfugiée. Tout ce beau monde est transporté par mes hommes en uniforme, pendant qu'on nous informe par walkie-talkie de ce qui se passe en bas. Ça bouge ! En fait, il y a beaucoup de clients, mais peu de vendeurs. Mes hommes ont tôt fait d'utiliser leurs billets de métro. Je leur donne donc les miens.

– Jean-Michel à Claude…

– Oui, Mike…

– Le gars tout près de toi… C'est un vendeur…

Le bonhomme se promène un peu partout, il semble se méfier de notre présence. Nous ne sommes pas de la bonne couleur pour une fois. L'homme se déplace et je suis pour le moment le seul bien placé. Je n'ai plus de billet, mais comme c'est la troisième fois que je passe devant la préposée accompagné d'un agent du métro, je lui montre ma plaque.

– Payez.

– Pardon.

– Vous ne passerez pas !

Je fais signe à l'agent de continuer, je ne veux pas perdre le suspect. De l'autre côté, Jean-Michel ne peut m'apercevoir, il voit bien notre homme, mais comme ce dernier l'a déjà vu... Je tente poliment de me dépêtrer de cette situation pour le moins stupide.

– Madame... vous voyez bien que nous sommes en pleine opération... Et avec la police du métro !

– Ça ne me regarde pas !

– Pardon ?

Cette fois, je pète les plombs... Je saute par-dessus le tourniquet, aller et retour, à cinq reprises. La dame reste interdite devant moi.

– Et là, tu fais quoi, idiote ? Tu me fais arrêter ?

La pauvre appelle sa superviseure qui me fournit très gentiment deux liasses entières de billets de métro, environ une centaine. Le sourire qu'elle me lance me réconforte un peu !

– Si tu as besoin de plus...

Je regarde la préposée qui, avec son air stupide de bon fonctionnaire, continue sa journée comme si de rien n'était...

– Quelqu'un vous a déjà dit que vous étiez une grosse conasse ?

Je repars, toujours en colère... Les billets ne m'ont pas consolé, ils ont juste augmenté ma colère contre le système. Luc finit par me rejoindre. Mes hommes suivent un deuxième suspect. Je laisse la gentille superviseure en lui promettant un café. Je ne tiendrai malheureusement pas ma promesse. Voilà un deuxième appel. Notre homme a des clients... Nous procédons comme avec les premiers. En même temps, un troisième groupe se forme un peu plus loin. Nous y sommes ! Cette fois, les vendeurs sont bien sur les lieux. En moins d'une heure, nous avons treize détenus en cellule, dont huit vendeurs. Quatre autres viendront s'ajouter avant la fin de la journée.

Je suis maintenant au bureau, tout le monde est survolté. Le pauvre sergent de poste en a plein les bras en plus de ses détenus réguliers, il lui faut composer avec les miens, et ce avec seulement quatre cellules. La journée de mon personnel est à toutes fins pratiques terminée. Pour moi, elle ne fait que commencer... L'enquête doit maintenant se poursuivre, suivie des mises en accusation, alors, même si je pare seulement au plus pressé, j'ai encore plus de six heures de travail devant moi.

– À demain, boss !

– Ouais…

Il me reste encore le lendemain pour clore le dossier. J'ose à peine y penser. J'ai bien l'impression que je ne dormirai pas beaucoup encore une fois.

Le lendemain, la nouvelle s'étant répandue comme une traînée de poudre, nous n'avons que deux arrestations à nous mettre sous la dent. Michael L. de Toronto est aux oiseaux. Les fraudes ont baissé de plus de 90 %, ce qui n'est pas trop mal.

– Tu vas me sortir toute la preuve sur ton ordinateur.

– Yes, sir ! Nous en aurons pour une bonne semaine.

– Pire… Je t'envoie une vingtaine de codes trouvés sur mes vendeurs.

En vérité, c'est plus d'une trentaine que je trouverai. Pour cette trentaine de codes, il y aura des dizaines de fraudes pour plus d'un million de dollars. De son côté, Benoît y va de ses compilations personnelles, plus d'un pouce de paperasse, et c'est moi qui devrai tout compiler pour monter une preuve devant la cour. Le lundi matin, Jacques et Pierre seront très contents, mais André, mon capitaine, fera une syncope… La maladie du temps supplémentaire !

Quelques semaines plus tard, je commence à recevoir l'information de la compagnie Unitel. C'est une plein boîte de rapports qu'ils ont amassée. La fraude s'élève maintenant à un million et demi. Avec toutes mes autres causes à la cour, j'en ai déjà plein les bras ! Mais, bon ! Les accusés sont libres depuis quelque temps, et la fraude dans le métro est presque inexistante. Unitel, Bell et moi sommes en contact permanent. Le procureur de la Couronne attend toujours le reste de la preuve, car avec ce que nous avons pour le moment, nous ne pouvons penser obtenir de grosses condamnations. La preuve est tellement technique que même moi qui étais sur les lieux, je m'y perds. Je décide donc de monter à Toronto rencontrer les gens d'Unitel. Mon capitaine ne le voit pas de cet œil.

– Fais-toi faxer le tout.

– Les mille pages ?

– Ben…

– Veux-tu que l'on me faxe l'enquêteur de chez Unitel ? Et s'il lui manque des éléments… veux-tu que l'on faxe l'ordinateur ? Veux-tu que je ferme le dossier ? Ça ne coûtera plus un sou !

– Non, non, Claude… Mais tu comprends, je dois gérer tout

273

ça ! Va rencontrer le procureur… s'il t'autorise, je t'enverrai !

Je rencontre donc le procureur dans la journée. Le pauvre ne peut croire ce que je lui raconte.

– Tu pars quand ?

– Merci !

À mon retour, André finit par entendre raison l'air un peu déçu. Je sais bien qu'il n'est pas très heureux… Pourtant à une autre époque, il en a fait du temps sup !

– Je m'en occupe !

À mon bureau, je continue à compiler la preuve et à monter les accusations. J'ai plein de plaintes en retard et ce dossier n'est pas pour m'aider. Norm vient à ma rencontre…

– Hey… Le capitaine a appelé ton procureur pour vérifier. J'étais dans le bureau.

– Merci, Norm…

– Fais attention à lui !

Ce n'est pas la première fois qu'André tente de me doubler. C'est lui qui a mis fin aux A.V.I. pour m'affecter aux vols de corde à linge ! C'est aussi lui qui est passé au bureau vers une heure du matin, un vendredi soir d'hiver, pour vérifier inutilement si je portais une cravate ! C'est à partir de ce moment que je commençai à écrire dans notre journal de bord… qu'il me faisait chier au cube ! Mes confrères aimaient lire les remarques que j'y inscrivais régulièrement…

Je vais finalement passer toute une journée à Toronto. L'accueil est plus que chaleureux, un comité est là à m'applaudir et ces beaux messieurs payent même le dîner. Mieux : comme nous sommes vendredi, les patrons tous en jeans descendent au restaurant prendre une bière à ma santé. Dans la soirée, je vais souper avec Nadine chez l'Italien. Il faut dire que sa bonne humeur me manque, tout comme sa vision différente de mes enquêtes. Le gros chat noir et blanc du propriétaire va de table en table distribuer ses caresses sans que les habitués du resto n'en aient cure.

De retour à Montréal, j'aurai à affronter six avocats pour l'enquête préliminaire. Deux jours de témoignages, six boîtes de documents, huit témoins !

Chapitre 11

Tel Harpagon cramponné à son or, le fourrier fouille dans un lot de frusques usagées et tachées pour me trouver de quoi me vêtir. Certaines chemises auraient dû finir en guenilles depuis un bout de temps déjà, mais c'est moi qui vais en hériter, pour quelques mois du moins. Me voici équipé de la tête aux pieds : de belles bottes jaunes fabriquées en Chine, six pantalons et six chemises d'un blanc acceptable, des bas noirs complétés, après quelques palabres, par trois paires de bas de laine. Je suis maintenant prêt à entamer ma première journée de travail... aux cuisines.

La veille, le comité de travail du camp de vacances Saint-François avait décidé que la cuisine de l'immigration entrait dans mes cordes. En me présentant devant le comité, je nourrissais certains espoirs. Je me serais bien vu occuper un poste de bibliothécaire, d'assistant au professeur de français ou même travailler dans l'un des bureaux de la prison. C'est idiot, mais je me faisais encore quelques illusions sur le système. Quelques minutes d'attente dans une petite antichambre, le temps de lire sur une affiche collée au mur les règlements de la maison et les buts du système pénitentiaire. Puis je suis présenté au comité, un groupe de cinq femmes d'âge varié qui papotent entre elles. Mon arrivée constitue pour elles une distraction mais ne les incite pas vraiment à me trouver une occupation. Finalement, l'une d'entre elles interrompt les mondanités en faisant remarquer qu'elles ont quand même du travail.

– Vous êtes ?

– Claude Aubin.

Après un bref coup d'œil sur un dossier laissé sur la table, une jeune femme prend un stylo et semble attendre une décision.

– Bon... Monsieur Aubin, avez-vous une idée de travail pour vous ? Que savez-vous faire ?

– Bien... Madame, je connais les ordinateurs, je tape, je sais enseigner. Je pourrais m'occuper de la bibliothèque... ou être commis.

– C'est bien, tout cela...

Les cinq dames tiennent un court conciliabule, puis la dame un peu replète et à la jupe trop étroite, qui semble présider le comité, me fait une offre que je connais déjà. Les gars du condo m'ont avisé que l'on manquait perpétuellement de personnel aux cuisines.

– Je ne doute pas de vos compétences, elles sont remarquables, mais le seul travail que nous ayons pour vous se trouve aux cuisines de l'immigration.

Le chef des cuisines est assis à mes côtés. Un petit homme dans la soixantaine, taciturne, d'origine italienne et peu enclin au bavardage. Il ne semble pas se faire d'illusions. Personne ne veut prendre ce travail.

– Je commence quand ?

L'homme me regarde, tout étonné. Il s'était déjà fait une raison en ce qui me concerne et attendait la venue d'un autre couillon qui accepterait de se casser le dos aux cuisines.

– Demain… si vous le voulez. Vous allez aux cuisines ?

– Ouais, madame…

La présidente du comité me fait un petit signe pour me chasser. Un autre candidat attend dans l'antichambre. Ces dames ont encore beaucoup de travail, parfois jusqu'à trois individus dans la même semaine, c'est-à-dire au moins une heure de travail !

Ce vendredi-là, j'arpenterai les couloirs de la prison tout de blanc vêtu. J'imagine que je suis médecin dans un hôpital de campagne. J'arrive à la porte de sortie. Un gardien assis devant un bureau en perpétuel désordre prend mon nom et me laisse sortir. Pour me rendre au travail, j'ai devant moi près d'un kilomètre de marche en terrain libre. Je peux marcher sur la pelouse, traverser un petit pont qui enjambe un ruisseau, suivre l'évolution d'une petite famille de canards, arpenter un sentier et passer un rail de chemin de fer, tout cela sans surveillance et sans accompagnement. Mais défense de marcher dans la rue, sinon je suis bon pour une tentative d'évasion ! C'est la première fois que je suis libre. Je peux humer l'air du dehors, m'imaginer que je travaille sur une base militaire et que le projet ne dure que quatre mois ! Je suis bientôt rejoint par un autre détenu qui va à la même cuisine, un de mes futurs compagnons de travail. Tout au long du trajet, il n'arrête pas de maugréer, de tempêter et de rouspéter contre ce travail qu'il semble détester à l'avance.

– Ils m'ont forcé, les caliss, mais ils vont le regretter…

Nous arrivons enfin devant ce qui, avec un peu d'imagination, pourrait être un petit chalet suisse. La bâtisse toute blanche et ornée de bois brun fait face à une autre bâtisse plus grande, tout aussi invitante, mais malheureusement entourée d'une clôture aux barbelés intimidants. Et derrière, on voit le vieux pénitencier aux pierres grises à allure de château médiéval. Nous pénétrons dans un petit vestibule dont la porte verrouillée nous rappelle qu'il s'agit bien d'une prison. Le gardien de sécurité communique avec l'autre bâtisse et nous fait attendre. Au bout de quelques minutes, un économe – en fait un cuisinier – vient nous chercher pour que nous nous mettions au travail. L'homme est d'une grande gentillesse. C'est un ancien restaurateur qui ne s'en fait pas avec la vie et avec qui je me lierai d'amitié au cours de mon séjour.

– Tiens, tu es revenu, Robert ! Et... vous êtes le nouveau ?

– Oui, monsieur...

– Allez voir André, il vous montrera ce qu'il faut faire.

Je me dirige vers un géant affublé d'une bedaine un peu ronde et aux allures de matamore. Il n'a pas l'air facile d'approche et les apparences ne sont pas trompeuses.

Denis me prend en charge. Il est aussi gentil que maniaque : tous les bols doivent être dans une ligne impeccable, le pain ne doit être sorti que quelques secondes avant l'arrivée des détenus, et c'est pareil pour les fruits, les ustensiles...

– Tu vois... Il faut que tout soit bien droit. Ces gens-là sont comme nos clients...

J'ai l'impression d'être dans les cuisines du Ritz. Notre premier contact n'en est pas moins amical.

Quelques minutes avant le repas, certains d'entre nous ont droit à une pause, le temps de se sustenter avant l'arrivée de nos « clients ». Nous sommes donc cinq ou six, assis dans un réduit qui mène vers l'extérieur. Tout le monde parle des sujets les plus divers. Un homme se détache quelque peu du lot : il sait tout sur tout, donne son avis qui se veut le bon, critique à la fois le système, les gardiens, les détenus... Je ne l'écoute que distraitement, pensant à mon propre statut. La conversation dévie tout à coup sur le confort des installations et Réal c'est son nom – du haut de son mètre soixante-neuf, trouve naturellement beaucoup à en redire.

– Moé, je suis bien dans ma cellule... Ils m'ont offert un condo... De la marde... Ceux des condos, c'est de la pouillasse... des pédophiles... des mange-marde... Il y a même des polices... Aubin est là ! C'est un ostie de sale... un pourri !

Je le regarde attentivement. L'autre continue de discourir sans s'en rendre compte. Finalement, n'y tenant plus, je l'apostrophe :

– Aubin n'est pas dans les condos !

Il s'arrête et me dévisage bêtement, à l'évidence, il n'aime pas être interrompu.

– Quoi ? Veux-tu gager ? Je sais qu'il est là !

Toujours assis sur ma chaise, je me rapproche de lui et je lui lance tout de go :

– Non... Aubin, il est ici, devant toi...

– C'est toé ?

Tout le monde me regarde. Mieux vaut qu'ils soient au courant dès maintenant. De toute manière, ils l'auraient su un jour ou l'autre.

– C'est pas de toé que je voulais parler. Il y en a un autre dans ton condo, c'est un pourri !

– Bien sûr... On est une douzaine de Aubin dans les condos et on est tous des polices...

Je regarde Réal droit dans les yeux. Il bafouille pour se sortir du merdier où il s'est mis. Les autres me regardent avec étonnement.

– T'étais un...

– Ouais.

D'un seul coup, l'atmosphère devient fort pesante. Certains se lèvent et retournent à leur travail, les autres fument en silence. Il leur faudra quelques jours pour revenir de leur surprise et retrouver une attitude plus naturelle. André, qui n'a déjà pas beaucoup de conversation, se fermera comme une huître pendant presque tout mon séjour. Au moins, il aura le cran d'afficher ses couleurs. Mais pour le moment, le malaise plane et je ne peux rien faire pour le dissiper. Quelque peu exclu de ce groupe très sélect, je retourne travailler. Pour avoir la paix, et comme je n'ai pas d'autres compétences pour l'instant, je vais faire la plonge tout seul, comme un grand.

* * *

La journée a été exténuante. La chaleur des cuisines est accablante et j'ai dû me farcir le coin lave-vaisselle. L'endroit tient du bain turc, à cette différence près que je dois travailler malgré la sueur qui me brûle les yeux. Avant d'attaquer le kilomètre de marche que je dois parcourir pour regagner ma chambre, je me détends pendant quelques minutes sous la douche. En arrivant, je trouve le journal sur la table. La dernière fois qu'il y était, mon ami motard l'y avait déposé pour que je voie bien ma photo. J'avais pris ça à la plaisanterie : « Quoi ! Je ne fais même pas la une du journal ! » Cette fois, je découvre en sursautant la photo de ce petit misérable de Veilleux en page 4 : il vient à nouveau d'être accusé de tentative de meurtre. Je ne peux pas m'empêcher de repenser à une désagréable aventure dans laquelle nous avons tous les deux été impliqués. C'était un 27 mai, il y a trois ans déjà.

Ce matin-là, mon lieutenant Jean-Euclide vint me montrer un rapport d'agression auquel un autre enquêteur avait refusé de toucher. Durant la nuit, un groupe de jeunes avait sauvagement attaqué trois promeneurs sur les rives du canal Lachine. Motif du refus de l'enquêteur : la plainte appartenait aux gangs de rue.

– T'es pas sérieux, Jean ?

– Oui !

L'autre enquêteur, avec sa gueule en coin, vient s'en mêler pour faire valoir son point de vue. Il s'agit d'un groupe et ils ont commis un crime, donc : gangs de rue.

– Alors, comme ça... la semaine dernière, quand les gens du FRAPU ont attaqué les gens lors du buffet au Queen Elizabeth, c'était un gang et c'était dans la rue... Donc un gang de rue ?

– T'es drôle...

– Tu trouves ?

Alain me regarde en souriant et hausse les épaules. Lui aussi trouve que cette logique ne tient pas debout. Je récupère néanmoins la plainte : le travail sera mieux fait si je m'en occupe. En regardant les rapports, je note qu'il manque quelques détails importants. J'imagine qu'il n'y a pas eu d'enquêteurs sur les lieux, ou alors ils n'ont pas regardé les rapports. Un point de départ intéressant tout de même : on a relevé des empreintes sur une bouteille de bière cassée et par bonheur elles correspondent avec celles d'un jeune du coin. Je prends ma veste et regarde Alain qui est en train de finir son éternel café. Nous avons une photo du suspect, reste à le faire identifier. Je retourne au bureau de Jean.

– Tu appelles le commandant et tu lui demandes de faire rentrer ses policiers pour compléter le rapport.

– On peut le faire cette nuit...

– Non... J'ai de la preuve à ramasser, j'ai besoin de savoir exactement où tout était.

– Ça va coûter cher !

– C'est pas mon problème !

Du même geste, j'invite Alain à me suivre. Il bougonne un peu, mais son café attendra.

– On va faire un petit tour à l'hôpital.

L'Hôpital général est à deux pas, en haut de la côte, et en cinq minutes nous y sommes. Nous entrons à l'urgence. L'infirmier me présente notre premier blessé, un bonhomme à la figure aussi ronde et colorée qu'une pizza : jaune, vert, bleu, rouge, le tout dans le désordre.

– Bonjour... Je suis l'enquêteur au dossier...

– Bonjour.

– Vous souvenez-vous de ce qui est arrivé ?

– Pas du tout... J'étais sur la piste... et je me retrouve ici !

Mon bonhomme a beau être dans les vapes, j'ai la désagréable impression qu'il n'a pas du tout envie de se souvenir.

– Vous avez bien dû voir quelqu'un ?

– Un groupe... mais je n'ai pas regardé... cinq ou six, des jeunes... Puis, plus rien.

Ça commence mal. Alain me jette un coup d'œil. Je sens qu'il va falloir nous armer de patience. Nous allons voir les deux autres blessés, deux étages plus haut. Dans le couloir, nous tombons sur la deuxième victime encore couchée sur une civière. Elle semble éveillée, bien qu'elle sorte tout juste d'une opération à la tête. On vient de lui mettre une plaque de métal. Je l'aborde sans grand espoir, presque en désespoir et lui montre la belle collection de photos que j'ai montée.

– Lui... lui, monsieur...

Miracle ! L'homme nous désigne d'une main tremblante la photo du type dont on a relevé les empreintes.

– Vous en êtes sûr ?

L'homme regarde encore une fois les douze photos et s'arrête toujours sur le même individu.

– Oui, monsieur, il était là !

– Merci !

Un peu plus et je l'aurais embrassé. Cet homme sortant d'une opération majeure aurait tout aussi bien pu ne pas reconnaître sa propre mère. Alain reste un peu perplexe, je le vois bien dans ses yeux même s'il ne parle pas.

– Merci… Reposez-vous maintenant. Nous allons faire le reste.

L'homme me fait un léger sourire avant de se recoucher péniblement sur sa civière en fermant les yeux.

– Bon… Allons voir l'autre.

– Tu crois qu'il a reconnu notre homme ?

– Oui…

Nous nous rendons aux soins intensifs. Une des gentilles infirmières nous amène au fond de la salle. Je contemple avec stupeur l'individu couché devant moi. Il est sur le dos, un tube plus gros que mon pouce dans la bouche. Un sang brunâtre lui coule du nez et des oreilles. Ses yeux sont tuméfiés, enflés et bouchés. Son souffle évoque celui des phoques sur la banquise. Alain reste aussi interdit que moi. Pourtant, lui et moi, nous avons l'habitude.

– Je pense qu'il ne répondra pas à tes questions.

– Non…

Au bureau des infirmières, je pose gauchement quelques questions sur l'état du patient.

– Il est dans le coma…

– Vous avez une idée…

– Combien de jours ?

– Oui…

– Vous voulez rire !

– Pas vraiment… Je vous laisse ma carte, au cas où…

– S'il se réveille, je vous appelle…

Les chances qu'il se réveille dans les prochains jours sont nulles. Il n'y a plus qu'à aller sur les lieux du crime afin de mieux sentir et de mieux cerner la scène. Même si on connaît tous les détails d'un crime, on n'en sait pas bien long tant qu'on n'est pas allé sentir l'adrénaline et l'atmosphère du drame qui continuent à hanter les lieux à l'instar d'un fantôme. Il suffit alors de se taire, d'écouter et de se laisser conduire. Toutes les pièces du casse-tête sont là. Reste à les recoller.

En arrivant sur place, je vois plusieurs voitures de la presse et de la télévision aux logos criards, ainsi que le commandant de quartier, un ami que je respecte beaucoup, l'un des rares patrons compétents que je connaisse. Il semble quelque peu embarrassé.

Pendant qu'il s'adresse aux journalistes, je me dirige vers les lieux du drame. À mes côtés, Alain prend quelques notes. Les miennes s'impriment au fur et à mesure dans ce qui me sert de cerveau. Nous arrivons à l'est d'un petit tunnel au-dessus duquel passe le chemin de fer. Et là, nous voyons soudain toute l'horreur de la nuit précédente, bien visible, étalée sur le macadam : une mare brunâtre de sang séché, des touffes de cheveux, quelques tessons rougeâtres. Je me penche et ramasse un tesson verdâtre, le vestige d'une bouteille de bière. Un photographe croque la scène, elle passera dans un journal, publicité dont je me contrefous pour l'instant. Le policier de l'identité vient vers moi. Je lui ai demandé d'être là afin de m'assurer que nous n'avons rien oublié. Après quelques banalités, je le promène avec moi en lui expliquant le topo. Cette cause ira à la cour et, si par malheur mon blessé meurt, les gens des homicides devront avoir une idée très précise de ce qui s'est passé.

– Photo des trois emplacements… Des traces de sang, de la clôture par terre, des cheminées en face du viaduc… Si tu as des questions !

L'autre me regarde, un sourire en coin. Cela fait plus de dix ans qu'il travaille sur les scènes de crimes. Je devrais être plus relax, mais depuis l'hôpital une colère sourde me ronge petit à petit. Plus loin, le commandant laisse les journalistes pour venir à ma rencontre.

– Bonjour, Claude.

– Salut, Daniel. Comment vas-tu ?

– Pas très bien. Cette affaire me rend inquiet.

– Nous allons les retrouver… Promis.

Je dois avoir l'air déterminé car Daniel me regarde sans sourire. Nous nous connaissons depuis fort longtemps. Il sait que ma réputation de hargne et de ténacité n'est pas usurpée.

– Écoute, Claude… Les journalistes veulent une entrevue et je ne suis pas à l'aise avec cette affaire… Veux-tu me remplacer ?

– Pas de problème.

Daniel se retire discrètement en me souriant d'aise. Je me dirige seul vers les caméras. Cinq chaînes de télévision sont présentes. L'entrevue commence presque immédiatement et sans préparation. Certains des journalistes me regardent avec surprise. J'ai dû dépasser la limite en qualifiant les coupables de barbares et de sauvages. Ou peut-être est-ce parce que j'ai promis de les coffrer dans les trois jours ! Maintenant la pression est sur mes épaules et je vais avoir une meute de journalistes à mes trousses.

Daniel est toujours sur les lieux. Il regarde le bonhomme de l'identité photographier la scène. De mon côté, je rencontre un témoin à qui j'ai téléphoné et qui a accepté de me raconter ce qu'il a vu.

– Voilà… J'étais sur les rails… J'ai vu sept à dix garçons se ruer sur un homme… Tous le frappaient. Il y avait un deuxième homme, étendu de l'autre côté… couvert de sang. J'ai crié pour qu'ils arrêtent et je leur ai lancé des cailloux… Des gens sont passés à bicyclette et se sont occupés du monsieur de l'autre côté… Les voyous ont dû prendre peur… Ils sont partis.

Mon témoin est dans la quarantaine. Il fait un mètre soixante-huit à tout casser et ne pèse pas très lourd. C'est fort courageux de sa part d'être intervenu. Malheureusement, à part le déroulement de l'agression, il ne peut pas me donner plus de détails ni identifier qui que ce soit. Mais j'ai déjà une meilleure idée de l'action.

Comme mon commandant est toujours sur les lieux, j'en profite pour lui demander du soutien. Il sursaute quand je m'adresse à lui. Je l'ai tiré de ses pensées.

– Daniel… Tes filles sont revenues refaire le plan ?

– Oui, l'une des deux est en train de le finaliser au poste. Ce n'est pas leur faute… Le temps sup !

– Ce n'est pas grave. Dis-moi… J'ai besoin de personnel… Il y a chez toi deux bonnes petites polices… Annie et Torto. Je te les prends volontiers pour quelques jours !

– Combien ?

– Quelques jours… deux semaines… un mois…

– Quoi ! Non, pas un mois…

– Je blague…

– Deux semaines, le temps de ramasser ces sauvages.

– Trois, peut-être…

Daniel pousse un lourd soupir d'acquiescement forcé. Il perd deux hommes en pleine période de vacances, mais il me connaît, il y aura des résultats. Il ne lui reste qu'à convaincre les chargés de relève. Quelques jours avant l'aventure, j'avais travaillé avec plusieurs policiers de ce poste et j'avais remarqué Annie, une jeune policière aux yeux charbon, d'une grande beauté et presque un peu trop frêle… Mais au travail, elle ne m'avait pas déçu. Toujours prompte à agir et à rétorquer à mes sarcasmes. Elle semblait posséder de rares qualités, telles que l'anticipation et un jugement sûr. Torto, de son côté, apporterait la force tranquille et son petit côté gouailleur à l'équipe.

– OK, ils seront chez toi demain…

Comme convenu, mes deux recrues se présentent au bureau avec un grand sourire. Luc, un nouvel enquêteur, s'est également joint à nous : un garçon tout jeune, mais ne comptant pas ses heures et toujours sur la brèche, que j'apprendrai d'ailleurs à adorer. Avec le renfort de quelques autres policiers, nous sommes prêts pour la chasse.

La belle Annie connaît notre premier suspect pour l'avoir déjà arrêté. Elle et Torto vont rencontrer la mère qui semble déjà au fait de la situation. Les nouvelles vont vite dans le secteur. Pendant ce temps, une jeune policière du poste 18 vient, toute penaude, m'apporter des nouvelles.

– J'ai enquêté S. ce matin, mais comme je ne savais pas que vous le recherchiez… Il est toujours aux mêmes endroits, je vais le retrouver…

– Ça va… Ne t'en fais pas… Tu vas bien le revoir, il ne sait pas que je sais !

La pauvre est désolée, mais je n'ai pas eu le temps d'aviser tout mon monde et je sais qu'elle va mettre le quartier à l'envers pour me le retracer. Ce qui sera fait et bien fait : dès le matin suivant, S. est en cellule. Dès lors, c'est à moi de jouer. Pendant que Luc et ses acolytes passent la journée à accumuler l'information, Alain et moi nous préparons à l'affrontement. Nous devons à la fois cerner son raisonnement et rencontrer notre homme le plus rapidement possible, sans quoi il risque de se fermer psychologiquement et de nous glisser entre les doigts. Je fouille l'enveloppe de détenu de S., histoire de connaître ses habitudes, la marque des cigarettes qu'il fume, des photos de sa copine et de son bébé, le paquet d'allumettes du club qu'il fréquente, son carnet de numéro de téléphone… Rencontrer la personne que tu traques, c'est comme être le matador qui s'approche de la bête. Tous les deux prennent le temps de se renifler, de se jauger. Tous les deux sentent que quelque chose d'important va se passer. Je suis prêt.

Je me rends aux cellules chercher le garçon pour l'interroger. Le pauvre, il arbore un air totalement déconfit. Par contre, sa nouvelle coupe de cheveux lui va à ravir. Rasé à moins d'un centimètre.

– Salut.

– Hum…

– C'est nous qui allons te rencontrer… Tu as appelé ton avocat ?

– Ouais…

– C'est bien.

Nous nous installons dans un des nouveaux petits bureaux froids et impersonnels possédant une table et trois chaises. Tout est d'un blanc immaculé, sauf le mobilier métallique. C'est paraît-il la nouvelle façon d'agir. J'ai du mal à m'habituer à cette atmosphère aseptisée.

– Tu veux un café ? une cigarette ?

– Ouais… Les deux !

Pour la première fois, j'obtiens un léger sourire. Cette simple approche a établi un contact. Le jeune frissonne encore. Il faut dire qu'il règne un froid sibérien dans nos cellules proprettes. Ça en est presque de la cruauté.

– Bon, maintenant que tu as ton café, j'aimerais que tu écoutes attentivement ce que je te dis. L'idée, ce n'est pas de savoir si tu vas faire du temps… mais combien de temps tu vas faire.

Le jeune me dévisage. Je pourrais presque lire dans son esprit les questions qu'il se pose : « Que sait-il ? Qui est-il ? Quelqu'un a parlé ? Pourquoi moi ? »

– Je vais te dire… Nous avons relevé tes empreintes sur une bouteille de bière… celle qui a servi à frapper la première victime. Tu as été reconnu par l'une des victimes… N'oublie pas, je ne mens jamais !

Sur ce, je le regarde droit dans les yeux et j'attends quelques secondes, histoire de le laisser cogiter.

– Je sais que ta blonde vient d'accoucher d'un joli bébé… Parti comme c'est, ta fille marchera et ira à l'école avant que tu la tiennes dans tes bras.

Le garçon est défait. Il vient seulement de réaliser la portée de ce qu'il a fait. Ses yeux commencent lentement à s'humidifier.

– Je n'ai pas frappé ce bonhomme-là…

– Possible… Moi, j'accuse seulement les gens des crimes qu'ils ont commis ! Tu vois, ici j'ai deux tentatives de meurtre et une voie de fait grave… Si tu ne me parles pas, tu es accusé des trois, et ton avocat fait la cause… Si tu me parles, je t'accuse de ce dont tu es

285

responsable… Bien sûr, tu me fais une déclaration… Et à la cour, tu auras à accepter la sentence pour ce que tu as fait et rien d'autre !

– Si je fais une déclaration… Il faut que je raconte tout ?

– Tout…

Je ne voudrais pas être à la place de ce pauvre garçon. Dix-neuf ans, pas de scolarité, accro aux drogues dures et à l'alcool, en proie à une violence qui le submerge et le déborde. Et ses amis sont du même genre. Quand on est père d'un enfant et sans travail, on peut rêver à mieux qu'un séjour de quelques mois en prison.

– OK.

Je lui donne du papier et un stylo, en fait un formulaire de déclaration en bonne et due forme.

– Tu veux que je t'explique tes droits ? Regarde ici… Tout est expliqué… Si tu signes ici, c'est que tu consens à me dire tout ce qui s'est passé.

– You will f… me…

– Non… Ça, tu l'as fait toi-même, comme un grand.

Le jeune me regarde et signe. Je le laisse écrire et raconter à sa façon les événements… Quelques lignes, pas plus.

– Bon, maintenant, me permets-tu de te poser quelques questions ?

– Oui.

L'entretien est fructueux. Trois pages noircies. Je connais à présent le nom de chacun des participants et leur implication dans l'affaire. S. jure qu'il a seulement donné un coup de pied au visage de la victime qui est dans le coma.

– OK. Tu te rends compte qu'il est aux portes de la mort ?

– Je m'en excuse…

– Bon… Tu as ma parole que je ferai tout pour alléger ta sentence. Bonne chance, petit !

Je suis assis à mon bureau. Tout le monde est heureux de la façon dont les choses avancent. Mes deux jeunes policiers font des recherches d'adresses et parviennent à retracer facilement des suspects qui sont déjà connus de nos services. Bien que mon travail soit fait et bien fait, il me reste un goût amer dans la gorge… Au cours des trente dernières années, je n'ai pas réussi à faire évoluer d'un pouce le monde dans lequel je vis. Ces jeunes sont le résultat du laisser-aller, de l'ignorance et de l'insouciance qui caractérisent notre fin de siècle. Annie me regarde de ses beaux yeux bruns.

– Ça ne va pas, Claude ?

– Au contraire, ça baigne…

Je me lève et je prends un café… Ça passera.

Les autres arrestations se firent rapidement. Certains des jeunes n'en étaient pas à leur coup d'essai. La veille du crime pour lequel on les coffrait, ils avaient passé à tabac un adolescent en se servant d'une jolie petite Noire comme appât. Avant de le rouer de coups, la petite bande avait dépouillé l'adolescent de tout ce qu'il avait sur lui, puis un membre du groupe, appelé le Psychopathe, lui avait sauté à pieds joints sur la tête… Notre jeune Psychopathe passa une première fois devant le juge pour l'affaire de la piste cyclable. Ce dernier ne trouva rien de mieux à faire que de remettre le jeune à sa mère. Quand il le vit une deuxième fois, pour l'autre accusation, il demanda à la mère :

– Pensez-vous pouvoir garder votre enfant à la maison, et le contrôler ?

Comme de bien entendu, la réponse fut négative. Le juge s'empressa pourtant de lui remettre son psychopathe de rejeton. Ce matin-là, le juge m'entendit crier de mon bureau ! Une amie journaliste fit un petit article qu'il n'eut pas l'air d'apprécier. Le jeune homme s'en tira avec une sentence de deux mois… Allez comprendre !

Dans la même semaine, suite à une information nous arrêtâmes le dernier des malfrats, mon ami Veilleux, le chef présumé de ce joyeux groupe, alors qu'il sortait de chez sa sœur. Il n'avait pas eu le temps de nous voir arriver. Quand il m'aperçut, il tomba en fascination devant le canon de mon arme pointé sur son nez.

– Couche-toi rapidement par terre…

Un peu sous le choc, il obtempéra rapidement et se laissa glisser vers la pelouse en attendant la suite. À titre expérimental, je lui fis brouter un peu de gazon… Ce petit gang de minus habens et leurs avocats commençaient drôlement à me faire chier. Torto et Annie firent le transport au bureau, ce qui valait mieux : je m'estimais trop impliqué pour rester zen face à ce crétin. Malgré son jeune âge, c'était le leader du groupe, comme sa feuille de route l'attestait. Au poste, il ne desserra pas les dents, sauf pour m'envoyer promener.

– C'est ton choix et je le respecte… Mais dis-toi que je vais bien t'enculer !

287

Ce n'est pas joli, ni politiquement correct, mais bon Dieu que ça m'a fait du bien de lui faire comprendre ce que je pensais de lui. Une idée en appelant une autre, je fis saisir ses espadrilles pour les envoyer au laboratoire. La meilleure idée de la soirée. Les résultats revinrent, positifs : on trouva sur les lacets des traces de sang, et donc d'ADN, de deux victimes, au grand désespoir de l'avocate. Morale de l'histoire ? Tous ces petits monstres plaidèrent coupables. Malheureusement, question sentence, je fus aussi déçu que les victimes.

* * *

Réal est de mauvais poil ce matin-là. Sa tronche renfrognée fait plus rire qu'autre chose. Il n'arrive toujours pas à digérer que je n'aie pas arrêté la moitié des détenus de Saint-François. Ce matin, il me parle de Murton qui lui aurait raconté m'avoir connu dans le passé. Il est persuadé que je l'ai arrêté et que je ne veux pas l'avouer. Réal n'en démord pas, bien que nous ayons déjà évoqué la question il y a plusieurs semaines.

– Comme ça, tu ne l'as pas arrêté, le nègre !

– Mais non, Réal… Pas plus que John, ni la moitié des détenus du centre… Je n'en ai pas eu l'occasion.

– C'est pas ce qu'il dit…

– Réal… je t'ai déjà dit ne pas te fier à tout ce que l'on dit !

Murton vient vers nous, une grosse chaudière de pommes de terre dans les bras. C'est bien la première fois qu'il bosse.

– Murton… Je t'ai arrêté ?

– Non, pas moi, mais quelqu'un que je connais…

Lentement, il dépose le contenant de plastique et me pose une question qui lui brûle les lèvres.

– Tu connais la famille Christie ?

– Les frères…

– Ouais…

– Je les ai arrêtés quelques fois.

Murton sourit à belles dents et semble savourer un triomphe que je ne comprends pas encore. Il poursuit :

– C'est toi qui as arrêté Anthony avec le crack ?

– Celui qui était avec Sandra ? Oui. Il avait tellement de bijoux qu'il n'aurait pu courir même pour sauver sa vie…

– Yes… C'est le même. Mais tu as aussi arrêté celui qui a failli te tuer avec son camion ! Celui-là, c'était son homme de confiance… Stewart…

Cette vieille histoire vient me heurter de plein fouet. Ainsi Murton est un ami des Christie et de Stewart. Et bien sûr il était l'un de ses soldats…

– You got fucked that day…

– Pas vraiment… Tu veux que je te raconte la vraie histoire ?

Murton, John et Stéphane attendent avec impatience. Connaissant mon franc-parler, ils savent que je ne négligerai aucun détail.

* * *

Tout commence un vendredi soir de la mi-décembre. Mon lieutenant, le petit Michel, dans son immense imbécillité avait imaginé qu'en m'associant à un partenaire conformiste et méthodique j'apprendrais l'ordre et l'uniformité. Mon nouveau compagnon avait beaucoup de bonne volonté, mais peu d'expérience. Il était à ce moment le portrait même du bon fonctionnaire, du moins en apparence. Nous venions de terminer deux jours d'enquête et de récupérer une trentaine d'armes à feu de tous calibres : AK-47, M-16, pistolets automatiques 9 mm que le fils d'un collectionneur avait subtilisées, histoire de faire chier son paternel. Les jeunes impliqués dans cette enquête se souviennent encore de mes méthodes : pour me rapporter huit pistolets automatiques, l'un d'eux a mis moins de vingt minutes entre Langelier et l'avenue du Parc, ce qui tient de l'exploit en auto. Trois autres suspects, vivaient juste au-dessus d'un local de motards, coin Huron et de Lorimier. On leur fit croire qu'ils étaient cernés par la police : tout le groupe se rendit, les mains en l'air. Tout de même, l'un d'entre eux me posa la question suivante :

– Où sont tous les autres policiers ?

– C'est nous les autres policiers !

Je fis ensuite transporter tous les effets volés dans notre voiture par mes accusés et je les relâchai avec promesse de venir nous rencontrer au bureau. Réal m'interrompt : « Oui, mais que vient faire Stewart dans cette histoire ? »

Patience, j'y arrive… Donc, ce vendredi soir-là, mon lieutenant retourne tranquillement chez lui quand tout à coup son

289

attention est attirée par les agissements suspects d'un jeune Noir qui tente de cacher un camion de location entre deux voitures dans le stationnement d'un vendeur d'autos. Naturellement, il s'arrête pour l'épier et, voyant que quelque chose ne tourne pas rond, il téléphone au poste pour demander du renfort. Comme nous sommes dans les parages, Réjean et moi, c'est nous les imbéciles de service et nous arrivons sur les lieux en un rien de temps. La camionnette est toujours à la même place et le jeune semble attendre quelqu'un. Une troisième voiture de police banalisée vient nous prêter main-forte, et à trois nous commençons à surveiller le petit manège. Depuis le début de la semaine, Réjean a battu un record de temps supplémentaire et sa femme commence à s'en plaindre. Pour un garçon qui adore les horaires fixes et qui apporte son sandwich au bureau, avec moi il est gâté… Il s'écoule quelques minutes, puis deux jeunes femmes, à première vue des Noires, sortent du garage et montent à bord du camion qui démarre aussitôt. Nous voilà en chasse, le petit Michel sur les traces du camion, la voiture arrivée en renfort juste derrière, et nous, avec notre Reliant K, fermant la marche.

– Claude… le lieutenant n'a pas de communication.

– Tant mieux…

– Sais-tu ce que l'on fait ?

– Pas la moindre idée…

Pendant plusieurs minutes, le camion tourne en rond presque sans but. Le manque de communication flagrant fait qu'il parvient à nous semer. J'appelle l'autre équipe qui s'est probablement mise sur un canal plus tranquille, mais personne ne nous répond.

– On fait quoi ?

– Reste dans le coin… Nous verrons bien.

Mais rien ne se passe. J'ai beau appeler sur tous les canaux, personne ne répond. D'un haussement d'épaule, je fais signe à Réjean de laisser tomber, et nous repartons lentement vers le bureau. Ils nous raconteront, me dis-je… Quand soudain…

– Le 15-194 appelle le sergent Aubin…

– Où êtes vous ?

– Sur l'autoroute Ville-Marie, direction est…

Réjean comprend immédiatement et file à la vitesse de l'éclair sur Saint-Jacques. Tout à coup, nous nous retrouvons face un énorme camion de vidanges qui bloque toute la rue. Mon partenaire semble hypnotisé et continue sa route à vive allure.

– Arrête !

Crissements des freins. La voiture tangue dans tous les sens avant de s'immobiliser enfin. Je montre du doigt le trottoir et nous repartons de plus belle vers la bretelle du centre-ville. La chaussée est glacée par endroits, mais Réjean ne ralentit pas. Même s'il sait ce qu'il fait, j'en ai des sueurs froides.

– Le 15-194… quelle est votre position ?

– Sortie Guy.

– Nous sommes derrière vous, les gars.

Pieux mensonge ! Mais à la vitesse où nous allons, ce sera la vérité dans moins d'une minute.

– Ce serait gentil de nous donner votre position de temps en temps. Dites, le petit Michel est toujours là ?

– Oui… Il est derrière nous… Toujours sans radio.

– Quelle idiotie… Pas même de walkie-talkie ?

Je sais que personne n'a eu le temps de lui en donner un. Il aurait fallu retourner au poste et tout s'est passé trop vite.

– Claude, veux-tu prendre notre place… il se sent chauffé.

– Votre position ?

– Sherbrooke et Atwater, il tourne en rond.

Nous rattrapons les deux voitures qui se laissent aussitôt glisser dans le trafic pour plus de discrétion. En passant, je leur fais un clin d'œil. Michel me montre le camion… Merci, Michel, je l'aurais vu tout seul… Le camion est juste devant nous. Tout à coup, au coin de Guy et de Sherbrooke, il se gare sans raison apparente dans une zone réservée.

– Attention à tous… Notre oiseau s'arrête, je vais l'enquêter.

Depuis près de trente minutes nous ne savons pas quoi faire avec le bébé, et il faut bien prendre une décision.

– Réjean, tu lui coupes la route. Compris ?

Sans même attendre sa réponse, je descends de la voiture et me dirige tout droit vers le camion, la plaque à la main. Le jeune me regarde dans les yeux, appuie sec sur l'accélérateur en reculant défigurant la voiture derrière lui, puis fonce droit devant et à toute allure vers moi. Je m'aplatis comme une crêpe contre l'aile arrière de ma voiture, dont la portière est restée ouverte. Le camion me frôle dangereusement et emboutit furieusement la portière, qui vient s'incruster dans l'aile avant du Reliant K, le jeune Noir continuant alors sa course sans ralentir.

– Putain de bordel de merde !

– Claude ! Claude !

Réjean est resté collé au volant. Tétanisé. Il ne cesse de crier mon nom sans oser regarder de mon côté. Il doit croire que mon corps est en pièces détachées, éparpillé sur le pare-chocs du camion et l'asphalte. Je saute dans la voiture. Réjean a toujours les mains crispées sur le volant, au bord des larmes, sans la moindre idée de ce qu'il doit faire.

– Allez, merde cours après… Ne le lâche pas.

Malgré le choc, il démarre sur les chapeaux de roues et se lance à la poursuite du camion. La rue Guy est bondée, nous sommes vendredi soir et c'est la période des Fêtes. Tout en m'accrochant au cadre de ce qui était ma porte, j'exhorte mon partenaire à rouler plus vite. Je n'ai aucune sensation de froid malgré l'air glacial de décembre qui s'engouffre à pleine vitesse. L'autre véhicule de filature tente bien de nous suivre, mais finit par être pris dans la circulation. À la hauteur de la rue Sainte-Catherine, le camion et nous sommes nez à nez, mais notre voiture fait face à la circulation qui monte, alors, comme dans un bon film, les voitures en face de nous font des prouesses pour ne pas nous emboutir.

– Continue… Ne le lâche pas !

– Mais Claude, il y a des voitures…

Je ne réponds pas. Je regarde le jeune Jamaïcain au volant du camion et je lui fais comprendre par signe que je vais l'attraper. Au coin de René-Lévesque, les voies sont séparées par une série de petits poteaux de métal. Réjean reste à gauche, toujours face à la circulation. Tant pis pour les arrivants, ils nous éviteront. Nous réussissons miraculeusement à devancer le camion, la voiture est prête à rendre l'âme et juste sous le tunnel du chemin de fer je donne l'ordre à Réjean de s'arrêter en travers de la rue. Dieu merci, il ne m'écoute pas ! Le jeune freine, immobilise le camion et sort en courant. Je m'enligne derrière lui… Mais il a seize ans, des espadrilles et la police au cul… Nous nous retrouvons dans une ruelle complètement noire, truffée de sorties vers l'extérieur. Comme je n'ai pas de lampe de poche, j'attends l'aide du reste du groupe dans un silence total. Les sirènes de police se font entendre autour du pâté de maisons, mais curieusement personne ne se pointe dans cette ruelle merdique. De guerre lasse, je retourne sur mes pas. Ma voiture est stationnée sur le côté de la rue et Réjean parle avec les policiers. Je m'assois à l'intérieur. Réjean se penche et déverrouille sa portière.

– Tu avais barré ta porte ?

– Une vieille habitude… Je m'excuse.

Je ne réponds pas, je suis trop en colère pour être fâché… Réjean a fait son possible. Michel dirige les policiers dans leurs recherches pendant que je jette un coup d'œil au camion. Dans leur fuite, les occupants du véhicule ont laissé le contrat. Il n'est pas à leur nom, mais nous saurons quand même ce qui est arrivé.

Je me rends au garage avec le camion. Réjean me suit derrière, toujours dans notre voiture à moitié éventrée qui ne doit pas être très chaude. Au garage, le propriétaire iranien n'est pas disposé à me parler. Je lui explique la situation, mais il n'a pas la moindre envie de nous aider. Comme j'ai déjà ma dose, je m'approche tout près de son visage et lui glisse lentement :

– Si tu ne m'en parles pas, dans dix minutes je fais débarquer ici une dizaine d'hommes et nous allons visiter tout ton atelier, toutes tes voitures et toutes tes pièces… puis tes employés… Je vais les faire enquêter par l'immigration. Compris ?

À mes côtés, Réjean reste faussement insondable, comme si toute cette affaire ne le regardait pas. Voyant qu'il n'obtiendra aucune aide de sa part, notre homme devient un peu plus loquace. Il n'a pas envie de me voir en colère vider tous ses établis et visiter toutes ses voitures sur le terrain.

– Bon… La fille est venue pour acheter l'Audi grise là-bas.

Il me montre une voiture garée près de l'entrée, elle n'est pas neuve, mais en bon état.

– Combien ?

– Sept mille dollars.

– Elle revient quand, cette demoiselle ?

L'homme hésite un peu, c'est quand même son gagne-pain qui s'en va. Nous demeurons silencieux, lui et moi, pendant quelques secondes.

– Vendredi prochain.

– Alors… Nous y serons aussi. Oh… voici ma carte, si la demoiselle décidait de se présenter avant, j'aimerais bien que tu m'avises rapidement !

Mon sourire est tout sauf joyeux, l'autre me regarde et comprend très vite qu'il n'a rien à gagner à me mentir. Je le quitte donc pour me rendre au bureau de location situé sur le boulevard Cavendish. La superbe jeune fille qui a loué le camion reste ébahie en entendant mon récit. Elle ne s'était pas étonnée que Caroline Tremblay soit noire, mais maintenant qu'on lui en parle... Nous avons une bonne description de la jeune femme et j'ai une bonne idée de l'identification de mon chauffard. Je peux attendre une semaine. Mademoiselle Tremblay nous racontera que deux jeunes femmes de couleur qui s'étaient assises derrière elle dans un restaurant pourraient être les voleuses.

Le vendredi suivant, je suis sur place. Dans l'après-midi notre jeune voleuse a confirmé son achat et doit se rendre au garage pour vingt heures. Le propriétaire a sagement décidé de m'aviser. Nous avons prévu la filature pour nous aider juste au cas où nos pigeons tenteraient de se la faire belle. Nous sommes prêts ! Vers vingt heures, une automobile noire arrive sur les lieux. Je reconnais immédiatement la jeune femme. Elle va jeter un coup d'œil à la voiture et, satisfaite, pénètre dans le garage. L'autre jeune femme traverse la rue, se rend à la toilette des femmes du Harvey's et y jette un sac à main. Elle est suivie par deux membres de la filature qui fouillent les poubelles à sa sortie.

– Filature au sergent Aubin.

– Oui.

– Nous avons un sac à main et des cartes d'identité...

– Merci.

La belle vient sans le savoir de nous donner un bon coup de main. De notre côté, il ne reste qu'à attendre. Comme nous ne voulons pas impliquer le garagiste, nous attendons quelques coins de rue avant de faire les arrestations. Quelques minutes plus tard, les deux voitures démarrent en direction de la rue Cavendish, suivies par nos équipes de filature. Un peu avant la rue Sherbrooke, je donne l'ordre d'interception. Le tout se fait rapidement et notre petit monde se ramasse en cellule. Malheureusement, le principal intéressé manque à l'appel. Mon chauffard n'est pas venu ce soir-là, quelle poisse ! Je passe la nuit et la journée suivante à visiter la maison de ma nouvelle amie et à ramasser la preuve de ses méfaits. Je comprends sa façon de procéder. La belle se rendait dans les grands restaurants et disait attendre quelqu'un, puis elle fouillait dans les sacs à main des autres clientes pour y subtiliser des cartes de crédit et quelques papiers importants. Elle se rendait alors en vitesse dans une succursale de banque où elle demandait une avance de fonds qui variait entre trois et cinq mille dollars. La jeune femme exerçait ses talents deux à trois fois par semaine depuis quelques mois. On aurait pu croire qu'elle était riche, mais non ! La plus grande partie de l'argent qu'elle faisait allait à son petit ami et alimentait ses habitudes néfastes. Je retrace ainsi une dizaine de plaintes, mais malheureusement certaines des plaignantes se sont contentées d'avertir la banque et n'ont pas pris la peine d'appeler la police. Lorsque je les avise, certaines me font même comprendre que je les dérange… Je ne peux donc en retracer beaucoup plus. De son côté, Nick fait passer le mot sur la rue Walkley et nos sources font le reste.

Trois jours plus tard, je reçois un coup de fil d'une de mes sources. Mon chauffard est sur la rue Walkley chez celui que j'ai arrêté dans l'auto les jours précédents. J'accours sur les lieux avec Nick pour remettre quelques dollars à ma source.

– Je te revois plus tard, Aubin ?

– Oui, ma belle… Je te promets un souper !

– Des promesses, comme toujours…

Le temps de nous stationner et nous grimpons déjà les marches à toute vitesse. À l'étage, je frappe doucement à la porte. Mon bonhomme est en train de parler avec le chauffeur que j'ai arrêté. Il a une réaction de surprise quand je veux l'arrêter. Tout en criant, il me bouscule et atterrit dans les bras de mon colosse de partenaire. Dans l'échauffourée, le jeune homme laisse choir un sac contenant une vingtaine de roches de crack. C'est alors qu'une dizaine de bonnes femmes noires apparaît en piaillant comme de grosses poules à la vue du renard.

– Lâchez ce pauvre garçon, vous n'avez pas le droit… C'est parce qu'il est noir…

C'est qu'elles montent aux barricades, ces mégères, et le tapage qu'elles génèrent est décuplé par l'exiguïté du passage. L'une d'elles fait bien cent trente kilos et possède la majesté d'un paquebot filant à toute allure, crevant les hautes vagues d'une mer tourmentée. Les autres sont tout aussi gracieusement replètes. Nous risquons de passer un sale quart d'heure. Je dois penser vite… Je décide donc de m'en sortir avec une véritable pirouette qui n'est en fait que le fond de ma pensée.

– Tu n'es qu'un nègre… Tu vends de la merde de drogue aux enfants noirs de la communauté. Tu n'as pas honte de tuer tes propres frères ? Des enfants de ta propre rue… C'est pour ça que tu es nègre… Eux, sont des être humains… Noirs et fiers de l'être ! Pas toi… Toi, tu es une merde…

Les femmes demeurent interdites un moment, puis d'un seul élan changent de comportement et s'apprêtent à battre l'infortuné revendeur qui n'a la vie sauve que grâce à ma rapidité de réaction.

– Yes… You are a nigger…

La grosse dame voudrait bien lui asséner un coup de poing, mais le jeune court encore plus vite que moi et c'est moi en fait qui suis à sa remorque. J'apprendrai quelques semaines plus tard que le jeune homme a été trouvé coupable de toutes les accusations présentées et que le juge a fait preuve de sévérité avec lui… Il sera détenu… deux mois ! Toute une sentence… Voilà toute l'histoire !

Murton me regarde et, sans cesser de sourire, ramasse son panier de pommes de terre.

– Il t'a bien fait chier, hein ?

– Ouais…

Réal reste perplexe, mais ne se décourage pas pour autant. Jusqu'au bout, il croira que j'ai arrêté Murton…

* * *

C'est drôle, cette histoire de poursuite me fait penser à une autre histoire… celle du gros chien. Ce matin-là, tout le monde semblait déjà en pleine action à mon arrivée au bureau. Les téléphones étaient pris d'une véritable folie et sonnaient de tous les côtés de la pièce. Une grosse opération semblait en cours et ce ne fut pas très long avant que je sois monopolisé avec le gros Pierre pour servir de guetteur dans ce qui s'avérait une perquisition monumentale. Dans la police, tout peut devenir gros, à condition de savoir souffler le ballon. Je comprenais vaguement que des receleurs vendaient à partir d'entrepôts. Comme d'habitude, les deux enquêteurs Tony et Denis, qui avaient eu l'information devaient prendre en charge toute l'opération. Bref, après une rapide préparation – en fait quelques mots, le reste nous serait communiqué sur les lieux – mon équipe fut envoyée immédiatement à Deux-Montagnes. Histoire de jouer à l'avant-plan.

Quelle belle équipe nous faisons avec Pierre, que j'appelle « monsieur Tranquille », tant il ressemblait à ce personnage de la télévision. Lui en habit et cravate, moi en bottes longues, jeans et manteau de cuir à franges. On ne pouvait pas trouver plus dépareillé.

– Tu sais où l'on va ?

– Non et c'est toi qui conduit, mon gros !

– C'est toujours pareil, tout est secret…

Pierre bougonne un peu, mais nous amène quand même à bon port. Nous atterrissons dans un petit restaurant de hot-dog, lui-même fiché à l'intérieur d'un de ces milliers de petits centres d'achats sans âme et qui se ressemblent tous. Comme l'heure du lunch est déjà un peu dépassée, Pierre en profite pour arrondir son tour de taille en ingurgitant une petite poutine. Le reste du groupe, soit Denis et Tony, arrive un peu plus tard, avec le mandat de perquisition nécessaire. Eux aussi ont droit à la patate frite. Pendant notre petit briefing, Tony sort une carte improvisée, sur laquelle on voit des entrepôts et un petit boisé qui les longe.

– Pierre et Claude, vous allez vous rendre près du petit boisé… Donnez-nous le topo. Pendant ce temps, nous prendrons position avec la police locale. Dans un premier temps, nous allons intercepter les acheteurs et par la suite… les vendeurs. Vous faites attention, ce sont peut-être des motards.

Quelle chance, nous voilà devenu éclaireurs. J'avais apporté mes jumelles à tout hasard… elles serviront. Pierre est un peu voyant, un homme en habit de ville, surtout qu'il pèse plus de cent kilos…

– Reste près de l'auto avec le walkie-talkie, je te donnerai l'information.

Mon gros bonhomme n'est pas trop fâché de ne pas devoir se traîner dans l'herbe. De mon côté, je vois très bien ce qui se passe : il semble que nombre de gens soient en train d'acheter toutes sortes de choses.

– Pierre, avise que nous sommes en place… Et que ça bouge beaucoup.

En effet, il semble que tout ce beau monde fasse ses emplettes de Noël. Les voitures vont et viennent, presque comme au centre commercial. De mon côté, je transmets à Pierre les marques de voitures et les numéros de plaques. Déjà, quelques autos sont suivies et interceptées.

– S'ils ne se magnent pas le cul, il ne restera plus de preuves !

Pierre éclate de son beau rire franc que je lui connais. Il hausse les épaules… Ni lui ni moi n'avons le contrôle sur l'opération. Enfin, la radio grésille et Tony donne l'ordre d'attaque. Comme nous sommes les plus près, j'arrive le premier. Pierre sue et tonne à l'arrière… Les petits souliers de ville dans le boisé, ce n'est pas l'idéal. Je réussis à m'approcher du coin de la bâtisse. Quelques autos patrouilles cernent l'autre côté du stationnement et même les premières portes de l'entrepôt. Un homme qui tente de se cacher recule lentement dans ma direction. Il s'arrête net quand le canon de mon arme lui frôle avec insistance l'oreille gauche.

– Tu as un choix… Ou c'est un autre motard qui vient te tuer ou c'est une police qui vient t'arrêter.

L'autre me regarde sans bouger, il voit bien mes bottes et ma veste… Mais comme Pierre arrive essoufflé…

– T'es une police…

– Félicitations… Tu es perspicace.

Je ramène le bonhomme vers les autres policiers, qui ne me connaissent pas et qui sont d'abord un peu surpris.

– Oui, oui, je suis de la maison !

– Ça fait bizarre…

Je suppose que les policiers de cette petite ville n'ont pas l'habitude de voir des extraterrestres. Après une fouille rapide des lieux, tous les détenus sont amenés au poste le plus proche. Tony jubile comme un enfant à qui l'on vient de donner la clé d'une confiserie.

– Les gars… Briefing !

Il faut dire que Tony, les briefings, ça le connaît. Il a le chic pour trouver les meilleures planques, pour déléguer et se sous-traire au gros du travail. Les mauvaises langues parlent de Denis dans les mêmes termes. Disons qu'ils ont le sens de l'organisation !

– Claude et Pierre, vous allez vous rendre chez le vendeur. Nous, nous allons nous occuper de l'entrepôt.

Bon… Nous pouvons nous permettre de relaxer. Tony se charge des mandats de perquisition. Nous avons une trentaine de minutes devant nous. C'est en buvant un troisième café que nous planifions notre perquisition.

– Il nous faudra des sacs.

– J'ai amplement de rapports de saisie, mais pas d'étiquettes.

Nous allons quêter à la police locale quelques sacs de plastique… Ils doivent nous trouver bien pauvres. Finalement, après avoir téléphoné à Louise, nous nous installons devant la télévision… J'ai tout ce dont j'ai besoin, les clés de la maison ! Il ne me reste qu'à y aller. Tony revient et nous remet le mandat… C'est l'heure, quand il faut y aller ! Pierre remet l'auto en marche et nous voilà en route pour la caverne d'Ali Baba. Il ne nous faut que quelques minutes pour trouver la maison. Elle est toute neuve, comme tout ce qui se fait maintenant. Petits parement en vinyle gris, fenêtres en vinyle blanc, petite cour gazonnée avec remise et haie de cèdres.

– Voilà le château !

Pierre stationne l'auto tout près de la porte avant. Nous faisons le tour de la maison par précaution. Tout à coup, un rottweiler, un énorme monstre noir, se met à sauter sans discontinuer contre la porte patio. Pierre fait un bond en arrière.

– Merde… Que je déteste les chiens !

– Il ne peut sortir, Pierre !

– Ouais… Mais nous, il faut y entrer, et moi je ne rentre pas là !

Je ne savais pas que Pierre avait peur des chiens. De mon côté, je sais que la pauvre bête a aussi peur que nous, alors si je peux communiquer avec elle…

– Allez, j'y vais…

– Claude, tu ne vas pas entrer là ?

– J'ai un mandat, je te ferai remarquer… Je lui ferai lire !

Pierre n'est pas rassuré du tout. La bête fait bien cinquante kilos et de l'extérieur je l'entends s'exciter. Tant pis, j'ai les clés… J'ouvre. Ou plutôt j'entrouvre doucement la porte. À l'intérieur, la bête semble confinée à la cuisine, par une barrière de bébé. Je continue lentement à m'approcher tout en lui parlant doucement. Pierre est resté dehors, l'arme sortie, prêt à intervenir.

– Salut, ma belle…

Car c'est à une femelle que j'ai à faire face, c'est déjà mieux… Pas une femelle ne me résiste… Selon mes partenaires !

– Je vais me rendre dans la cuisine… Ça va ? N'aie pas peur… Je ne te ferai aucun mal…

Je me glisse sur les genoux et marche lentement à quatre pattes. La grosse bête me regarde d'un air étonné. Elle doit se demander à quel étrange animal à franges elle a à faire… Lentement avec beaucoup de précautions, j'enlève le crochet qui retient la barrière et me glisse dans son enclos. Le joli fauve s'approche un peu tout en me reniflant. Elle grogne toujours, mais je sens qu'elle faiblit.

— Tu as faim ?

Toujours à quatre pattes, je me traîne jusqu'au réfrigérateur. Devant moi, sur l'une des tablettes trônent deux petits sacs plastifiés de viandes froides. Je les ouvre et en mange un peu. Je m'assois face au fauve et, dos au mur, je lui montre ostensiblement les tranches de viande.

— Tu en veux ?

La grosse chienne marche de long en large, comme pour se donner contenance. Finalement, attirée par l'odeur de la viande que je laisse traîner à côté de moi, elle s'approche et gobe d'un seul coup les deux morceaux.

— Bon… Assieds-toi… Nous allons faire connaissance.

Je lui jette un nouveau morceau, puis je lui laisse prendre celui que j'ai dans la main. Le monstre s'assoit directement devant moi, attendant une nouvelle pitance.

— Tu vois… Moi, c'est Claude… Le gros monsieur là-bas, c'est monsieur Tranquille, mais tu peux l'appeler Pierre. C'est un ami… Alors, surtout ne va pas être méchante avec lui…il a peur des chiens… Tu peux comprendre !

Pierre toujours dans l'entrebâillement de la porte et l'arme prête à tirer, me regarde avec perplexité. Je lui fais signe de rentrer lentement, le monstre grogne un peu, mais comme je le flatte gentiment, il perd de sa méfiance.

— Bon… Je te donne une dernière tranche de cette merde, mais tu sais ce n'est pas très bon pour les petits chiens… Et j'ai une perquisition à faire… Tu viens ?

Ma nouvelle amie ne me quitte plus d'une semelle. Comme un grand bébé, elle se couche par terre pour être flattée et quand je l'oublie trop longtemps, elle me donne de gros coups de tête. Pierre finit par l'approcher et la flatter un peu, mais je vois bien qu'il n'est pas à son aise. Un enquêteur de la ville vient nous rejoindre, il me faut encore faire quelques présentations… La dame est très protectrice ! Malgré tout, nous finissons par travailler à notre guise.

Tard dans la soirée, j'irai promener ma nouvelle amie. Et c'est muni de mon petit sac et d'une laisse que j'irai visiter les environs. La bête ne veut plus me quitter. Je laisse à regrets le bel animal seul à la maison. Je sais bien que quelqu'un viendra s'en occuper.

Malgré tout, pour moi, c'est comme pour un enfant. Nous retournons au poste. Tony et Denis sont déjà partis. Ils n'ont pas ramassé les objets, mais les grands magasins concernés feront l'inventaire pour eux. De notre côté, il nous reste à transporter nos deux prisonniers et une partie du butin que nous avons ramassé dans la maison. Le propriétaire de l'animal me demande s'il peut envoyer sa blonde en prendre soin.

– Oui… Mais ton chien a bien mangé et a fait ses petits besoins.

– C'est impossible…

– Ha… Dis-moi, ton cleb, il va bien faire son petit caca tout près de la grosse pierre et son pipi près de la bouche d'égout ?

– Oui !

– Alors… Tu vas trouver ton réfrigérateur un peu plus vide… C'est qu'elle avait faim, la grosse fille.

Malgré tout cela, il a beaucoup de difficultés à me croire. Quelle traîtresse, cette chienne ! Mon type appelle sa copine, ça me rassure… Le chien ne sera pas seul cette nuit.

– On va où maintenant ?

– En ville !

Comme dans toute bonne opération spéciale, il faut qu'il y ait des ratés. Pierre et moi avons de concert oublié nos menottes. En fait, pour ma part, je ne les transportais jamais… Et c'est avec des lanières de plastique que nos deux hommes sont attachés. Comme nous revenons en ville et qu'il faut passer le temps, les détenus et nous commençons à discuter. Bien sûr, ils se tortillaient un peu, les lanières ne sont généralement pas très confortables. Tout à coup, celui qui est assis juste derrière moi, me pose une question peu banale.

– Dis-moi… Que ferais-tu si je me détachais ?

– Ça dépend…

– Je pourrais t'attaquer…

– Non… Tu serais mort !

– T'aurais pas le temps de sortir ton arme.

Je le regarde avec un grand sourire et lui montre mon arme pointée directement sur sa poitrine.

– Pourquoi penses-tu que je sois si détendu ?

– T'as ton gun pointé sur moi ?

– Bien sûr, depuis le début du voyage. Tu fais l'idiot et tu te retrouves transformé en tapis de bain !

– T'es malade… C'est dangereux !

– Pas pour moi !

Le bonhomme en a le souffle coupé. La conversation se refroidit quelque peu et se termine en monosyllabes. Arrivés au bureau, Pierre et moi nous retrouvons seuls. Il est quand même presque deux heures du matin, et nous avons dix-huit heures de travail derrière la cravate. Il nous reste à sortir les effets du coffre arrière, à étiqueter, à porter les accusations, à faire le précis, à interroger les suspects… Encore six heures de travail !

– Et si on allait dormir…

– Ouais… On n'a qu'à les reprendre demain matin.

Notre journée de travail s'arrête là. Je traîne ma vieille carcasse jusqu'à l'auto et je retourne chez-moi récupérer un peu.

Le matin suivant, je suis accueilli par mes deux lieutenants… Ils se font de la bile pour les détenus. Je les aime bien tous les deux. Jacques a été un de mes policiers et j'ai déjà travaillé de concert avec Michel. Habituellement, ils ne paniquent jamais pour rien, j'ai bien l'impression qu'ils se sont faits appeler par l'avocate

– Ils ne pourront comparaître dans les vingt-quatre heures. L'avocate de la Couronne a beaucoup de pression sur les épaules de la part de l'avocat de la défense… Alors, libérez-les sur une promesse de comparaître.

Et c'est ainsi que deux bonshommes coupables de vol de camions remorques, je parle ici de vols de plus de deux cent mille dollars, retournaient à la maison, sans condition aucune, libres de continuer leur petit commerce ! Je laisserai le reste du dossier à Tony et Denis, après tout c'est leur bébé !

* * *

Revoir la jolie Terry à la visite et son mari Richie encore en prison me propulse seize années en arrière, et de façon inattendue, dans l'une de mes toutes premières enquêtes d'importance au poste quinze. Mon ami Paul, l'imbécile de service par excellence, m'avait encore lancé trois plaintes à la volée. Il était passé si vite que j'en avais attrapé un refroidissement. Encore des « vols de corde à linge » – expression populaire chez nous pour désigner les plaintes qui finiront aux archives. Heureux possesseur d'une cinquantaine de ces plaintes, qui traînaient sur mon bureau, j'avais bien d'autres chats à fouetter. Une de ces plaintes avait pourtant un petit côté intéressant : un vieil assisté social s'était fait voler un montant de cinquante mille dollars. Il y avait une piste, mais bien mince. Une jeune femme, amie de la fille du bonhomme, aurait été mise dans le secret et comme elle s'est présentée à l'appartement le soir du vol...

Mes recherches sont d'autant plus rapides que la suspecte n'a pas de casier judiciaire, ni d'amis connus pour le moment ! La plainte semble diriger vers la filière treize, bel euphémisme pour la poubelle. C'est à ce moment que le destin, toujours à l'affût, arrive à point nommé pour me faire un de ces cadeaux dont je lui suis reconnaissant. Le gros Nick passe par hasard regarder les plaintes. C'est bien le seul policier en uniforme à s'astreindre à ce fastidieux travail. Ce bonhomme grand format, puissant et roublard comme l'ours, à l'uniforme toujours un peu trop petit, n'arrête jamais de tourbillonner. Il possède toujours une longueur d'avance sur tous les policiers du secteur et rien ne lui échappe. Sa mémoire est équivalente à celle de l'éléphant. Rien ne lui échappe... Surtout pas les mauvais coups !

– Hi, little pepper !

– C'est moi que tu appelles comme ça ?

– Yes, sir...

Ce rituel se répète invariablement à chaque rencontre. Nous devons nous asticoter pour être sûr de notre amitié. Nick est pour moi un grand frère... surtout qu'il est plus vieux que moi de quarante-huit heures. Les gens ont fini par le considérer comme mon ombre.

– Dis-moi, Nick... Tu veux lire cette plainte ?

Après un moment, le mastodonte au carnet noir me revient avec une piste possible. Il a rencontré la petite que je cherche avec Doug W., un minable petit voleur et revendeur du coin.

– Si elle a fait ça, il faut qu'il soit dans le coup.

– Si nous allions rendre visite à la belle.

Il n'en faut pas plus à Nick pour m'accompagner. Rangeant d'un geste vif la pile de plaintes, il se rend à l'autoradio pour suivre son enquêteur préféré. Je connais encore mal le secteur à l'époque et c'est lui qui m'indique le chemin.

La petite demeure dans un appartement modeste sur la rue Benny Crescent. Comme je n'ai que très peu d'éléments en mains, il me faut user de beaucoup de tact. La belle peut m'envoyer paître à tout moment. Elle arrive à notre rencontre, et nous nous trouvons face à un fort joli petit bout de femme.

– Oui...

– Virginie B. ? Vous me permettez d'entrer ?

– Heu... Bien sûr.

Je prends le temps d'écornifler un peu : l'appartement est simple mais propre. La petite vient à peine de se lever et elle a encore quelques mèches de cheveux rebelles, qui la font ressembler à un petit ange cornu.

– Vous avez entendu parler du vol de monsieur R ?

La jeune femme ne se dépare pas de son flegme de circonstance, mais je sens qu'elle commence à devenir fort mal à son aise. Ses yeux, qu'elle veut imperturbables, vont dans tous les sens.

– Oui... Sa fille est venue ici pour m'accuser.

– Vraiment ?

– Oui... Vraiment, comme vous dites !

Cette fois, Virginie semble prête à s'emporter. J'ai bien l'impression que tout ne va pas pour le mieux entre les deux anciennes amies.

– Cette salope, elle vient m'accuser du vol... Bien sûr, c'est elle qui a monté le coup. Comment j'aurais su que son père avait autant d'argent ? Il est sur l'aide sociale ! Mais Tammy... et son trou du cul... m'ont parlé de l'héritage il y a quelques jours et ont toujours voulu le voler. Hier soir, tous les deux sont venu ici pour m'accuser.

– Bien... Et Doug ?

– C'est mon ami... Mon ex-ami. Nous ne sommes plus ensemble, mais de temps en temps nous sortons prendre un verre.

– Et tu es allé chez Tammy pour quoi ?

– Pour sortir à quatre, elle m'avait demandé d'aller la chercher.

– OK.

– Voulez-vous fouiller la maison ?

– Non... Pas la peine ! Merci...

Nick et moi repartons vers nos voitures. Pierre nous a attendu et assiste à notre petite conversation. Nick émet l'hypothèse que la petite a été dans le coup, avec la jeune fille de la victime, mais que le partage de l'argent s'est mal déroulé.

– Oui, mais… Si la fille vole son père et accuse la petite ?

– Il ne faut pas oublier Doug…

– Nick… Peux-tu jeter un coup d'œil sur notre ami Doug ?

– Well, bien sûr, my man…

Je retourne au bureau pour convoquer Tammy et son ami. Après tout, ils étaient témoins dans l'affaire. Le tout ne se fait pas sans peine. Tous deux arrivent d'un voyage d'amoureux à Toronto…

– Nous sommes un peu fatigués, voyez-vous.

– Alors… reposez-vous et venez me voir dans l'après-midi !

La petite devient très hésitante, et son ami encore plus. Elle veut bien aider son père à retrouver l'argent, mais… Il me faut user de beaucoup de persuasion. Vers treize heures, la jeune femme et son amant viennent donc me rencontrer. Leur histoire sonne aussi vraie que celle de Virginie, et je me rends compte que les deux jeunes femmes se sont acoquinées à des lascars de bas niveau avec qui tout peut être la vérité, même les mensonges ! Après une heure, je ne suis guère plus avancé. Tammy est outrée que je puisse seulement penser qu'elle soit suspecte.

Dans la même semaine, quelques pistes intéressantes s'offrent à moi. Nick a découvert que notre ami Doug a beaucoup dépensé en coke et n'a pas été très généreux avec ses amis… Sauf que l'ami de Tammy avait aussi festoyé avec lui !

– J'ai l'impression que la petite Virginie sait quelque chose…

– She has to know… Elle est au courant, mais elle n'était pas avec eux pour fêter !

Je retourne voir la petite, avec cette fois quelques cartes de plus en main. Toujours pas assez pour l'inculper, mais tout de même… J'ai la chance de la trouver chez elle, en compagnie d'une amie au minois fort joli. La belle est mince et élancée, le nez en trompette et les yeux fouineurs. Ses vêtements sont réduits à leur plus simple expression, jupe courte, très courte, et chandail moulant.

– Salut Virginie…

La petite ne semble ni surprise ni enthousiasmée par ma visite. Elle hausse les épaule et me laisse entrer. Ses yeux sont un peu tristes, comme si elle comprenait que je ne lâcherais pas le morceau.

– Dis-moi, ma belle… Tu sais que Doug a dépensé beaucoup d'argent ces derniers jours ?

– Non…

– Tu serais la seule à ne pas le savoir !

Sur ce, la jolie jeune femme se lève et vient à la rescousse en se plantant devant moi.

– Elle n'a pas envie de savoir ce que son ancien fait… ou ne fait pas. C'est un salaud…

– Pourtant elle va prendre un verre avec lui de temps à autre…

La fille est stoppée net dans sa montée de lait et regarde sa copine sans trop comprendre. Peut-être a-t-elle eu droit à une autre version.

– Et vous êtes ?

– Terry… Vous pouvez vérifier, le flic, je n'ai pas de casier judiciaire… Juste des fugues quand j'étais plus jeune.

– À te regarder, je dirais que la dernière date d'il y a deux semaines.

La jeune femme ne sait que répondre. Elle perd quelques instants son petit air arrogant et me sourit.

– Dis-moi que tu as dix-huit ans !

– Oui… Depuis quelques semaines.

– Ils te vont à ravir.

Je me retourne lentement vers Virginie et, tout en souriant moi aussi, je l'examine avec minutie.

– Vous cherchez quoi ?

– La vérité…

La petite hausse les épaules, décidément c'est une habitude chez elle, comme de ne pas me regarder dans les yeux ou de détourner rapidement la conversation.

– Tu sais, Virginie… Je vais finir par tout savoir…

– J'aimerais bien !

Je comprends que j'aurai besoin de plus d'éléments pour avancer, mais où les trouver ? Je retourne au bureau pour enquêter à fond tous les noms des amis et des relations… Belle façon de colorer l'enquête. Nick entre et vient s'asseoir, avec dans les yeux une petite lueur de ravissement.

– Tu sais quelque chose ?

– Possible… J'ai parlé à mes amis. Doug est sorti avec Pat White. Et ça veut dire quelque chose !

– Pat White… De la famille du même nom ? Le grand dadais roux est son frère ?

– Oui… un petit bandit.

En fait, toute la famille, le père, la mère et les trois enfants trempent dans le crime jusqu'au cou. Ces gens sont connus des grands magasins d'alimentation pour leurs vols à répétition. Le père se gausse d'être conseiller pour le gang de l'Ouest, c'est-à-dire les Irlandais. Je ne les connais pas bien encore, mais je ne perdais pas de temps pour attendre.

– Tous les deux ont dépensé beaucoup d'argent, surtout Doug !

– Si nous allions rendre une visite à Virginie ?

En quelques minutes, l'enquête vient de progresser de façon spectaculaire. Virginie craque et nous avoue tout. Elle a volé une partie de l'argent qui restait, environ trente mille dollars… Le reste a été pris par la fille et le gendre.

– Où est l'argent ?

– Je ne l'ai plus… Je l'avais caché sous le poêle et j'avais pris cent dollars pour sortir un peu. À mon retour, j'avais été cambriolée.

Pas difficile de comprendre qui a fait le coup. Je sais qui dépense l'argent maintenant. Nick me conduit chez Doug. Le jeune homme habite chez sa mère dans un HLM. de la rue Côte-Saint-Luc. Notre arrivée ne le surprend qu'à moitié. Il faut dire qu'il dormait encore à poings fermés…

– Salut… Tu sais pourquoi nous sommes ici ?

– Non…

– En fait, j'ai trente mille bonnes raisons d'être ici !

Cette fois, les yeux du garçon ne peuvent s'empêcher de s'agrandir. Un petit signe qui le trahit.

– Où est l'argent Doug ?

– Je…

– Bon, habille-toi, tu viens en cellule… Juste à côté de celle de Jennie.

Mon jeune ami comprend que je ne bluffe pas. Nick lui fait signe de se magner le cul, comme si tout était déjà réglé pour lui.

– J'ai plus l'argent…

– Comment ?

– J'ai plus l'argent… Quelqu'un m'a pris l'argent… J'en ai dépensé, mais quelqu'un a pris le reste.

Le moins que l'on puisse dire, c'est que ce tas d'argent avait le don de voyager… Arrivé au poste, Doug me raconte toute l'histoire. Il a volé sa complice, dépensé quelques milliers de dollars et donné quelques centaines de dollars à sa mère qui doit nourrir quatre enfants. Mais après sa sortie avec Patrick, Marvin, son père, est venu avec un ami, Tommy L., pour réclamer le reste… Presque vingt mille dollars. Les deux hommes avaient des bâtons de base-ball et ne voulaient pas plaisanter. Doug leur a donné plus de quinze mille dollars… Il ne me reste plus qu'à arrêter Marvin. J'étais presque sûr de ne pas retracer l'argent et c'était la parole de Doug contre celle de Marvin. J'ai maintenant tant de suspects que j'y perds mon latin. La fille de la victime, son ami de cœur, Virginie et Doug, et maintenant Marvin et Tommy L., c'était quand même une jolie liste… Le lendemain matin, je procède à l'arrestation de Marvin. C'est une joie pour Nick. J'en profite pour me présenter à mon détenu… comme son pire cauchemar. De son côté, Marvin jure qu'il aura ma tête. C'est une véritable déclaration de guerre. Malheureusement le juge sort mon bonhomme après enquête et sous conditions. Nous sommes près de la période des fêtes et il n'a pas commis le crime du siècle. Entre-temps, Pat a eu la mauvaise idée de menacer Jenny… Et Marvin… Doug ! Le dernier des garçons White vient d'être déclaré recherché… J'ai la bonne idée de rassembler la famille pour le jour de l'an.

Le 31 décembre à midi, je sonne à la porte de la rue Walkley et j'arrête les trois hommes. Le clan White passe la nouvelle année réuni au quartier général de la police, devant des sandwichs au fromage… Ça crée des liens. À partir de ce moment, je sais que la guerre va s'intensifier. Quelques jours plus tard, Terry vient m'aviser que Marvin met un contrat sur ma tête au montant de dix mille dollars.

– Il m'a fait écrire une lettre…

– Comme ?

– J'ai dû dire que tu avais couché avec moi et que tu avais payé mon avortement…

Je laisse la section des homicides s'occuper du contrat et, de mon côté, je fais tout ce qui est en mon pouvoir pour faire suer Marvin. Je reçois de temps en temps les rapports d'écoute électronique, mais malheureusement, à part quelques sous-entendus me concernant, la famille parle plus de recels que d'autre chose. Quelques amis de longue date du clan irlandais, peu bavards et au langage hermétique, appellent aussi parfois. Lorsque la fille de

Marvin vient se faire arrêter par moi, pour un vol à l'étalage, j'en profite pour demander des nouvelles de la famille. Maman, qui est avec elle, n'apprécie pas du tout notre amitié.

Quelques semaines plus tard, nous sommes au début de l'un des procès. Le frère de Doug vient me trouver tout tremblant.

– Pat veut me tuer… Si je témoigne, il me tue.

Le jeune homme témoigne néanmoins et, à la sortie de la cour, Pat est mon invité. Cette fois le bonhomme éclate de colère.

– You are a piece of shit, Aubin…

– Mister White… You are a walking and talking garbage can !

Il s'en faut de peu pour que nous en venions aux mains. Marvin vient d'atteindre son point de rupture. Il faut dire que quelques jours plus tôt il s'est fait prendre dans une fraude au magasin Steinberg. Depuis quelques mois, lui et son épouse utilisaient le même stratagème. Ils faisaient un magasinage complet et après avoir payé, ils revenaient immédiatement pour recommencer un magasinage identique. Une employée plus dégourdie que les autres, dont le mari était policier, avait remarqué le manège et fait arrêter le couple.

Marvin fit une attaque cardiaque et mourut dans les semaines qui suivirent. L'argent ne fut pas retrouvé, et comme la fille de la victime était impliquée, le père ne voulut pas aller trop loin… Jenny, malgré mes plaidoyers, ceux de la défense et ceux de la Couronne, reçut six mois de détention du juge Chaloux… J'en fus malade pendant plus de deux semaines… De son côté, Pat vint demander la paix… Il rapporta la lettre de Terry et promit de ne pas continuer la guerre. Quelque temps plus tard, je fus estomaqué de voir la photo de madame White dans une publicité de Steinberg… Celle-ci disait : « J'achète ici parce que c'est moins cher ! »

* * *

À la cuisine de l'immigration, la curiosité du grand Stéphane est immense. Ce n'est pas commun d'être en prison avec un flic ! Son étonnement est encore plus visible quand il m'entend converser en russe avec quelques-uns de nos invités.

– Tu parles russe ?

– Un peu… Je manque de pratique, mais je me débrouille. Tu

vois… j'ai un peu travaillé les Russes ! La mafia russe !

Et comme toujours entre deux préparations de repas et le net-toyage, en bon public Stéphane écoute religieusement mes aventures.

À l'hiver 1994, mon capitaine avait reçu une commande : connaître la criminalité russe du secteur. Mes lieutenants connais-saient mes méthodes et me proposèrent le travail. J'avais sous mes ordres quatre policiers et nous avions deux mois devant nous. Je connaissais peu de choses sur leur criminalité, mais je savais qu'elle était grandissante. J'employai donc la première semaine à compiler des informations. Qui sont-ils ? Combien sont-ils ? Que font-ils ? Et où sont-ils ? Nous savions très peu de choses d'eux. Tout restait à bâtir.

Dame chance fut encore une fois de mon côté. Deux arresta-tions de Russes me permirent de rencontrer une nouvelle source : Sergeï, et une nouvelle cible : Maxim ! En moins de deux semaines, nous avions identifié une cible et trois endroits de ren-contre. Le reste se fit tout seul… Filature, photos de suspects, prises de plaques minéralogiques. Nous avions plus d'une trentaine de noms et deux petits groupes actifs dans le secteur. Les groupes Yacovlev et Bartchatov. Tous les deux travaillaient de concert sur plusieurs points, tout en étant indépendants. Maxim Yacovlev s'occupait du recel des voitures et des biens, et de leur envoi vers Leningrad, en plus de la fausse monnaie entre le Canada et la Russie. Le groupe Bartchatov, survivait grâce au vol à l'étalage et aux faux passeports. Les hommes de ce groupe arrivaient de Toronto et étaient reliés à la mafia russe de ce secteur. Nous avions aussi découvert un troisième groupe venant du Kazakhstan. Tout ce beau monde était en affaires, mais les groupes restaient indépendants les uns des autres. En fait, dès le premier mois, mon équipe en savait plus sur ces gens que tout le département réuni.

Sergeï fit plus que me donner des noms, il m'enseigna l'âme russe… Les diminutifs… Comme Sacha pour Alexandre, Génia pour Evgenie, enfin quelques mots de russe pour me débrouiller. Nous assistions régulièrement à certains rendez-vous entre les capitaines de bateaux, certains avocats et Maxim. Les capitaines repartaient vers le port ivres morts aux petites heures du matin et Maxim allait cuver sa vodka dans son condo… à deux pas du quartier général de la police.

Un incident aurait pu tourner à mon avantage, mais cette fois-là la chance fut du côté de Maxim. J'avais demandé aux policiers en uniforme d'exercer une surveillance plus étroite de mon Russe, mais pour une raison inconnue, deux agents habituellement bien éveillés avaient enquêté notre homme dans un petit resto, alors qu'il était encore une fois saoul comme une vache. En le fouillant, ils avaient trouvé sur lui une liasse imposante de cent dollars américains et son chèque de bien-être au beau milieu. Je ne reçus le rapport que le lendemain… J'aurais voulu tuer ! Les pauvres policiers eurent à subir ma colère. Une liasse de billets… Environ trois ou quatre mille dollars…Je mesurais avec consternation le beau coup de filet qui venait de me passer sous le nez… Enfin un motif de perquisition pour le domicile. Jamais un juge ne me donnerait de mandat pour camoufler une erreur… Et sans éléments sûrs… Je ne pouvais révéler notre existence.

Sergeï vint à ma rescousse et me présenta un autre Sergeï. Il faut dire que ce nom est populaire en russie. Ce Sergeï, malgré ses fréquentes crises de prima dona, vint m'expliquer le fonctionnement des opérations de Maxim : en plus de vendre la fausse monnaie, ce dernier s'arrangeait souvent pour arnaquer certains pilotes d'Aeroflot. Après avoir montré la couleur de leur argent, les pauvres voyaient la couleur des faux… À leur retour, la chambre de l'hôtel était fracturée… Je réussis à me procurer quatre spécimens grâce à ma nouvelle source. Et je passai l'affaire à un ami d'une section importante : je n'avais pas le personnel nécessaire pour entreprendre l'opération. Pour trouver d'autres pistes, j'entrepris d'infiltrer un des bars de la rue Crescent, mais les hommes de main de Maxim vinrent nous faire comprendre que nous n'étions pas les bienvenus. J'abandonnai rapidement cette avenue.

Une semaine avant la fin des opérations, malgré tous les succès que nous avions obtenus, le capitaine me fit savoir qu'il n'y aurait pas de délais. Je plaidai ma cause, mais tout était simple… Les autos volées n'étaient pas de notre ressort, pas plus que les faux documents ou la fausse monnaie, et le vol à l'étalage pas assez important. En fait, il voulait me dire que notre travail était terminé.

Je donnai un dernier coup d'épée en procédant à l'arrestation des membres du groupe Bartchatov, pour vols à l'étalage en série, et du faussaire du groupe, avec quelques faux passeports et les matrices pour les obtenir. Plus important encore, j'avais l'information sur tous les groupes gravitant autour d'eux. Quant aux voitures de luxe, par un beau matin d'avril, elles voguèrent allègrement vers la Russie, faute de personnel pour s'en occuper à la section autos volées…

Mon rapport terminé, le capitaine se fit un malin plaisir de me trouver une nouvelle mission : les vols simples et tapes sur la gueule dans tout le secteur ! Point positif cependant, Sergeï continua à me donner de l'information. Quant à Maxim, il disparut lors d'un voyage à Leningrad. Selon la rumeur, on lui aurait mis du plomb dans la tête !

Quelques semaines plus tard, Dimitri, un membre de ce groupe, fut battu presque à mort par des gens venus de Toronto… C'est moi qui eus l'enquête. Quand je demandai à Dima si c'était la première fois qu'il se faisait battre ainsi, il répondit par une autre question :

– Au Canada ?

Nous ne vivions manifestement pas les mêmes chose. À partir de ce moment, je m'occupai assidûment de la communauté russe du secteur. Je venais de découvrir ce que mon département ignorera jusqu'à la fin des années 90 : la mafia russe à Montréal.

– Pourquoi ton capitaine ne voulait pas que tu continues ?

– Budget… et contrôle !

– C'est de la merde, hein !

– Comme tu dis !

Nous retournons à notre nettoyage. Dominique nous a préparé un petit ordre du jour comprenant le lavage des vitres et des étagères… à une température de plus de 35 degrés !

*　*　*

Un soir de janvier, je reçus un appel d'un dénommé Ali. Selon Badaboum, c'était le contact des peep-shows avec qui je devais travailler. Ce ne fut pas très long. Au bout de quelques minutes, nous convenions d'une rencontre dans les semaines suivantes. Il y avait maintenant quelques semaines que notre agence fonctionnait ou je devrais dire : existait. Michel avait entre-temps perdu sa voiture faute d'avoir payé ses contraventions et hésitait entre la faillite et…

Alain n'était guère mieux loti : deux mariages... deux divorces... deux maîtresses... trois enfants... et deux pensions alimentaires ! Je me rendais lentement compte de l'énormité de la situation. Malheureusement, avec mon obstination je savais que je réussirais malgré tout et que notre boîte fonctionnerait !

Je rencontrai Ali en présence de Michel, qui était devenu mon partenaire à part entière, un autre moi ! Parlant fort et vantant notre entreprise, ses années dans l'armée, son russe, mes exploits dans le passé, comme s'il y était. Ali, un bonhomme dans la vingtaine au teint mat et à l'éternelle queue de cheval, avait toujours le sourire mais il était peu bavard. Notre première rencontre se passa bien. J'établis, comme je le fais toujours, les balises dans lesquelles nous allions travailler. En me fiant à l'information reçue de Badaboum, j'imaginais que nous allions avoir à faire de l'enquête et de la surveillance.

– D'après ce que je sais, vous possédez les peep-shows à Montréal... Et vous avez besoin de personnel pour y jeter un coup d'œil de temps à autre et faire quelques enquêtes.

– Oui...

– C'est ce que Badaboum m'a dit.

– Oui, c'est ça...

À partir de là, la discussion prit son envol. Ali avait besoin de connaître l'adresse de mauvais payeurs et d'avoir leur photo pour ne pas se tromper de personnes, vu les noms étrangers... Nous reparlerions de la surveillance plus tard.

– Ces gens... Il ne leur arrivera pas malheur ! On s'entend...

Michel fait à ce moment un air qui semble vouloir dire que nous n'y regarderons pas de si près. Mais je crois qu'il lit dans mon regard que je suis sérieux.

– Bien, non... J'ai besoin que tu me donnes le plus de détails sur eux avant de les rencontrer, j'ai pas envie de me faire faire mal...

– Alors... Ce sera entre trois et quatre cents dollars par tête...

– Pas de problème.

Ali me donne un nom à vérifier me disant qu'il me contactera la semaine suivante. Ce fut tout. Michel était surexcité et voyait déjà le potentiel immense de l'affaire. Il me dictait déjà la marche à suivre, comme si je n'avais jamais fait d'enquête. Au moins, il arrivait ainsi à me faire rire.

* * *

Aujourd'hui, mon nouvel ami le grand Sergeï semble un peu triste. Il prend sa nourriture silencieusement tout en me gratifiant d'un léger sourire de reconnaissance. Par contre, Dimitri ne se gêne pas pour plaisanter avec moi... Notre seul sujet de conversation est la qualité de la nourriture.

– Ke oto ? (C'est quoi ?)

– Sabaka... (Du chien...)

Cette remarque déclenche l'hilarité générale des cinq Russes qui m'entourent, au grand dam de Dominique, qui aimerait bien que je me taise ! En retournant à l'évier débordant de casseroles, je ne peux m'empêcher de retourner quelques années en arrière... En 1996, une journée d'avril...

Nous venions à peine d'emménager dans nos nouveaux locaux, tout en tapis et en couleurs pastel, d'une propreté à faire pâlir certains hôpitaux. Tout était sous le signe de la sobriété, la direction interdisait les photos, les plantes, les mascottes... tout ce qui aurait pu nous rappeler que nous étions des êtres humains.

Gerry semblait fort préoccupé par une affaire d'extorsion dans le centre-ville qui semblait concerner les Russes. De mon côté, n'ayant pas été invité à le seconder, je m'attardais sur mes propres plaintes qui débordaient de mon panier.

– Claude, connais-tu ça, Sergeï Z. ?

– Non...

Gerry semble quelque peu embarrassé, il y a déjà un enquêteur avec lui, mais j'ai l'impression que ni l'un ni l'autre n'ont réellement envie de s'en occuper. Alors il m'explique la cause. Le plaignant ne parle que le russe et baragouine atrocement l'anglais. Gerry ne croit pas plus qu'il ne faut à son histoire... Le type raconte qu'un groupe de Russes l'accuse de lui avoir volé de dix mille dollars et qu'ils lui ont fait faire un tour de voiture et mis un revolver sur la tête pour le menacer. Gerry demeure sceptique.

– Tu veux que je regarde ?

– Ouais... Tu connais les Russes !

En quelques minutes, je venais d'hériter de l'un de mes plus beaux et plus dangereux dossiers. La suspecte principale avait pour nom le joli patronyme de Tatiana, Tatiana Levertova... Ce nom, je n'allais pas l'oublier de sitôt. Après avoir lu et relu la plainte et les déclarations, Gerry et moi avions convenu d'arrêter la suspecte Levertova, un ami, Sergeï Z., une complice Lyudmila, U., sa copine de loyer, Natalia P. et Valery Galinsky, le nouvel amant de Levertova. Il nous fallait retracer l'arme et les passeports volés, ce qui ne se ferait pas tout seul.

La préparation se fit rapidement. Avec deux policiers en uniforme en soutien, nous voici en route vers un petit logis de la rue Sussex, où le groupe semble demeurer. À notre arrivée, une jeune femme est présente. Jolie mais quelque peu rébarbative... Gerry s'en occupe. La dame est Lyudmila U., une de nos cibles. La jolie dame est transportée au bureau. De mon côté, je découvre la caverne d'Ali Baba. Partout où je regarde trônent des sacs à mains de qualité, des manteaux en vrac, des robes et des douillettes encore dotées de leurs étiquettes et de leurs systèmes antivol. Gerry ouvre de grands yeux devant cette montagne d'objets hétéroclites.

– On fait quoi ?

– On va chercher un mandat, Gerry !

Au même moment, on frappe à la porte, Gerry va ouvrir... Surprise, un bonhomme de plus d'un mètre quatre vingt-dix est planté dans l'entrebâillement de la porte.

– Entrez...

Gerry ne semble pas aimer du tout le matamore et il ne le ménage pas beaucoup.

– Ton nom ?

– Sergeï Z.

Un autre morceau du casse-tête... Nous mettons immédiatement l'homme en état d'arrestation, ce qui ne se fait pas sans heurts. Gerry se fait bousculer durement. C'est le moment que je choisis pour pointer mon arme directement sur le bas ventre du monstre.

– Bon... Si tu continues, je vide mon arme sur toi... Tu auras l'air d'une passoire... Une passoire morte ! Panyé mayé ? (Compris ?)

Le bonhomme s'arrête sec. Je lui souris dangereusement, je crois qu'il voit dans mes yeux une petite étincelle malicieuse...

– Tu vois, mes amis disent que je suis complétement fou ... Tu comprends ? Tu bouges, je tire et c'est la police qui fait l'enquête.

L'autre n'ose plus bouger, je suis persuadé qu'il croit fermement que sa mort est proche. Gerry tente de lui mettre les menottes, mais ses poignets sont trop volumineux.

– Sergeï, nous ne mettrons pas les menottes... La société est basée sur la confiance, n'est ce pas ?

C'est ainsi que nous retournons au bureau, Sergeï à l'arrière sans menottes, et moi à l'avant, l'arme prête à intervenir. L'écrou terminé, Gerry semble un peu mal à l'aise... L'après-midi est passablement entamée, et avec une nouvelle perquisition, il nous reste au minimum trois heures de travail...

– Claude... Il faudrait que je parte, j'ai personne au restaurant et je suis dans la merde.

Ceci me désigne comme enquêteur au dossier. Mais ce sont des Russes et c'est quand même ma spécialité !

– Ça va... File, je te raconterai !

Le temps d'écrire le mandat et de le faire valider au centre-ville... J'ai une sacrée chance de trouver un juge au bureau un vendredi après midi... à quinze heures. Avec deux nouveaux policiers, je me pointe au domicile de la rue Sussex. Nous avons apporté des sacs verts géants et nous les remplissons sans arrêt. Je découvre près de six mille dollars, en US et en canadien. Pas mal pour des prestataires de l'aide sociale ! Je ramasse à tout hasard quelques carnets écrits en russe. Finalement, nous revenons à l'heure du souper avec quatre sacs pleins. Déjà se pose la question de l'espace de rangement... Dans leur grande intelligence, nos patrons n'ont jamais pensé à un local assez grand pour contenir nos perquisitions. Je laisse donc mon trésor près de mon bureau et scrute attentivement tous les papiers saisis. L'un d'eux est très intéressant... Il indique une nouvelle adresse pour Lyudmila. Je ramasse les clés dans l'enveloppe de la détenue et je me rends à l'adresse. Miracle, une nouvelle planque ! Cette fois, plus de juge... Je dois donc en référer au juge de garde par télé-mandat. La dame qui me rappelle n'est pas très commode. J'ai eu à l'affronter à quelques reprises et nous ne possédons pas d'atomes crochus. Malgré tout, c'est munis d'un deuxième mandat que nous vidons le second appartement. Encore une fois nous arrivons au bureau chargés de quelques sacs verts. Mon nouveau lieutenant détective est tout excité et, sans véritable raison, décide de rester pour me superviser.

Vers la fin de la soirée, les policiers m'annoncent qu'ils ont arrêté Levertova au volant de sa camionnette, celle qui aurait servi au crime. Dans leur enthousiasme, mes policiers ont trouvé les passeports volés. À présent, il me faut trouver une idée géniale... Je rappelle donc la juge et obtiens un troisième mandat pour la voiture, question d'officialiser la preuve. Mes hommes saisissent quelques sacs remplis d'objets volés et madame Levertova se retrouve assise en cellule à côté de Lyudmila. Nouvelle adresse... Je sais bien qu'il me faudra aller la vérifier. Mon lieutenant qui, par goût du supplémentaire, est à mes côtés à fouiller dans les sacs et à s'étonner tout haut, décide d'y aller avec mes deux policiers. De mon côté, je tente tant bien que mal de faire entrer tous les sacs dans les bureaux de mes deux lieutenants... En attendant mieux !

– Claude, téléphone... C'est le lieutenant.

– Salut. Nous avons deux personnes chez elle, un gars, une fille et deux enfants.

– Deux enfants !

– Le bonhomme s'appelle Galinsky, et la fille P.

– Bon... Amène-moi tout ça au poste...

– Oh... L'appartement est une vraie caverne d'Ali Baba.

– Pas une autre...

Cette fois, la juge, que je dérange un peu tardivement, n'est pas contente du tout. La pauvre se plaint d'avoir à rester réveillée...

– Madame, je suis au travail depuis ce matin... Et j'ai bien l'impression que je ne serai toujours pas couché aux aurores.

Les détenus sont transportés rapidement, pendant que j'attends le retour du mandat. Enfin, le fax sonne. Me voilà fin prêt. Je me dépêche d'arriver sur les lieux, accompagné d'un autre enquêteur, l'enquêteur relève, mon ami Yves. Il sera témoin de ma colère... À mon arrivée, presque tout le monde est près de la porte, quelques sacs attendent d'être transportés et la fouille semble terminée.

– On a tout trouvé !

– De l'argent et quelques sacoches.

– De l'argent ?

– Environ dix mille dollars.

– Et où ?

– Dans la chambre... Je pense !

– Qui a pris les notes ?

Personne ne répond. Cette fois je regarde mon lieutenant. Je crois qu'il voit dans mes yeux toute la réprobation qu'il m'est possible d'exprimer sans crier.

– Bon… Maintenant nous allons recommencer !

Jean, mon lieutenant, me regarde avec étonnement. Les autres policiers eux, sont beaucoup moins surpris.

– Dis-moi, Jean… Selon toi, qui va témoigner dans cette affaire ?

– Toi…

– Alors tu comprends ?

La tête basse, il retourne à l'intérieur suivi du reste du groupe. Je contemple les meubles laqués de ma prisonnière. Quel luxe ! Je ne pourrais pas me payer ces meubles même si je le voulais… L'appartement coûte près de mille dollars par mois, la belle possède une voiture presque neuve, les vêtements qu'elle porte sont griffés… Et son chèque d'aide sociale paie tout cela ! Tous ceux qui me suivent savent bien que la perquisition ne fait que commencer. En moins de trois minutes, deux autres sacs se sont remplis. Je file vers la cuisine…

– Qui a fouillé ici ?

– Moi…

Mon lieutenant… Je regarde lentement dans sa direction. Je ne sais pas pourquoi, mais j'ai la main qui démange. Dans le sac poubelle, il y a plus de six antivols et quelques étiquettes déchirées.

– Tu avais regardé !

– Pas dans la poubelle…

Je ne sais pas si je dois crier ou rire… Un des policiers me fait remarquer un tas de sacs « La Baie » encore à l'état neuf et deux aimants de magasin pour enlever les antivols.

– Je pense que nous avons frappé fort…

Nous repartons vers le bureau avec cinq autres sacs remplis à ras bord. Là-bas, je contemple avec une certaine consternation l'ampleur des perquisitions. Les sacs s'empilent les uns sur les autres, j'en ai plus d'une douzaine, et des gros ! À vue de nez, près de cent mille dollars de saisie.

Il est près de cinq heures du matin, mes policiers comptent l'argent, tandis que je porte les accusations et tente de faire détenir tous les suspects. Les deux enfants ont été laissés à des amis de la famille.

Je dois quand même rencontrer mes détenus, histoire de voir

318

leur visage. Dans la cellule des hommes, Sergeï et Valery dorment à poings fermés. Du côté des femmes c'est un peu différent. Lyuda me fait les yeux doux tout en me montrant sa jupe un peu grande… et me dit, dans ce français mélodieux dont les Russes ont le secret :

– J'ai faim… Tu vois, j'ai bien maigri !

La jeune femme est jolie et d'un sans-gêne évident. Elle aurait pu incarner la Carmen de Bizet. Tatiana, petite et blonde, possède un visage plus dur, un visage de femme décidée… Je décide de l'appeler la Tzarine… Natalia, de son côté, est assez effacée et me jette un œil presque soumis. N'attendant rien de moi, la jeune femme se recouche lourdement.

– Vous serez conduites devant le juge demain…

À mon retour, Jean offre à tous une tournée de scotch de bonne qualité. Tout le monde a un café sur son bureau et reçoit une rasade.

– Buvez… À la santé des Russes !

Tout le monde rit bien fort ! Moi, je ne bois pas, le scotch n'est pas ma boisson et je vais conduire après vingt et une heures de travail… Je pars me coucher, j'ai trois jours de congé. Bien sûr, je vais quand même rentrer après deux jours… On arrangera les congés.

De retour au travail, quelque chose me chicotte… Jean n'est pas reconnu pour sa générosité, et cette bouteille de scotch, plus j'y pense, plus je la revois sur la table de cuisine de madame Levertova. Depuis le matin, tous ceux qui sont passés par son bureau, y compris le capitaine, ont goûté à l'alcool. Pour le moment Jean n'est pas au bureau, mais il ne perd rien pour attendre. J'ai trouvé un local, la chambre des panneaux électriques, où il est bien indiqué qu'il ne faut rien entreposer, mais c'est le seul endroit où j'aurai la paix. Mes sacs de guenilles seront à l'abri. Déjà que N. laisse sous-entendre que Jean aurait pris à son compte quelques pièces de lingerie fine… Comment savoir ?

– Claude… Tes Russes sont en avant.

– Mes Russes ?

– Oui… Ceux que tu as arrêtés vendredi…

Le juge n'a pas mis de temps pour les sortir… Extorsion, kidnapping, vol, recel… que faut-il au juge pour les garder ? Je me dirige vers eux, ils sont tous là… Pour le moment, il me manque quand même le dernier du groupe... Jmourko, l'ex-mari de Tatiana.

– Oui...

C'est la belle Lyuda qui s'approche de moi. Avec son joli sourire, elle se colle à moi dans des effluves de parfum de qualité, que je hume sans aucune gêne.

– Joli parfum...

Tatiana fait de même... Les deux femmes se livrent à un petit duel féminin assez curieux de la part de personnes qui sont face à leur bourreau ! Cette petite mascarade a pour seul but d'obtenir quelques faveurs ! Tatiana repousse doucement sa rivale pour coller sa gorge à mon nez, tout en me faisant les yeux doux. Valery vient mettre un terme à cette comédie en rappelant à l'ordre les deux femelles en rut. Lyuda traduit une partie de ce qu'il dit.

– Nous voulons reprendre nos affaires...

– Pas possible... Elles sont saisies jusqu'au procès...

Dès que la belle traduit mes réponses, Tatiana la Tzarine me jette des propos querelleurs. Son sourire et ses ronds de jambes, forts jolies d'ailleurs, sont choses du passé. La tigresse sort ses griffes. Valery, de son côté, se plaint qu'une bague de grande valeur lui a été enlevée. Je n'ai pas vu de bague, mais ça n'a rien d'étonnant, sur un lot de plus de deux mille articles...

– Bon... Retourne chez toi, fouille à nouveau et reviens demain.

Lyuda ne s'est pas départie de son joli sourire. Elle reste au-dessus de la mêlée. Sûre de ses charmes comme une bohémienne, elle en use abondamment.

– Je reviens... Demain !

– Da, kochka... zavdra ! (Oui ma chatte... à demain !)

La belle, que je viens de qualifier de chatte, minaude maintenant sans arrêts. Natalia semble désespérée, elle verse presque malgré elle quelques larmes qu'elle essuie délicatement à la dérobée.

– Oh... Tatiana... Dis à ton mari de se présenter à mon bureau, il n'ira pas en prison.

Tout ce beau monde se retire, les quelques policiers qui ont été témoins de la scène en font des gorges chaudes. Ma réputation de tombeur est faite depuis fort longtemps, je devrais dire surfaite, mais ça fait jaser ! Ce qui me tracasse le plus, c'est cette histoire de lingerie fine et de bague... Je dois maintenant en parler. La bouteille de boisson, je peux toujours demander à Jean d'en acheter une autre, mais si N. a raison et si Valery ne retrouve pas sa bague, c'est la grande merde qui va s'installer. En offrant de l'alcool à tous, Jean implique tout le monde... Et si, comme le prétend N., il a pris quelques effets, il implique encore tout le monde ! Les enquêteurs de la discipline vont la trouver drôle.

À mon retour au local des enquêtes, je vais voir N. à son bureau. Il est quand même en fonction supérieure et remplace le lieutenant. Je n'ai que peu de choix... Valery va sûrement revenir et si Jean a pris des vêtements...

– N., j'ai à te causer...

– Oui, mon Claude ?

J'explique brièvement la situation. Lui non plus n'a pas de choix. Nous partons tous les deux vers le bureau du capitaine. En moins de deux minutes, l'affaire prend des proportions inattendues. Pour son grand malheur, Jean porte pour la première fois à son doigt une bague ressemblant étrangement à celle de Valery. Le reste ne m'appartient plus. Sous le coup de la panique, les deux officiers feront une enquête qui me déplaira au plus haut point. De mon côté, je reçois une aide inespérée. Un bonhomme m'attend au parloir. Il deviendra une de meilleures sources.

Pendant deux semaines, avec l'aide de trois policiers, nous étiquetons et nous photographions toute la marchandise, nous visitons la sécurité des grands magasins et nous disséquons les carnets de notes de mes suspects. Une incroyable occasion s'offre à moi... Dans les carnets se trouvent les adresses, les noms, les téléphones et les commandes d'une trentaine de clients, ainsi que la comptabilité du groupe et même certains contacts au Kazakhstan. Dans les photos, des membres d'autres groupes : Bartchatov, Lubavsky, Trotsky... Je sens que j'ai touché le gros lot.

Jean est parti en maladie. Les accusations auxquelles il est confronté l'ont complètement mis KO. Tout le monde est sur les dents... Valery est revenu et n'a pas identifié la bague, mais pour la bouteille, tout le monde est maintenant au parfum ! N. a tout de même modifié sa version des faits... Maintenant... il est possible seulement que Jean ait pris de la lingerie fine... Elle était sur son bureau avant de disparaître... Nuance ! Autre trouvaille, ma source m'indique un des manteaux, celui que Valery tente désespérément de reprendre... Neuf cent dollars US sont cachés dans la doublure. Pauvre Valery, il faut voir sa tête quand je lui apprends la nouvelle. Dans la même semaine, alors que je guette l'appartement de la rue Sussex, je vois apparaître la belle Lyuda transportant deux énormes sacs « La Baie ». La pauvre ploie sous le poids de la charge. À ma vue, sans paniquer elle remet les sacs à deux bonshommes qui les fourrent aussitôt dans le coffre arrière d'une voiture, avant de décoller sur les chapeaux de roues.

– Lyuda… Monte.

La pauvre s'assoit à mes côtés. Je démarre et je pars en chasse. J'avise mes hommes qui tentent de me rejoindre… La voiture des complices est maintenant sur la voie rapide. Lyuda est blême… Sans le savoir, elle tient mon sac de cuir où se trouve mon arme de service. En quelques secondes, j'ai rejoint l'Audi des Russes et, dans un geste téméraire, je coupe le chemin au véhicule… Nous frôlons le muret de ciment avant de nous immobiliser dans un nuage de poussière.

– Claude aux policiers… L'auto est interceptée sur la voie rapide, j'attends votre intervention.

Pieux mensonge… Me voici dehors face à la voiture. Lyuda est restée assise, l'auto en marche et mon arme entre les mains… Ça crée des liens ! Les deux hommes ne bougent pas, ils attendent… Je vois au loin la voiture de mes compagnons…

– T'es fou…

– Ouais… Vous ne le saviez pas ?

L'auto et ses occupants se retrouvent au poste, Lyuda me regarde un peu tristement. Cette fois, elle est dans la merde : bris de condition, recel… Je passe ma main dans ses beaux cheveux bruns…

– Tu sais, kochka, c'est pas simple avec toi !

La belle ne sait que répondre. Elle a perdu toute sa superbe et c'est une petite fille bien triste qui part vers les cellules. Mes deux autres bonshommes, dont un Tchétchène comme Lyuda, ne semblent pas s'en faire outre mesure…

– Tu es Boris ?

– Oui…

L'homme est un tantinet arrogant, mais je ne sais pas pourquoi je l'aime bien.

– Tu sais ce qu'il y a dans les sacs ?

– Niet…

– Pauvre toi…

Je fouille sommairement mon bonhomme et trouve dans ses poches un gramme de marijuana encore dans son emballage d'aluminium. Il me regarde attentivement. Le tout se retrouve à la poubelle.

– Tu ne m'accuseras pas ?

– Pourquoi ?

– Je pensais…

Cette tactique réussit toujours. L'homme sait qu'il m'en doit une maintenant. Les policiers ramènent les sacs : trente paires de jeans et six jupes, il y en a pour plus de deux mille dollars. Pas mal pour un mardi d'hiver ! Je ramène finalement Lyuda avec moi et, assise à mes côtés, elle contemple les vêtements étalés par terre tout autour de nous. Ginette, mon amie de chez La Baie, vient identifier le tout et je lui remets le stock après l'avoir fait photographier. Les deux femmes se lorgnent, pour ne pas dire se toisent l'une et l'autre. Ginette peut être très protectrice quand il s'agit des biens de la compagnie…

– C'est elle ?

– Une des…

– J'aurai les photos…

– Oui, ma belle !

Lyuda détourne les yeux, préférant regarder le bourbier qu'est mon bureau. Ginette repart avec le tout et Lyuda me regarde compléter les rapports…

– Je fais quoi avec toi ?

– Ye nez nayou ! (Je ne sais pas !)

– Bien sûr que tu ne sais pas !

La belle me regarde à présent sans artifices, juste ses yeux, son âme… Malgré son air crâneur, je sais qu'elle commence à éprouver une certaine crainte… celle de retourner dans sa mère patrie.

– Je peux partir ?

– Pourquoi ? Pour retourner voler ?

– Niet, promis…

– Il ne faut pas promettre, Lyudashka.

– Tu vas nous envoyer en prison ?

– Oui… Tu vois ici, la règle est simple… Pour rester, il faut cesser de voler !

– Da… Je ne volerai plus !

Ses beaux yeux langoureux sont remplis de larmes. Je pourrais presque la croire.

– Allez… Je te mets à la porte.

Je reconduis Lyuda à la porte du poste de police. Elle m'embrasse deux fois sur les joues et disparaît dans la nuit. C'est pas tout ça, il me faut terminer les deux autres… L'un d'eux, le Tchétchène, est recherché par l'immigration… On veut lui payer un voyage vers la mère patrie. Boris, quant à lui, possède quelques mandats d'arrestation et ne sortira pas non plus !

Au fil des semaines, mes amis russes tenteront de me surprendre en photo au bras de Lyuda… Très drôle. Pendant l'année suivante, j'en apprendrai plus sur les Russes que tout le personnel des renseignements réuni. Mais j'aurai aussi à faire face à la jalousie de mes pairs et de certains de mes supérieurs. Lyuda restera mon amie malgré tout, malgré le retour de Levertova et de Galinski en Europe, malgré les accusations et les condamnations.

L'enquête russe progresse, mais on ne peut pas en dire autant de celle de la discipline. Deux enquêteurs sont venus me rencontrer, un des deux est une vieille connaissance et nous bavardons comme de vieux amis. Je sais que peu de gens l'aiment, mais son boulot est ingrat et je ne prendrais pas sa place pour rien au monde. N. et le capitaine F. me font venir au bureau… Ils semblent chercher un bouc émissaire.

– Tu sais, Claude… Tu as manqué dans cette affaire… Tu aurais dû agir immédiatement.

Cette fois, la coupe est pleine. Je sais bien que ces beaux messieurs tentent de couvrir leur bévue, mais ce ne sera pas sur mon dos.

– Mon beau Ben, je suis persuadé que tu comprendras que j'ai fait exactement ce que je devais faire. Demander au plaignant de vérifier avant de porter plainte… Pour les vêtements, si toi, N., tu changes de version, je n'y peux rien ! Alors trouvez-vous un autre gogo pour casquer !

Je sors. J'ai mieux à faire que de comploter… Les gens de la discipline viennent regarder ma chambre à effets improvisés, qui ressemble à s'y méprendre à un souk. Petites culottes, soutien-gorges, manteaux de cuir, de fourrure, draps, vaisselle, sacs à mains, robes de soirées, tentures, appareils électriques… Plus de cent mille dollars d'équipement hétéroclite.

– Pourquoi ici ?

– Je suis seul à avoir la clé ! Et puis… avez-vous vu un local assez grand pour ma perquisition ?

Les deux hommes comprennent vite qu'il n'y a pas d'autre solution. Mes hommes travaillent déjà à plein rendement pour faire l'inventaire de tout notre bazar et le ranger dans les boîtes de cartons. De mon côté, je prépare une deuxième opération : celle des clients du groupe. Une équipe de la télévision de CBC s'est jointe à nous pour filmer mes allées et venues dans la ville… La mafia russe ne restera pas anonyme. Et c'est dans une atmosphère de cirque que je vais chercher des biens volés, faire quelques arrestations, glaner de nouvelles sources et surtout établir mon nom auprès de la communauté russe.

La filature s'intéresse maintenant à mon projet. Il faut dire que le temps où je n'avais qu'à faire un appel est bien loin. Ce sont désormais de vrais professionnels qui pour mieux nous servir n'en font qu'à leur tête : Groupe de filature le matin – quand les cibles dorment à poings fermés – fin des opérations en début d'après-midi, quand les cibles se réveillent et partent travailler… Impossibilité d'avoir du remplacement… Ils sont pris ailleurs. Malgré tout, j'aurai quelques succès. Levertova se fera prendre la main dans le sac… grâce à ma source. Et je réussirai à doubler le nombre de noms impliqués autour d'elle. De voleuse à l'étalage, elle passera aux salons de massage, avant que je puisse l'arrêter à nouveau, cette fois pour de bon. Il ne me restera qu'à convaincre un sous-ministre, et c'est accompagné de Serge Saint-Vincent, un agent de l'immigration qui a un désir de vaincre aussi gros que le mien, que j'irai à Ottawa. Mes amis du renseignement nous accompagneront… Ils feront de beaux bibelots. Déjà, lors d'une conférence aux États-Unis, l'un des deux hommes nous avait fait grise mine… Maintenant ils doivent se contenter du rôle de deuxièmes violons… À partir de ce moment, les couteaux n'auront jamais volé aussi bas… Les Russes commenceront à ressentir une certaine pression et mon nom sera associé au KGB. Pourtant certains d'entre eux me feront comprendre qu'ils m'appuient, beaucoup d'entre eux étant encore rançonnés par cette mafia… ici même, à Montréal… Jean, de son côté, prendra une retraite pour maladie… Dépression nerveuse… L'enquête aura duré plus de cinq mois et permis au temps… de laisser passer le temps ! Les enquêteurs de la discipline iront fouiller ailleurs et la poussière fera le reste !

* * *

Bercé par le *Requiem* de Mozart, je feuillette nonchalamment une biographie de l'amiral Canari, célèbre maître du contre-espionnage allemand de la dernière guerre. Le gros Yves dort bruyamment dans le lit d'à côté et ressemble de plus en plus à un cachalot. Lentement, la chaleur de la pièce me plonge dans une somnolence bienfaisante. Un souvenir lointain m'assaille. Une jeune femme, un sourire, une détresse…

Je me retrouve huit ans plus tôt à mon bureau du poste 25. Sur mon bureau : une pile de rapports entassés pêle-mêle et une liasse de photos de jeunes femmes possédant toutes un numéro de matricule et un sourire de circonstance. Depuis plus d'une semaine, les plaintes s'accumulent et une jeune femme fort jolie malgré sa déconfiture semble en être l'auteur. Ce matin c'est le jour du ramassage ! En face de moi, Laval, dont le bureau est impeccable, semble disponible.

– Dis-moi, mon beau… J'aurais besoin de toi pour quelques minutes, une arrestation facile…

– Avec toi, mon Claude… il n'y a rien de facile, rappelle-toi le gars avec la tablette de hasch !

– Ça, c'est une autre histoire…

Il faut dire que toute l'affaire avait été une belle bagarre et qu'à ce moment-là Laval ne connaissait pas ce côté de moi.

– Bon… Quand tu es prêt !

Jusque-là Laval n'avait jamais été un proche et je n'avais pas spécialement d'atomes crochus avec lui, mais il gagnait à être connu. Sa disponibilité et sa bonne humeur me faisaient beaucoup de bien.

– Première étape… Parc-Extension !

– Je me disais bien !

Pendant que je conduis, bien installé à mes côtés, Laval consulte le dossier et regarde les photos.

– Elle est maganée, la petite !

– Ouais… Mais elle est quand même belle. Tu sais, elle a deux enfants…

– Et elle se drogue ?

326

Laval a toujours été un peu plus moralisateur que moi, mais dans un sens je sais qu'il a raison… Je n'ai simplement pas envie de juger, d'autres le font très bien à ma place.

Nous voici dans Parc-Extension. Bien sûr, la belle n'est pas présente au domicile… si d'aventure l'adresse est toujours bonne ! Nous en visitons une deuxième, même résultat. Finalement Laval me propose d'aller au poste de police. L'idée n'est pas mauvaise. La belle a peut-être une adresse plus récente ou est peut-être même déjà sous les verrous quelque part ! Et comme nous ne sommes qu'à deux coins de rues… Le poste 18 est une bâtisse désuète fichée dans un marché de légumes datant du début du siècle. Tout y est archaïque, même les policiers qui, dans la grande majorité des cas, viennent y finir les dernières années d'une carrière bien remplie.

– Salut…

– Messieurs !

L'officier en poste nous jette un œil distrait, il voit bien que nous sommes de la maison. Pendant ce temps, deux policiers enferment à double tour un détenu quelque peu récalcitrant. Nous l'entendons gueuler des injures et il semble s'y connaître en mots orduriers.

– Merde !

– Quoi ?

– Tu sais qui est ce type ?

– Ce type est le mari de la belle !

Encore une fois, Dieu vient de me jouer un des ces tours dont il a le secret. Comment appeler ça du hasard ! J'aurais pu faire les recherches demain ou hier…

– Il va me falloir le convaincre !

– Ouais… Bonne chance, mon Claude !

Cette réplique tient plus de l'ironie que d'autre chose. Neuf fois sur dix les détenus t'envoient valser, malgré tout, je plonge… Les cellules sont laides, malodorantes, noires et très peu éclairées. Mon bonhomme est couché à même le sol, la figure sous le bras, apparemment défoncé. Il n'a pas vu ni eau ni savon depuis des jours, et ses effluves corporels sont tout sauf discrets.

– Salut… Moi, c'est Claude !

– Hum…

– Je sais que ta femme est dehors quelque part… défoncée

327

comme toi… Je la recherche pour vol…

– F… you…

Manque de réceptivité évident, sans doute dû à l'état de manque du bonhomme. Ce type de combat intérieur, je l'ai vu tant de fois dans ma carrière.

– Te rends-tu compte que tu ne peux plus la protéger… Si par malheur elle fait la pute et qu'elle est battue… elle sera toute seule… Tu veux en être responsable ?

L'homme semble frappé de stupeur. Je sais que, malgré cette vie d'enfer, il aime sa compagne. S'adossant contre la paroi métallique il dodeline furieusement de la tête… Quel combat intérieur !

– Tu veux en prendre soin ?

– Si tu m'en donnes la permission.

Il ne répond pas immédiatement. Péniblement, il ramasse ses forces dans le but évident de scruter mon âme. Nous sommes maintenant à quelques centimètres l'un de l'autre.

– OK. Elle m'attend sur la rue Saint-Laurent, juste au sud du Métropolitain. Prends soin d'elle !

– Promis…

Nous demeurons face à face. Le temps semble s'être arrêté pendant quelques instants… Il n'y a plus que lui et moi. Finalement, ce jeune homme un peu sale, malade et défait esquisse un léger sourire. Nous repartons vers la rue Saint-Laurent. Laval a pris le volant… Il a un peu peur de ma conduite.

– Je n'en reviens pas… Il t'a donné sa blonde !

– Il n'avait pas le choix, Laval… Il aime cette femme…

En quelques instants, nous identifions la jeune femme, qui fume nerveusement cigarette sur cigarette tout en marchant de long en large sur le trottoir usé et glissant. Elle semble si petite dans son grand manteau noir. Laval se gare à quelques pas d'elle et lentement je sors du véhicule. La jeune femme me regarde droit dans les yeux. Elle sait !

– Salut, ma belle…

Je la prends délicatement et l'entoure de mon bras. La jeune femme n'a pas la force de résister. Sans dire un seul mot, elle m'accompagne à l'auto.

– Dino est en prison ?

– Oui.

Je la laisse terminer son déjeuner, un berlingot de lait au

chocolat et un biscuit à l'avoine. Laval conduit lentement. J'ai amplement le temps de contempler les traits fins de cette jeune femme. Elle est à la fois nerveuse, troublée et perdue, mais elle conserve malgré tout un petit côté frondeur.

– Je vais faire de la prison...

– Possible.

Le reste du trajet se fait en silence, la jeune femme tente de récupérer un peu. Avec la chaleur de l'auto, ses yeux se ferment... Elle est très belle... paumée, sale, usée... mais très belle !

Au poste, les formalités se font rapidement. La jeune policière qui procède à la fouille est d'une grande gentillesse.

– Tu me donnes quelques minutes... Je te reviens.

– Tu veux m'apporter du chocolat...

– Bien sûr...

Le chocolat atténue l'effet de manque et j'ai l'impression qu'elle en aura besoin.

– Elle fait dur en sac...

– Tu trouves, Laval ?

Bien sûr qu'elle fait dur, dix à vingt jours d'un régime à l'héro, presque sans manger ni dormir ! Je laisse Laval à ses plaintes et ramasse mon lot. Bien assis dans la cellule aux côtés de la jeune femme, je compile les plaintes. Je la regarde engouffrer avidement le chocolat. Ses jolies mains sont sales, tout comme son visage sur lequel coule un peu de rimmel. Nous sommes épaule à épaule, comme de vieux amis. De temps à autre elle appuie sa tête un peu lourde et ferme les yeux un instant.

– Je veux aller en désintox !

– Il faudra le demander au juge demain... Tu as parlé à un avocat ?

– Oui...

– C'est lui qui va trouver la maison de désintox. Je te suggère de demeurer détenue...

– Non...

Comment lui dire qu'elle ne pourra pas s'en sortir autrement ? Ne pas s'objecter au cautionnement revient à la retourner d'où elle vient. La belle a des yeux si verts et si tristes... Je ferai venir le médecin au bureau, histoire de vérifier la santé de la petite et elle partira pour la détention.

Deux jours plus tard, j'ai la surprise de voir la jeune femme m'apparaître rayonnante de beauté dans un joli manteau de fourrure, en compagnie de sa mère.

– Ils ont décidé de me laisser sortir et je vais en désintox... Merci !

Je lui souris un peu tristement, j'ai peur pour elle, j'ai peur pour ma parole...

– Je dois venir te rencontrer une fois par semaine...

– C'est bien... Je pourrai te flirter !

Dès son départ, je sais qu'elle me reviendra en morceaux. Pour l'instant laissons place à l'euphorie.

La semaine qui passe fait place à une autre. Ma belle ne vient pas ! Sa mère me raconte qu'elle est partie magasiner et que tout va bien. Bien sûr ! J'attends deux semaines avant d'entamer des procédures. La mère, qui ne veut pas coopérer, a droit à une petite engueulade de ma part.

– Vous me mentez, madame... Si elle meurt, j'espère pour vous que vous pourrez toujours vous regarder dans un miroir.

Le lendemain, tard dans l'après-midi, alors que j'allais partir, la mère de ma jolie blonde m'appelle.

– S'il vous plaît... venez vite... Elle est ici et j'ai peur.

Lorsque j'arrive dans l'appartement luxueux, je vois une masse informe sur le sofa. Le corps de la jeune femme ressemble à un pantin désarticulé, son visage cyanosé tourne au gris et sa respiration devient sifflante. Je m'approche d'elle et tendrement je lui caresse les cheveux.

– Tiens bon, petite... je te défends de mourir...

La jeune femme ouvre de grands yeux verts qui disent l'enfer dans lequel elle se trouve. Je la ferai transporter et détenir par la suite. Cette fois, elle ne sortira pas et pas un avocat au monde ne saura entraver ma volonté. Ce fut la dernière fois que je la vis.

Quelques semaines avant ma retraite, un individu de bonne taille vint me taper à l'épaule.

– You are mister Aubin...

– Oui...

– Je suis Dino...

Je mentirais si je disais que je l'avais reconnu, mais lui m'avait reconnu et venait à ma rencontre.

– Je voulais vous dire... que ma femme et moi travaillons dans un centre de désintox... Ça, c'est grâce à vous.

– Non... Pas du tout... C'est vous deux qui avez fait le travail... Moi, je n'étais là que pour... Je ne sais même pas !

– Merci...

– Embrasse-la bien pour moi !

Pendant un instant, le temps suspendit son vol. Un clin d'œil du destin venait d'apporter un baume sur certaines déceptions des derniers jours de ma carrière.

Chapitre 12

Depuis quelques jours, Réal et moi avons opté pour un modus vivendi : nous avons cessé de nous éviter et nous nous rendons même mutuellement quelques services. Bien sûr, rien n'est parfait. Mon gros bonhomme continue à jalouser un peu mes relations avec les économes et à faire suer Pierre, mon Belge préféré, et Dominique, mon grand Français de service aux allures d'adjudant-chef. Ici, le roulement de personnel est impressionnant. Personne ne veut rester aux cuisines de l'immigration... Le travail y est réputé beaucoup plus dur que partout ailleurs dans le centre de détention, et cette réputation est parfaitement fondée. Ceux qui restent ici malgré le mauvais caractère de certains font preuve d'un courage qui mérite d'être souligné.

Ce matin, je me rends au travail en compagnie de mon Hollandais préféré. Ce jeune métis, dont la mère est originaire des îles Moluques, s'est fait arrêter pour trafic de stupéfiants. Comme il a toutes les peines du monde à se réveiller le matin, je dois presque jouer à son égard un rôle de père...

– Quand je sortirai... je retournerai dans mon pays. Ici, rien ne fonctionne et il fait froid...

– Pas durant l'été...

– Ouais...

Ce grand garçon à la peau café au lait est d'une paresse qui dépasse l'entendement. Son seul rival en la matière est un Haïtien de forte stature, qui réussit l'exploit de laver moins de trois plats en trente minutes, quand il ne dort pas debout appuyé sur une brosse. Il ne veut évidemment pas quitter la cuisine où il peut s'empiffrer à son aise, se cacher dans les toilettes et faire des yeux doux aux jeunes femmes qui viennent d'arriver. Mais revenons à mon Hollandais.

– Après les quelques mois qu'il te reste à tirer, tu vas en transition ?

– Oui... Et à moi les filles ! Je ne suis pas un vieux croûton... comme toi... Les filles me courent après !

– Sûrement...

Les filles... Il faut dire que ça manque un peu ici. Les quelques gardiennes qui nous entourent ressemblent plus à des pitt-bulls qu'à des dames de compagnie. Certaines sont plutôt jolies, mais je les soupçonne de mordre à l'occasion. On ne peut pas s'attendre à ce qu'elles agissent en G.O. du Club Med, mais à de rares exceptions, leur attitude est calquée sur nos pires gardiens.

À notre arrivée, un petit nouveau nous attend... La plus belle tête à claques que j'ai vue depuis fort longtemps ! Bas sur pattes, l'œil fourbe, il ressemble trait pour trait aux petits délinquants frustrés qui arpentent les couloirs du métro pour battre les jeunes victimes sans défense... Il ne me faut pas plus de dix minutes pour le trouver des plus antipathiques, et je ne sais pas pourquoi mais ça semble réciproque.

– Claude, veux-tu montrer à Robert la façon de fonctionner ici ?

– Bien sûr, Dominique...

Avec le temps, les économes ont appris à apprécier mon travail. Il faut dire que nous ne sommes pas très nombreux à travailler avec cœur. Réal, le grand André, monsieur D. et Stéphane, malgré un dos en miettes, sont de ceux-là.

– Bon... Viens, je vais te montrer.

– Moé, je fais pas de vaisselle...

– C'est comme tu veux ! Je vais quand même te montrer ce qu'il te faudra faire...

Le petit me suit de mauvaise grâce. Ça crève les yeux qu'il n'est pas heureux d'être ici et qu'il n'a surtout pas l'intention d'y rester, et encore moins de prendre des ordres d'un autre détenu. Je lui fais quand même faire le tour du propriétaire : les fours, les plaques, les étuves, les frigos... tout y passe. Le nouvel arrivant démontre autant d'intérêt que s'il regardait un tas de fumier.

– Bon, tu peux toujours commencer par mettre la salade dans les plats.

– Pourquoi ?

Je le regarde en haussant les épaules. Je n'ai pas de temps à perdre avec ce petit con. S'il n'a pas envie de travailler, c'est son problème. L'air de rien, Dominique n'a pas perdu une miette de notre conversation et lui demande tout bêtement de s'occuper des salades.

– Bien sûr, monsieur…

Cette lopette joue à la gonzesse. Petit sourire visqueux au patron, mêlé à une bonne dose de venin. Il est vraiment doublement petit !

Au moment de la pause, alors que nous sommes tous assis à l'extérieur malgré le soleil de plomb, le jeune homme nous sert ses prouesses de vendeur de coke… Réal jette un œil inquiet de mon côté. Pour lui, je ne suis pas de la famille et, malgré notre paix fragile, il a le réflexe du criminel : ne surtout pas faire confiance à un flic. Je me retire donc dans le bâtiment. À mon retour, la conversation s'arrête net. Réal a fait son travail… de Réal ! Il a avisé notre jeune de mon ancien métier. Incroyable mais vrai… L'attitude réticente du jeune se transforme en haine féroce.

Notre phénomène a tout à coup un choc… Des femmes ! Les petites Chinoises qui attendent leur libération nous envoient des petits saluts à travers les fenêtres du local de détention.

– Des filles !

Cette fois notre petit rat n'y tient plus. Malgré nos avis, il s'approche d'elles et, moins de cinq minutes après son arrivée, tente déjà de leur faire soulever leur chandail. C'est très drôle, mais si quelqu'un s'en plaint nous n'aurons plus droit à la cour.

– Robert, laisse tomber !

Le jeune homme me jette un regard noir… Tant pis ! Qu'il s'arrange avec ses problèmes… Je retourne à l'intérieur, j'ai de la cuisson à faire. À partir de ce moment, il n'y aura plus de trêve. Cette petite merde fera tout pour embêter tout le monde…

L'après-midi suivant, nous sommes tous les deux en train de couper des légumes, disons plutôt qu'il me regarde les couper. Subitement je lève les yeux vers lui… Le drôle a le couteau à la main… dans une position qui pourrait prêter à confusion. Lorsque je le regarde, il baisse les yeux et laisse tomber le couteau sur la table. À notre retour, il est le seul à ne pas se mêler au quatuor que nous formons tous les jours. Dire que ça me peine… Non.

Un matin de la même semaine, Réal vient à ma rencontre. Le

pauvre semble bouleversé.

– Écoute… Le petit t'a cherché toute la soirée hier…

– Pourquoi ?

– Il parle de te tuer… Alors… Fais attention tout à l'heure… Ne lui tourne pas le dos.

Voilà autre chose ! Passer toute sa vie à risquer sa vie comme flic pour se faire tuer comme détenu !

– Je vais voir…

– Claude, c'est du sérieux…

J'en suis persuadé, mais je ne peux rien y faire… J'aviserai quand il arrivera ! Tiens, le voilà justement. Le jeune homme est à la porte d'entrée et jette un œil de mon côté… D'un geste automatique, je me dirige lentement vers lui sans le quitter des yeux. C'est le moment que Dominique choisit pour le prendre à part… Fermement, il renvoie le jeune homme vers la prison… Réal ne dit rien et retourne vers la salle à dîner. J'apprendrai plus tard qu'il en avait parlé à tout le monde… avant moi !

Je ne reverrai jamais le petit Robert. Sa peine se terminera cette même semaine et la paix reviendra. Enfin… presque. D'autres petits nouveaux auront à mon égard une attitude similaire, sans toutefois aller jusqu'à la violence, mais je resterai sur mes gardes pour le reste de ma peine !

* * *

Depuis quelques jours, j'avais commencé à témoigner au tribunal de l'immigration. Mes amis Levertova et Jmourko étaient resté en cellules et Galinski était maintenant déporté en Israël avec ce qui restait de sa petite fortune, quelque douze mille dollars. J'avais bien tenté de les faire saisir par l'aide sociale qui allait maintenant cesser de lui prodiguer ses chèques avec régularité, mais faute de couilles… D'un autre côté, avec l'aide d'une jeune avocate d'Immigration Canada aux crocs acérés, la belle Jocelyne, je tentais fortement de payer un voyage de retour à mes amis. Rien de facile… Levertova ne voulait pas partir et son avocat se battait avec l'énergie du désespoir. Jocelyne et moi avions beaucoup de plaisir à le voir échafauder toutes sortes de plans, tout aussi bancals les uns que les autres.

Dès la première journée des audiences, un petit groupe

d'individus à l'allure est-européenne sont venus voir qui est Aubin : quatre joyeux lurons que je ne connais pas et qui me font les gros yeux pour m'intimider. Le même après-midi, un interprète d'un certain âge d'origine bulgare s'approche pour faire la conversation.

– Vous savez… Il n'y a pas de mafia russe à Montréal… C'est une pauvre femme et vous ne devriez pas vous acharner sur elle.

– Bien sûr… Mais j'aime m'acharner sur les pauvres femmes…

– Ce n'est pas très bon pour l'image du Canada, vous savez !

– Pravda ! (Vrai !)

À mon sourire, le gros homme voit qu'il perd son temps. Sans prendre la peine de se cacher, il rejoint directement les quatre hommes pour leur rendre compte de la situation. Tous me jettent un œil noir… Je me serais cru dans un mauvais film d'espionnage. Ce même après-midi, suite à notre conversation, le pauvre traducteur est à l'écart du procès. Les autres jours sont plus tranquilles, personne pour m'approcher… À part un nouvel aide de camp de l'avocat de Levertova, qui pour faire changement s'ajoute à ceux qui me lancent des traits de feu. J'aurai le loisir de l'enquêter, ce petit aide de camp possède lui aussi un casier judiciaire pour vol !

Un matin, pendant les procédures, je reçois un appel urgent de R., ma source la plus fiable dans tous mes dossiers russes.

– Il faut que je te parle, c'est urgent…

– Tu as l'air nerveux…

– Il faut se voir…

Le pauvre semble paniqué. Sur le moment, j'ai cru qu'il avait fait une gaffe monumentale et qu'il avait maintenant besoin de mon aide. Comme nous avons deux jours de repos à la cour, j'attends sa venue avec impatience. Le monstre arrive enfin et, en bon est-européen qui t'aime, il se permet de me serrer fortement.

– Moy droug ! (Mon ami !) Tu es en grand danger…

Comme il me voit sourire, son visage se ferme quelque peu. L'ours me regarde sévèrement.

– Ils veulent te tuer… panié mayé ?

– Beaucoup de gens veulent me tuer, R. Tu vois, il y a une file d'attente et elle commence à Vancouver.

– Niet… Niet… Tu ne comprends pas… Les gens que tu as vus à la cour… Ils veulent te tuer.

Cette dernière remarque me fait sursauter. Les gens que j'ai vus à la cour ! Ceux qui me regardaient !

– Qui sont-ils ?

– Je n'ai pas encore les noms, mais ils étaient à la cour…

– Je sais…

Je prends quelques minutes pour réfléchir. Je ne suis pas bien sûr de prendre cette histoire au sérieux. Nous ne sommes quand même pas en Russie !

– Dis-moi… Comment sais-tu cela ?

R. m'explique alors qu'il a une copine qui travaille dans un bar. La belle est arrivée ce matin avec cette nouvelle.

– Tu sais, chez nous les nouvelles vont très vite. Nous ne sommes pas beaucoup ici !

– Tu peux savoir qui ils sont ?

– Oui… mais pour le moment, sois prudent !

– Bien sûr mon ami…

– Dasvigdania moy droug. (Au revoir, mon ami.)

Je laisse repartir R. J'ai encore beaucoup à faire et peu de temps devant moi avant les vacances. Alain doit revenir dans les jours qui suivent et pour le moment je suis seul. Question prudence… il ne me reste qu'à attendre un peu. Je n'ai pas à attendre beaucoup. Dans la soirée, R. me laisse un message sur mon répondeur de cellulaire. Il est clair… Quatre hommes en Infinity noire, dont deux Tchétchènes, l'un d'entre eux se nomme Ramazan ! Je n'en parle pas encore à Louise, inutile de l'affoler pour rien. J'aviserai si tout ce petit emmerdement devient plus sérieux. Mais Louise n'est pas dupe, elle voit bien que quelque chose me tracasse. Malgré tout je ne lui dis rien ce soir-là.

Dès le lendemain, je questionne tous les fichiers informatiques, mais rien n'y fait… Ramazan est inconnu de nos services. R. me contacte tout énervé.

– Je pense avoir la plaque… AA169… Mais ce n'est pas sûr.

– C'est bon, je vérifie.

La plaque qu'il me donne n'est pas valide, mais c'est au moins un début. Comme mon commandant est en vacances et que mon lieutenant n'est pas là, je prends sur moi de demander d'enquêter toutes les Infinity noires avec une plaque de l'Ontario, en précisant de m'informer immédiatement. Je retourne à la maison mettre Louise au fait de toute cette affaire. Je ne veux pas qu'elle s'inquiète, mais je veux aussi qu'elle soit prudente. En quelques jours, plusieurs Infinity sont enquêtées et je me rends sur place à chaque fois. La nuit avec Louise, que je n'ai pas réussi à rassurer, je me mets régulièrement à écumer tous les stationnements des bars russes de la ville à la recherche du véhicule.

Un matin, alors que nous étions attablés au restaurant, un incident banal faillit dégénérer en bain de sang. Depuis quelques années, Louise et moi avions l'habitude de déjeuner dans un petit restaurant au coin Bordeaux et Mont Royal. Nous étions installés du côté terrasse avec vue sur la pharmacie, comme toujours, quand tout à coup, venu de nulle part, un point lumineux rouge apparaît sur le front de Louise. Je pousse violemment ma pauvre compagne de côté et du même geste je me retourne en pointant mon arme de service… sur un jeune garçon de douze ans en possession d'un rayon laser. Ce mioche, le fils de Pierre, une de mes connaissances et client du bistro, a la peur de sa vie. Les quelques clients se changent en statues de sel. Autour de moi, bien sûr, personne n'a la moindre idée de ce qui se passe dans ma vie. Tout penaud, Pierre vient s'excuser, la vue de mon arme lui a fait comprendre la dangerosité du laser.

Le même après-midi, des policiers du poste 20 me contactent.

– Viens nous voir… Tes gars, nous les avons devant nous, et cette fois il n'y a pas d'erreur possible !

– J'arrive !

Il ne me faut pas plus de quinze minutes pour traverser le centre-ville en louvoyant dangereusement et me rendre face à l'université Concordia. Deux véhicules de police encadrent une Infinity noire et quatre hommes sont placés contre le mur du vénérable établissement.

– Salut, mon Claude !

– Salut.

– Ce sont tes gars… Ils sont russes.

Ce sont bien eux. Je reconnais le petit homme aux allures roublardes qui était venu me regarder droit dans les yeux le premier jour du procès.

– Sont-ils fouillés ?

– Bien sûr, et la voiture aussi.

Cette fois, je m'approche du groupe. Eddy me regarde avec un air de défi, tout comme son partenaire dont le visage est la copie conforme d'un dessin d'enfant mal ficelé. Je toise ces deux jeunes hommes aux airs arabisants. L'un d'eux me regarde de travers, l'autre regarde ailleurs. Je m'approche...

– Comme ça, vous allez me tuer !

Je regarde Eddy, qui commence à ne plus trouver la situation très drôle. Le policier à ses côtés l'appuie contre le mur.

– Dis-moi, Eddy... Ce sont ces enfants-là que tu envoies pour me tuer ? Tu ne dois pas être sérieux ?

Les deux jeunes hommes sourient nerveusement. Eddy conserve un air crâneur... Je me retourne lentement vers les deux tueurs, je suis à présent si près d'eux qu'ils tentent de reculer bien qu'ils soient collés au mur. Cette fois je plante mes yeux directement dans les leurs.

– Regardez-moi... regardez-moi bien dans les yeux ! La prochaine fois que vous voyez ces yeux-là... c'est que vous êtes morts. À partir de maintenant, c'est la chasse. Dès que je vous vois, je vous tue. Panyé mayé ?

Sans les quitter des yeux, lentement je remonte le groupe, pour bien faire sentir le côté dramatique de la chose et d'une façon faussement doucereuse, je m'adresse à mes nouveaux ennemis.

– Ramazan... À partir de maintenant, nous sommes en guerre tous les deux et je te promets une belle bagarre. Toi Eddy... payer dix mille dollars... pour me faire mourir... c'est une insulte ! On a déjà payé dix mille dollars en 87. Alors, tu comprends... Eddy... ta vie va devenir un cauchemar... Tu sais, comme tu vis dans Notre-Dame-de-Grâce, tu aurais dû te renseigner auprès des Jamaïcains... Ils t'auraient dit que je suis piszdiet dourak ! (complètement fou)

J'ai beaucoup de mal à contenir toute la colère qui gronde en moi. Tout à coup, je m'élance vers la voiture pour en sortir tout ce qui s'y trouve. Tout y passe, bancs, papiers, vêtements... Il en résulte un amas difforme s'étalant sur le pavé. Maintenant c'est au tour du coffre arrière. Ramazan, que les policiers ont laissé s'approcher, me crie quelque chose que je ne comprends pas.

– Que fais-tu des droits de la personne ?

Je m'arrête d'un coup sec. En quelques pas, je suis sur lui. Le pauvre homme est tellement surpris qu'il recule.

– Les droits de la personne ne s'appliquent pas pour vous, les copains... Vous n'êtes que des animaux !

Cette réplique le cloue sur place... cette réplique ou mes

338

yeux… Je ne suis pas sûr de ne pas vouloir les tuer pour de vrai. Ce qu'ils ne savent pas, c'est que depuis quelques jours, je ne me déplace pas sans mon fusil à canon scié… C'est hautement illégal, mais absolument nécessaire pour rester en vie.

Devant l'ampleur que prend l'affaire, le lendemain après-midi, le grand Denis, mon nouveau lieutenant et ex-partenaire occasionnel, inscrit une plainte formelle aux homicides et tente d'arranger le petit différend qui m'oppose à certaines personnes du renseignement. En fait, il n'y a qu'un seul pourri… mais sa gueule pue à des milles à la ronde. Me voilà assis à me faire dire qu'il y a un manque flagrant de communication entre nous et, pire, que c'est ma faute !

– Dites-moi, avez-vous reçu l'information que j'allais me faire tuer ?

Un peu surpris, le lieutenant R. regarde longuement son policier en charge des Russes.

– Pas du tout.

De mon côté, je sais par une source sûre qu'une information leur était parvenue de Toronto concernant un meurtre de policier. Avait-elle disparu mystérieusement ? Denis s'informe de la plainte faite à la section des homicides… R. lui répond bêtement…

– Selon le lieutenant L., Claude a un contrat sur sa tête parce qu'il couche avec une Russe et que son mari veut le tuer !

Tout ce beau monde s'esclaffe. Je suis le seul avec mon partenaire à ne pas la trouver drôle. Nous quittons l'endroit, sans avoir fait avancer d'un pouce le dossier. Ils sont toujours aussi souriants, mais indécrottables. Je prends donc mes vacances sur un fond de controverse.

J'avais accepté un contrat de surveillance au Palais des congrès. C'est ainsi que je prévoyais passer la première semaine de mes vacances. Après tout ce remue-ménage, jouer à la nounou pour huit mille personnes me faisait le plus grand bien. Mais même là, je ne fus pas en paix. Après seulement trois jours de congrès, mon expert du renseignement me téléphone.

– Il y a du nouveau, mon Claude… Les gens de la GRC nous informent que trois Bulgares se sont fait menacer de mort par tes suspects… Veux-tu les rencontrer ?

Quelle question… Bien sûr que je voulais les rencontrer ! Ne désirant pas s'immiscer dans nos compétences, la GRC cherchait à nous refiler le bébé. C'était surtout pour moi l'occasion de reprendre l'enquête.

Ce pauvre Eddy eut la peur de sa vie quand j'allai frapper à sa porte. Sa mère et son épouse n'en menaient pas très large non plus. Je dus les rassurer… Je n'allais quand même pas tuer ce bonhomme. C'est même lui qui me supplia de lui passer les menottes. Rendu aux cellules, seul à seul, je pris quelques secondes pour lui expliquer la situation…

– Tu sais, Eddy, le jour où je serai vraiment en colère… j'irai te chercher pour te faire faire une de ces promenades en coffre d'auto… Remarque, tu vas sûrement voir une pelle et un sac de chaux. Quand nous serons en campagne, tu creuseras un trou, moi j'ai mal au dos ! Puis je te tuerai…

– Vous n'avez pas le droit !

– Toi non plus !

Je laissai bêtement Eddy à un autre enquêteur. De leur côté, les Bulgares, que je connaissais déjà pour être des fraudeurs astucieux, me firent quelques déclarations… mais ils n'iraient jamais à la cour. Ils avaient obtenu ce qu'ils voulaient : attirer l'attention sur les Russes.

Même pendant les vacances, j'eus à me présenter à quelques reprises au tribunal de l'immigration. Maintenant que tout le monde savait, j'avais droit au grand jeu : agents de sécurité tout autour de moi, déplacements protégés jusqu'à la porte d'entrée… Mais je pouvais mourir à l'extérieur, ce n'était plus de leur ressort.

Quelques semaines plus tard, suite à un différend, Levertova fit incendier le salon de massage qu'elle avait dû vendre à vil prix à un autre requin, le grand Oleg Strigounenko, et finalement, ayant tout vendu… Alors, pour éviter la détention elle reconnut faire partie du crime organisé russe… ce qui lui permettrait de s'envoler pour l'Allemagne… À partir de ce moment, il ne restait plus que Jmourko. Eddy se terrait chez lui, Ramazan se cachait sous une roche, les deux tueurs à Toronto… Plus question de contrat… La vie pouvait reprendre son cours…

Quelques semaines plus tard, j'eus une conversation très intéressante avec mon nouveau lieutenant détective, qui allait devenir mon commandant quelques semaines plus tard. Mario me fit venir à son bureau, un peu étonné de nager en pleine mélasse.

– Tu n'as pas travaillé selon les normes dans ce dossier… Tu as agi en vieille police…

– Je suis une vieille police !

340

– Non... Tu aurais dû laisser les homicides conduire l'enquête...

– Ils n'ont pas fait d'enquête, Mario. Ils n'ont même pas pris la peine d'envoyer un enquêteur quand nos deux hommes étaient en cellule.

– Tu aurais dû aller les rencontrer pour leur demander de travailler sur le dossier.

– Je rêve ! Ce n'est pas à moi de faire cette demande... Ils avaient la plainte et le lieutenant L. n'a pas jugé bon de réagir. Alors j'ai pris les choses en main...

– Tu dois comprendre qu'il te faut agir selon les normes...

– Ouais... Sûrement !

Nous en restons là... Je crois que c'est à partir de ce moment que j'ai compris que les bureaucrates aveugles qui avaient envahi notre micro-société venaient de chambouler tout ce qui restait de mes illusions. C'est aussi à partir de ce moment que, lentement, la retraite commença à m'apparaître comme une bonne option.

Les Russes tentèrent encore une fois de m'intimider en décembre... Ils firent une tentative de deuxième contrat sur ma pauvre tête. Cette fois, mon commandant prit toutes les précautions... sans toutefois prendre la peine de vérifier la réalité de la menace. Pour ma part, je considérais qu'il ne s'agissait pour eux que d'un test. Quand même, lors de la remise des cadeaux aux enfants du Children Hospital, le directeur vint me serrer la main en me disant :

– Nous sommes derrière toi !

– C'est bien ce qui m'inquiète !

Le pauvre tourna les talons et ne me parla plus pendant tout le reste de la visite.

* * *

Il y a plus de quinze minutes que je poireaute dans l'antichambre menant au bureau du directeur adjoint. Ce monsieur est en grande conversation mondaine avec un autre directeur. Je sais qu'ils m'ont vu, mais, tels des mandarins, ils aiment bien savourer leur petite puissance en laissant les larbins faire le pied de grue. Le directeur sort finalement du bureau et vient vers moi. Je suis justement en pleine conversation avec un de mes anciens policiers devenu lui aussi directeur.

– Il était temps que vous arriviez… On vous attendait !

Décidément, ce grand air bête n'aura jamais l'heur de me plaire. Quand nous étions à l'entraînement, il faisait déjà suer tout le monde avec ses airs hautains.

– Je te ferai remarquer qu'il y a plus d'un quart d'heure que j'attends que tu finisses tes politesses…

– Hum…

L'autre tourne les talons et disparaît sans en redemander. Mon ami me regarde en souriant, il sait très bien que la diplomatie et moi, ça fait deux !

Le directeur adjoint est sur le pas de la porte et semble attendre que je finisse ma conversation. Alors, ne le faisons pas attendre.

– Monsieur…

– Je vous remercie de prendre le temps de me recevoir.

Je ne sais pas trop comment débuter cette conversation. Lui et moi n'avons aucune affinité. Nous sommes même aux antipodes l'un de l'autre. Cet homme est de la génération des imposteurs qui, pour arriver là où ils sont, ont dû sacrifier beaucoup… de leurs amis ! Et comme plusieurs de mes supérieurs, il s'est amarré au train de l'heure, suivant son mentor dans son ascension vers le directorat. Mais je n'ai pas beaucoup de choix. Je veux que le projet russe me survive.

– Vous désirez me parler ?

L'homme est poli, sans plus. Il se cale fermement dans son fauteuil de cuir et me toise derrière ses grosses lunettes à la monture foncée. Lentement, je lui explique mes motivations, ma foi en une section russe au département… Je lui fais comprendre qu'une telle section serait en préparation à l'antigang.

– Je pars à la fin de cette année, mais avant j'aimerais enseigner à ces enquêteurs ce que sont les Russes en général et comment fonctionne la mafia russe à Montréal… Votre renseignement ne peut me donner l'information voulue, faute de connaissance, et comme ces connaissances je les ai, en moins de trois mois je pourrais rendre vos gars opérationnels.

J'en profite pour lui montrer un rapport d'une quinzaine de pages.

– Voici mon rapport. Maintenant, comparez avec celui du renseignement... Vous verrez, il ne s'agit pas de plagiat... Ils m'ont demandé la permission de reproduire mes textes. Mais ils auraient pu écrire la provenance.

Le directeur feuillette distraitement le rapport, puis me jette un coup d'œil qui semble approbateur.

– Tout cela me paraît intéressant. Je vais y penser et vous revenir là-dessus.

– Merci.

Je quitte la pièce sans grand espoir. Si mes patrons décident de rester des crétins, j'aurai au moins la satisfaction d'avoir fait tout ce qui était en mon pouvoir pour les convaincre. Le reste ne dépend pas de moi.

Je retourne donc au bureau. Alain, qui connaît ma démarche, m'attend avec des yeux à la fois résignés et curieux.

– Alors...

– Sais pas.

Nous allons au petit restaurant d'à côté et je lui raconte en détail toute la conversation.

– Je n'aime pas ce gars-là...

– Moi non plus, Alain... mais c'est le numéro deux !

Pendant plusieurs minutes, nous soupesons ensemble les résultats possibles de ma démarche. Et comme il faut bien travailler, le café terminé et les jeunes filles bien regardées, nous repartons à regret vers notre bureau. Le reste de la journée se passe entre les différentes enquêtes de cellulaires clonés et d'ordinateurs volés.

Le lendemain matin, le commandant des enquêtes, le beau Mario au sourire crispé, me fait venir dans son bureau.

– Assieds-toi...

Je prends bien le temps de me camper sur mes positions, je sais bien qu'il ne va pas m'annoncer qu'il m'aime !

– Tu es allé voir monsieur Mcg ?

– Oui.

– Tu es passé par-dessus ma tête.

– Oui...

– Pourquoi ?

– T'es gonflé, toi... Tu envoies tes deux chiens de garde, N. et Jean, nous aviser de ne plus nous occuper des Russes... Ils sortent de ton bureau l'écume aux lèvres et, sans même prendre le temps

de décanter, ils nous annoncent la fin de nos projets… Sans appel !
Et tu voudrais que je vienne t'en parler ? Tu blagues ?

– Bien… j'aurais…

– Tu n'aurais rien… Il y a des mois que tu sapes notre travail, je
t'en ai déjà parlé… Nous faisons un travail impeccable et en plus j'ai
sur le dos les gangs de rues, les Roumains, les clones, le hacking et
cent autres petites babioles.

– As-tu confiance en moi ?

– Non, pourquoi ?

– Tu n'as pas confiance en moi !

– Donne-moi une seule raison d'avoir confiance en toi ! Tu as
été un de mes constables ? Tu es mon commandant ? Tu ne veux
que mon bien ?

– Oui… Et si je me souviens bien, alors que tu étais mon sergent, tu m'as déjà fait faire des choses illégales.

– Pardon ? Tu veux dire que j'ai fermé les yeux sur certaines de
tes bêtises… Tu vois… je suis persuadé que tu ne le ferais pas pour
moi.

Mario joue avec son stylo. Lorsqu'un individu se sent coincé,
il tend à faire diversion souvent sans même s'en apercevoir.

– Bon, de toute façon, monsieur Mcg ne décidera pas sans
mon accord. Alors, si je le décide… tu n'iras pas à l'antigang.

– T'as pas compris… Je ne veux pas aller à l'antigang, je veux
enseigner ce que je sais avant de partir… C'est différent !

La conversation en reste là. À ma sortie du bureau, Alain
guette ma réaction, puis hausse les épaules en signe de résignation.

– Bien sûr que Mcg était pour téléphoner…

– Je sais… Il ne nous reste plus qu'à attendre.

L'attente n'est pas très longue. Dans les jours qui suivent, je
reçois un appel d'un enquêteur que j'appellerai Toupet, son
surnom à ce qu'il paraît !

– Salut… Je vais te rencontrer et nous allons discuter des
Russes et des Bulgares… Je sens que nous allons avoir une belle
relation ensemble…

– Ouais…

Le lendemain matin, ce bonhomme jovial est devant nous,
traînant sa moustache mal taillée et sa coiffure démodée.

– Donne-moi tes disquettes, tes rapports, tes dossiers… Je vais
m'en occuper.

– Dis-moi... C'est ta façon de concevoir la coopération ?

– Pardon ?

– Ouais... Tu sais l'antigang m'a déjà fait le coup... il y a des années. Mais avant de m'entuber, ils avaient mis de la vaseline pour que ça fasse moins mal !

– Oh... Non, ne t'en fais pas, après-demain nous travaillons ensemble... Tu as un projet ? Parce que, tu comprends, il nous faut des résultas en partant, si on veut que les patrons nous suivent.

– Écoute... J'ai un projet, mais ça ne veut pas dire que ces gars-là vont se mettre à travailler cette semaine pour nous faire plaisir. J'ai Vassil P. et son groupe qui font toutes les boîtes aux lettres pour y ramasser les cartes de crédit... Ils les apportent à Radko T. qui les écoule. Ils ont déjà été accusés et ils se font plus de deux cent mille par mois !

– OK, c'est bon ça, t'en fais pas... La filature sera là... et nous aussi.

Sur ce, il part. J'ai pris la précaution de ne lui donner que le minimum. Une étrange sensation ne cesse de me parcourir le corps. Alain semble aussi sceptique que moi, et nous nous livrons l'un à l'autre devant un café.

– Je n'ai pas confiance en lui...

– Moi non plus, Alain, mais donnons la chance au coureur.

Deux jours plus tard, Toupet m'appelle pour nous dire de nous préparer pour la filature. Quelque chose se passe. Enfin ! Mais ce n'est pas du tout ce que j'avais proposé à Mcg.

En arrivant sur les lieux ce matin-là, je m'aperçois bien vite que la filature n'y est pas. Nous sommes quatre dans deux véhicules à faire notre propre filature.

– Où sont tes gars ?

– Occupés... Mais si ça devient bon, nous les aurons.

À toute vitesse, je retourne au bureau avec Alain chercher un deuxième véhicule. Alain ne décolère pas... Il jouait à l'optimiste jusqu'à ce matin, mais sa méfiance envers les sections était viscérale et fondée.

– Bande de pourris... Je le savais... C'était trop beau... Méfie-toi de ces gars-là...

– Je sais, Alain... Mais quel choix avons-nous ? Mario au sourire graisseux ne va pas nous donner ce qu'on veut... Alors...

Comme nous devons travailler dans Verdun et sur une rue

passante, les espaces de stationnement sont rares et nous devons utiliser des jumelles. Dans ce coin de Montréal, on est facilement repéré si on ne fait pas attention. C'est donc avec beaucoup de soin que nous avons disposé les véhicules. Il nous faut aussi penser à l'arrière de la maison et aux autos que nous ne connaissons pas... Comme ce bonhomme-là travaille en groupe, quelqu'un d'autre peut le ramasser. La vigilance s'impose donc.

Il se passe deux jours sans autre incident, hormis l'absence du partenaire de Toupet, et nous devons travailler à trois la majorité du temps. J'envoie mes amis du bien-être social pour accélérer le mouvement. Cela produit un choc et dans la même journée notre sujet principal décide de partir à toute allure. L'homme nous en donne pour notre argent... Ruelles, sens uniques, demi-tours, tout y passe... Je finis par perdre sa trace dans un vaste complexe domiciliaire de la rue Papineau au nord de Métropolitain. C'est là que réside mon ami Radko T., le chef présumé de la mafia bulgare. Après quelques essais infructueux, nous décidons, de concert avec notre ami de l'antigang, de renoncer pour cette semaine.

– Il nous a donné une bonne pratique...
– Oui... Il manquait juste la filature...
– On l'aura la semaine prochaine... Je vous contacte mardi.

Je passe la fin de la semaine à me demander où a bien pu se cacher notre ami Vassil. Nous a-t-il aperçus ? Possible... mais peu probable. Nous en aurons bientôt le cœur net.

Le mardi suivant, pas d'appel. Je décide donc de me rendre à la banque Royale rencontrer ma copine Ginette, qui est débordée par ces fraudeurs et tente de surnager comme elle peut.

– Salut, la femme de ma vie...
– Une des nombreuses...
– Jamais... Tu sais que tu es la seule...

Nous avons l'habitude de cette entrée en matière. Ginette est un petit bout de femme d'une énergie sans bornes. Ses yeux foncés laissent paraître une intelligence et une perspicacité sans faille. Elle connaît presque tous les Bulgares autant que moi et possède le feu sacré...

– Tu viens voir quoi ce matin ?
– Tes dernières photos, celles de Winnipeg.
– Ah... Celles-là.

La petite a reçu des copies de photos d'un groupe bulgare de Winnipeg prises lors d'une perquisition, et certains de mes fraudeurs sont du lot.

– Ce sont des photos passeport…

– Bien sûr.

– Les policiers de Winnipeg vont être ici cette semaine, veux-tu les rencontrer ?

– Quelle question !

Ginette part nous chercher un café pendant que nous commençons à examiner minutieusement les visages.

– Va falloir contacter R.

– Ouais… Il va sûrement reconnaître beaucoup de gens. La communauté bulgare n'est quand même pas si impressionnante.

La belle Ginette revient avec les cafés. Nous avons déjà identifié quelques visages.

– Dis-moi, Claude… Tu n'es pas sur la filature des Bulgares ce matin ?

– Il n'y en a pas…

– Bien sûr qu'il y en a une… L'enquêteur B. vient de me téléphoner pour me demander de l'information.

– Toupet !

– Qui ?

Alain est cramoisi. Sa haine envers les sections n'a plus de bornes.

– Les sales…

J'appelle aussitôt Toupet sur son cellulaire. Le pauvre ne sait pas encore qui est au bout du fil.

– Comme ça, tu travailles sur les Bulgares ce matin… avec la filature…

– Euh… Qui parle ?

– Aubin.

– Ah… Claude… C'est… C'est…

– C'est drôle ?

– Euh, non…

Sur ce, il éclate d'un rire gêné, bafouille et tente une dernière manœuvre pour s'en sortir.

– Ceux-là ne sont pas tes Bulgares, vois-tu ! C'est un projet qui date de longtemps.

– Viens me rencontrer au bureau…

– Pardon…

– VIENS… ME… RENCONTRER… AU… BUREAU…

Suis-je assez clair ?

– Oui… Dans une heure environ.

– J'y serai.

Ginette est gênée, elle croit qu'une guerre va éclater par sa faute. Elle me regarde ne sachant que dire.

– T'en fais pas, Ginette… Merci.

Nul besoin de dire que nous rentrons à toute vitesse encore sous le coup de la colère. Alain comprend qu'un volcan est prêt à éclater derrière mon silence. Tous deux à notre bureau, nous attendons le moment où je parlerai à ce faux-cul.

Il arrive quelques heures plus tard, en arborant ce sourire niais qui le caractérise si bien. Café en main pour se donner contenance, il salue au passage quelques policiers.

– Salut, mon Claude !

Ce furent là les premières et dernières paroles de civilité qui s'échangèrent entre nous.

– Ce ne sont pas mes Bulgares ?

– Non… Ils sont de…

– Bulgarie…

Cette petite plaisanterie ne le fait pas rire du tout. Moi non plus d'ailleurs. Mon ton ironique n'incite pas au sourire.

– Quels sont leurs noms ?

– Euh… Je ne les ai pas ici…

– Écoute bien, Toupet… Dans mon livre, tu es un crosseur. À partir de ce moment, je n'ai plus rien à te dire… Et si par malheur tu me revoies… change d'endroit…

Alain le regarde et pour une fois il sourit. Je sais qu'il en aurait long à lui dire, mais tout cela n'en vaut plus la peine.

C'est ainsi que se termine notre association avec l'antigang. Ce n'était pas la première fois que des gens de cette section agissaient de la sorte, mais on ne s'y habitue pas, on s'en lasse. Dans ma colère, j'écrirai au nouveau directeur pour lui faire part de mon écœurement face à ces magouilles. Mais je n'aurai pas plus de succès de ce côté que de réponse à ma lettre. La filière bulgare était close… Je reverrai mon ami Toupet quelque temps plus tard et, Dieu merci, il aura l'intelligence de ne pas venir me saluer.

Chapitre 13

Tout commençait à se colorer à Saint-François et ce, dans tous les sens du mot. Nous étions en septembre, l'automne pointait doucement le bout de son nez et dans un mois ce serait la sortie... vers une maison de transition. Tous les officiers de cas avaient fait de merveilleux rapports sur ma conduite. Aux cuisines, mon évaluation était supérieure à la moyenne et Dominique avait même fait un petit spécial en cochant deux points forts au lieu d'un seul... Je conduisais la camionnette du pénitencier pour les courses entre les deux prisons et je venais de recevoir une augmentation de salaire, passant ainsi à six dollars par jour de travail. Seul Réal y mettait un bémol : ce vieux routier me faisait remarquer que beaucoup de gens ne désiraient pas ma sortie immédiate... Il était le seul à ne pas digérer que je n'aie pas reçu la documentation de la police.

Exactement trente jours avant ma libération, je fus tiré du lit très tôt par mon agent de soutien, le grand André. Je me rendis à son bureau.

– Tiens... Signe ici !

Comme nous recevions tout en double voire en triple exemplaire, je ne regardai pas immédiatement la teneur du message. Ce n'est qu'une fois bien assis sur mon lit que les mots me frappèrent de plein fouet comme une grenade !

« Au moment de formuler la présente demande, la commission est bien consciente que maintes requêtes ont été initiées... L'énigmatique motif : impossible d'obtenir le rapport de police via le procureur et le SPCUM car le document est source épuisée.

« La commission ajourne sa décision et insiste pour que toute la documentation soit reçue au plus tard le 28 septembre 2001 pour qu'une décision puisse être rendue dans le plus grand respect des délais prévus par la loi. »

Ce n'était pas encore confirmé, mais ma détention pouvait maintenant s'éterniser.

Je descends l'escalier quatre à quatre et me mets à la recherche d'André. Comme d'habitude, le jeune gardien imberbe du poste central me fait poireauter un peu. C'est un petit jeu que plusieurs des matons affectionnent, c'est aussi un des rares moyens dont ils disposent pour bien nous montrer qui a le pouvoir.

– Quoi ?

– J'aimerais parler à André, c'est très important.

Sans me répondre et d'un geste faussement nonchalant, le jeune homme appelle mon agent et passe immédiatement à autre chose... Je n'existe plus ! J'attends patiemment que mon géant se présente.

– Oui, monsieur Aubin...

Je lui présente la feuille qu'il m'a fait signer, je dois être pâle de rage car André me regarde, un peu étonné. Je lui demande :

– Tu as lu ?

– Non...

– Tu n'as pas lu la décision des commissaires ?

– Non...

– Alors, prends une minute et dis-moi si ça ne veut pas me dire... que je reste ici !

André semble lui-même sous le choc. Même s'il aime bien jouer à l'inébranlable agent de cas, le plissement de ses sourcils me révèle que quelque chose le dépasse.

– Ça ressemble bien à ça... Je ne comprends pas, ton cas est un automatisme... Première sentence, bons rapports, habituellement, les commissaires ne s'opposent jamais !

À partir de ce moment, ce n'est plus de la tristesse mais de la colère que je sens monter en moi. Je ne sais pas comment je vais annoncer la nouvelle à Louise. Si je dois faire quelques mois de plus, je sais qu'elle ne tiendra pas le coup. Dans ses yeux, je sens déjà une telle détresse que je lui demande quelquefois de rester à la maison et de se reposer. Et maintenant je dois la préparer à un éventuel retard ! Ces retards durent habituellement entre trente et soixante jours, et peuvent être répétés à deux ou même à trois reprises, selon l'étude du dossier. Je pourrais faire jusqu'à un sixième de quatre ans de sentence ou même les deux tiers de ma peine, ce qui revient à dire : un sixième de cinq ans ! Malgré toute ma retenue, Louise éclate en sanglots. Je tente bien de la consoler en lui faisant comprendre qu'il ne s'agit là que d'une étape de plus, que tout va s'arranger...

– Veux-tu que j'appelle ton avocat ?

– Oui... Je ne sais pas ce qu'il peut faire, mais...

J'ai tellement de colère en moi que, sans m'en rendre bien compte, je la transmets sur ses épaules déjà beaucoup trop sollicitées. Je regarde devant moi ce que mes prédécesseurs ont inscrit sur les murs... D'autres avant moi ont connu ici beaucoup de malheurs. Je laisse Louise en proie à un immense désespoir, je n'ai moi-même que peu de ressources pour la consoler.

La journée se passe dans un mélange de désespoir et de colère. Je n'y tiens plus et cette fois je renonce à l'étiquette de bon détenu pour retrouver le bon vieux contestataire toujours présent en moi. J'écrirai donc une lettre quelque peu incendiaire, mais respectueuse. Quelques jours plus tard, je reçois une réponse d'une autre commissaire. Cette fois, ça devient sérieux !

« Il existe beaucoup d'éléments vous reliant à des groupes criminalisés ainsi qu'à des armes. De plus, dit-on, il existe chez vous un besoin de satisfaire un besoin névrotique de vengeance.

« La commission désire disposer d'une évaluation psychologique complète avant la tenue d'une audience. »

Me voilà classé névrotique ! Cette fois, je suis vraiment entre les mains du système. Tout le monde tente de me rassurer, mais, à bout d'arguments, mes colocataires m'offrent une belle carte de Noël qu'ils ont tous signée…

– Tiens, mon Claude… J'espère que tu seras content de passer Noël avec nous !

Bien sûr qu'ils plaisantent… Mais dans leurs yeux je retrouve cette tristesse qu'ont les gens qui partagent les mêmes misères.

Dans la soirée, Jon et Louise viennent me remonter le moral. J'essaie de ne rien laisser paraître, mais Louise n'est pas dupe.

– Je vais sortir bientôt…

– Bien sûr…

La conversation est de plus en plus difficile, la tension de plus en plus palpable, et j'ai peur d'imaginer ce que ce sera si ma détention se prolonge. Nous nous laissons dans un marathon de sourires crispés et d'étreintes nerveuses. Patrick me raccompagne, il connaît ma détresse. Nous engageons une conversation politique, ce qui a le mérite de me faire penser à autre chose.

De retour aux cuisines, tout le monde est au courant et la majorité tente de me remonter le moral. J'essaie de cacher ma déception, mais pas toujours avec succès. Le pauvre Dominique me complimente sur mon travail et me laisse jouer au chef cuisinier sans intervenir… Réal me répète inlassablement : « Je te l'avais dit ! »

Michel et mon fils fomentent le projet de se rendre au quartier général de la police pour y barioler les murs de slogans en faveur

351

de ma libération. J'ai toutes les peines du monde à les calmer. Je me mets à la recherche d'un psy indépendant, pour essuyer un refus de la commission : ce sera leur expert qui aura la décision… Bien sûr, je peux contester… Ça prendra quelques semaines ! J'ai dix jours pour rencontrer un psychologue et qu'il fasse rapport. Au condo, tout le monde y va de son conseil et la plupart me jurent que c'est impossible ! Pas dans ma tête… Mes pauvres agents font des pieds et des mains, et de mon côté j'y mets un peu de pression.

* * *

À quelques mois de ma retraite, je courais encore après les voleurs. Mes Russes m'occupaient passablement, surtout depuis que la nouvelle génération se manifestait avec beaucoup de vigueur. La grande majorité se lançaient allègrement dans le vol à l'étalage à grande échelle, un bon nombre dans l'extorsion, et les autres dans les vols de voitures. Plus des trois quarts avaient un problème de consommation d'alcool, de cocaïne ou d'héroïne. Ces jeunes dont l'âge variait entre quatorze et vingt ans avaient formé des gangs de dix à vingt individus qui s'épaulaient en cas de pépins. Certains petits caïds avaient déjà l'aval des groupes naissants de la mafia russe à Montréal. Au bar Le Lotus, il n'était pas rare de rencontrer certains jeunes écervelés en compagnie du chef présumé de la pègre. C'est là que beaucoup de décisions importantes avaient été prises… en particulier celle de me faire buter, et ce à deux reprises.

Nous étions, Alain et moi, à la recherche d'un jeune suspect du nom de Vitali Koulkov. Il était impliqué dans un vol important et je devais l'interroger. Vitali faisait partie de ce que j'avais baptisé le Kid Line : gros consommateur de stupéfiants, il écumait les magasins à rayons pour survivre. Lui, Anjeï, Natalia et plusieurs autres partageaient quelques appartements minables, ainsi que quelques seringues. Un matin, j'eus la chance d'être rejoint par un concierge de Notre-Dame-de-Grâce. Vitali venait d'être arrêté le matin même par l'immigration et sa chambre était encore chaude. Le bonhomme en avait long à me raconter et voulait que j'aille le voir le plus rapidement possible. Quelle chance… Je pouvais visiter l'appartement de l'un de mes protégés. Sans aucun doute, j'avais là une mine de renseignements à ma portée. Je devais faire vite.

Quand j'arrivai à l'appartement de la rue Walkley, le concierge et le gérant m'attendaient avec impatience.

– Salut…

– Messieurs.

– Voici les clés… Nous autres, on a du travail ailleurs !

Phrase gentille pour me dire qu'ils ne voulaient pas être impliqués en cas de merde ! C'est normal et de bonne guerre.

– Tu sais que la fille a été ramassée aussi.

– Ouais… Natalia est déjà sur l'avion.

– Déjà !

– Mes amis de l'immigration sont vite en affaire.

Je laissai là mes amis pour visiter la chambre de Vitali. Il était évident que le personnel de l'immigration l'avait surpris au lit. Tout traînait sens dessus dessous. L'immigration avait dû fouiller pour trouver un passeport ou tout autre papier officiel. Moi, ce qui m'intéressait le plus, c'était les contacts, carnet d'adresses, téléphones, photographies et notes personnelles. Un homme peut ne pas vous parler pendant des heures, mais sa vie s'étale devant vous si vous consultez ses carnets.

– Claude…

Alain me signe de venir le retrouver. Il tient à la main quelque chose que, dans la pénombre, je n'arrive pas à distinguer correctement. Un étui d'épaule pour revolver. Étrange !

– Si on trouve… Il faudra faire une demande de mandat.

Alain me regarde et pouffe de rire. Il a maintenant l'habitude de ne plus s'étonner de rien à mes côtés. Après plus de trente minutes de fouille, il est évident qu'il n'y a pas d'arme dans la pièce. Mais je trouve quand même quelque chose de très intéressant : les pièces d'identité d'une pute liée aux motards. Pas banal ! Nous repartons en apportant avec nous quelques carnets et photos. Le gérant est content de se débarrasser du jeune, Vitali était un fort mauvais payeur.

– Avant que tu partes, j'aurais quelque chose à te demander.

– Allez-y !

– Tu sais que j'ai plusieurs Russes ici. J'ai un problème avec l'ami de ce Vitali. C'est un Chinois, je pense… Mon concierge l'a vu se promener avec un pistolet et un étui pour l'épaule.

C'est maintenant qu'il en parle ! Je le laisse terminer et il me raconte que ce grand asiatique se promène régulièrement dans la bâtisse, un pistolet sous le bras.

– C'est un pistolet… Vous en êtes sûr ?

– Claude… Mon concierge a fait plus de vingt ans d'armée, c'est un bonhomme qui ne panique pas souvent. Je te le jure, il sait de quoi il parle… Mes locataires ont trop peur pour en parler.

– Je reviens dans l'après-midi… Il va me falloir un mandat de perquisition.

L'homme en convient… Il faut quelquefois faire les choses dans les normes !

Nous retournons au bureau, le temps de ramasser une salade au petit restaurant d'à côté et d'y admirer la pléiade de jolies filles de l'institut d'électronique. Je prépare la demande de mandat. J'ai des motifs, un témoin… plus qu'il ne m'en faut. Maintenant, je dois encore une fois aller patienter dans les bureaux aseptisés du Palais de justice. Cette fois encore j'ai de la compagnie, nous sommes quatre à attendre patiemment… notre tour de vendre la salade. Un des juges passe tout près de moi. C'est un ex-policier devenu avocat qui croit fermement qu'il est maître après Dieu. Aujourd'hui, il souffre d'un gros mal de dos. Je le vois se traîner péniblement du bureau aux toilettes.

– Tiens, vous avez mal au dos !

– Oui… C'est atrocement souffrant.

Je fouille rapidement dans ma serviette et lui tends un médicament, qu'il regarde avec beaucoup de circonspection.

– C'est quoi, ça ?

– Un suppositoire !

– Il n'en est pas question… Je ne rentrerai rien là !

– Alors, continue à souffrir.

– Pardon ?

– Je dis… continue à souffrir !

L'autre demeure interdit… Il y a fort longtemps que personne ne le tutoie plus. Il doit se demander s'il s'agit là d'un crime de lèse-majesté. Il referme finalement la main sur le médicament salvateur et retourne aux toilettes. Pour le reste, il aura bien le temps de voir. C'est à mon tour… Il ne me faut que quelques minutes pour obtenir le mandat. Tout est clair et le juge me souhaite bonne chance. À ma sortie, l'autre se traîne encore péniblement, mais il a quand même suivi mon conseil.

Je peux enfin retourner à mon bureau. Jean, mon lieutenant détective, n'y est pas et il me faut l'aviser. Je préfère employer

SWAT pour l'exercice : je n'ai pas envie que tout se termine dans un bain de sang. Je laisse donc gentiment à Jean une note marquée « urgent ». Je suis déjà en route pour le poste de Notre-Dame-de-Grâce quand Jean E. me rejoint sur mon portable.

– C'est quoi cette affaire ?

– Un homme armé !

– C'est pas dans le secteur…

– C'est à Montréal !

Le temps de réfléchir à la situation, mon lieutenant, qui n'est ni un bourreau de travail ni un preneur de décision, pense s'en tirer avec cette remarque :

– Tu n'as pas de mandat d'entrée.

– Pas besoin, Jean.

– C'est obligatoire…

– J'ai un mandat de perquisition… ce qui revient au même.

Cette fois, j'ai droit à cinq longues minutes d'argumentation… Il est évident qu'il n'a pas l'intention d'y aller, mais il n'a pas le choix !

– Veux-tu appeler le juge…

– J'en sors !

– Écoute… Mon gars joue au hockey ce soir… Je ne veux pas manquer la partie.

– Désolé pour toi…

– Ça va… Je te rejoins.

J'ai l'impression qu'il est en colère. Quant à Alain, il se tient les côtes à deux mains.

– Le pauvre… Obligé de travailler. Pas facile, la vie de lieutenant.

Nous monopolisons rapidement la salle de conférence du poste de quartier. Je m'applique à faire un plan des plus détaillés. Il est fort important que les gens du SWAT aient le plus d'informations possible : nombre d'escaliers, nombre d'ascenseurs, comment est fait le corridor, à quel étage, nombre de fenêtres, sorties de secours, etc. Il ne nous reste plus qu'à attendre. SWAT arrive avec plus d'une heure de retard : ils étaient à l'exercice ! Mon lieutenant voit filer l'heure et tempête sans arrêt. Finalement c'est l'heure du briefing. L'officier du groupe m'écoute de l'air condescendant du type qui vient régler la situation pour toi. Je lui explique la situation et ce que j'attends de lui.

– Une minute… C'est nous qui allons choisir la façon d'intervenir. Dans ce cas-ci, je propose une entrée statique.

– Tu veux me le répéter en français !

– C'est simple… Nous enfonçons la porte et nous demeurons sur le seuil. Nous lui demanderons de se rendre.

– Et la preuve ?

– C'est un risque à courir…

J'essaie d'imaginer le jeune en train de lancer son arme par la fenêtre et une armée de policiers mobilisée pour les recherches, alors qu'en le surprenant et le figeant sur place, tout se termine vite et bien !

– C'est un risque que je n'aime pas courir, justement.

Après plusieurs minutes de discussion stérile, je cède… Nous verrons bien à l'usage ! Mon lieutenant regarde ostensiblement sa montre, il est près de dix-neuf heures et son fils joue dans moins de deux heures. Malgré le plan, les gens de l'équipe d'intervention envoient un éclaireur. Il nous faut encore attendre pendant quelques précieuses minutes. Pendant ce temps, je suis en contact régulier avec le gérant. Tout semble calme pour le moment. Plus de deux heures se sont écoulées entre notre arrivée et la prise de décision finale. Naturellement, au moment précis où tout le monde peut enfin décoller, mon gérant appelle…

– Ton bonhomme vient de partir avec un groupe d'amis.

– Merci…

Mon lieutenant ne cache pas la satisfaction de pouvoir retourner à ses occupations parentales. Le sergent du SWAT, toujours aussi suffisant, donne l'ordre de décamper et nous… nous l'avons dans l'os !

– Tu ne fais rien sans m'avertir…

– Mais non, Jean…

– Je te connais, toé… Tu vas faire à ta tête.

– Mais non… J'ai trop de respect pour ça !

– J'ai peur que tu me mettes dans la marde… Toé pis tes osties d'affaires de Russes !

Peu rassuré, mon lieutenant retourne chez lui. Je sais très bien qu'il en a des brûlures d'estomac. Je suis pour lui une boîte à surprises, qu'il faut toujours avoir à l'œil. Son hockey lui restera sûrement en travers de la gorge. Je décide d'attendre au lendemain. L'arme était là hier, elle y sera demain. Alain, qui me connaît bien, sait que cette fois nous n'emploierons pas la même méthode. La façon officielle est un peu trop lourde pour moi… Avec un peu de bon sens et de créativité, nous trouverons bien un moyen d'attraper notre petit poisson.

Le lendemain, comme convenu, nous entrons tous les deux assez tard pour que Jean soit près de son départ. C'est vendredi et le pauvre n'aime pas rester au bureau très longtemps… Je me demande même pourquoi il a choisi ce métier. À l'époque où il était policier sous mes ordres, il brillait déjà par son manque d'ardeur au travail. Ce ne sont pas les promotions qui l'ont fait changer. À mon arrivée, Alain est déjà au bureau et peine sous la paperasse. Mes lieutenants ont trouvé un moyen simple pour nous entraver : nous noyer sous une multitude de plaintes stupides qu'il faut pourtant traiter, petit rapport de plainte non fondée, sans mise en accusation, quelques lignes pour annoncer qu'il n'y a rien à faire dans le dossier…

– Bon, prépare-toi, nous y allons.

Le café encore tout dégoulinant à la main, mon partenaire se lève d'un bond et me suit tout en râlant.

– Je pourrais finir mon café pour faire changement…

– Plus tard… J'ai réfléchi et cette fois… pas de SWAT. Mon plan est infaillible.

– Ça… Là, tu me fais un peu peur… Je pense ce que tu penses ?

– Ouais… Écoute… Selon mon gérant, le jeune Russe est dans l'appartement et semble à peine réveillé. Avec un peu de chance, nous arriverons juste à temps pour la cueillette.

– On va faire comment ?

– Le ramasser, tout simplement.

Bien qu'il soit habitué à mes initiatives, Alain me regarde d'un air résigné. Comme je n'ai pas envie de me répéter, je le fais attendre un peu… Je dévoilerai mon plan lors du briefing au poste de quartier. La chance est avec moi : Yannick, un de mes ex-policiers, qui a travaillé les Russes avec moi, est maintenant à ce poste.

– Pas de problème, Claude… Regarde, j'ai le grand Goldberg avec moi, tu le connais ?

– Steve ?

– Hi, Aubin…

Je suis en pays de connaissance… Ce grand garçon, je l'ai rencontré à ses débuts. Un bon jeune flic, et bel homme en plus !

Steve est un des rares candidats juifs au service. D'une rare intelligence, il sait apprendre et écouter. Le briefing se passe rapidement, il n'y a rien de compliqué, que des gestes simples ! Yannick sera en civil et Steve en uniforme, pour le côté formel de la chose. Ce n'est pas tous les jours que l'on se fait arrêter par un vieux barbu portant un manteau de cuir au dos duquel est inscrit « Corrosion of conformity ».

Le gérant nous attend avec une impatience frisant la panique. Le pauvre homme se sent pris entre l'arbre et l'écorce. Si le reste du groupe apprend qu'il nous a parlé, il est possible que son building parte en fumée. Ça c'est déjà vu !

– Comment voulez-vous faire ça ?

– Simple… Votre concierge va lui demander d'aller vous rencontrer et nous l'intercepterons entre les étages.

L'idée n'est pas géniale, mais la simplicité est la mère du succès, et nous y allons pour l'efficacité. Nous nous agglutinons autour de l'escalier et de l'ascenseur. Si notre bonhomme prend l'escalier, Alain et Goldberg le saisiront ; mais si c'est l'ascenseur, le pauvre aura à m'affronter. Le concierge descend à toute vapeur, il est livide. Je comprends rapidement que le jeune est armé. Le gros bonhomme passe tout près de moi et me fait signe avec ses doigts… Revolver ! Je chuchote :

– Compris tout le monde ?

Mes trois compagnons me font un signe d'acquiescement. Cette fois, c'est du sérieux. Le Russe est armé et il nous faudra faire très attention. Des pas… Une porte qui se ferme… D'autres pas… Ce sera l'ascenseur ! Je tente de chasser la fébrilité qui s'empare de moi. Après tant d'années, je n'ai pas encore pu chasser cette nervosité intérieure qui caractérise mes actions. Alain me regarde, prêt à intervenir… Il devine ma nervosité encore plus que la sienne. Yannick, un peu en retrait, conserve son petit sourire moqueur… Une de ses blagues me vient à l'esprit… Comme il est métissé, quelqu'un lui avait dit de retourner dans son île… Il avait répondu que Laval n'était pas si loin ! La cage va s'arrêter… Les portes tardent à s'ouvrir. Finalement, un jeune Russe à l'allure asiatique se dirige droit sur moi. Il porte un pistolet noir sous l'aisselle. Surtout ne pas le regarder, éviter tout contact visuel… D'un geste nonchalant je m'approche et, au dernier moment, je le frappe violemment au front avec le canon de mon arme. Le pauvre garçon n'y

a vu que du feu… Il gît assommé sur le plancher de la cage d'ascenseur, et un mince filet de sang lui coule du front. Je lui enlève
l'arme prestement.

– Ho, by the way… I'm your friendly neighbourhood cop !

Le Russe ne comprend plus rien… Il tente de reprendre son
arme, mais l'étui est vide.

– Je sais… C'est mieux comme ça, fiston.

Yannick et Steve maîtrisent le jeune homme pendant qu'Alain
et moi allons fouiller l'appartement. Un appartement d'adolescent… J'ai l'impression qu'une bombe de fort calibre a dévasté
la chambre de tous les ados ! Celle-ci ne fait pas exception. Ma visite
même minutieuse ne chamboulera pas grand chose. Le deuxième
étui restera finalement vide. Pas de trace d'arme à feu… À peine
quelques photos et un carnet de téléphones.

Nous redescendons l'escalier aux couloirs salis, tout en contem-
plant notre maigre butin. À notre arrivée au deuxième étage, je
remarque qu'un nuage de discorde plane au-dessus du groupe. Le
détenu est assis par terre et menotté, son visage est fermé comme une
huître. Steve le regarde furieusement.

– J'ai manqué quelque chose ?

– Notre jeune veut nous tuer…

Yannick m'explique que depuis notre départ le jeune Russe ne
cesse de menacer Steve.

– Previet gospodin… Kak dilla ? (Bonjour monsieur…
Comment ça va ?)

– Nitchevo… Isi chiort to… (Au diable… Va…)

Je relève le jeune homme avec beaucoup de gentillesse. Il me
dépasse d'une bonne demi-tête.

– Ce n'est pas très gentil de faire peur à mes amis policiers.

– Je m'en fous… Quand je sortirai, si je vois ce chien sur la
rue… Je jure que je le tue !

Le pauvre garçon ne s'est pas encore aperçu qu'il est dangereusement près du bord de l'escalier. D'une légère poussée, je
lui fais perdre l'équilibre et il se retrouve accolé face au mur dix
marches plus bas. Je descends.

– Viens…

Je le place à coté de l'autre rebord et recommence le même
manège. Le pauvre ne doit son salut qu'à un deuxième mur.

– Bon… Maintenant, tu vas m'écouter… Il y a encore un étage

à descendre. C'est toi qui va choisir comment tu vas le descendre. Je veux que tu t'excuses auprès du policier, sinon à partir du premier… Retour à l'ascenseur et descente par les marches… Un de nous deux va se fatiguer et je parie que ce ne sera pas moi… Panyé mayé ?

Le jeune homme me regarde droit dans les yeux. Je sais qu'entre eux ils nous appellent les gologoys, c'est-à-dire les bleus ou les homosexuels… C'est un de leurs jeux de mots… pour se moquer de notre inefficacité. Avec un grand sourire, je lui dis : « Nei eto goloboy ». Je veux qu'il comprenne bien que c'est moi qui ai la situation en main ! Toujours aussi peu loquace, le grand garçon finit par baisser les yeux et par nous suivre jusqu'à l'auto.

– Merci, les garçons…

– Quand tu veux, Claude !

Steve jette un dernier coup d'œil au Russe. Il y a encore un peu de rancœur dans son regard… Sur le chemin du retour, j'entreprends une conversation avec mon nouvel ami. Conversation qu'il commence à trouver inquiétante.

– Sais-tu où est Vitali ?

– Niet…

– Parti au Kazakhstan… hier… Sais-tu où est Natalia ?

– Niet…

– …Kazakhstan !

– Patchimou ?

– Parce que… nous étions fatigués de toutes leurs petites magouilles. Tu te crois à l'abri de tout cela ?

Le jeune ne répond plus… Il réalise que la porte qui le mène droit aux steppes enneigées de son Ouzbékistan natal est plus qu'entrouverte. Il a perdu toute sa superbe et, arrivé au poste, il a l'air d'un grand enfant projeté dans le monde des adultes. Un monde qu'il ne connaissait qu'à travers des récits… jusqu'à maintenant.

Je croyais que l'arrestation de Youri marquerait la fin de l'histoire, mais un autre événement, plus sérieux celui-là, allait bientôt me prouver le contraire.

* * *

Un beau matin, j'ai la visite du psy ! Alors que je suis assis par terre dans le couloir, attendant avec impatience la venue de mon juge, tout à coup apparaît un grand bonhomme aux allures de monsieur Hulot, le célèbre personnage de Jacques Tati : complet brun, pantalon un peu court et nœud papillon, il se présente un peu gauchement :

– Bonjour… Je suis le docteur A… psychologue.

– Bonjour… Claude Aubin… Détenu !

Je suppose que je le déconcentre un peu ou alors… c'est la prison ! Nous demeurons quelques instants à échanger des banalités, avant de trouver un petit local pour notre entretien. Maintenant nous sommes face à face, l'entrevue peut enfin commencer. Je me présente d'emblée comme ancien flic, le psy en demeure un peu pantois.

– Tu n'as pas lu mon dossier ?

– Non…

– Bon… Je vais t'expliquer !

Je passerai donc une bonne heure avec mon évaluateur, moi causant, lui notant ! Sa nervosité s'estompe et laisse place à un étonnement qu'il tente de cacher. De temps à autre, il jette un coup d'œil à certaines notes et pose quelques questions…

– Dis-moi, doc… Tu crois qu'ils vont me garder ?

– Je ne vois pas pourquoi !

C'est la première nouvelle rassurante depuis fort longtemps. Pour la première fois, mon interlocuteur esquisse un vrai sourire, sans crispation ni réserve. Il doit me trouver bien ingrat, car je le laisse trop rapidement pour annoncer à Louise qu'enfin j'ai passé le test !

– Il te reste à convaincre les commissaires !

– Ouais !

J'ai cinq jours à patienter et je ne saurai qu'à la dernière minute si j'aurai une rencontre avec eux. Mon avocat envoie des subpœnas aux enquêteurs et à la Couronne. Je crois bien qu'il brasse des cages de son côté.

Partout dans la bâtisse, je rencontre des gens que je ne connais pas et qui viennent m'encourager. C'est drôle, tout le monde connaît mon histoire et y va de son petit conseil. Un des vieux messieurs de la cuisine, un homme d'une grande amabilité et avec qui je parle de cinéma, vient me confirmer que je serai devant les commissaires. La liste n'est pas affichée, mais tout le baraquement sait ce qui va se passer ! Au condo, mes amis me préviennent : les commissaires auxquels j'aurai droit seront parmi les plus difficiles à traverser.

361

– Fais attention à ce que tu dis !

– Je ne dirai que la vérité…

– Tu sais ici… nous sommes ou des manipulateurs ou des asociaux…

– Je m'en souviendrai !

Richard me promet un gâteau si tout ce passe bien, Patrick prépare déjà un dîner gastronomique…

– Tu vas sortir !

Je croise mon ami Bazou dans le corridor du complexe. Lui aussi me calme doucement, comme un grand frère. Son sourire tranquille me rassure… Tant qu'il y aura des gens comme lui dans cet établissement !

* * *

Dès le lendemain, notre jeune Russe à peine coffré, mon lieutenant que rien ne rassurait nous fit une petite remontrance pour la forme.

– Je le savais… Tu pouvais pas attendre ! Toé pis ta façon de travailler…

– Je devais attendre quoi, Jean ? Attendre que l'arme disparaisse ?

Ce pauvre Jean était trop nerveux et souffrait d'un manque d'imagination trop prononcé en matière d'enquête pour comprendre qu'il y a mille façons d'enlever la peau à un poisson et que, si une méthode ne fonctionne pas, il faut en essayer une autre. Il est fort difficile pour un patron sans envergure de gérer un bonhomme qui n'a que son imagination comme garde-fou.

– Claude… T'as eu un message de l'antigang… Ils veulent te refiler un informateur !

Ceci venait de Norm. Mon deuxième lieutenant détective. Nous le considérions tous comme peu fiable et ne détestant pas les coups sournois à l'occasion ; en fait, lui et Jean faisaient une belle paire de nerveux. Maintenant que la couardise était au pouvoir, il fallait se serrer les fesses. À part quelques petites prises de bec et une tentative ratée d'établissement de pouvoir, Norm et moi n'étions pas en guerre. Je suis persuadé qu'il admirait mon cran… même si ça lui faisait quand même un peu peur ! Il avait lui-même été un peu plus actif et téméraire, dans un passé qui s'éloignait de plus en plus. Le seul combat qu'il menait désormais l'opposait à une obésité de plus en plus envahissante.

– L'antigang veut me refiler une source ? Elle a la vérole ou quoi ? Depuis quand cette section donne des sources ?

– Sais pas, appelle !

Ce n'est absolument pas le genre de l'antigang de donner une source. Quelque chose sent le roussi ou le cyanure. Norm me tend le petit morceau de papier vert sur lequel sont écrits nos messages officiels. J'appelle immédiatement le policier si généreux... pour apprendre que l'homme que l'on veut me faire rencontrer n'a que seize ans. Je comprends maintenant pourquoi la source rebondit de mon côté. Il ne me reste plus qu'à accepter ou refuser ce cadeau empoisonné. Je ne suis pas à un risque près... Alors pourquoi ne pas aller voir ce qu'il a dans le corps ! Comme toujours, Alain me suit sans rechigner. Je l'entraîne encore une fois dans une quête qui peut s'avérer dangereuse. Tout peut arriver avec un juvénile, le meilleur comme le pire... Et ton département ne fera rien pour te venir en aide si tu te plantes ! Alain vérifie son identité... Notre petit chérubin est loin d'être un enfant de chœur, il possède déjà un dossier pour vol qualifié.

Cet après-midi-là, je vais cueillir le jeune homme tout près de la rue Walkley, juste au coin de Somerled. Le jeune nous attend avec impatience.

– Previet, S.

– Hi !

Le jeune monte rapidement dans l'auto. Alain passe quelques blocs avant de se garer.

– C'est toi, Aubin ?

– Oui...

– Tu fais des ravages parmi mes amis... Vitali, Viatcheslav, Natalia, Youri. Je n'ai plus d'alliés.

Le jeune garçon est beaucoup plus nerveux qu'il ne veut le laisser paraître. Ses yeux sont toujours sur le qui-vive.

– Quelqu'un veut me tuer... Je n'ai pas rempli mon deal !

– Te tuer... pravda ? (vraiment ?)

– Da... C'est la vérité. Il s'appelle Génia, c'est un Russe des républiques, il est très connu de la mafia.

Mon cerveau se met aussitôt à la recherche du bonhomme, et je crois déjà avoir une idée précise de son identité.

– Pourquoi veut-il te tuer…

Le jeune homme n'est pas très loquace. Tout va peut-être trop vite pour lui. Parler à l'ennemi, c'est toujours un peu dangereux.

– Je devais lui livrer des armes à feu, mais j'ai décidé de ne pas le faire. Ce gars est fou.

– Tu peux avoir des armes ?

– Bien sûr…

Il a répondu sur un ton si naturel que je suis persuadé qu'il ne blague pas. Il a beau n'avoir que seize ans, c'est déjà un petit caïd.

– Tu en veux ? Je te présente les vendeurs…

– On verra plus tard… Parle-moi de ton tueur.

Même si l'information est bonne, elle risque d'être mortelle. Si j'utilise le gosse, les vendeurs ne sont pas si cons et ils comprendront très vite d'où vient la fuite… et comme ils ne sont certainement pas du genre à passer l'éponge… Pendant quelques minutes, j'écoute donc les explications de S. : il a perdu deux de ses meilleurs amis et protecteur, et ne se sent pas de taille à affronter Génia et son groupe.

– Tu aurais dû laisser Youri en liberté…

Youri, c'est le jeune Asiatique au pistolet à qui j'ai appris à dévaler les escaliers. Petit à petit, S. m'explique avec force détails toutes les ramifications entre les groupes criminalisés russes, ukrainiens, iraniens et sud-américains. Les Ukrainiens sont en guerre larvée contre les Russes des républiques, mais ils sont alliés aux Iraniens, les Persian Soldiers. Les Russes de la métropole font un peu cavalier seul et les Sud-Américains font des affaires avec tout ce beau monde. Le jeune homme m'affirme qu'un seul de ces gangs réunit plus de mille soldats : le Russian Dangerous Boys.

– C'est un peu beaucoup, non ?

– Non… Combien as-tu de noms de Russes dans ta liste ? Tu n'en connais que 10 %… Moi, je sers de lien entre les Latinos du groupe Ponto Negro et les Russes qui sont mes amis… Toi… tu ne connaissais pas même mon existence !

Le jeune homme n'a pas tort, notre connaissance des Russes et des Iraniens n'est pas très profonde… J'apprends avec lui que les Ukrainiens ne sont pas les alliés naturels, mais des gens qui se côtoient.

– Les Russes, tu n'es pas en guerre contre eux ?

– Non ! Pas en affaires… Il ne faut pas empiéter sur leur

territoire, c'est tout. Pour le reste, tout le monde fait des affaires…
C'est une question de respect, mais Génia et son groupe, eux, ils
ne respectent rien… Comme mon père parlait bien l'espagnol,
pour moi c'est plus facile d'approcher les Latinos, tout comme
Dimitri…

– Ce Dimitri… C'est un ami de Génia ?

– Bien sûr…

Cette fois, je n'ai plus aucun doute : Génia est bien celui que
je connais. Dimitri Y. est son fidèle bras droit. Maintenant, il me
faut protéger S. et obtenir le maximum d'informations, tout en faisait attention car il est mineur.

– Dis-moi… Avec toutes tes frasques et ton cercle d'amis… ta
mère sait ce que tu fais ?

– Mais non, elle n'a pas de temps pour moi… Elle passe son
temps à trémousser son cul pour son nouvel amant.

– Oui, mais… Tu as été au tribunal de la jeunesse pour ton vol,
ta mère devait automatiquement s'y rendre.

Le jeune hausse les épaules et sourit comme pour me faire
réaliser ma stupidité.

– Ils voulaient une mère… Je leur ai apporté une mère ! Elle
ne parlait ni l'anglais ni le français… Juste le russe ! Tu t'imagines
qu'ils ont vérifié si cette grosse babouchka édentée était bien ma
mère… Tout ce qu'elle pouvait dire, c'était : « Da, niet… » C'était
surtout comique quand le juge a expliqué les conditions de sortie… Mister Claude, tu vas pas me vendre ?

– Non…

Bravo pour le système… Ces enfants ne le sont que de nom.
La vie les a marqués et les a fait vieillir prématurément. Dans les
yeux gris de S., on lit déjà la grande tristesse slave, celle des steppes
froides, celle des cosaques !

– Je te revois demain…

– Dosviganya, mister Claude.

– Fais attention à toi ce soir…

C'est drôle, les Russes n'ont jamais pu s'habituer à mon nom
de famille… Ils ne disent jamais « Aubin », mais toujours « mister
Claude ». Au contraire, les Jamaïcains m'ont toujours appelé
Aubin et n'ont jamais prononcé mon prénom.

Au bureau, je prépare le rapport de source. J'ai l'impression que
ce garçon est une mine d'or. S'il ne me ment pas, j'aurai une vision

parfaite des relations des gangs de rues version est-européenne. Dans la même soirée, mon *pager* se met à vibrer à répétition. C'est S. qui lance un appel. Je l'appelle sans tarder.

– Salut, petit…

– Salut… Écoute, un Russe est mort ce soir… Mes amis disent que c'est Génia qui a fait le coup !

– Quoi ?

– Écoute la télé !

Un jeune Russe vient effectivement d'être abattu dans une station de métro de ville Saint-Laurent. Au matin, j'en ai la confirmation. La jeune victime faisait partie du groupe de Génia. Mais pourquoi tuer un ami ?

L'après-midi même, S. vient au bureau regarder les photos. Mes amis des homicides ont récupéré des documents décrivant la peur qu'avait la victime et ils veulent que ma source les lise.

– Mister Claude… Cet idiot de Génia a fait un vol avec deux autres garçons, dont ton mort… Il voulait tout simplement qu'il prenne tout le blâme et ça n'a pas marché.

– Tu sais où il est ?

– Si tu me donnes la journée…

À partir de ce moment, S. devient un atout majeur dans nos recherches. Et je ne suis pas déçu. Tard dans la soirée, S. m'appelle.

– Tu es au bureau ?

– Non… Je suis chez moi.

– J'ai des nouvelles pour toi.

Je prends le temps de m'asseoir et de chercher un crayon… Tout ce qu'il a à me dire sera sûrement d'un grand intérêt.

– Ton gars est déjà parti vers Toronto… Il a un frère qui est dans la mafia locale… Selon la rumeur, Eddy lui a conseillé de disparaître… Tu sais qu'Eddy a peur de toi ?

– Vieille histoire…

J'avise mes amis des homicides, qui ont tôt fait d'arrêter le jeune homme grâce à leurs contacts de Toronto.

Une semaine plus tard, il était de retour à Montréal, menottes aux poings. Cette fois, il allait goûter à l'hospitalité de nos prisons. Je reçus de mes amis des homicides une petite note de remerciement et où il était précisé que notre jeune ami leur avait demandé s'ils travaillaient pour moi ! Malheureusement, quelques mois plus tard, les témoins deviendront amnésiques et, faute de preuves, ce jeune meurtrier sera relâché. De son côté, S. fut arrêté pour un autre vol qualifié, mais comme la menace avait pour le moment disparu, il décida de cesser temporairement de me parler.

* * *

Cette fois est la bonne. Je ne peux plus faire autre chose qu'affronter cette dernière épreuve. Je me suis habillé du mieux que j'ai pu. J'ai entre les mains un petit texte et quelques notes à ne pas oublier. Mon calme apparent cache une nervosité latente qui croît au fur et à mesure que l'aiguille de l'horloge s'approche inexorablement de l'heure fatidique. Je m'attends à voir arriver mes accusateurs d'un moment à l'autre. C'est plutôt mon avocat, en fait son stagiaire, qui vient me soutenir. Le pauvre garçon n'est pas très à l'aise, il connaît mal le dossier et je ne crois pas qu'il soit venu souvent dans une prison. C'est drôle, il est le neveu d'un enquêteur que je connais bien qui a pris sa retraite depuis un moment comme moi.

– Vous allez parler aux commissaires…

– Je sais… Je veux juste que tu sois là pour me conseiller s'il y a lieu.

– Nous avons demandé à la CUM d'être ici. As-tu vu quelqu'un ?

– Non…

– Monsieur Aubin… C'est à vous.

Une dame est venue nous chercher. Je me retrouve dans un bureau ressemblant à n'importe quel bureau de conseil d'administration. Trois dames dans la quarantaine sont assises face à moi et me scrutent. L'une d'elles est ma foi fort jolie, blonde avec une petite coupe à la nuque et un léger sourire aux lèvres. Les deux autres semblent plus austères.

– Si vous voulez vous asseoir…

– Merci !

Voilà, c'est parti… Le greffier note tout avec une minutie proche de la perfection. Les dames se présentent à moi pour les fins de la cause, mon avocat fait de même.

– Avez-vous vu les policiers ?

– Non, madame…

367

– Faites vérifier une dernière fois…

Le greffier se lève en trottinant et revient avec la réponse que l'on connaît déjà.

– Personne.

Je le regarde noter en détail l'absence des policiers. Cet homme doit faire ce fastidieux travail depuis toujours. Je me demande ce qu'il fait dans ses loisirs !

Une des commissaires commence donc l'audience par un bref résumé de la cause et laisse le soin à mon avocat d'expliquer les démarches qu'il a faites dans le dossier.

C'est maintenant que le vrai test va commencer. La commissaire qui semble présider débute la conversation par quelques remarques sur le dossier, puis entame l'interrogatoire.

– Dites-moi, monsieur Aubin, vous possédiez des armes… Beaucoup d'armes !

– Oui, madame, certaines étaient les miennes depuis mon adolescence, d'autres m'ont été données, quelques autres ont été sauvées de la destruction. Je possédais entre autres un magnifique pistolet datant du début du siècle et qui a appartenu à la police de Hong-Kong !

– Que faisiez-vous avec ces armes ?

Que lui dire ? Que depuis ma prime jeunesse, j'ai toujours possédé des armes à feu… qu'à douze ans j'étais dans l'équipe de tir des cadets de l'armée, puis des cadets de l'air, que j'ai gardé certaines armes comme trophées… que d'autres avaient près de cent ans d'âge… que quelques-unes n'étaient pas fonctionnelles.

Je réponds du mieux que je peux. Je sais que tout cela paraît idiot, je ne chasse pas, je ne tire plus depuis fort longtemps, mais… j'adore les armes pour ce qu'elles sont. Je possède des volumes, des revues, des fiches, sur les armes…

– Je sais… C'est un peu idiot, je ne suis ni un marchand d'armes, ni un tueur en série, j'aime les armes à feu, j'ai aussi une collection de monnaie.

La commissaire change maintenant de sujet. Des sujets de conversations, il y en a beaucoup dans mon cas.

– Vous avez entraîné votre épouse dans tout ceci quand vous avez eu un contrat sur votre tête ?

Cette fois encore, je dois expliquer qu'il n'y avait aucun danger… que je ne faisais que de la collecte d'information et que, si par hasard ces gens avaient été vus, j'aurais appelé immédiatement du renfort avant de tenter quelque manœuvre que ce soit.

– Vous avez vendu de l'information aux motards ?

– Oui, madame, ils ne l'ont pas trouvé drôle. Cette information était bidon et comme il faut bien leur donner quelque crédit, ils ont bien vu qu'il n'y avait rien à retirer de mon côté. Par contre, j'ai pu leur soutirer quelques informations que j'ai refilées à mes anciens patrons.

Les trois dames se consultent. Je vois bien qu'un tas de questions restent encore en suspens.

– Monsieur Aubin… Si comme vous le prétendez, vous avez été victime de votre désir de continuer votre travail de policier et que vous avez été piégé par votre propre service… vous devez sûrement détester vos accusateurs et leur en vouloir !

– Je ne prétends pas, madame… J'affirme. Pour ce qui est de mes accusateurs, la déontologie tranchera… Moi, je n'ai pas à juger, je ne l'ai jamais fait avec mes accusés et je ne le ferai pas maintenant… Ils ont fait un travail… Ils se sont fourvoyés… Ils auront à répondre de leurs actes.

Il y a maintenant près d'une heure que l'on me bombarde de questions, et je crois avoir fait bonne figure… Les questions deviennent moins pointues, l'atmosphère se détend un peu.

– Une dernière question, monsieur… Vous qui avez plus de trente-deux ans de police d'expérience, pouvez-vous me dire pourquoi les policiers ne se sont pas présentés aujourd'hui ?

Je prends quelques secondes, un temps d'arrêt, avant de répondre. La réponse est évidente, mais elle me fait aussi beaucoup de peine.

– Ils ne sont pas ici ce matin parce qu'il est possible que ce qui est écrit ne ressemble en rien à ce qui a été dit. Voilà pourquoi, madame ! Maintenant… Si vous décidez de ma libération, je vous soumets que je ne suis pas un cas de maison de transition, que ma famille attend mon arrivée avec impatience et qu'il n'y a aucun risque de récidive.

Sur ce, les commissaires demandent un ajournement et je me retrouve à la sortie du centre de détention en compagnie de l'avocat.

– Tu as été exceptionnel… Tu devais être un sacré bon enquêteur. Je n'aurais pu faire mieux !

– Merci…

Un caïd important et d'un âge respectable s'est installé à mes côtés pour un moment. Il est fatigué, malade, un peu voûté. Nous ne nous sommes jamais parlé et pourtant nous nous connaissons un peu. Il me regarde dans les yeux pour la première fois et me fait un léger sourire.

– Aubin… C'est le temps !

Avec toute la délicatesse d'un rhinocéros, le gardien m'indique que cette fois c'est l'heure.

– Hum… Quelle que soit la décision, n'oublie pas de remercier les commissaires.

Mon avocat ne semble guerre rassuré, je comprends ses inquiétudes. J'imagine que certains clients pètent les plombs quelquefois ! Je le rassure du regard et je retourne au combat avec un sourire de circonstance.

Les dames sont assises face à moi, elles prennent bien leur temps, histoire de faire durer le suspense.

– Monsieur Aubin… La commission après avoir délibéré… déclare… qu'il n'y a aucun motif valable… de vous garder en détention.

Le reste se perd dans ma mémoire… Mon avocat me tape sur l'épaule, puis me serre la main. Les dames me sourient sans trop d'implications. Et moi, je flotte !

Mon avocat quitte l'endroit qu'il trouve sinistre et, dans l'étroit passage qui me ramène à mon condo, des gens que je connais à peine viennent me féliciter. Je me retrouve accroché au téléphone, ne pouvant parler qu'avec peine. Je ne parviens pas à endiguer un flot continu de larmes. Louise croit par erreur qu'ils ont décidé de me garder, elle panique au bout du fil, et je n'arrive plus à m'exprimer que par des mots entrecoupés de sanglots.

– Je serai… dehors… pour… le 15 octobre…

Enfin… J'ai pu articuler une phrase complète. Je serai un homme presque libre dans moins de deux semaines. Nous pleurons tous les deux en silence pendant un bon moment. La joie, la peine, l'inquiétude, la séparation, les vexations, l'impuissance… Tout se bouscule dans ma tête tel un feu d'artifice d'émotions incontrôlées ! Nous parvenons tous les deux à réaliser qu'une partie du cauchemar, celle que nous croyons être la plus difficile, est maintenant derrière nous.

Au condo, mes amis viennent m'enlacer fortement. Patrick a quand même un peu de tristesse dans les yeux. La joie de mon départ rend sa détention encore pire, je n'ose imaginer son dépit. Nos conversations philosophiques et historiques vont nous manquer… Il faut dire que les philosophes ne courent pas les dortoirs des prisons.

– Claude… Je suis heureux pour toi !

Pour peu, nous nous mettrions à chialer comme des bonnes femmes !

* * *

Un beau matin, une dizaine de membres de l'escouade Carcajou finit par débarquer au commerce de Pierre. C'était à prévoir ! Une grande partie de l'équipement électronique dont disposaient les motards venait de chez lui, et les gens de la police ne pouvaient pas ne pas le savoir. Pire, depuis l'ouverture de son commerce, ces beaux messieurs y avaient installé un petit bureau pour y faire leurs affaires. Pour ma part, je ne me rendais plus chez lui qu'à de rares occasions et seulement pour y prendre des pièces. Heureusement pour lui, au moment de la perquisition Dame chance lui sourit encore une fois : les motards, qui avaient sans aucun doute senti venir le vent, venaient à peine de déménager, ne laissant derrière eux qu'un petit local vide encore tiède. La police pourtant si bien informée arrivait une fois de plus avec quelques jours de retard.

Mes partenaires et moi étions attablés à notre petit resto quand Pierre vint nous retrouver pour le dîner. Le pauvre avait les mains tremblantes et le visage livide de celui qui a vu le Diable… Parlant avec peine, il n'avala qu'à grand-peine un café.

– Ils m'ont questionné pendant plus de deux heures… Je leur ai fait le coup du gars heureux de les voir se pointer enfin. Quand ils sont arrivés, je les ai enguirlandés… « Il était temps que vous arriviez, vous autres ! » Je pense qu'ils ont été un peu surpris.

– Tu as quand même de la chance…

– Ouais…

Pierre connaissait bien mon opinion sur ses amitiés particulières. Jacques, son partenaire, et moi en avions discuté quelques semaines auparavant au téléphone et nous devions le rencontrer

371

pour le sensibiliser. Finalement Jacques lui en avait parlé seul et le groupe de joyeux lurons était parti de lui-même ! Décidément la providence faisait bien les choses.

— Je leur ai dit que je n'avais pas eu de choix et que j'étais bien heureux qu'ils arrivent enfin. Ils m'ont même questionné sur un gars de Québec...

— Ils ne t'ont pas parlé de tous les bidules que tu as fabriqués pour eux ?

— Non...

Finalement... Quoique l'on dise, Carcajou ne serait jamais à la hauteur ! Pourtant, ils ne pouvaient pas ne pas savoir. Ou faisaient-ils semblant de ne pas savoir ? Je retournai au bureau tout en pensant que, quelques jours avant la perquisition, Alain avait apporté une petite boîte contenant un teaser. Une arme électrique illégale qui était maintenant dans notre armoire de métal, par-dessus un tas d'autres trucs inutiles. Je n'avais pas jugé bon de le retourner immédiatement, quelle connerie ! J'avais été en possession d'un modèle plus petit, saisi lors d'une perquisition chez les Russes, que j'utilisais lors de mes déplacements dans des mouvements de foule où mon arme aurait été plus nuisible qu'utile. Mais avant ma retraite, quelqu'un du bureau, que je crois connaître, me l'avait gentiment subtilisé. Il fallait bien que ça serve à quelqu'un !

Dans l'après-midi, Alain, le fils de Pierre, partit fermer le magasin de son père. Il revint, l'air bouleversé.

— Ils m'ont posé des questions pendant plus d'une heure. Je ne savais quoi répondre... Bien sûr que je savais que les motards étaient chez mon père ! Ils m'ont questionné sur l'agence et sur les relations avec Pierre... sur toi, sur Michel...

Le lendemain, l'atmosphère du bureau était déjà plus oppressante. En quelques semaines, nous avions vécu la tentative de départ d'Alain et le putsch de Michel, le manque momentané de clients... Je sautai donc sur l'occasion quand j'eus la chance d'obtenir un contrat en or avec un complexe récréatif de la Rive Sud. Je pourrais avoir de cinq à six superviseurs toutes les semaines, dans un méga-complexe qui s'occupait d'adolescents. Quelque chose d'autre se dessinait dans ce contrat : enfin un espoir !

Quelque temps avant la perquisition chez Pierre, Ali m'avait encore demandé de lui retrouver un Libanais, et encore une fois j'étais sûr qu'il aurait un dossier. Mais cette fois les demandes d'Ali étaient devenues plus pointues.

– Pourrais-tu me trouver un gadget pour contrer les micros espions ?

– Bien sûr, j'ai quelqu'un qui sait faire cela.

C'était quand même la spécialité de Pierre... Je n'aurais qu'à jouer à l'intermédiaire.

– Ça marche, ces trucs-là ?

– Oui... Si ton cellulaire est ouvert, je vais le voir immédiatement.

C'est du moins ce que Pierre m'avait toujours dit. L'électronique et moi, on n'était pas très copains. C'est à peine si je sais faire fonctionner le vidéo à la maison.

– C'est combien ?

– Environ quatre cents dollars.

– C'est bon pour les micros ?

– C'est bon pour tous les micros...

– Tu sais... Je vais rencontrer quelqu'un et j'ai peur qu'il ait un micro sur lui... Tu sais, un micro collé.

– Tu sais... Les seuls bonshommes qui ont des micros cachées travaillent avec la police... ou sont des policiers !

– Je ne savais pas !

J'avais beaucoup de peine à croire qu'Ali ne sache pas cela, mais je le lui expliquai quand même. À croire qu'il n'avait jamais vu de films policiers !

Finalement, un après-midi Ali vint avec moi chez Pierre pour regarder les différents composants d'anti-écoute. Quelques jours plus tard, en plus de me payer pour l'information que j'avais une fois de plus trouvée sur le net, il acheta un détecteur de micro que j'eus beaucoup de difficultés à faire fonctionner correctement. Ce n'est qu'après deux téléphones à Pierre et quelques ajustements que le bidule put marcher correctement. Ce même jour, Ali me demanda une faveur très spéciale.

– Je vais rencontrer quelqu'un durant la semaine et j'aimerais savoir à qui il va parler par la suite.

– Je mets quelqu'un là-dessus.

– Je voudrais que ce soit toi... Je ne veux pas mettre trop de monde au courant... Tu comprends...

– En général je fais faire ma filature par une autre compagnie... mais pour toi !

Ali allait me rappeler pour me donner plus de détails. J'étais persuadé que nous aurions de la bonne information cette fois. Alain et moi étions convenus de porter une grande attention à ce dossier. Au même moment, R. revenait avec de l'information sur ses amis bulgares et de nouveaux amis arabes parlant russe. Les Bulgares avaient employé notre Russe mort pour des transports de stupéfiants, ils étaient dans le nord de Montréal ou à Laval. Dans le nord de la ville, R. avait rencontré Radko et un ami recherché pour fraude et... ses nouveaux amis arabes étaient aussi du nord de Montréal et de Côte-des-Neiges. Ces derniers parlaient de stupéfiants et d'une grosse fraude dans une chaîne de grands magasins... Était-il possible que tous ces gens se connaissent ? Une troisième compagnie venait de demander de l'aide à Marty pour une énorme fraude, et Alain avait enquêté les suspects pour moi. Je lui aurais refilé l'enquête au criminel, tout comme celle des Arabes qui étaient de son secteur.

Ali se manifesta donc quelques jours plus tard et me donna les détails dont j'avais besoin. La filature qu'il demandait se ferait dans l'est de la ville, près de la place Versailles. Comme je l'avais promis, je fis la filature avec Michel, Alain, le fils de Pierre, et mon fils. J'avais pourtant bien autre chose en tête : le contrat de la Rive Sud devenait un peu cauchemardesque, mes deux associés n'y mettant que peu d'entrain et les employés réguliers n'étant pas légion. Ce matin-là, le contact se fit à l'heure convenue. L'homme de la photo vint rencontrer Ali au restaurant A&W et je filmai la sortie du personnage. Jonathan le suivit jusqu'à l'entrée du métro. Le bonhomme fit un appel et, quelques instants plus tard, se rendit à une petite voiture bleue stationnée juste en face du quartier des stupéfiants de la CUM Michel reçut comme mission de surveiller la voiture. Le temps que je me replace, l'auto avait disparu et Michel ne savait pas où elle avait pu se rendre. Pire, le contact était passé juste à ses côtés et il ne l'avait pas aperçu. Dieu merci, grâce à mon fils j'avais la plaque. J'eus pour la première fois une engueulade avec Michel. Son incompétence et ses excuses commençaient à me tomber sur les nerfs, sa façon de ne jamais vouloir prendre le blâme me rendait furieux. Je retournai au bureau et attendis qu'Ali me rappelle. Je n'eus pas à attendre longtemps. Je le baratinai un peu, pour ne pas lui avouer que mes acolytes n'étaient pas très au point. Le principal était de savoir que nous avions la plaque... Et bien sûr, nous aurions le nom du contact !

– Tu sauras quand ?

– Donne-moi quelques jours…

Je ne sais pas pourquoi, mais à partir de cette minute quelque chose en moi ne fonctionnait plus… ou alors je ne l'écoutais plus.

Le lendemain matin, j'allai vérifier avec Michel la voiture de l'un des fraudeurs arabes sur la rue Linton. Je réussis à trouver ce que je croyais être la bonne bagnole, une Oldsmobile des années 80, et ramassai la plaque. J'appelai Alain au bureau et, sans tout lui dire, je lui demandai de vérifier les deux plaques. Si je ne disais pas toujours tout à Alain, c'est parce qu'il était perdu dans l'espace dès qu'il y avait plus de deux enquêtes en même temps, et qu'il lui était régulièrement arrivé de mélanger les enquêtes dans le passé. De toute façon, à ce moment-là j'étais persuadé que les enquêtes s'entremêlaient, comme cela arrive souvent. Il nous était arrivé de nous retrouver avec deux ou trois enquêtes qui finalement se recoupaient. Quand Alain rappela à mon bureau, il semblait un peu paniqué. L'information qu'il avait à me donner semblait terrible. Il hésita un instant et me sortit tout de go :

– Claude… Une des plaques appartient à une police…

Il n'avait pas à me dire laquelle… Je ne le savais que trop bien. Alain me donna le nom du policier : la plaque était à son nom et à celui de son épouse.

– As-tu enquêté des plaques similaires ?

– Malheureusement oui. Ton auto bleue est la bonne.

Je me souvenais bien de ce policier. Il était venu me rencontrer après s'être fait passer un sapin par des membres de la mafia russe… Son partenaire et lui avaient tenté d'approcher Sergueï Z. pour lui vendre un kilo de cocaïne. À cette époque, Sergeï était une étoile montante de la mafia russe. Les deux bonshommes avaient malheureusement été contre-filés et pris en photo par son patron, mon ami Édouard E. À leur grand étonnement, j'avais alors identifié le bonhomme pour eux.

– Tu le connais ?

– Oui, tu aurais dû consulter l'ordinateur… avant… Ça aurait économisé beaucoup de temps.

– Il était dans une grosse voiture noire…

– Appartenant à Samuel B.

– Ouais…

– La prochaine fois, les as, souvenez-vous de moi comme expert des Russes !

C. ne l'avait pas trouvé très drôle et je ne m'étais pas fait un ami, mais il y avait bien longtemps que je n'en avais cure.

À partir de ce moment, j'étais sûr qu'Ali était en train de se faire piéger. Raisonnement fort simple : Ali rencontre un indic pour le département de police, mais ce dernier n'est pas encore sûr de la transaction et veut en parler à son contrôleur ; celui-ci arrive avant son quart de travail et utilise sa voiture personnelle comme point de rendez-vous. L'affaire n'en était donc qu'aux préparatifs et aux spéculations. Je l'avais moi-même fait si souvent que tout me semblait normal, mais quand même un peu spécial selon les normes du département.

Ali me rappela ce jour-là. Bien sûr, j'avais la réponse qu'il attendait, mais je lui mentis : je voulais profiter de quelques heures pour réfléchir. Ali me rappela encore une fois.

– As-tu la réponse ?

– Premièrement, tu vas changer de ligne téléphonique… Va dans une cabine et appelle-moi.

– Quoi ?

– Fais ce que je te dis.

J'avais maintenant l'impression que ce petit couillon était surveillé. Il était devenu la cible d'une autre source et je ne voulais pas perdre la mienne. Dix minutes plus tard, il rappela d'une autre ligne.

– Pourquoi tu me fais faire ça ?

– Écoute bien… L'autre jour, c'était la police qui était là… Alors tu vas lâcher tout ça, compris ?

– C'était une voiture de police ?

– Oui…

– Une voiture de police ou la voiture d'un policier ?

– C'est la même chose.

– Non… C'est pas la même chose, c'est qui ?

– Non…

– Dis-moi de qui il s'agit…

– Non… Je…

– Écoute… On a plusieurs policiers qui sont sur le take… Des pourris… Alors on le connaît peut-être…

Cette fois c'en était trop. Après trente années de police, je ne permettrais certainement pas à ce petit vaurien d'insulter des policiers que je considérais honnêtes.

– Écoute-moi bien, son nom est C. Et ce bonhomme, je le connais et ce n'est pas un pourri.

– Son nom, c'est quoi ?

– C.

Par prudence, j'avais bien sûr maquillé le nom du policier en donnant sciemment celui d'un chanteur pop. Je sentis qu'Ali n'était pas satisfait, mais il n'insista plus.

À partir de ce moment-là, un déclic se fit en moi. Si toutes ces routes n'étaient pas reliées, pourquoi Ali insistait-il ?

– Veux-tu venir te faire payer ?

– Ouais…

– Je suis à Laval

– Pourquoi Laval ?

– Je travaille là et je ne peux pas bouger.

Ça ne faisait pas mon affaire, mais c'était quand même quatre cents dollars, et comme mes deux partenaires agonisaient.

– Alors, demain…

– Pas de problème.

L'après-midi suivant, j'allai le rencontrer à Laval. Je ne sais pas pourquoi, mais il voulait que le rendez-vous ait lieu là-bas. C'est drôle, quelques années auparavant, une de mes enquêtes de flic s'était terminée exactement ici, dans ce même centre d'achat. C'était un beau clin d'œil ! Michel était avec moi, toujours aussi gouailleur, à croire qu'il ne comprenait pas la gravité de la situation. Et moi, je cogitais trop pour être de bon aloi. Ali vint s'asseoir avec nous et me remit les quatre cents dollars qu'il me devait.

– Tu es sûr du nom…

– Oui… En parlant de cela… Il y a quelques années, une de mes sources était dans la merde… Une histoire d'auto volée… Il est venu nous donner une grosse affaire de stupéfiants et a reçu dix mille dollars… En prime, j'ai fait disparaître l'accusation de vol de voiture. C'était gros, un marchand de voiture, S. Tu connais peut-être ?

– Dix mille dollars…

– Ouais… Tu n'as pas besoin de me dire que tes cousins sont dans les stupéfiants… J'ai compris ça tout seul ! Mais je pourrais te faire rencontrer C. et tu agirais comme source.

– Oui… Je connais beaucoup de choses sur les stupéfiants…

Bien sûr… Je ne veux pas donner des gens de mon organisation, seulement les autres.

– Comme tu veux…

– Et pour cette affaire ?

– Je vais tenter d'arranger les choses avec mon ex-partenaire… Il dira qu'il s'est trompé dans les chiffres de la plaque. Ce ne sera pas facile, mais… Et quand tu rencontreras les enquêteurs…

Ali semblait pensif. J'étais sûr qu'il songeait sérieusement à la défection. Je ne n'avais pas d'idée précise sur ce qu'il savait, mais j'étais sûr que ce qu'il savait valait de l'or !

– Écoute, je pars deux semaines en vacances en Floride, chez mes cousins. Ils ont des condos là-bas, si vous voulez y venir… Après… à mon retour, je vais sérieusement penser à ton offre.

Fou de joie, Michel se voyait déjà sur une plage de sable chaud. Pour lui, le reste était secondaire.

– Dans quel coin ?

– Michel !

Il fit preuve d'un peu plus de retenue. La perspective d'être avec des criminels de haut niveau ne l'avait même pas effleuré. Je le regardai d'un air sans équivoque.

– Très bien… Dès ton retour on mettra tout en marche.

En arrivant à l'auto, je réprimandai Michel. Je ne sais pas très bien pourquoi, mais je commençais à pressentir qu'il y avait dans ce bonhomme un enfant qui ne sommeillait jamais. Quelque temps auparavant, le gros Roger nous avait parlé de partir pour Haïti… En fait, c'est moi qu'il invitait pour faire partie d'une force spéciale en remplacement de la police. Michel avait sauté à pieds joints sur l'occasion… Il se voyait déjà là-bas… Cette fois-ci, ses bagages étaient bouclés !

– Michel… Ce sont des criminels…

– Bien sûr… Je voulais juste être friendly.

– Ouais…

Ce mercredi-là, je venais de sceller la dernière partie de mon aventure. Je croyais encore pouvoir retourner la situation. Je pensais que cette source irait plus loin que celle qu'ils avaient… Les enquêteurs des stupéfiants me pardonneraient facilement le fait d'avoir un peu esquinté une enquête. À notre arrivé au bureau, je m'empressai de séparer les profits. Mes deux associés me devant quatre cents dollars, il fut convenu entre nous trois d'augmenter ma part. Pour le reste de la dette, j'attendrais… Ce détail, Michel l'occultera plus tard en m'accusant de l'avoir floué. Alain, le fils de Pierre, s'en souviendra, lui… Cette nuit-là, je n'arrivais pas à dormir. Louise et moi avions eu un petit différend, une bagatelle… Mais tout ce qui me trottait dans la tête était de nature à me rendre anxieux. Le petit matin me surprit encore éveillé et concentré sur mon avenir. Ce que je ne savais pas encore, c'est que quelqu'un était justement en train de s'en occuper à ma place !

* * *

– Vas-tu terminer ton dossier avant de partir pour la retraite ?

Le gros bonhomme qui me pose cette question est un propriétaire d'agence privée. Il est un peu inquiet… Il a dû attendre plusieurs mois avant de me trouver. Plusieurs mois de frustrations, pendant lesquels quelques enquêteurs n'ayant aucune envie de travailler lui ont fait comprendre que les crimes téléphoniques n'étaient pas de leur ressort. Jean E., mon lieutenant détective, lui avait même déclaré qu'il n'enquêtait pas les crimes de martiens, ce qui avait grandement impressionné cet enquêteur de plus de vingt ans d'expérience. Je consacrais donc une partie de ces derniers mois… à mon ami et à ses plaintes téléphoniques.

Nous avions monté un groupe spécial, formé de mon ami Jeff de la sécurité de Bell, Jean, le propriétaire de l'agence, son partenaire, Alain et moi. De temps à autre, Michel de Bell-Mobilité venait se joindre à nous et je dois admettre que nous avions un palmarès assez impressionnant. J'avais décidé que l'heure de la retraite avait sonné. Toute bonne chose a une fin. Au cours des deux dernières années, il y avait eu tant de changements que je me croyais assis au beau milieu des portes tournantes de chez La Baie. Essayez d'imaginer trois déménagements de poste, quatre déménagements de bureaux, deux changements d'affectation, huit changements de ligne téléphonique… Je n'osais plus écrire de numéro sur mes cartes d'affaires, et c'est sur mon cellulaire que les plaignants et les victimes me rejoignaient le plus souvent… à mes frais naturellement !

Je regardais Jean qui attendait ma réponse, peu rassuré. Je savais bien qu'il s'agissait pour lui d'un contrat lucratif, et de mon côté je prenais plaisir à apprendre tous les trucs de ces jeunes.

– Bien sûr, je vais rester pour le terminer.

– Comment vas-tu faire ?

– Rentrer au beau milieu de ma préretraite…

– Ils vont te laisser faire ça ?

– Ils n'auront pas le choix… Je ne leur laisserai pas le choix !

– T'es malade…

– Bien sûr que je suis malade… Tu es bien le seul à ne pas s'en rendre compte !

L'affaire était conclue… Il ne restait qu'à convenir d'une date pour l'opération. Il me fallait donner à Jeff et Jean le temps de se concerter. Pendant ce temps, même à la préretraite, je venais terminer quelques dossiers et déménager dans quelques boîtes tout le savoir que mes patrons ne désiraient pas ! J'étais persuadé qu'un jour ces dossiers leur seraient utiles…

Deux semaines après le début de ma préretraite, Jean me téléphona pour m'aviser qu'il était prêt et que les fraudeurs avaient pris un nouvel essor. Je décidai donc de monter une opération de trois nuits… Ce ne fut pas très difficile de convaincre mes patrons. Gerry W., mon ami réalisateur de CBC, faisait un reportage sur le sujet et il y aurait plus de vingt minutes d'antenne. Mais pour ce qui est du personnel pour m'assister, il me fallut encore une fois être des plus créatifs… Trois hommes pour un soir, deux autres pour le deuxième, et encore des nouveaux pour le dernier. Tout ceci emprunté à des postes différents et pour faveurs obtenues !

Le premier soir, toute l'équipe fut au bureau vers vingt heures. Nous étions jeudi et Jean était persuadé qu'il se passerait quelque chose. Gerry était comme toujours tout excité. J'avais aussi invité Marty, c'était un peu une dette que j'avais envers lui… Durant plusieurs années, il m'avait côtoyé à la recherche des juvéniles en fugue et comme nous devions lancer une agence ensemble, je trouvais que c'était bien que l'on voie son visage à la caméra ! Les premières heures furent d'une grande tranquillité, et de guerre lasse toute l'équipe s'en fut dans un restaurant de beignes, sur Sainte-Catherine au coin Saint-Laurent, pour y prendre un café. L'équipe fut rapidement repérée par les jeunes femmes du coin. Au début elles étaient plutôt craintives, mais lorsqu'elles virent que nous n'avions aucun intérêt pour leur commerce, les langues se délièrent un peu plus. J'eus une conversation avec une jeune

Noire au sourire éclatant. La dame arrivait de Toronto et trouvait que les policiers d'ici étaient beaucoup plus relax.

Un appel vint interrompre nos conversations si édifiantes. Une fraude était en cours à partir d'un commerce de la rue Papineau… Branle-bas de combat, tout le monde se rue aux voitures et s'engage dans une course folle que mes partenaires ne peuvent gagner. Bien sûr… je suis le plus fou ! Nous avançons près des lieux, Jeff explore une des énormes boîtes brunes de Bell… Elle n'a pas été trafiquée. Il nous faut donc en rechercher une autre. À moins que le suspect soit à l'intérieur du commerce. Pendant ce temps, Gerry et son équipe filment pour la postérité… Je réveille le propriétaire des lieux, il n'est pas très heureux, mais il viendra ouvrir quand même… après une heure d'attente où le téléphone ne dérougit pas… Voici enfin notre proprio… Le pauvre homme ose à peine sortir de sa Mercedes, la ruelle est toute noire et il a devant lui un homme portant un blouson de cuir et un keffieh ! Nous entrons finalement dans le commerce. Manifestement il n'y a personne. Pourtant les appels parviennent du numéro du commerce… Nous patrouillons tout autour et même dans les buildings avoisinants. Mais cette nuit-là, nous allons nous coucher bredouilles.

La deuxième soirée se présente de la même façon que la première. Gerry est un peu moins excité et commence à avoir peur de ne pas ramasser le scoop tant attendu. Ma jeune Noire est toujours assise au même endroit et nous continuons notre conversation de la veille. Encore une fois, notre fraudeur débute sa session par des coups de téléphone provenant du même commerce. Cette fois, tous les blocs avoisinants sont passés au peigne fin… Toujours le même résultat… Jeff émet l'hypothèse que le fraudeur se sert d'une autre ligne pour entrer dans le système et se branche dans les boîtes vocales du commerce… Au moment où nous nous dispersons pour élargir les recherches, j'aperçois un petit véhicule rouge qui se stationne derrière un édifice de la rue Sherbrooke tout près de Papineau. Un jeune en sort en courant tandis que trois autres semblent attendre. Marty et moi avons la même réaction… Sans plus attendre, je me dirige vers eux… Mon véhicule barrant le chemin, ils ne peuvent que rester sur place…

– Sergent Aubin à un véhicule du groupe…

– Oui…

– Quelqu'un pour me rejoindre ruelle arrière Sherbrooke Papineau coté ouest, pour enquête.

C'est court mais précis… Marty est déjà dehors avec sa lampe de poche à six batteries… Les jeunes sont à tout le moins nerveux.

– Qu'est ce que tu veux ?

– Salut…

Je montre ostensiblement ma plaque de police, tout en me dirigeant vers eux… Il n'y aura pas d'erreur ! À l'arrière de la voiture, bien en vue, il y a comme un sac de voyage qui semble contenir un coffre ou un étui…

– Vous demeurez dans le coin ?

– Euh… à Laval…

– Et ton copain qui est parti en courant ?

– Lui aussi…

– Tu connais quelqu'un dans le building ?

– Non… Mais mon ami, oui…

Justement, l'ami arrive en trombe… Lui aussi semble quelque peu décontenancé par notre présence.

– Tu connais quelqu'un dans le building ?

– Oui… Non…

– Peut-être !

Je m'approche du véhicule. Ce sac me chicotte au plus haut point… Son allure… Sa forme…

– Dis-moi, garçon… Il y a quoi dans ce sac ?

– Un fusil de chasse.

– Un quoi ?

– Un fusil… Je viens de l'acheter…

– Alors tu permets !

J'ouvre le hayon et prends le sac… Le jeune homme n'a pas menti, dans l'étui se trouve un fusil de chasse à canon scié. Mes hommes cernent les autres jeunes…

– Tu comprends que je dois te mettre en état d'arrestation !

Le jeune homme ne répond pas… Il penche la tête. Subrepticement sa main va vers sa poche arrière. Ce geste ne m'échappe pas… Le jeune homme a dans la main quelques roches de crack… La fouille donnera un peu de coke et quelques grammes de haschich. Tous les jeunes fouillés ont un petit quelque chose en poche… Dans l'auto, un carnet avec les commandes… Le hasard fait qu'à défaut de trouver un fraudeur, la nuit se termine avec des revendeurs.

* * *

Dernière nuit... J'ai demandé à mon fils Jon s'il voulait se joindre à moi pour ce baroud d'honneur. Et c'est tout sourire qu'il accepte l'aventure. C'est donc avec un membre honoraire de plus que commence ma dernière aventure. Cette fois, Jeff est bien préparé. Dès que notre fraudeur s'empare d'une ligne, toutes les centrales de la ville sont à sa recherche...

– Hey, man...

– Oui, Jeff.

– Ton gars est localisé à Laval...

– Non...

Le grand monstre me fait un sourire de circonstance... Il ne fait que me raconter la nouvelle ! Son cellulaire sonne à nouveau.

– Une autre adresse... Dans Verdun.

J'envoie Jean et son partenaire dans cette direction... Nous attendrons quand même ici... Je suis bien au chaud et la jeune Noire me fait les yeux doux... Mon fils trouve la situation bien drôle...

– Claude... C'est confirmé... L'appel initial provient du... À Verdun.

La jeune Noire a vite compris que je repars et me fait un petit sourire sans joie. Je hausse les épaules...

– See you...

– Yeah...

Nous voilà en route pour Verdun. Notre bonhomme cause toujours au téléphone... Bien sûr, ça ne lui coûte rien ! Il me faut une bonne dizaine de minutes pour rassembler tout mon monde... À l'adresse il y a de la lumière. Je n'ai pas de mandat, mais comme il s'agit d'une offense en continu... je serai quand même prudent ! J'ai des hommes à l'avant et à l'arrière. Il ne me reste plus qu'à monter l'escalier. Sur le balcon, j'ai une vue imprenable sur le salon. Une dame dans la cinquantaine regarde un film à la télé, son petit chien à ses côtés. Je frappe tout doucement pour ne pas déranger sa quiétude...

– Oui...

– Bonjour, madame...

Je lui montre ma plaque... Gerry et son caméraman sont dix pas derrière. Deux policiers en civils sont en bas.

– Vous êtes seule ici ?

– Non... Il y a mon fils.

– Est-il au téléphone ?

– Sûrement... Il est toujours au téléphone la nuit !

La dame me montre du doigt la chambre de son charmant bambin. J'ai bien l'impression qu'elle connaît au moins en partie le pourquoi de ma visite.

– Vous me permettez ?

– Oui...

J'ouvre la porte de la chambre et je me retrouve face à gros bébé joufflu de seize ans... Il est nu et se masturbe tout en parlant. À ma vue, il s'arrête net... Je lui prends le téléphone des mains...

– Excusez-moi, votre ami vous rappellera plus tard !

Le gros garçon est totalement estomaqué... Derrière moi la caméra filme la scène...

– Les gars... On coupe !

– Well...

Sur le mur de la chambre trône un article sur moi et sur trois de ses amis et mentors... Des hackers de profession.

– Je n'ai pas besoin de te demander si tu me connais ?

Le jeune homme est encore sous le coup de la surprise... Je fouille rapidement la chambre, tout en expliquant à la mère qu'il me faut amener son garçon au bureau. Sur l'un des bureaux du poupon, je ramasse un livre plutôt spécial : le bottin des artistes à l'usage exclusif du milieu. Nous sommes en route pour le poste quand mon cellulaire se met à résonner entre les mains de Jon.

– Oui

– C'est Jeff... Nous avons une autre fraude en cours, elle est sur la rue Parthenais... Tout près de la rue Ontario.

– Je mets l'oiseau en cage et j'arrive.

Tout mon monde est déjà à pied d'œuvre, en fait ils m'attendent devant un café au restaurant du coin. Cette fois, mon fils est excité... Il parle peu mais ses yeux sont ronds comme des piastres. Je dois maintenant monter l'opération le plus rapidement possible. Nos fraudeurs peuvent s'arrêter à tout moment. Encore une fois, j'ai du monde avec vue sur les deux rues. Jon et moi passons sous une barrière métallique, Jeff et Jean n'y arrivent pas. Quelques policiers nous suivent et nous escaladons deux ou trois clôtures sans même nous arrêter. Plus que tout, la vitesse doit assurer notre succès.

– Pa... un gars à la fenêtre...

Je n'ai rien vu, mais je suis persuadé que Jon dit vrai.

– Monte et regarde si tu vois des fils...

Dans la minute qui suit, Jon me montre la boîte extérieure de la bâtisse, les fils qui en dépassent et qui se rendent directement à un appartement encore éclairé... Celui des gens à la fenêtre. Je grimpe à mon tour l'escalier métallique et je me retrouve face à une jeune femme assise dans la cuisine, elle me regarde à travers sa porte de patio. Sur la table trône le téléphone encore relié aux fils de la boîte extérieure...

– C'est pas moi qui fais ça...

La pauvre est en pleurs, et enceinte... L'un explique peut-être l'autre ! Un monceau de papiers avec des numéros de téléphone est allégrement éparpillé sur la table de la cuisine.

– Alors qui est-ce ?

La jeune femme me déballe immédiatement toute l'histoire, ce n'est que le local des fraudeurs... Des voisins, qui se sont sauvés à notre arrivée.

– C'est ceux qui ont regardé par la fenêtre ?

– Oui...

Je mets immédiatement Jon en charge des pièces à conviction, avec l'ordre express de ne rien laisser toucher avant les photos. Je sais qu'il aura l'autorité naturelle pour le faire ! De mon côté, je vais inspecter l'adresse des voisins fraudeurs... Bien sûr, personne ne répond... Il me faut plus de trente minutes et un subterfuge pour que ces pauvres garçons ouvrent finalement la porte... La fouille des lieux se fait en vitesse... Les pauvres garçons sont embarqués, l'air penaud, et finissent la nuit au bureau... À mon retour à l'auto, je m'aperçois que quelqu'un a embouti l'aile pour s'enfuir sans laisser de traces !

– Ils ne t'ont pas laissé de note ?

– Bien, non, on dirait...

Je finirai ma journée de travail vers midi. Jon restera jusqu'à la fin pour m'aider à faire les photocopies et à élaborer le dossier.

Dans les dernières minutes de la journée, alors que nous sommes en train de récupérer et de décanter bien assis, mon fils me fait soudain une confidence.

– Tu sais, papa... J'ai adoré ma nuit, c'est excitant... Mais jamais je ne ferai ce travail, c'est bien trop exigeant !

– Tu vois… C'est ce que j'ai fait ces vingt dernières années.

Je quitte le bureau ce matin-là, conscient que je viens de terminer ma dernière enquête… Je ne prendrai pas même la peine de réclamer mes six heures de temps supplémentaire. Tout cela n'a plus d'importance à mes yeux… La nostalgie des jours passés dans l'action constante me gagne déjà…

Quelques semaines plus tard, j'aurai toutes les peines du monde à me faire rembourser en temps pour les trois nuits de travail…

– Nous ne t'avions rien demandé !

Quelle belle marque de reconnaissance ! C'est précisément cette semaine-là que le journaliste de TVA viendra faire l'entrevue, ce qui aura toutes les conséquences déjà racontées.

Chapitre 14

Depuis le début de l'après-midi, machinalement je vérifie, replace, vérifie à nouveau, déplace, replace… Cela fait deux jours que mes sacs de voyage sont remplis à craquer. J'ai un profond désir de sortir du camp de vacance Saint-François. Je me bats depuis la veille contre le gardien en charge de la lingerie. Selon le règlement, à ma sortie, j'ai droit à une paire de jeans, à mes bottes de travail, à mes bas, à quelques t-shirts, à mes sous-vêtements et à un manteau d'hiver. Aujourd'hui, en grand seigneur, le maître fourrier me laisse généreusement la paire de jeans la plus usée et fait semblant de ne pas se souvenir du manteau d'hiver. J'ai bien l'intention de le réclamer. La petite guerre larvée éclate lorsque je lui annonce que je veux garder l'imperméable jaune pour lequel j'ai accepté la caution de douze dollars.

– Tu ne peux pas l'avoir !

– Préférez-vous que je vous dise que je l'ai perdu ? Ce serait un mensonge… Et vous savez que nous nous devons d'être transparents… Ce serait désolant que je me sente forcé de mentir à cause de votre obstination.

L'autre me regarde avec des yeux pleins de colère. Il jette son stylo brusquement sur le pupitre.

– Tu vas payer le douze dollars !

– Bien sûr…

– Cet imperméable vaut le double…

– Vous m'avez demandé douze dollars pour l'imper… J'ai signé pour douze dollars ?

– Bien sûr…

– Alors !

Sans plus attendre, le bonhomme, toujours en colère, se rend au bureau de la paie qui est juste en face et fait immédiatement enlever le montant sur le petit pécule qui me reste. À son retour, au grand plaisir des détenus autour, je l'achève…

– Vous avez reçu les manteaux d'hiver…

– Non…

– Je pars demain… Et j'ai entendu dire qu'il y avait eu un arrivage aujourd'hui… Peut-être n'êtes-vous pas au courrant ? Je suis persuadé que si vous regardez bien… Vous allez trouver un manteau d'hiver à ma taille…

Cette fois, le bonhomme ne sait plus quoi répondre. Il a devant lui une personne polie et structurée. Le pauvre aurait pu m'envoyer promener, mais il sait très bien que je vais aller plus loin et qu'il n'aura pas le choix. Le gardien coléreux revient avec un manteau d'hiver qu'il me lance presque en pleine figure.

– Merci beaucoup… Je savais que vous étiez un homme généreux !

Les trois autres détenus, dont mon ami Richard, ne peuvent s'empêcher d'éclater de rire.

En route pour le condo, Yvon vient à ma rencontre et me serre la main. Il y a dans ses yeux une pointe de tristesse.

– Bonne chance, mon Claude.

– Ce ne sera pas trop long pour toi…

– Quatre autres mois.

Un autre bonhomme que je ne connais pas vient lui aussi me souhaiter la même chose. C'est drôle… Je n'aurais jamais pensé ressentir de la tristesse en quittant ces lieux. Ce n'est pas tant les murs sales et sans éclats, mais cette complicité qui nous rapproche, malgré toutes nos différences nous partageons la même condition humaine déchirée. J'entre au condo avec mon manteau, Patrick est déjà à la cuisine… Il popote pour notre dernière soirée. Richard a déjà fait le gâteau. Tout ce qui nous manque, c'est le vin rouge ! Une odeur délicieuse flotte dans l'air, un doux mélange de fines herbes qui nous fait presque oublier notre détention.

– Claude... On va avoir tout un souper, mon homme !

– Avec toi comme cuisinier...

L'ambiance est à la fête, tout en étant un peu triste... Tout le monde est content pour moi, mais en même temps mon départ leur rappelle qu'ils sont encore des prisonniers.

– Hey, mon Claude... Vas-tu nous conter une petite histoire de police au souper ?

– Pourquoi pas !

Pour le moment, je retourne téléphoner à Louise. Elle et moi sommes si excités que nous passerions la soirée accrochés à l'appareil, mais à soixante-quinze sous la demi-heure... le compte de téléphone mensuel fait des bonds prodigieux.

– C'est toujours demain...

– Mais oui, mon amour...

La conversation se termine sur des « je t'aime et à demain ». Je retourne à la cuisine et fais quelques petits tas avec les victuailles qui m'appartiennent.

– Si quelqu'un à besoin de quelque chose...

Tout le monde rit. À chaque départ, quelqu'un laisse ses surplus... Alors des surplus, ils en ont !

– Hey, la police !

– Oui, mon Pat...

– C'est l'heure du souper...

La table est mise, elle est splendide ! Plats en sauce, pommes de terre mousseline, rôti cuit juste à point... Tout y est !

– Ça, c'est du repas !

Nous nous assoyons tous ensemble et, la fourchette à la main, nous attaquons la viande. C'est le moment que choisit Richard pour demander son histoire quotidienne.

– Vous voulez encore entendre une histoire de police...

– Ouais, tu nous fais rire...

– Je ne vous ai pas conté le jour où j'ai couru après mon ami Ninja.

– Celui qui volait les vieilles ?

– Oui, Richard, celui-là. J'étais avec ma copine Julie...

– Tu te promenais avec des filles dans ton auto ?

– J'ai fait bien pire, Pat...

– Oh, donne des détails, dis-nous au moins si elle était belle !

* * *

C'était une grande blonde, à mi-chemin entre la ballerine et le mannequin, avec tout ce qu'il faut à la bonne place, mais aussi une tête sur les épaules... J'allais la reconduire chez elle après son travail et j'avais eu l'idée de passer par le métro Vendôme pour voir si je n'y trouverais pas ce petit truand de Ninja. Il faut dire qu'il y a foule à seize heures à ce métro. Malgré tout, je vois immédiatement le jeune homme, et je sais que lui aussi m'a vu même s'il fait semblant de ne pas me reconnaître. Je file plus loin et après un petit virage discret, je m'approche lentement du bonhomme, tout en parlant à Julie.

— Tu vois le Noir au chandail blanc...

— Celui avec les tresses...

— Oui.

— C'est mon gars.

— On va le chercher ?

— Pourquoi pas !

Il faut dire que Julie n'a peur de rien. Du haut de ses cinq pieds neuf, elle m'a déjà démontré qu'elle sait faire face au danger. Elle est tout excitée de faire partie d'une opération de police. Pendant ce temps, mine de rien notre jeune traverse la rue et grimpe dans un bus. J'avise les policiers du poste quinze de venir à ma rencontre pour intercepter l'autobus. Malheureusement, trois coins de rues plus loin, mon bonhomme décide de sortir du bus à la hauteur de la rue Girouard. Les renforts n'ont pas eu le temps d'arriver. Je m'approche donc lentement de mon jeune.

— Hey, my man...

— Quoi ?

— Viens me retrouver dans l'auto.

— Jamais, Aubin...

— Allez...

— F... you, man !

Sur ce, l'animal s'enfuit en courant en sens inverse. Je démarre et fonce à travers les plate-bandes centrales et continue ma course sur le ciment. La pauvre voiture fait des flammèches alors que Julie en crie de joie. Le jeune voyou change une nouvelle fois de direction, nouveau saut de plate-bande. Je suis persuadé que la voiture ne se remettra pas de cet épisode de conduite sportive. Le bonhomme réussit à s'enfuir dans une ruelle, mais je reste à ses trousses, et sans s'arrêter Ninja traverse une cour où trois jeunes femmes de couleur semblent installées à caqueter. Mon lièvre escalade les escaliers quatre à quatre. Je file à sa poursuite en laissant à Julie le soin de donner notre position aux véhicules qui m'assistent. Comme je veux monter à mon tour, je me retrouve devant une matrone de plus de quatre-vingt-cinq kilos.

– Toi, tu ne vas pas monter là... Petit Blanc !

– Et pourtant, oui...

Je lui montre ma plaque et tente de la déplacer. Une autre furie me barre le chemin, elle est maigre et laide, sa peau ressemble à celle d'un léopard mais dans les tons de brun et beige... Une maladie ambulante. La jeune femme crie à tue-tête tout en s'accrochant à la rambarde de l'escalier, pendant que l'autre furie me tire vers l'arrière. Une troisième attend en haut de l'escalier, le dernier rempart avant la porte. Enfin, c'est dans un nuage de poussière et au son des sirènes que trois véhicules de police arrivent en renfort...

– Hey, Julie... Belle voix à la radio !

– Hi, Julie...

– Salut, Claude... Tu viens encore mettre la merde dans le secteur !

– On pourrait venir m'aider là !

De la merde, le mot est approprié. L'ascension de l'escalier tient ses promesses et dégénère en bagarre générale. Trois de mes policiers se font mordre cruellement, l'un tombe de l'escalier, un autre est griffé au sang. Finalement, les trois furies sont menottées après un combat épique. La porte est verrouillée et c'est en cassant la vitre que je pénètre enfin dans la maison, certain que Ninja n'y est plus. Les quelques constables encore valides viennent fouiller avec moi, on ne sait jamais.

– Je vous rejoins au poste.

Je retourne à mon ancien bureau, après avoir laissé Julie tout excitée à la maison. La jeune femme me serre très fort...

– Avec toi, on ne s'ennuie jamais !

À mon arrivée, mes trois Négresses donnent toujours du fil à retordre aux policiers, et en me voyant le sergent me lance à la blague :

– Tu ne sais plus draguer ? Et tu envoies les trois quart de mon personnel à l'hôpital !

– Excuse-moi, Bert.

Spike vient vers moi, la main recouverte d'une serviette. Il semble souffrir un peu.

– Tu pourrais inventer autre chose pour aller voir Julie...

La belle Louise, sa partenaire, me regarde tout sourire. Elle a un petit bleu sur un bras... Mais l'autre a eu un peu plus mal qu'elle.

– Je suis contente de te revoir...

Je venais de ruiner ma soirée. Non seulement je n'avais pas ramassé mon homme, mais je devais me payer les trois furies pour le reste de la soirée. Dieu merci, mon ex-lieutenant détective est déjà parti... Je n'aurai pas à me le farcir.

– Les filles... Tu les as plantées au moins...

– Non, Richard...

– T'es patient, toé...

– Quelque temps plus tard, le juge les trouvera coupables, mais comme elles étaient sur le bien-être social, dans sa grande sagesse il ne leur donna pas d'amende ni de prison : « Le fait que vous ayez à venir ici... Devrait être punitif et dissuasif. Cause suivante ! »

Pat m'interrompt :

– C'est tout ce qu'elles ont eu ?

– Ouais... Quelques jours plus tard, la plus laide, celle qui avait l'air si malade, me téléphona pour m'inviter dans une partouze à trois. Il faut quand même avoir du front !

– C'était quand même pas si mal d'être flic, Claude !

– Non... ce n'était pas si mal, mon Pat !

Le reste de la soirée se passe autour de la table. Les deux Richard reprennent du dessert, Patrick un peu de thé... De mon côté, je finis mon éternel jus de pomme.

– Tu dois commencer à être nerveux...

– Ouais...

– Ne t'en fais pas trop... Oublie toutes les histoires qu'on a racontées... Ils ne te ramèneront pas en prison.

Il faut dire qu'en prison tout le monde te raconte des histoires à faire peur. Il faut avoir les nerfs solides... C'est alors qu'une chose merveilleuse se passe : tous les gars se lèvent et tour à tour viennent me serrer la main ou me prendre dans leurs bras...

– Bon, il est temps d'aller se coucher...

Justement, les trois matons de service viennent nous compter. Nous nous rendons à nos chambres pour le compte... Pour moi, c'est le dernier !

* * *

C'est la troisième fois que je vérifie mes bagages, la cinquième fois que je dis au revoir à tout le monde. Patrick est debout face à moi et encore une fois nous tombons dans les bras les bras l'un de l'autre... Richard tente de plaisanter, mais le cœur n'y est pas. J'ai le cœur gros, malgré la joie de partir de la détention. Les gens que je laisse ici sont mes amis... autant que ceux qui m'attendent à l'extérieur. Ces gens m'ont vu pleurer de rage et parfois de désespoir... Ils ont toujours été là pour me soutenir, pour écouter mes histoires, pour m'apaiser... Ils ont été de très bons compagnons, jamais je ne me suis senti jugé par eux. Certains sont venus me raconter leur histoire, sans fard, sans gêne, tout simplement comme elle était... Nous étions comme les marins d'un de ces petits bateaux de pêche qui doivent affronter les éléments en permanence... Personne pour commander, juste de l'entraide et du respect.

Quand Patrick est devenu président du comité des détenus, j'ai assisté aux pressions faites par l'administration pour l'empêcher de faire des vagues... Pas des grosses, juste pour que le profit des machines à boisson gazeuses soit équitablement distribué... L'argent venait à la fois des visiteurs et des détenus, pourtant il allait directement dans le fond social des gardiens ! Même cela était hors d'atteinte pour le comité... Quand Gerry vint me raconter l'histoire de sa première arrestation, nous en avions bien ri... Malgré tout, je suis persuadé aujourd'hui qu'il n'était pas coupable dans ce cas-là, et que le vrai coupable... était maintenant mort et enterré.

– Allez... va !

Je transporte mes deux valises, mon sac à dos et une boîte de carton, le tout est rempli à ras bord. C'est fou ce que l'on peut accumuler en si peu de temps... Je ramène ma radio, mes disques classiques, quelques livres et je pousse devant moi un petit traîneau sur lequel repose le matelas et les couvertures... Je marche péniblement, et pour la dernière fois, dans ce passage verdâtre de chaque côté duquel se dressent quelques ailes de la prison. Tout est silencieux à part les machines à laver qui font leur éternelle besogne… C'est dimanche… La porte de la chapelle est ouverte, je sais que tout à l'heure quelques-uns des vieux détenus seront comme toujours au rendez-vous. Bien sûr, la porte menant à la lingerie est verrouillée. Le gardien du carrousel jette sur moi un œil distrait.

– Je laisse le matelas ici ?

– Quoi ?

– Je pars ce matin… Je laisse le matelas ici ?

– Tu pars… Il n'y a pas de sortie le dimanche !

– Regardez bien !

Deux téléphones plus tard, mon bonhomme est rassuré… Tout est en règle et je peux partir…

– Et… laisse donc ton matelas près de la porte de la lingerie ! N'oublie pas… Tu as deux heures pour te présenter à la maison de transition.

De l'autre côté de la porte vitrée, mon fils attend avec anxiété et impatience. Mon arrivée le soulage, il me fait de petits signes accompagnés d'un petit sourire… Je dois attendre que la porte s'ouvre… Voilà, c'est fait… Presque libre !

Je me retrouve dans les bras de mon fils, nous nous serrons fortement, l'absence a été difficile pour nous deux… La copine de mon fils attend, elle aussi, mais un peu en retrait… Cette petite est tellement timide. Quant au gardien, j'ai l'impression qu'il en a tant vu que peu de choses peuvent maintenant l'émouvoir !

– Bonjour, ma belle Dodo !

Toute rougissante, la belle ne peut que me sourire…

– On ramasse tes affaires en vitesse et c'est le retour en ville…

La ville… Quelle belle abstraction ! Les souvenirs que j'ai d'elle datent de six mois… Les arbres autour n'avaient pas encore commencé à verdir et maintenant ils sont presque dépouillés. Nous quittons lentement le complexe… Drôle d'effet. Hier le même geste m'aurait valu la détention. Je laisse à Jon le soin de me conduire, afin de profiter de ces moments merveilleux… La liberté. J'essaie bien de ne pas pleurer, mais ça devient de plus en plus difficile… Jon conduit en silence, respectant ma douloureuse joie.

– Tu veux que l'on arrête à la maison ?

– Bien sûr…

La maison, autre terme abstrait… Je ne sais plus comment cette vie va se continuer. Louise a vécu des heures terribles, en sort blessée, fatiguée, et à ce moment nous ne le savons pas encore… meurtrie par la maladie !

Le voyage de retour se fait dans un mélange d'euphorie et de crainte… Et si ce n'était qu'un prétexte pour me coffrer à nouveau ? Réal m'a raconté tant de trucs invraisemblables… Et j'en ai vécu quelques-uns… Un feu rouge… C'est drôle… Un simple feu rouge, là où j'étais il n'en y avait pas ! Des gens marchent dans la rue… Ils vont à l'église ou au dépanneur… Pas de gardiens pour les diriger !… La rue Christophe-Colomb me paraît aujourd'hui magnifique avec ses arbres qui ont gardé un feuillage d'un vert un peu jauni… Je ne me lasse pas de les redécouvrir. Me voici maintenant devant chez-moi… Une autre chose que je dois affronter… Patrick m'avait raconté que la première journée de sa première sortie, il lui avait fallu s'asseoir sur le perron d'un building, tant le choc était grand. Moi, ce n'est pas ça, mais quelque chose de proche et d'intimidant. Mon arrivée se fait dans une telle allégresse qu'un instant j'en oublie mes soucis. Louise se serre tout contre moi et mon petit chien n'en finit plus de me lécher. Je ne reste que quelques minutes… Il ne me faut surtout pas faire attendre les agents de la maison de transition, ce serait bête de me faire retourner à l'ombre au premier jour de liberté.

– Tu reviens ?

– Je n'en ai pas la moindre idée…

Louise est triste… Je serai tout près, il est vrai, à peine à deux rues de la maison, mais pas chez moi ! C'est la réadaptation… Il faut me réhabituer progressivement à la société et… à ma famille !

Me voici maintenant en maison de transition… Le bonhomme qui m'accueille n'a pas l'air commode. Il a gardé la coupe en brosse des années 60 et sa démarche a quelque chose d'un peu coincé. Le pauvre a gardé des séquelles de ses trente années d'internement… à titre de gardien bien sûr !

– Je suis un ancien scrou… et je suis fier de ça !

– Mais vous êtes maintenant un moniteur ici… C'est bien le terme ?

L'autre ne relève pas mon ironie et, tout comme en détention, passe tout de suite au règlement… L'heure d'arrivée, de sortie, les soirs où il faut être à la maison de transition à dix-neuf heures. Le travail obligatoire, la pension qu'il faut verser, le ménage obligatoire, etc.

– Ici, pour commencer, les gens ne paient pas tant qu'ils n'ont pas de travail. Nous leur versons vingt-cinq dollars par semaine… Mais dans votre cas, vous recevez une pension de votre ancien travail et c'est vous qui allez nous donner les vingt-cinq dollars… C'est comme si vous travailliez !

– Alors, je n'ai pas à travailler…

– Non… Mais si vous ne travaillez pas, nous coupons vos sorties le soir, vous devez être ici entre onze heures et une heure et vos droits de coucher à votre domicile aux deux fins de semaines sont supprimés ! Vous devez faire vingt-cinq heures de travail par semaine… Même bénévole ! Et si vous ne travaillez pas, vous êtes de corvée ici ! Autre chose… Les retards ! Pour tout le monde ici, nous acceptons un délai de trente minutes… mais comme dans votre dossier il est stipulé que vous êtes un « notoire », vous ne pouvez vous permettre aucun retard ! Sinon… retour en détention !

Le tout est dit avec un si gentil sourire qu'il me tarde de voir ma chambre et de m'installer.

– Vous savez… J'ai toujours été notoire et de notoriété publique, alors il n'y a pas beaucoup de changement pour moi !

Le maton… je veux dire le moniteur, vient me montrer la chambre que je partage avec un autre bonhomme pour le moment…

– Vous serez trois dans une semaine…

Le bonhomme me quitte, fier du travail qu'il a accompli. On voit qu'il adore son métier ! Mes effets à peine rangés, je quitte ma chambre verte elle aussi… Décidément, les peintres des établissements fédéraux n'ont pas beaucoup d'imagination. Le gardien de l'entrée me laisse repartir… Je dois être revenu pour vingt-trois heures.

Pour la première fois depuis plus de six mois, je passe la soirée en compagnie de ma famille… Ma détention comme telle venait d'entrer dans la période des souvenirs… Elle était derrière moi, derrière nous… Il me restait maintenant à affronter le monde !

Épilogue

Vous connaissez maintenant toute l'histoire de mon arrestation. Ceux qui se souviennent du cirque médiatique qui l'a entourée reconnaîtront qu'il n'y avait pas là de quoi fouetter un chat. Mais, budget oblige, il fallait absolument justifier les dépenses faramineuses faites dans ce dossier.

Maintenant que je sais que mes anciens patrons me faisaient filer et écoutaient mes conversations dans l'espoir de me voir accomplir des actes qui n'existaient que dans leurs fantasmes, tout en occultant les informations que j'allais moi-même leur donner... Maintenant que je sais qu'en l'absence de preuves et avec la complicité d'une source sans valeur, ils ont préparé un piège pour me faire tomber au plus bas... Je ne peux que me poser de sérieuses questions sur l'honnêteté, la probité et la loyauté de certains anciens confrères. La « loi de Parkinson » et le « principe de préséance » de Bloom ont décidément de beaux jours devant eux !

Il y a maintenant deux ans que ces événements ont eu lieu. Pourtant, pas une journée ne se passe sans que toute cette bêtise ne vienne me hanter. J'ai rencontré depuis beaucoup de mes anciens confrères. Plusieurs se souviennent de moi comme d'un homme intègre et droit, un peu marginal un peu « délinquant », mais d'un traître... jamais ! Ils me réservent toujours civilité et respect. Beaucoup d'entre eux ont participé à certaines de mes opérations, et ils se souviennent de mon talent, de mon non-conformisme et du sens de la justice qui ont fait ma marque de commerce. Il m'est aussi arrivé de rencontrer des enquêteurs qui ont répondu à mon salut en rougissant et en baragouinant nerveusement, et qui ont continué leur chemin sans pouvoir me regarder dans les yeux. Ces gens que je connaissais déjà pour leur vantardise m'ont révélé une autre dimension de leur personnalité : la couardise.

Aux yeux de certains, je suis maintenant ce que l'on peut appeler un homme marqué, un ex-bagnard... Ce livre est en fait ma réponse à ceux qui s'arrêteraient à de tels préjugés. Mon combat n'est pas fini et je sais qu'il sera ardu. À l'heure actuelle, malgré mes demandes à la Commission de l'accès à l'information, le service de police de Montréal ne m'a pas encore permis de consulter la documentation sur mon arrestation, ceci après deux ans. Mon autre combat sera en déontologie policière.

* * *

Je suis de ceux qui aiment démystifier le travail ingrat des enquêteurs de la police, les décisions parfois incertaines, pour ne pas dire hasardeuses, qu'il nous faut prendre et les résultats qui nous grisent ou nous déçoivent. Je suis aussi de ceux qui aiment la justice pour ce qu'elle est. Pas celle des hommes à toge de la grande comédie humaine, ni celle de ceux qui nous régissent... Ces gens ne veulent que la paix sociale : ils sont en haut, et la paix sociale signifie pour eux y rester !

Lorsqu'on fait la guerre au crime, on ne fait pas toujours dans la dentelle. La société ne demande pas à la police de transgresser les lois, mais... elle s'en accommode tant que ce n'est pas trop dérangeant. En fait, elle veut avoir le sentiment d'être protégée. Un sondage de janvier 2003 montre qu'il existe un sentiment d'insécurité croissant chez les résidents de la ville de Montréal... La nouvelle police est tellement occupée à se combattre entre postes de quartier pour des budgets ou du personnel qu'elle n'a plus assez de temps à accorder aux citoyens... Le choix est alors facile : on se drape dans la justice, la légalité, la technicité et la pudicité, au lieu d'avoir le courage d'assumer ses responsabilités. Ce courage amène à prendre des décisions controversées, et qui frisent parfois l'illégalité, non pas pour un but personnel, mais pour servir les gens qui ont mis leur confiance en nous.

Mon expérience m'a appris que les citoyens désavouent dans leur ensemble l'illégalité en général. Mais lorsqu'il est seul et qu'il se sent lésé, le citoyen fermera les yeux sur certains actes à la limite de la légalité s'ils sont posés dans un but évident de justice. Les héros policiers de vos films préférés ne sont-ils pas tous un peu rebelles ?

À mon prochain livre !
Carpe diem.

CLAUDE AUBIN